U0934143

The Changes of the Legal System in the Forty Years of Reform and Opening-up

改革开放40年法律制度变迁

总 主 编　张文显
执行主编　柳经纬

经济法卷

Economic Law

卢代富◎主编

厦门大学出版社　国家一级出版社
XIAMEN UNIVERSITY PRESS　全国百佳图书出版单位

图书在版编目(CIP)数据

改革开放40年法律制度变迁. 经济法卷 / 卢代富主编.—厦门 ：厦门大学出版社，2019.12

ISBN 978-7-5615-7277-1

Ⅰ. ①改… Ⅱ. ①卢… Ⅲ. ①经济法—法制史—研究—中国—现代 Ⅳ. ①D929.7

中国版本图书馆 CIP 数据核字(2018)第 289287 号

出 版 人 郑文礼
策　　划 施高翔
责任编辑 甘世恒
装帧设计 李夏凌
技术编辑 许克华

出版发行 厦门大学出版社
社　　址 厦门市软件园二期望海路 39 号
邮政编码 361008
总　　机 0592-2181111 0592-2181406(传真)
营销中心 0592-2184458 0592-2181365
网　　址 http://www.xmupress.com
邮　　箱 xmup@xmupress.com
印　　刷 厦门集大印刷厂

开本 787 mm×1 092 mm 1/16
印张 20
字数 398 千字
版次 2019 年 12 月第 1 版
印次 2019 年 12 月第 1 次印刷
定价 140.00 元

本书如有印装质量问题请直接寄承印厂调换

厦门大学出版社
微信二维码

厦门大学出版社
微博二维码

The Changes of the Legal System
in the Forty Years of
Reform and Opening-up

《改革开放40年法律制度变迁》丛书编委会

总 序

改革开放40年
中国法治的历程、轨迹和经验

今年是中国改革开放40年,也是中国厉行法治40年。厦门大学出版社立意高远地策划了"改革开放40年法律制度变迁"这一重大选题,旨在通过聚合我国当今知名法学家,全面回顾总结改革开放40年来我国法律制度变迁和依法治国事业取得的伟大成就,系统梳理改革开放40年来中国特色社会主义法律体系在中国特色社会主义事业波澜壮阔的发展进程中的变迁逻辑、生成规律和实现路径,启迪、展望和探索新时代我国法律制度的建构与发展,以唱响我国法学界献礼改革开放40周年主旋律和最强音,为庆祝改革开放40周年营造良好社会舆论环境,为我国学术界和实务界在新时代更好推动中国特色社会主义法律体系发展完善,推进全面依法治国、建设法治中国新征程,开创法治发展新时代贡献力量。

值此本套丛书出版之际,我以"改革开放40年中国法治的历程、轨迹和经验"为主题作序,与各位作者和编辑一道,豪情满怀地纪念改革开放40年,抒发中国特色社会主义法治的理论自信、制度自信和实践自信。

一、中国法治40年的历程

1978年,中国共产党召开了十一届三中全会,结束了长达十年的"文化大革命"。这次全会做出了"加强社会主义法制"的决定并提出了"有法可依、有法必依、

执法必严、违法必究”的法制工作方针。以十一届三中全会为起点，中国特色社会主义法治经历了三大历史阶段，实现了三次历史性飞跃。

(一)法制创建新时期(1978—1997)

这一时期，我国的法制建设以恢复重建、全面修宪和大规模立法为引领，主要有以下重要历史节点和重大事件：

1.“一日七法”。中共十一届三中全会召开时，虽然“文化大革命”从形式上已经结束，但中国仍处于“无法可依”的状态，国家法律几乎是空白。因此，当务之急是制定一批法律，迅速恢复法律秩序和以法律秩序为支撑的社会秩序。在党中央的领导下，1979年7月1日，五届全国人大二次会议一天之内通过了7部法律，即《刑法》《刑事诉讼法》《地方各级人民代表大会和地方各级人民政府组织法》《全国人民代表大会和地方各级人民代表大会选举法》《人民法院组织法》《人民检察院组织法》《中外合资经营企业法》，被法学界称为中国法治史上著名的“一日七法”。以“一日七法”为先导，我国陆续制定了《民法通则》《行政诉讼法》等一大批重要法律，形成了中国特色社会主义法律体系框架。

2.“九九指示”。有了刑法、刑事诉讼法等法律，能否确保法律实施，在当时的情况下却是一个大大的问号。为此，中共中央于1979年9月9日发出了《关于坚决保证刑法、刑事诉讼法切实实施的指示》。该《指示》要求各级党委要保证法律的切实实施，充分发挥司法机关的作用，切实保证人民检察院独立行使检察权，人民法院独立行使审判权，使之不受其他行政机关、团体和个人的干涉。这是改革开放初期，我们党着手清除法律虚无主义，纠正以党代政、以言代法、有法不依等错误习惯的重要文献，意志坚定、观点鲜明、有的放矢、意义重大。

3.世纪审判。在社会主义法制恢复重建初期，发生了中国现代历史上最重大的法律事件，即对林彪、江青反革命集团的大审判。1980年11月22日，《人民日报》发表特约评论员文章，指出：“对林彪、江青反革命集团的审判，是我国民主和法制发展道路上的一个引人注目的里程碑，它充分体现了以法治国的精神，坚决维护了法律的权威，认真贯彻了社会主义民主和法制的各项原则。”

4.全面修宪。新中国成立之初，党中央和中央人民政府就启动了制定宪法的程序。1954年9月20日，第一届全国人民代表大会通过《中华人民共和国宪法》。这部《宪法》以“根本法”“总章程”的定位，以人民民主原则和社会主义原则为支点，构建了中国历史新纪元的宪法框架，构筑了中国社会主义制度的“四梁八柱”。在“文化大革命”中制定的1975年《宪法》和1978年《宪法》是带有严重错误和缺点的宪法。1980年，中共中央决定全面修改“七八宪法”。经过29个月的艰苦努力，1982年12月4日，五届全国人大五次会议通过了全面修订后的《中华人民共和国宪法》。30多年来的发展历程充分证明，现行宪法及其修正案有力地坚持了中国共产党领导,有力地保障了人民当家做主,有力地促进了改革开放和社会主义现代化建设,有力地推动了社会主义法治国家建设进程,有力地维护了国家统一、民族团结、社会稳定,具有显著优势、坚实基础、强大生命力。

5.全民普法。在法制恢复重建之初,党和政府启动了全民法制宣传教育活动。1985 年 11 月 22 日,六届全国人大常委会第四次会议通过《全国人民代表大会常务委员会关于在公民中基本普及法律常识的决议》。至今,我国已经先后制定和实施了七个“五年普法规划”。中国的全民普法运动既是中国历史上、也是人类历史上规模空前和影响深远的法治启蒙运动,是一场先进的思想观念和文明的生活方式的宣传教育运动。

(二)依法治国新阶段(1997—2012)

在中国法治的历史上,1997 年是一个难忘的国家记忆。1997 年召开的中共十五大划时代地提出“依法治国,建设社会主义法治国家”,开启了依法治国新阶段。在这个阶段,主要有以下历史节点和重大事件。

1.确立依法治国基本方略。1997 年 9 月,中共十五大召开。江泽民同志在十五大报告中明确提出,要“进一步扩大社会主义民主,健全社会主义法制,依法治国,建设社会主义法治国家”。这是中共首次将依法治国作为治国理政的基本方略。1999 年 3 月 15 日,九届全国人大二次会议通过《中华人民共和国宪法》修正案,将“依法治国,建设社会主义法治国家”纳入宪法,使依法治国成为党领导人民治理国家的基本方略,建设社会主义法治国家成为国家建设和发展的重要目标之一。这标志着我国迈向了法治建设新阶段。

2.确立依法执政基本方式。2002 年 10 月,中共十六大召开。江泽民同志在十六大报告正式提出“依法执政”概念。2004 年 9 月 19 日,党的十六届四中全会通过了《中共中央关于加强党的执政能力建设的决定》,把加强依法执政的能力作为加强党的执政能力建设的总体目标之一,并就依法执政的内涵作出科学规定。依法执政基本方式的确立,表明我们党开启了依法治国基本方略与依法执政基本方式有机结合的治国理政的新境界。

3.形成中国特色社会主义法律体系。2011 年 3 月 10 日,在十一届全国人大四次会议上,全国人大常委会工作报告庄严宣布:一个立足中国国情和实际、适应改革开放和社会主义现代化建设需要、集中体现党和人民意志的,以宪法为统帅,以宪法相关法、民商法等多个法律部门的法律为主干,由法律、行政法规、地方性法规等多个层次的法律规范构成的中国特色社会主义法律体系已经形成,国家经济建设、政治建设、文化建设、社会建设以及生态文明建设的各个方面均实现有法可依。中国特色社会主义法律体系的形成,是我国依法治国、建设社会主义法治国家历史进程的重要里程碑,也是世界现代法制史上最具标志性事件,其意义重大而深远，其影响广泛而深刻。

（三）全面依法治国新时代（2012—）

以中共十八大为历史节点，中国特色社会主义进入新时代，中国法治也跨入新时代。党的十八大以来，以习近平同志为核心的党中央在全面推进依法治国、加快建设中国特色社会主义法治体系和社会主义法治国家的伟大实践中，创造性地发展了中国特色社会主义法治理论，提出了全面依法治国新理念新思想新战略为坚持和开拓中国特色社会主义法治道路奠定了思想基础，为推进法治中国建设提供了理论指引。

1. 明确定位“法治小康”。中共十八大提出全面建成小康社会。十八届三中全会、四中全会、五中全会、六中全会不断明晰和丰富全面建成小康社会的目标和各项要求。全面建成小康社会，在法治领域就是要达到依法治国基本方略全面落实，中国特色社会主义法律体系更加完善，法治政府基本建成，司法公信力明显提高，人权得到切实保障，产权得到有效保护，国家各项工作法治化。这是对我国法治建设目标的首次精准而全面的定位。

2. 提出法治新十六字方针。2012年，由习近平同志主持起草的中共十八大报告提出：“加快建设社会主义法治国家，必须全面推进科学立法、严格执法、公正司法、全民守法进程。”法学界称之为“新十六字方针”。“新十六字方针”体现依法治国新布局，为全面依法治国基本方略的形成奠定了理论和实践基础。

3. 建设法治中国。“建设法治中国”是习近平总书记在十八大之后不久发出的伟大号召。2013年，中共十八届三中全会通过的《中共中央关于全面深化改革若干重大问题的决定》提出要推进法治中国建设。2014年，十八届四中全会进一步向全党和全国各族人民发出“向着建设法治中国不断前进”“为建设法治中国而奋斗”的号召。“法治中国”概念是我们党在法治理论上的重大创新，也是对新时代中国法治建设的科学定位。在实践上，“建设法治中国”，其要义是依法治国、依法执政、依法行政共同推进，法治国家、法治政府、法治社会一体建设。

4. 全面依法治国。十八大之后，以习近平同志为核心的党中央在完善“五位一体”总体布局之后提出了“四个全面”的战略布局，并把全面依法治国放在总体战略布局之中统筹安排。在这个布局中，全面建成小康社会是战略目标，全面深化改革、全面依法治国、全面从严治党是三大战略举措，对实现全面建成小康社会战略目标一个都不能缺，要努力做到“四个全面”相辅相成、相互促进、相得益彰。根据习近平总书记的这一战略思想，2014年10月，中共十八届四中全会通过了《中共中央关于全面推进依法治国若干重大问题的决定》，标志着我国法治建设站在了新的历史起点上。

5. 建设中国特色社会主义法治体系。中共十八届四中全会是中国共产党执政历史上首次以法治为主题的中央全会，全会通过的《决定》原创性地提出全面依法治国的总目标是建设中国特色社会主义法治体系，建设社会主义法治国家。提出这个总目标，既明确了全面推进依法治国的性质和方向，又突出了全面推进依法治国的工作重点和总抓手。全面依法治国各项工作都要围绕这个总抓手来谋划、来推进。

6. 开启全面依法治国新征程。中国共产党第十九次全国代表大会是中国特色社会主义进入新时代之后中国共产党召开的最为重要的会议。十九大明确了从现在到 2020 年、从 2020 年到 2035 年、从 2035 年到 21 世纪中叶一个时段、两个阶段的法治建设目标，为依法治国和法治中国建设指明了前进方向、基本任务、实践路径。十九大把坚持全面依法治国上升为新时代坚持和发展中国特色社会主义的基本方略，凸显了法治在“五位一体”总体布局和“四个全面”战略布局中的地位，提升了法治在推进国家治理现代化和建设社会主义现代化强国中的基础性、支撑性、引领性作用。

二、中国法治 40 年的轨迹

以中共十一届三中全会做出的“加强社会主义法制”历史性决策为起点，在 40 年发展历程中，中国法治留下了辉煌的历史轨迹，显现出中国特色社会主义法治发展的鲜明特征和规律。

（一）从“法制”到“法治”

“法制”，望文思义，就是国家的法律和制度。改革开放初期，面对法律几乎“荡然无存”的局面，法制建设的重心是加快立法，健全法制，做到有法可依。之后，在法律体系基本形成的情况下，法治建设经历了从法制到法治的发展。主要体现为：

从“法制”概念到“法治”概念。十一届三中全会之后，在法制领域和法学体系中，最正式最流行的概念就是“法制”“法制建设”。中共十五大之后，最正式最流行的概念演进为“法治”“依法治国”“全面依法治国”等。虽然“法治”与“法制”这两个概念表面上只有一字之差，其内涵和意义却大不相同：第一，“法治”突出了实行法治、摒弃人治的坚强意志和决心，针对性、目标性更强。第二，“法治”“法治国家”意味着法律至上，依法而治、依法治权。第三，与“法制”比较，“法治”意味着不仅要有完备的法律体系和制度，而且要树立法律的权威，保证认真实施法律，切实依照法律治理国家和社会。第四，法治包容了法制，涵盖面更广泛，更丰富。

从“方针”到“方略”。改革开放初期，中共十一届三中全会把社会主义法制建设作为党和国家坚定不移的基本方针。中共十五大在社会主义法制基本方针的基础上提出依法治国基本方略。从建设法制的方针到依法治国的方略，显现出中国法治理论和实践发生了深刻变化。

从"法制国家"到"法治国家"。1996年2月8日，在中共中央第三次法制讲座上，江泽民同志在总结讲话中明确提出要依法治国，建设社会主义"法制国家"，并对依法治国和建设法制国家的重大意义进行了阐述。1997年9月，党的十五大报告根据各方面的建议、特别是依法治国的实践逻辑，把此前的提法修改为"依法治国，建设社会主义法治国家。"用"法治国家"代替"法制国家"，是一次新的思想解放，标志着中央领导集体和全党认识上的飞跃。

从"健全社会主义法制"到"健全社会主义法治"。改革开放初期，面对无法可依、制度残缺的局面，党中央作出"健全社会主义法制"的决策，1982年宪法沿用了"健全社会主义法制"的提法。2018年，现行宪法第五次修改将原序言中的"发扬社会主义民主，健全社会主义法制"修改为"发扬社会主义民主，健全社会主义法治"。这一字"千金"的修改，从宪法上完成了从法制到法治的根本转型，反映出我国社会主义法治建设历史性的跨越和进步。

（二）从"依法治国"到"全面依法治国"

党的十五大将"依法治国"作为党领导人民治理国家的基本方略。十八大提出"全面推进依法治国"。十八届四中全会后，习近平总书记提出了内涵更为丰富、表述更为精致的"全面依法治国"概念。从"依法治国"到"全面推进依法治国"再到"全面依法治国"，提法的变化表明我们党依法治国的思路越来越清晰、越来越精准。

（三）从建设"法治国家"到建设"法治中国"

十八大以后，习近平总书记明确提出"法治中国"的科学命题和建设法治中国的重大历史任务。"法治中国"比"法治国家"的内涵更加丰富，思想更加深刻，形态更加生动，意义更具时代性。从"法治国家"到"法治中国"的转型，意味着我国法治建设的拓展、深化和跨越。

（四）从建设"法律体系"到建设"法治体系"

在全国人大常委会宣布中国特色社会主义法律体系已经形成之后，法治建设如何推进？这是摆在全党和全国人民面前的重大课题。习近平总书记经过深入调研和科学论证，提出"建设中国特色社会主义法治体系"。十八届四中全会正式将"建设中国特色社会主义法治体系"作为全面推进依法治国的总目标、总抓手、牛鼻子。从建设"法律体系"到建设"法治体系"，体现了我们党对法治建设规律认识的重大突破。

(五)从"以经济为中心"到"以人民为中心"

中共十一届三中全会果断地、历史性地把党和国家的工作重心从以阶级斗争为纲转向以经济建设为中心，与此同步，中国的法制建设也转向了以经济建设为中心，为经济发展"保驾护航"成为法制的核心价值。中共十八大之后，党中央明确地提出"以人民为中心"的思想，这是统揽全局、指导全面的思想。在法治领域，树立"以人民为中心"的思想，就是要倍加关注人民对民主法治、公平正义、人权保障、产权保护、安定有序、环境良好的美好向往，以满足人民对美好法治生活的向往为宗旨；坚持法治为了人民、依靠人民、造福人民、保护人民，把体现人民利益、反映人民意愿、维护人民权益、增进人民福祉、促进人的全面发展作为法治建设的出发点和落脚点，落实到依法治国全过程各方面。

(六)从"法律之治"到"良法善治"

从 1978 年至 1997 年间，我国法制建设的基本方针是"有法可依、有法必依、执法必严、违法必究"，总体而言，这是一种形式法治意义的"法律之治"。十八大提出"科学立法、严格执法、公正司法、全民守法"，从理论和实践上都向形式法治与实质法治的结合前进一大步。十八大以后，我们党明确提出"法律是治国之重器，良法是善治之前提"。十九大报告进一步提出"以良法促进发展、保障善治"。这是对新时代中国特色社会主义法治作为形式法治与实质法治相统一的法治模式的精辟定型。从"法律之治"到"良法善治"是法治理念的根本性飞跃。

(七)从"法制建设"到"法治改革"

从 1978 年到 21 世纪第一个十年，在法治领域，总的提法是法制建设，而且总体上也是按照"建设"来规划部署的。中共十八大以来，习近平总书记多次指出，"全面依法治国是国家治理的一场深刻革命"，并以革命的勇气和革命的思维，大刀阔斧地推进法治领域的改革，出台了数百项重大法治改革举措，大力解决立法不良、有法不依、执法不严、司法不公、监督疲软、权力腐败、人权保障不力等突出问题。实践充分证明，法治改革是加快推进法治中国建设的强大动力和必由之路。

(八)从常规建设到加快推进

改革开放以来，我国法制建设有序推进，取得了很大成就。但是，常规的、按部就班的法制建设难以适应全面深化改革、全面依法治国、全面从严治党的迫切要求，难以适应人民群众日益增长的多样化、高质量法治需要，难以跟进国家治理现代化的前进步伐。为此，党中央以时不我待、只争朝夕的姿态加快推进法治改革和法治建设，提出一系列"加快"各领域法治建设和改革的重大措施。

(九)法学教育从恢复重建到繁荣发展

中国的法学教育历史悠久,源远流长。但从20世纪50年代末,我国的法学教育随着法治的衰败而全面衰败。改革开放40年来,伴随着中国法治和中国高等教育前进的步伐,我国法学教育历经恢复重建、快速发展、改革创新,已经形成了具有一定规模、结构比较合理、整体质量稳步提高的教育体系。中国的法学教育已经跻身世界法学教育之林,法学教育的中国模式与法学教育的美国模式、欧洲模式呈三足鼎立态势。一个基本适应我国法治人才需要和法治中国建设需要、具有中国特色的法学体系初步形成。

(十)从人治到法治

40年的中国法治轨迹,总括而言,就是从人治到法治。法治与人治是两种互相对立的治国方略。在这个问题上,我们有经验也有教训。改革开放初期,邓小平同志针对"要人治不要法治"的错误观念以及人治导致"文革"悲剧的沉痛教训,强调指出:"要通过改革,处理好法治和人治的关系"。后来,他又尖锐地指出:要保持党和国家长治久安,避免"文化大革命"那样的历史悲剧重演,必须从法制上解决问题。中共十八大以来,习近平总书记深刻地阐述了厉行法治、摒弃人治的历史规律和深远意义。他指出:"法治和人治问题是人类政治文明史上的一个基本问题,也是各国在实现现代化过程中必须面对和解决的一个重大问题。综观世界近现代史,凡是顺利实现现代化的国家,没有一个不是较好解决了法治和人治问题的。""经验和教训使我们党深刻认识到,法治是治国理政不可或缺的重要手段。法治兴则国家兴,法治衰则国家乱。什么时候重视法治、法治昌明,什么时候就国泰民安;什么时候忽视法治、法治松弛,什么时候就国乱民怨。"基于对人治教训的深刻分析和对治国理政规律的深刻把握,以习近平同志为核心的党中央采取一系列重大举措,推动党、国家和社会告别人治传统而步入法治的光明大道。

三、中国法治40年的基本经验

40年的法治建设不仅取得了历史性成就,而且积累了一系列宝贵经验,形成了一整套科学理论。

(一)坚持和拓展中国特色社会主义法治道路

习近平总书记指出:"中国特色社会主义法治道路,是社会主义法治建设成就和经验的集中体现,是建设社会主义法治国家的唯一正确道路。""具体讲我国法治建设的成就，大大小小可以列举出十几条、几十条，但归结起来就是开辟了中国特色社会主义法治道路这一条。”坚持中国特色社会主义法治道路，“核心要义”是坚持党的领导，把党的领导贯彻到依法治国各方面和全过程，坚持中国特色社会主义制度，贯彻中国特色社会主义法治理论。改革开放 40 年来，我国的法治建设、法治改革和全面依法治国之所以能够取得历史性成就，根本原因在于我们坚定不移地走中国特色社会主义法治道路。

（二）坚持依法治国与以德治国相结合

法治与德治的关系问题，历来是治国理政的基本问题，是法学和政治学的基本论题。中共十五大以来，党中央总结古今中外治国理政的成功经验，明确提出了坚持依法治国与以德治国相结合的思想。中共十八届四中全会《决定》和习近平总书记在十八届四中全会上的讲话进一步明确提出依法治国与以德治国相结合是中国特色社会主义法治的基本原则，强调“必须坚持一手抓法治、一手抓德治”；既重视发挥法律的规范作用，又重视发挥道德的教化作用，实现法律和道德相辅相成、法治和德治相得益彰。党中央关于依法治国与以德治国相结合的深刻论述，突破了法治、德治水火不容的僵化思维定式，阐明了一种现代法治和新型德治相结合的治国理政新思路。正是遵循了依法治国与以德治国相结合的思想路线和决策部署，我国的法治建设和道德建设才能呈现出相得益彰的良好局面。

（三）坚持依法治国与依规治党有机统一

坚持依法治国与依规治党有机统一，是以习近平同志为核心的党中央在治国理政新实践中探索出来的新经验、概括出来的新理论。依法治国与依规治党有着内在联系，治党与治国相辅相成，依法执政与依规执政高度契合，缺一不可。基于对依法治国与依规治党有机统一关系的深刻认识，我们党采取了一系列措施统筹推进依法治国和依规治党。一是把党内法规制度体系纳入到中国特色社会主义法治体系之中，加快形成完善的党内法规制度体系。二是注重党内法规同国家法律的衔接和协调，共同发挥在治党治国中相辅相成的作用。三是提出思想建党和制度治党紧密结合、同向发力。四是同步推进国家治理体系现代化和中国共产党治理体系现代化，提高党科学执政、民主执政和依法执政的本领。五是探索职能相近的党政机关合并设立或合署办公，推进党和国家治理体制改革，推进国家治理体系和治理能力现代化。

（四）坚持法治与自治良性互动

在一个现代化国家，国家法治与社会自治始终是国家治理的根基所在。依法自治为公民、社会组织等各类社会主体通过自我协商、平等对话、参与社会治理、依法解决社会问题留出了广阔空间。中共十八届三中全会《决定》提出，正确处理政府和社会关系，加快实施政社分开，推进社会组织明确权责、依法自治、发挥作用，并要求放宽社会组织准入门槛，实现依法自治管理。四中全会《决定》进一步提出鼓励和支持基层组织和部门、行业依法治理，支持各类社会主体自我约束、自我管理。两个《决定》开辟了社会依法自治的崭新局面。中共十九大报告进一步提出"打造共建共治共享的社会治理格局"；发挥社会组织作用，实现政府治理和社会调节、居民自治良性互动；健全自治、法治、德治相结合的乡村治理体系。这些思想和方略，必将使法治、德治、自治更为有效衔接，推动国家治理和社会治理、国家法治与社会自治良性互动。

（五）坚持以依宪执政和依宪治国统领依法治国和法治中国建设

宪法是国家的根本法、总章程，是"治国理政的总依据""全面依法治国的总依据""国家各种制度和法律法规的总依据"。所以，依法治国首先要坚持依宪治国，依法执政首先要坚持依宪执政。1982年宪法即现行宪法公布施行后，根据我国改革开放和社会主义现代化建设的实践和发展，在党中央领导下，全国人大先后5次对其个别条款和部分内容作出必要的、也是十分重要的修正，共通过了52条宪法修正案。现行宪法及其历次修改，为法的立改废释提供了宪法依据，使我国宪法以其科学理论、制度优势和强大权威，统领和引领着全面依法治国和法治中国建设的航程。

（六）坚持法治与改革双轮驱动

1978年以来，中国特色社会主义事业有两大主题，一是改革开放，一是法治建设。两大主题有着内在的、相辅相成的必然联系。改革与法治如"鸟之两翼、车之双轮"，共同推动小康社会建设，是小康社会必不可少的动力支持与保障力量。同时，坚持在法治下推进改革，在改革中完善法治，使改革因法治而得到有效推进，使法治因改革而得到不断完善。

（七）坚持统筹推进国内法治与国际法治

统筹国内国际两个大局是我们党治国理政的基本理念和基本经验。十八大以来，以习近平同志为核心的党中央审时度势，统筹推进"两个法治"，使国内法治和国际法治相得益彰。我国以构建人类命运共同体为目标，以推动全球治理体系和治理规则变革为动力，秉持共商共建共享的全球治理观，建设国际法治，推进国际关系法治化，积极开展法律外交，主动参与国际立法，参与和支持国际执法、国际司法、国际仲裁，使国内法治与国际法治的契合达到前所未有的程度。

(八)坚持全面推进与重点突破相协调

全面推进依法治国是一项庞大的系统工程,必须统筹兼顾、把握重点、整体谋划,在共同推进上着力,在一体建设上用劲。在全面推进依法治国过程中,以习近平同志为核心的党中央注重统筹推进、协调发展。同时,善于牵住“牛鼻子”形成“纲举目张”的态势,如强调以中国特色社会主义法治体系为总目标、总抓手、“牛鼻子”;始终把“关键少数”作为依法治国的重中之重;注重重点突破瓶颈问题,如倾力推进司法体制改革、破解制约司法公正和司法公信的瓶颈问题,仅中央全面深化改革领导小组就先后42次审议司法改革方案,出台涉及司法体制改革的文件多达53件。。

(九)坚持顶层设计、科学布局与试点探索、先行先试相结合

改革开放初期,无论是经济改革,还是法制建设,几乎都是“摸着石头过河”。十八大以来,以习近平同志为核心的党中央加强了对法治改革和法治建设的统一领导和顶层设计,提出全面推进依法治国的总目标、法治中国建设的总路径。把依法治国纳入“四个全面”战略布局,并与“两个一百年”的奋斗目标对接,把中国特色社会主义法治体系建设与国家治理体系和治理能力现代化紧密连接,彰显出顶层设计的政治引领、理论导航、行动指南作用。在加强统一领导和顶层设计的同时,注重调动地方、部门改革积极性,激励和支持地方、行业先行先试。各地在先行先试中创造了经验,积累了可复制可推广的经验。这些经验又为党中央顶层设计和推进全面改革提供了实践基础和科学依据。

(十)坚持遵循法治规律与秉持中国法理相一致

改革开放40年来,中国法治建设和法治改革的一个十分鲜明的特点就是既重视规律又重视法理,遵循法治规律,秉持法理精神。中共十八大以来,在全面推进依法治国的整个过程中,习近平总书记反复要求解放思想,实事求是,不断深化对法治规律的认识,按照依法治国、依法执政、依法行政、依法自治的客观规律办事,充分发挥法治在治国理政中的基本方式作用。正是由于注重探索法治规律、总结法治经验、凝练法治理论,保证了中国特色社会主义法治始终沿着法治规律科学发展,从胜利走向胜利。

在尊重和遵循规律的同时,也秉持了法理精神。十八大以来,习近平总书记不仅反复强调要学会运用法治思维和法治方式治国理政,而且善于运用法理思维和法理话语提升中国特色社会主义法治理论的解释力、感召力,夯实全面依法治国重大部署和改革方案的法理基础。在他关于法治的讲话和论著中,可以说各篇都有法理金句,通卷闪耀法理珠玑。如法治兴则国泰民安,法治衰则国乱民怨;法安天

下，德润民心；法律的权威源自人民的内心拥护和真诚信仰；自由是秩序的目的，秩序是自由的保障；发展是安全的基础，安全是发展的条件；党的政策是国家法律的先导和指引；依法设定权力、规范权力、制约权力、监督权力，把权力关进制度的笼子；和平、发展、公平、正义、民主、自由，是全人类的共同价值；等等。习近平总书记提炼出来的一系列法理命题为法律体系和法治体系注入了强大生命力，对全党和全国人民保持法治定力、拓展法治道路、深化法治改革、建设社会主义现代化法治强国产生了强大的感染力和推动力。

张文显

2018年11月10日

目 录

第一章

综 述

第一节 经济法的兴起与确立(1978—2006)

改革开放催生了中国经济法。中国共产党于1978年召开的十一届三中全会明确将经济建设置于中心的基本国策,启动了伟大且注定名载史册的改革开放实践,也开始了我国由计划经济体制向市场经济体制转型之旅。与其相对应,我国陆续制定了一系列与改革开放相关的经济法律及法规。自此,我国经济法的立法工作得以全面铺开与推进,经济法作为一门独立部门法的态势渐显雏形。可以说,我国部门法意义上的“经济法学”与实质意义上的“经济法”,恰恰是以改革开放的启动及“以经济建设为重心”的提出为契机展开的。[①] 我国经济发展的客观实际成了助推经济法蓬勃发展的根本动力,反之,我国经济法亦始终关切及破解中国现实中

① 朱崇实、李晓辉:《转轨经济法:一种渐进的制度变迁模式——基于经济法学三十年发展历程考察》,载《时代法学》2009年第1期。

的重大问题,并将其作为构建与发展经济法学的根本依据与逻辑起点[①]。某种意义而言,我国改革开放的实践促进我国经济法的发展,而反过来,凸显中国问题意识的经济法又为我国经济体制改革的顺利推进提供制度保障与支撑。基于历史的眼光,1978—1991年这一时期被称为经济法初步形成阶段(涉及经济法规的制定与经济法规体系之构建)。同时,以1986年《中华人民共和国民法通则》(以下简称《民法通则》)的颁布和社会主义市场经济的确立为节点,经济法的发展阶段又可以进一步细分。

一、经济法的初创阶段:1978—1986年

可以说,新中国建立直至改革开放前,我国基本不存在真正意义上的经济立法。这是因为,新中国在对原帝国资本主义、官僚资本主义改造后而颁布的一系列经济层面的法律法规,绝大多数是给行政命令、经济政策与领导指示裹上简单的法律外衣,而并未遵循相关程序。且从其施行效果看,表面上存在"与经济有关的法律",然国家仍采用行政手段治理经济,而并非法律手段或经济手段。故言之,无论从形式抑或实质看,在改革开放前我国并不存在真正意义上的经济法。

中国共产党在十一届三中全会后将工作重心转到以经济建设为中心的社会主义现代化建设中来,并相继在社会、经济等多个领域着手改革,强化社会主义法制建设。后来党在1984年召开的十二届三中全会发布《中共中央关于经济体制改革的决定》,将改革的方向定位为"基于公有制建设有计划的商品经济"。整个以市场为取向之改革过程,不但彰显了法律对经济的调整与规制作用,也是强化经济立法以及凸显我国科学意义上的经济法逐步形成之过程。从某种意义而言,变革以往桎梏生产力发展的经济体制与转移国家工作重心乃我国经济法面世的经济与政治基础。

为快速形塑经济法律法规体系,经全国人大常委会法制委员会和国务院原则批准,1982年我国颁发了《1982—1986年经济立法规划草案》,列明了12类共计145个法规,涉及财税、所有制、土地、资源、金融、对外经济技术合作、计划和经济管理等范畴,可以说,基本涵盖了我国经济社会的每一重要方面。此外,为确保该阶段繁重的经济立法任务得以顺利完成,国务院于1981年7月专门创立了"经济法规研究中心"(后其于1986年被并入国务院法制局),国务院相关部委以及省、自治区、直辖市政府相继明确经济法规的主管机构。

至1979年第五届全国人大召开,我国共公布了以《中华人民共和国中外合资经营企业法》(以下简称《中外合资经营企业法》)为代表的七部法律,这在很大程度上标志着我国经济法制建设已然进入正常化且正规化之轨道。诚如亲历法制建设

① 鲁篱:《中国经济法的发展进路:检视与前瞻》,载《现代法学》2013年第4期。

者所坦言,“这些法律的颁布,意味着我国强化及完善社会主义法制建设迈出了一大步”。对此,彭真同志在第五届全国人大会议上还专门就新法律草案作了说明,其洞言:“伴随我国经济建设的迅猛发展,我们还需进行系统、充分的调查研究并在此基础上颁布各种相关法律,以此推动我国社会主义法制建设体系的完备。”后来,全国人大于1982年出台了新宪法,更为此后以经济立法为重心的经济法制建设输送来自根本法层面的法律依据。[①] 据相关部门统计,在1978—1986年期间我国出台的56个法律文件中,至少一半是关于经济层面的立法,而在国务院所颁发的400余个行政法规中,多数亦是经济法规。[②]。可以说,经济法在改革初期起到规范经济良好运行的重要作用,特别是在1982年,全国人大法制委员会和国务院讨论制定的经济立法五年规划,并按该规划出台我国经济改革初步阶段迫切需要的各种经济法规范,从一定程度看,该文件为我国经济法回应经济改革建设提供了关键的法律依据。鉴于该阶段法学界流行“大经济法”理论,经济法的规制范围涵盖“规制经济流转关系、规制所有权关系、规制经济管理关系、规制知识产权、规制劳动关系、规制财政金融、规制商事活动等等”[③]。可以说,经济立法呈现大包大揽概貌,无论其本质属性是否属于经济法,皆被扣上经济立法之名号。

虽然该阶段经济立法数目空前,然总体的立法成果却显得较为稚嫩。基于立法宗旨看,经济法重在切实发挥政府管理经济以及为改革服务之意图,不免浸润较为浓厚的计划经济色彩,而其主要作用体现为确保国家计划之实现。[④] 基于立法过程视之,经济法通常以类似的经济政策的良好实施作为其前提。而基于立法内容视之,经济法所颁布的系列规定与法律条文,非但需回应市场培育之根本需求,亦需保证政府计划的有效实施。基于立法机关视之,行政部门出台的法规规章占了很大比重,且发挥关键性作用。而基于法律名称视之,经济法通常带有试行、暂行的表述。基于法律实施过程视之,经济法往往先在个别行业或某地区进行试点后再在全国范围内施行。[⑤]

考虑到我国该时期正处于法制化与市场化改革的初步阶段,经济活动的每一层面才刚导入市场机制,呈新旧体制共存的局面,但总体的发展极不平衡,经济法也正处于初步生成阶段。其重点移植与借鉴域外经济立法。该阶段我国的经济法学说总体划分为“经济法肯定论”与“经济法否定论”两种派别。前者的主要观点如

---

① 陶广峰:《回顾与展望中国经济法30年——以市场经济与法治国家建设为视角》,载《现代经济探讨》2008年第8期。

② 中国法律年鉴编辑部:《中国法律年鉴(1987年)》,法律出版社1987年版,序言第2页。

③ 顾明:《关于我国经济立法问题》,载《中国法学》1984年第1期。

④ 张守文:《改革开放与中国经济法的制度变迁》,载《法学》2018年第8期。

⑤ 岳彩申、李永成:《中国经济法学三十年发展报告》,载《经济法论坛》2010年第1期。

纵向经济法论[①]、纵横统一论[②]、意志经济关系论[③]、计划经济法论[④]。而后者的主要观点有经济行政法论[⑤]、学科经济法论[⑥]、综合经济法论[⑦]。作为一门新兴部门法学，经济法学在该时期不但欠缺必要的理论积淀，也欠缺相应的法律制度作为其研究对象，而且，受传统计划经济体制所衍生的固有观念之影响，该阶段经济法学的相关理论构建带有明显的苏联法学印记，特别是对苏联以拉普捷夫作为代表的学者所提倡的"纵横说"情有独钟。所谓"纵横说"，也就是"大经济法"的观点，即经济法不但规制横向经济关系、纵向经济关系，也规制企业内部经济关系。究其原因，在于我国该阶段正处于改革开放的初始阶段，经济体制主要仍旧为计划经济，市场因素才逐渐开始萌发，而多数学者仍未来得及厘清改革的朝向及其最终目标。[⑧]然基于历史眼光窥之，该阶段学者所进行的理论建树是在既没有民法，亦不存在劳动法和行政法，更无经济法之特殊历史背景下而进行，其崇高的历史使命感、求真务实的探索精神以及对我国经济法发展之奠基性作用让人肃然起敬。[⑨]

二、经济法的调整修正阶段：1986—1991 年

在我国经济立法发展过程中，经济法与民法呈现千丝万缕的联系。而 1986 年《民法通则》之出台为经济法的发展带来极大冲击的同时，亦为经济法的发展提供难得的历史发展机遇。实际而言，在《民法通则》面世前，我国经济法、民法、行政法三者之间是何种关系始终未能厘清，立法者对此也从未提供明确的阐释，这也是为何"大经济法"盛行的一个重要原因。对此，漆多俊老先生在《国民经济的法律调整》一书中进一步指出："个别同志之所以将经济法的调整范围看得太大，在不同程度上对于民法在调整国民经济活动中的地位和作用有所忽视，与他们对于社会主义国家应该实行怎样的经济体制的认识有关。由于我国过去长时间内实行的是计划经济体制，以致使人们形成一个较深的印象，以为社会主义国家经济体制本应就

---

① 孙亚明：《经济法应否成为独立的法律部门》，载《法学研究动态》1982 年第 13 期。

② 刘隆亨主编：《经济法概论》，北京大学出版社 1984 年版，第 43～44 页。

③ 周沂林、孙浩辉、任景荣、方志刚：《论经济法的调整对象》，载《中国社会科学》1982 年第 5 期。

④ 谢怀栻：《从经济法学的形成看我国的经济法》，载《法学研究》1984 年第 2 期；周之源、赵新华：《论经济法、民法和商品经济的关系》，载《政治与法律》1986 年第 3 期。

⑤ 梁慧星：《中国民法经济法诸问题》，法律出版社 1991 年版，第 292 页。

⑥ 佟柔：《关于经济法的几个理论问题》，载《中国法学》1984 年第 2 期。

⑦ 王保树：《市场经济与经济法学的发展机遇》，载《法学研究》1993 年第 2 期。

⑧ 漆多俊：《中国经济法理论之创新与应用——30 年回顾与启示》，载《法学评论》2009 年第 4 期。

⑨ 朱崇实、李晓辉：《转轨经济法：一种渐进的制度变迁模式——基于经济法学三十年发展历程考察》，载《时代法学》2009 年第 1 期。

是如此。近几年来,我国虽然实行了经济体制改革,但是,对于经济体制改革的重大意义和发展方向,也不是很快就被人们所认识的……”[①]而《民法通则》的颁布推动我国经济法理论构建逐步跳出总在“大经济法”思维框架内找寻自我修补之怪圈。

如《民法通则》第2条所规定,民法调整平等主体的公民之间、法人之间、公民和法人之间的人身和财产关系。该规定给诸多经济法理论带来极大挑战,不少学者开始深刻认知到应当对经济法进行彻底反思,重新挖掘经济法的真谛。而在此后召开的六届人大四次会议所通过的《关于〈中华人民共和国民法通则(草案)〉的说明》则进一步表明:“民法重在规制平等主体之间的人身财产关系,也就是横向的经济财产关系。而政府对经济的治理、企业与国家之间以及企业内部等行政管理关系或纵向经济关系,并非平等主体间的经济关系,其主要交由经济法、行政法调整,对此,民法基本上不作规定。”此乃立法者首度在正式的立法场合对经济法、民法和行政法三者之间的关系作出阐明。自此,经济法作为一门独立法律部门的地位获得确立,而经济法学界与民法学界之间的肯定论及否定论之争论也在立法上获得平息。此外,民法所确定的调整横向经济关系之观点,也宣告了经济法以“纵横统一论”为典型的“大经济法”观点步入调适及修正阶段。

基于某种意义而言,所谓经济法的调适修正阶段,其本质主要为“纵横统一论”观点之调适期。依据《民法通则》的规定,提倡“纵横统一论”之学者,一部分转向“纵向经济关系论”的观点,而其他学者仍坚持经济法调整横向经济关系的观点,只是对其范围进行了缩减。由此,我国经济法学界的纷争则转向纵向经济法论与修正形态的纵横统一论之间对经济法调整范围之争论。与此同时,鉴于行政法也关涉一定范围的经济关系,而且该阶段经济管理关系仍不免浸透明显的行政隶属性,故此,又导致行政法与经济法之间的冲突更为明显与激化。不过总体而言,经济法在与行政法和民法的冲突碰撞中,其理论研究逐步发展壮大。

1991年出台的《中华人民共和国国民经济和社会发展第八个五年计划纲要》重新提出“构建较为完善的经济法规体系”之立法构想。所谓经济法规体系,系指基于经济法规分类且依据任一经济法规关系之疏密、性质之异同,以某种秩序和标准进行排列组合而成之统一体。[②] 在该法规体系之构建中,既有分散且兼顾多领域的经济立法呈现出规范性与初步的系统性,这也为我国后续构筑市场经济法律体系与架构中国特色社会主义法律体系中的经济法框架埋下体系基础。[③]

该阶段学界认真反思前一阶段的经济法体系研究,在认识上取得明显进步,并

---

① 漆多俊:《国民经济的法律调整》,河南人民出版社1986年版,第20页。

② 刘文华:《中国经济法基础理论》,法律出版社2012年版,第124页。

③ 单飞跃:《中国经济法部门的形成:轨迹、事件与特征》,载《现代法学》2013年第4期。

逐渐将并非经济法体系的内容排除在外,“大经济法”之观点也逐步被加以修正。总体而言,经济法体系更加科学化,也更为接近实质意义上的经济法。某种意义而言,《民法通则》的出台很大程度上推动中国经济法学理论变得科学化,极大促进了经济法之发展。需要说明的是,由于该阶段我国的经济体制改革仍处于由计划的商品经济转向市场经济的过渡时期,故而反映在该阶段的理论研究上,彰显了明显的过渡调整之特性。然而在以下命题上依然达成共识:伴随经济法体系的逐渐完备,以及其在经济社会发展中不可替代作用之愈加凸显,其他学科的学者对经济法作为一门独立部门法学的地位不再表示异议,此乃共识之一。此外,经济法最为根本的特征是彰显国家对经济社会的干预(如调制、协调或调节),此乃共识之二。而伴随《民法通则》的出台及施行,作为平等主体间的协作合同关系被剔除出经济法之调整范围,此乃共识之三。而经济法所规制的经济社会关系乃国家基于社会公共利益(社会整体利益)而对经济运行过程施加影响所产生,此乃共识之四。值得提出的是,该时期经济法主要形成的学说有经济行政法论①、企业经营管理法论②、密切联系论③、管理—协作论④、经济管理关系论⑤等。

三、经济法的迅速发展阶段:1992—2001 年

我国社会主义市场经济之确立为经济法的准确定位奠定了明确的发展目标。鉴于 20 世纪 80 年代我国在经济改革的目标导向上面临理论与实践的困惑,尤其是应怎么处理市场与政府之关系,学界论战未歇、观点莫衷一是,而政府对此也并未提供明确且坚定的经济决策答复,为此,我国经济法从立法层面到运行机制均面临一些错位与偏差。然而,值得特别指出的是,邓小平同志的南方谈话与党的十四大将构建中国特色社会主义市场经济体制作为我国经济体制改革之目标,这为我国新一轮的改革明确了导向。与此同时,也为我国经济法的正确定位及发展提供了强有力的指引,经济法的发展进入第二个春天。此后,我国经济法愈加客观理性地厘清市场与政府之关系,着重强化作为资源配置基本手段的市场之作用,强调政

---

① 李中圣:《论经济法概念》,载《天津社会科学》1991 年第 2 期。

② 潘念之:《中国经济法理论探索》,上海社会科学院出版社 1987 年版,第 86 页。

③ 李昌麒:《经济法调整对象新探》,载《现代法学》1988 年第 2 期。

④ 杨紫烜:《再论经济法的调整对象》,载《法学杂志》1987 年第 5 期;杨紫烜:《管理—协作经济法论纲》,载《经济法制》1990 年第 11 期。

⑤ 按经济管理关系是否包括对内部经济管理关系的调整,经济管理关系论有广义和狭义之分。其中广义经济管理关系论参见陶和谦:《我国社会主义经济法基础理论的现状与前景》,载《政法论坛》1986 年第 1 期;谢次昌:《论经济法的对象、地位和学科建设》,载《中国法学》1990 年第 6 期。而狭义经济管理关系论参见王利明、李时荣:《关于经济法的几个基本问题》,载《中国社会科学》1984 年第 4 期;漆多俊:《国民经济的法律调整》,河南人民出版社 1986 年版,第 24～30 页;漆多俊:《经济法调整对象及其他》,载《法学评论》1991 年第 2 期。

府在形塑市场秩序规则与宏观调控层面之功用，强调约束政府不当干预市场之权力，自此我国经济法得以在正确的道路上前行。经济法的立法凸显科学化与体系化的发展态势，经济法的运行机制始而朝着良性化发展。[①]

中国共产党于1992年召开的十四大将我国经济体制改革的目标明确为构建社会主义市场经济体制，为我国新一轮的改革指明了方向。市场经济体制之构建意味着在资源配置层面，由市场发挥基础性作用，也需要进一步减少既有计划经济体制背景下政府的过度干预，这些均为经济法提供上佳的发展机遇。八届全国人大一次会议（1993年）通过的《中华人民共和国宪法修正案》明确了“国家实行社会主义市场经济”以及“国家加强经济立法、完善宏观调控”之宪法经济主张。某种意义而言，此乃划时代的宪法修订。这是首次在根本法层面上告别以往的计划经济、明确市场经济，且强调经济立法、完善宏观调控之举措。这种“市场经济＋经济立法＋宏观调控”的宪法规范结构，明确了我国经济机制与体制之基本框架，奠定了我国社会主义市场经济体制的宪法制度基石。[②] 在该会上，乔石委员长还特别提出，“要力争在本届全国人大任期内，初步形成社会主义市场经济法律体系，要尽快制定一批规范市场主体行为、维护市场经济秩序、完善宏观调控以及社会保障等方面的法律”。

为与市场经济的宪法经济体制相匹配，市场经济立法领域重点围绕规范市场秩序、保障市场主体权利、强化宏观调控与加强社会保障这四方面展开。如若说既有经济法立法始终有利于市场调节与计划经济之间的临界面，并力图以其为基点构建自身法律调整支点，那么在正式确立市场经济体制之后，经济法的立法使命则已然完全明晰，亦即保障市场竞争和规范宏观调控。换言之，市场经济体制之确立促使我国经济法完成其自面世以来最为关键的一次现代化转型，也为经济法的内涵倾注了全新的市场化发展理念，以宏观调控法与市场竞争法为核心之经济法体系始而筑成。由1993年起到1997年党的十五大明确提出“至2010年形成中国特色社会主义法律体系”这段着重构建市场经济法律体系的时期，是我国经济法的关键形成阶段，其为我国特色社会主义法律体系中经济法部门之确定奠定了坚实基础。

相较于前一时期，该阶段我国的经济立法步入了新发展阶段，建构市场经济法律体系乃经济立法之重任，该阶段全国人大及全国人大常委会所发布、出台的经济法法律共计24部，占目前全部生效的经济法法律达40%。既有以行政法规为核心的经济立法格局逐渐有所变革，而国务院所公布的经济类规范性文件与行政法

① 鲁篱：《中国经济法的发展进路：检视与前瞻》，载《现代法学》2013年第4期。

② 单飞跃：《中国经济法部门的形成：轨迹、事件与特征》，载《现代法学》2013年第4期。

规之数目也明显有所减少，据统计，该时期仅有65件。[1]

从某种意义而言，中国特色社会主义市场经济体制改革目标之形塑促使我国的改革事业迈向全新的发展阶段。而我国市场经济法律体系的建构，非但明晰了市场经济的立法重点范畴，也促使经济法立法的领域、标准、指引、路径更为清晰，可以说，经济法立法之内涵愈加饱满。为规范行业之监管，该阶段出台了《中华人民共和国电力法》《中华人民共和国公路法》《中华人民共和国民用航空法》《中华人民共和国煤炭法》《中华人民共和国邮政法》《中华人民共和国建筑法》《中华人民共和国注册会计师法》《中华人民共和国城市房地产管理法》。此外，为强化宏观调控，该时期公布了《中国人民银行法》《中华人民共和国审计法》《中华人民共和国农业法》《中华人民共和国预算法》《中华人民共和国节约能源法》《中华人民共和国农业技术推广法》《中华人民共和国乡镇企业法》。另外，为确保市场秩序井然，出台了《中华人民共和国反不正当竞争法》、《中华人民共和国消费者权益保护法》(以下简称《消费者权益保护法》)、《中华人民共和国产品质量法》、《中华人民共和国广告法》、《中华人民共和国价格法》(以下简称《价格法》)、《中华人民共和国对外贸易法》(以下简称《对外贸易法》)。

反映在学界研究中，可以说市场经济体制之导入促使我国经济法学之研究迈上一个新台阶。学者也快速捕捉到该机遇，纷纷调整固有学说和观点以确保其适应市场经济的发展需求与发展规律。与之同时，也有不少新的学说观点见之于世。总体而言，该时期我国经济法学研究逐步褪去苏联法学之烙印，逐渐与西方经济法理论相接轨，并着重移植德国、日本及法国等国家比较先进的研究成果，始而对经济法理念、定位、价值选择、宗旨等问题展开深入探讨。而在方法论层面，该阶段的经济法理论体系建构开始以国家干预与市场机制的双重性为基点，并摒弃以往以计划因素为基点研究经济法概念。与此同时，各学说所倡导的经济法调整范围均大大缩减，与之前的研究相比取得较多共识，也摒弃了若干不为经济法所涵盖的范畴之研究，经济法的思想性与理论性大大增强。可以说，我国主要的经济法学说多数形成于该阶段，具体包括需要国家干预说[2]、国家协调说[3]、国家调节说[4]、新“纵

---

① 单飞跃：《中国经济法部门的形成：轨迹、事件与特征》，载《现代法学》2013年第4期。

② 李昌麒：《经济法——国家干预经济的基本法律形式》，四川人民出版社1995年版，第198页。

③ 杨紫烜主编：《经济法》，北京大学出版社、高等教育出版社1999年版，第35页。

④ 漆多俊：《经济法基础理论》，武汉大学出版社1993年版，第84页。

横统一说"[①]、社会整体经济利益说[②]、社会公共性经济管理说[③]、国家为一方主体说[④]、国家调制说[⑤]、经营管理经济法说[⑥]、干预政府说[⑦]、宏观调控说[⑧]、经济行政法说[⑨]、增量利益分配法说[⑩]、市场经济法说[⑪]等。

四、经济法的转型阶段:2001—2006 年

法内容乃经济社会发展实况之反映与体现。在经济转型发展过程中,经济的内容从寡至繁,从移植模拟至逐渐本土化,从重计划、轻市场发展至强市场、弱政府。不难发现,经济转型的进程是漫长且渐进的,而经济法的内容在逐步完善,也凸显了法律的兼容性特性。在我国经济法的生成、发展以及其现代转型过程中,有三大历史事件影响尤为重大,其分别是 1978 年的改革开放实践、1992 年确立社会主义市场经济体制目标以及 2001 年我国加入 WTO。

迈入崭新的 21 世纪,世界经济一体化与经济全球化之浪潮席卷全球,此乃社会生产力不断发展之内在需求,亦是全球范围内社会化大生产扩展之结果,任一国家均无法置身事外,唯有深入发展本国经济并主动融入其中,并全面利用国内及国际两个市场,分配好两种资源,以及强化与其他国家(地区)的交流合作,才能永葆创新活力,跻身世界发展前沿。我国在 2001 年加入 WTO,不论是对我国的经济法制建设,还是促进经济法学研究均具有重要意义。从某种层面而言,法律全球化与经济全球化推动了经济法的发展。换言之,我国确立市场经济体制改革之举,铺垫了现代意义层面的经济法之国内基础,而我国加入 WTO,则奠定了构筑中国现代经济法之国际大背景。而 WTO 的透明度原则、贸易自由化原则、非歧视性原则、市场准入原则、公平贸易原则也逐步反映与贯穿到经济法的框架体系内。依据 WTO 有关规则、原则对我国现行经济法律法规予以修订及完善,是我国经济法制体系建设的重要任务之一。细言之,我国加入 WTO 对经济法制建设有如下重要

① 刘文华、史际春:《中国经济法基本理论纲要》,载《江西财经大学学报》2001 年第 2 期。

② 肖乾刚、程宝山:《经济法概论》,中国商业出版社 1994 年版,第 12～13 页。

③ 王保树:《经济法与社会公共性论纲》,载《法律科学》2000 年第 1 期。

④ 朱崇实:《对经济法调整对象的再思考》,载《现代法学》1998 年第 2 期。

⑤ 张守文:《略论经济法上的调制行为》,载《北京大学学报》(哲学社会科学版)2000 年第 5 期。

⑥ 谢次昌:《中国经济法概论》,中国法制出版社 1992 年版,第 116 页。

⑦ 邱本:《经济法原论》,高等教育出版社 2001 年版,第 89～90 页。

⑧ 王希仁:《经济法概念新论》,载《河北法学》1994 年第 2 期。

⑨ 王克稳:《经济行政法论》,载《法律科学》1994 年第 1 期。

⑩ 陈乃新:《经济法是增量利益生产和分配法——对经济法本质的另一种理解》,载《法商研究》2000 年第 2 期。

⑪ 刘建宏:《关于构建市场经济法体系的思考》,载《求索》1994 年第 6 期。

影响[①]：

其一，经济法的特色有所弱化，而其共性不断增强。作为同时适用于逾100个成员方的经济法律规则，WTO的实体规则和程序规则必将广泛影响各成员方的立法，也推动各成员方经济法在保护力度、政府职能及市场开放度等方面逐步变得趋同。并且，由于WTO规则倡导非歧视性原则，也就是所谓的“最惠国待遇原则”与“国民待遇原则”，我国经济法遵循该原则也就须得将内资企业与外资企业置于相同起跑线上进行公平竞争，这也就意味着我国应对外资企业实行国民待遇，并消除以往提供给外资企业的特殊待遇。总而言之，加入WTO促使我国某些内外有别的经济法立法逐渐变得统一。

其二，经济法的纲领性有所弱化，而其技术性不断增强。作为一套凸显技术性之规则体系，WTO规则的体系虽庞大且其表述烦琐，然作为规则，其指示性相当明确。此外，WTO规则特别注重程序保障问题，其提倡程序化、精细化之制度规则与立法精神，也逐渐影响我国的经济法立法，促使我国经济法逐步摒弃纲领式的立法模式，推动经济法迈向高技术性特征之发展阶段。

其三，经济法逐渐走向透明化、公开化。WTO其中一项重要原则是透明度原则，所谓“透明度原则”，是指成员方须得公开其所制定及实施的贸易措施以及其变化情况（如增补、修改、废除等），未经公布的不能施行，并规定须将这些贸易措施及其变化情况通知WTO。此外，WTO规则中有几项具体制度对促进我国法律的透明化、公开化进程具有重要意义，分别是：咨询制度、通知制度和公布义务。法律的透明推动我国经济法置于国际化的评价环境中。而经济法不断增强其透明度，对于提升我国经济法的立法质量亦产生重要意义。

其四，经济法的体系化步伐逐渐加快。诚然，我国经济法的体系化建设获得较大成绩，且回应市场经济发展需求的经济法体系亦逐渐形成，然而，基于适应WTO规则之视角窥之，我国经济法在内容体系与形式体系等方面，依然存在不同程度的欠缺之处。对此，一方面需要抓紧出台市场秩序规制范畴的相关法律如反倾销法、反垄断法等，另一方面应抓紧对消费者权益保护法、反不正当竞争法及广告法等经济立法的修订以及对个别与WTO规则相抵牾的法律法规之废除清理工作。当然，需要说明的是，WTO规则无法尽善尽美提供给我们各种规则，如市场与政府之间的边界等问题需要经济法不断发展、完善以回应之。

加入WTO除了上述对我国经济法带来的巨大影响，其对学界的理论研究也产生重要作用，其中最为关键的莫过于促使我国经济法学界理性客观对待经济法，使学者对经济法观念进行更新，推动现代科学经济法理念之构筑。总体而言，该时期我国经济法学研究不论是在理论层面，还是实践层面均力图与国际接轨，学界不

---

① 冯彦君：《WTO·有限政府·现代经济法》，载《社会科学战线》2004年第6期。

断对固有理论进行适当调适，或扩充，或重构，或反思，经济法的国际调节说[①]、转轨经济法学[②]等观点则为代表。

该时期我国经济法学界的研究在总体趋势上体现为共识大于分歧，达成如下基本共识：第一，调整对象方面达成的共识。在经济法所具体规制的经济关系中，政府或国家往往是抑或多数是一方主体，而经济法所规制的经济关系多数产生于国家对经济运行施加影响；经济法所规制的经济关系是政府基于保护社会整体利益之需、施加影响于经济运行而产生。第二，价值方面达成的共识，具言之，经济法的价值指向效益、公平、经济民主、社会利益及经济秩序。第三，基本原则方面达成的共识。如经济协调行为法定原则、经济公平与公正原则、社会整体效率原则。第四，体系方面达成的共识。经济法主要由市场规制法与宏观调控法构成。第五，责任方面达成的共识。具体而言，基于对传统责任的拓扑和借鉴，经济法亦具有自身独特的责任形式。除了上述共识，也存在一定分歧，不过主要体现为语言表达上的细微差异，如经济法采用“调节”“协调”“规制”“调制”等，然其所指代的内容却无本质区别。此外，经济法在基本范畴、调整范围等诸多方面依然存有不同观点，还需进一步厘清。

第二节　反垄断法的制定与经济法的发展(2007—2012)

一、反垄断法的艰辛出台

伴随我国市场经济建设的逐渐深入发展，在经济领域中也出现了更多的排除、限制竞争的新现象及新问题，亟须出台反垄断法来规制这些排除限制竞争的新行为，以推动我国市场经济的发展与完善。但是，我国反垄断法的面世之路却相当坎坷。从 20 世纪 80 年代以来，伴随我国市场化改革的不断深入，出台反垄断法之呼声日益高涨，然受多种因素影响，直至 2007 年 8 月 30 日我国才通过《中华人民共和国反垄断法》(以下简称《反垄断法》)，其间相距计有 20 年。之所以如此，主要有以下几方面原因：其一，经济体制层面的缘由。由于我国长期以来施行高度集中的计划经济体制，并不存在实质意义上的市场，而企业亦并非作为真正意义上的市场

① 经济法的国际调节相关观点参见漆多俊：《WTO：市场国际化与国际调节发展新阶段——兼论入世对中国国家调节和经济法的影响》，载《中南大学学报》2003 年第 4 期；漆多俊：《WTO 与新的经济调节机制——国际调节》，载《华东政法学院学报》2004 年第 2 期；漆多俊、漆彤：《国际调节与国际经济法学科理论新视角》，载《当代法学》2004 年第 2 期。

② 陈云良：《转轨经济法学：西方范式与中国现实之抉择》，载《现代法学》2006 年第 3 期。

主体，而更接近于政府机构之附属物，可以说企业间并不存在本质上的市场竞争，也就不存在反垄断法的用武之地。反之，以市场为导向的经济体制改革之进程决定了市场竞争机制实现效用之程度，亦彰显了以保障市场竞争机制为己任的反垄断法出台的紧迫程度。而倘若我国经济体制改革尚未发展到一定阶段，则反垄断法的内在需求亦无法获得充分显现。其二，观念层面的缘由。个别似是而非或显然错误的观念在某种意义上桎梏反垄断的立法出台进程。比如，曾有人由于未能正确理解规模经济与反垄断法之间的关系，而担忧制定反垄断法会阻碍国家鼓励企业做大做强以及企业合并之政策，认为出台反垄断法阻碍打造一批经济层面的“航空母舰”，亦不利于强化国内企业之国际竞争力以及规模经济效益之实现。其三，利益博弈层面的缘由。个别既得利益者的不认可甚至阻碍也在很大程度上导致我国反垄断法延缓出台。尤其是个别行业的垄断企业，非但是国有企业，又掌握管理权力，得以采用多种渠道表达其利益需求，要么不赞成出台该法律，要么提议其所在行业能够豁免反垄断法。此外，多个部门基于自身利益谋取反垄断的实施权亦在很大程度上延缓了我国反垄断法的面世时间。其四，理论分歧层面的缘由。不论是在法学界抑或在经济学界，亦不论是在国内外，关于反垄断法具体制度设计甚至该法有无存在的必要性这一根本问题，仍然存在不同程度的差异和分歧，这也再次证明了立法本身乃多方面利益群体相互博弈以及相互协调的过程，任一法律均无法超越特定国家（地区）特定阶段的社会经济条件所施加的制约。

然而特别值得肯定的是，我国《反垄断法》的面世仍然标志着我国社会主义市场经济发展与法制建设迈上了一个新高度。反垄断法俨然是我国对外开放不断扩大以及社会主义市场经济发展到一定阶段之必然产物。可以说，反垄断法存在的根基是市场经济，而在实行计划经济时期排斥甚至否定市场竞争，故而不存在反垄断法生成的土壤。唯有施行以市场为导向的经济体制改革，并且伴随市场竞争机制的导入且其发挥愈来愈重要的影响，我国才逐步产生从法律上保护竞争、反对垄断之需求，且逐渐制定若干反垄断法律规范。实际上，国务院早于1980年就制定了《关于开展和保护社会主义竞争的暂行规定》，该文件首次提到反垄断的任务。其后，国家在有关法规等规范性文件中亦对个别领域内的反垄断问题进行了相关规定。以1992年党的十四大明确构建市场经济体制改革的目标作为标志，我国社会主义市场经济体制改革步入新纪元，与之相应，市场竞争机制的作用和地位亦愈为重要，反映到法律层面，基于法律保护竞争和反对垄断之需求也愈加迫切，在此基础上逐渐形成反垄断法律规范。而1993年开始施行的《反不正当竞争法》在第二章明确规定了11种应予规制的不正当竞争行为中，其中5类行为属于垄断行为。此外，其他法律如《对外贸易法》《中华人民共和国招标投标法》《价格法》与其他有关行政规范性文件亦规定了一些反垄断内容。然而，既有散落于各法律、法规中的反垄断法律规范显得零散且极不完善，无法回应我国市场经济进一步发展的现实需求，急需出台一部统一且比较完善的反垄断法，这非但是现代市场经济发展的客观之需，亦是我国现实情况的迫切需要。

二、反垄断法出台之于经济法的发展

（一）反垄断法在经济法体系中的角色地位

作为素有"经济宪法"之称的反垄断法在市场经济发展中的重要性已经获得普遍认可。然而"获得普遍认可"的判断理由及论证依据则大多为人们所漠视。亦即，反垄断法缘何惯有"经济宪法"之称，乃是由反垄断法在经济法体系，尤其是在市场监管领域的作用与地位所决定的。[①] 那么，为何认为反垄断法在经济法体系中占据核心地位，缘由大抵如下：

其一，基于现代经济法的生成及其本质。现代经济法依托市场经济环境而生，市场失灵乃经济法产生的客观基础，也就是说，市场经济的存在是现代经济法生成的前提，而市场经济最根本的特征是通过市场竞争展开资源配置，竞争机制乃市场经济之实质特征（故而市场经济也被称为竞争性经济）。在市场存在缺陷且自身无法克服时，经济法须对政府干预经济进行确认与规范。虽然不同国家在关于政府应在多大范围上干预经济的问题上并不存在统一标准，然而在政府与市场这两种资源配置方式中，后者是多数情况下主体所认为的最有效的方式，其始终应放在首要位置。经济法作为一种从外部调整、补充市场经济的法律规范，不但应确认与规范政府对经济的依法干预，还应将保障竞争秩序井然且最大限度地捍卫竞争作为己任，而反垄断法的功能定位正在于维护市场经济秩序以及确保整体的经济利益与市场自由。查阅各种具体的经济法律规范，我们不难发现其他经济法律规范基本通过围绕间接促进市场竞争而展开，抑或说均是从个别或某一视角调整市场经济关系，即便如产业政策、财政政策等宏观调控手段的运用，亦仅仅是对特定范畴的经济生活进行调节。唯有反垄断法是直接保障、维护市场竞争的法律，以及基于对整个市场经济运行起关键作用的市场竞争机制来着手。从该视角看，唯有反垄断法最有可能占据现代经济法体系之核心。[②]

其二，基于法益目标。现代经济法乃国家基于保障社会公共利益而对市场经济活动施加影响，以及对继而生成的各种经济利益关系予以干预、调节、保护的法

---

① 阮赞林：《论反垄断法在经济法体系中的宪法性地位》，载《法律社会学评论》2015 年第 00 期。

② 李惠阳：《试论反垄断法在现代经济法体系中的核心地位》，载《浙江工商大学学报》2004 年第 6 期。关于反对意见还可参见王健：《论经济法体系的基本构成与核心》，载《法律科学》1996 年第 6 期。

律规范总称，经济法的根本保护法益是社会整体利益。[①] 而反垄断法的立法重点在于侧重从经济角度确认政府调节经济的权力范围(也就是明确政府能够对哪些经济活动进行限制)、维护公民的经济利益与经济自由，其宗旨是从宏观上避免市场出现竞争不足，以确保经济充分发挥活力，提高我国企业与整个国家的市场竞争力，其与国家产业政策的制定与执行具有极其密切的关联。也就是说，反垄断法的着重点并非个别主体的具体权益，而是社会整体利益，一言蔽之，反垄断法所凸显的法益目标与经济法相一致。因此，不论是基于现代经济法的生成、经济法的本质还是经济法的法益目标，都证明了反垄断法在现代经济法体系中占据关键性地位。

(二)反垄断法出台对经济法的影响

正如上文所言，反垄断法常被誉为"经济宪法"，除了源于反垄断法与经济法的历史生成、本质及其法益目标息息相关，也反映了反垄断法接近、链接宪法的趋势。[②] "反托拉斯法乃自由企业之大宪章，其对保障经济自由与我们的企业制度之重要性，无异于权利法案保护我们的基本权利之重要性那般。"[③]宪法乃保障社会主体自由和民主之基本法。而反垄断法乃排除经济专制、规制排除限制自由竞争行为之法。反垄断法禁止滥用市场支配地位的行为、规制具有支配地位的经营者利用市场力量妨碍其他竞争者进入市场或以其他方式排挤竞争对手之行为。此外，反垄断法禁止经营者集中行为，避免合并产生的市场力量阻碍其他竞争者参与竞争，其还规制垄断协议行为以预防合谋企业不当利用其市场力量。当然，反垄断法还明确禁止行政垄断行为，划清市场与政府之界限。

反垄断法的面世和施行对我国经济法与市场经济的发展均具有里程碑式的意义，具体体现在：其一，反垄断法的公布和施行为全面发挥社会主义市场机制的作用铺垫坚实的法律基础。其二，反垄断法的公布和施行有益于在开放条件下保障我国的经济安全。其三，反垄断法的公布和施行有益于推动我国产业结构的升级与经济技术大幅度提升，进而推动我国经济又快又好发展。其四，反垄断法的面世和施行有益于维护经营者与消费者的整体权益。其五，对于从计划经济体制转向市场经济体制发展的我国而言，出台和施行反垄断法不但起到保障竞争自由与维护消费者利益这种一般性作用外，对推动我国经济体制转轨以及完善我国市场结构也起到巨大的作用。[④]

---

① 卢代富：《经济法对社会整体利益的维护》，载《现代法学》2013年第4期。

② 李国海：《经济民主：反垄断法的宪政价值》，载漆多俊主编：《经济法论丛》上卷，中信出版社2011年版，第30页。

③ United States v. Topco Associations, Inc. , 405 U. S. 596, 610 , 1972.

④ 王先林：《理想与现实中的中国反垄断法——写在〈反垄断法〉实施五年之际》，载《交大法学》2013年第2期。

党在十七大报告中明确表明:“完善基本经济制度,健全现代市场体系。坚持和完善公有制为主体、多种所有制经济共同发展的基本经济制度……深化垄断行业改革,引入竞争机制,加强政府监管和社会监督……加快形成统一开放竞争有序的现代市场体系。”可见,实现市场化的经济转型第一要义是解决构建市场与维护市场秩序的难题。在维护自由竞争的议题上,我国经济法与其他国家经济法无异,均须以反垄断法作为根本的后盾,才能实现党在十七大报告中所提到的“社会主义市场经济体制更加完善、自主创新能力显著提高,科技进步对经济增长的贡献率大幅上升、进入创新型国家行列”之目标。

当然,还需指出的是,反垄断法能够发挥的作用及创造的公共价值也是有限的,我们不能期冀仅依靠反垄断法就可以解决经济改革运行中的全部问题。反垄断法对除提高效率外的其他目标的实现,亦受制于其本身的制度逻辑。[①] 比如,借助反垄断法进行直接的财富分配无法奏效,反垄断法只能起到提升生产效率、减少贫穷的作用,[②]但政府管制却可直接借助税收等手段进行财富分配,减少贫富差距。因此,对于反垄断法的功能定位我们应理性看待。

三、该阶段经济法的演进品性

自从党在十五大报告中提及“至 2010 年完成中国特色社会主义法律体系构筑”以来,我国经济立法又进入另一个全新的发展阶段。“尽管立法规划并非立法的法定程序,多数纳入规划的立法受多种原因限制并未实际制定,然而它确实反映了我国立法的计划性和目的性,立法规划在促进我国特色社会主义法律体系的形成上发挥重要作用[③]”。相比于先前阶段,该阶段经济法的立法虽然总体仍呈现活跃趋势,然其立法规模有所变化,凸显了从“峰峦起伏式”发展至“平缓推进式”的态势。在这一时期,受我国经济管理体制深度改革的影响,经济法的内容亦呈现出明显的变动性。总体看来,该阶段有两个重大事件需予以重点提及。

1.全球金融危机倒逼实务界和理论界重新审视经济法功能

2008 年,以美国次贷危机为导火索而引发的全球性金融危机,折射出美国金融监管机构、监管机制以及法律监管层面的失误和不足,也凸显、重申了对国际经济秩序进行重构的必要性。这场席卷全球的金融危机带给我国的影响,以及我国在经济转型进程中所累积的教训与经验,都要求我国经济法须重新审视经济法的

---

① 张占江:《反垄断法的地位及其政策含义》,载《当代法学》2014 年第 5 期。

② 也有学者认为,经济效率是基础价值,而社会公平和竞争自由在价值体系中则属于核心价值,作为经济效率的上位价值。李剑、王茜:《反垄断法在市场经济中的价值底蕴》,载《当代法学》2012 年第 5 期。

③ 朱景文:《中国特色社会主义法律体系:结构、特色和趋势》,载《中国社会科学》2011 年第 3 期。

功能定位。在我国经济转型进程中，经济法更多地担任了构建市场的历史使命，且伴随着各类市场的建立，保障市场秩序井然变成经济法的基本功能。与此同时，经济法规范政府行为，避免政府滥用过于集中的权力，而伴随着政府权力的法定化，限制政府权力变成经济法的重要内容。另外，最初的经济法是合法化经济改革的关键手段，而伴随着社会主义市场经济体制的初步构建，经济法逐渐褪去服从经济改革的使命。经济法作为规范市场主体行为、规制政府的法律，伴随着经济转型的完成，对经济法的功能应有重新认识。其核心功能不再停留于构建市场，不再拘泥于服从经济体制改革，不再简单地作为政府执行改革措施之手段，经济法的功能定位应扩至维护经济安全、捍卫经济秩序、协调均衡经济发展、科学配置经济资源以及对经济利益的公平分享上。

2.中国特色社会主义法律体系形成与经济法地位的部门化

我国在2011年召开的十一届全国人大四次会议上，正式宣布中国特色社会主义法律体系已经形成。所谓中国特色社会主义法律体系，系以我国宪法作为统帅、以其他法律作为主干、以行政法规及地方性法规等作为重要组成部分，即由宪法及其相关法、民法、行政法、经济法、刑法、商法、社会法、诉讼与非诉讼程序法等七个法律部门所组成的法律体系。中国特色社会主义法律体系的形成，表明位处其中的经济法子部门的地位得以确证，中国经济法的部门法地位已经形成。需要说明的是，我国经济法地位的部门化并非偶然所得，亦非一蹴而就，其从起初的“经济法规”，到市场经济法律体系基于内涵层面明确经济法的立法重点，再发展到中国特色社会主义法律体系确证经济法的体系构成、调整目标与其部门地位，整个形成过程凸显明显的计划性、分步骤推进的规划性，与我们整个体制改革、立法技术以及其他法律部门关系进行渐进衔接，亦书写了一种多层次、按标准、有体系的整合性。

第三节　新时代与经济法的新发展(2013—2018)

法律是一项发展性的概念。“发展性”主要指的是法律会与社会经济、政治和文化发展相适应与协调，大致反映在制度变迁、精神转换、体系重构等在内的多个层面法律变革。[①] 事实上，前述特征很大程度上又可表现为法律具有鲜明的时空性。具体到经济法领域，近几年来伴随着我国经济社会的迅猛发展与加速转型，这一重要的部门法实际上也正在经历着较大规模的法律变迁或者制度演变。因此在此新时代背景下，全面梳理与深入考察我国经济法的发展近况殊有必要。

---

① 张文显:《法哲学范畴研究》,中国政法大学出版社2001年修订版,第261页。

一、消费者权益保护法的修订

消费者权益保护法是现代经济法体系的重要构成部分之一。2013年10月25日，第十二届全国人民代表大会常务委员会第五次会议审议通过了《关于修改〈中华人民共和国消费者权益保护法〉的决定》。与旧法相比，此次法律修订的亮点主要包括如下几个方面：

（一）确立了消费者反悔权制度

消费者反悔权制度又称“撤回权制度”“七天无理由退货制度”“消费者撤回权制度”“冷静期制度”等。就内涵界定而言，消费者反悔权是指消费者在合同成立以及生效后，在符合法定条件下得以解除既存合同之权利。事实上，以互联网购物为代表的非传统远程销售方式的广泛普及，在给人们的日常生活提供巨大便利的同时，也直接引发了因信息不对称而导致的消费欺诈、非理性消费行为增加等诸多方面的问题，因此，通过相应的法律安排以适应新的消费方式变化显得势在必行。结合现有的规范层面来看，我国《消费者权益保护法》第25条规定，经营者采用网络、电视、电话、邮购等方式销售商品，消费者有权自收到商品之日起7日内退货，且无须说明理由。前述规定不难看出，立法者对于消费者反悔权制度的适用范围设置了相应的限定，即条文中的“网络、电视、电话、邮购等方式”主要针对远程销售方式而非传统的当面交易形式。制度一般均有例外性。我国的消费者反悔权制度亦是如此。具体来说，该法第25条在性质上确立了两种不同类型的消费者反悔权适用除外制度，亦即法定不适用制度与约定不适用制度。其中前者主要是从客体维度对消费者反悔权制度的适用范围加以限缩。基于商品本身的独特属性，消费者权益保护法明文规定四类商品（包括消费者定做的、鲜活易腐的、在线下载或者消费者拆封的音像制品、计算机软件等数字化商品、交付的报纸以及期刊）不适用消费者反悔权。后者更加侧重从行为维度来界定消费者反悔权制度适用除外制度。进言之，除商品自身特殊属性原因之外，基于消费者与经营者之间的协议行为亦可以将消费者反悔权予以排除。从本质上来说，这样一种规定很大程度上是源于对消费行为的私法属性之考量，因而应当尊重与维护民事主体之间的意思自治。在此基础上，国家工商行政管理总局颁行的《网络购买商品七日无理由退货暂行办法》对这一制度中关于商品类型的分类予以了细化与明确。该办法第7条规定，“拆封后易影响人身安全或者生命健康的商品，或者拆封后易导致商品品质发生改变的商品”、“一经激活或者试用后价值贬损较大的商品”以及“销售时已明示的临近保质期的商品、有瑕疵的商品”等三类商品经消费者在购买时确认，可以不适用7日无理由退货规定。在这个意义上，我国有关消费者反悔权的法律制度事实上已经初步建构形成。

(二)完善了消费者保护惩罚性赔偿制度

众所周知,发生民事领域中的损害与赔偿两者往往是对等的。换言之,一方有多大损失,另一方仅须承担多大的赔偿。而所谓惩罚性赔偿,顾名思义,就是要求行为人在实际损失之余支付额外的赔偿金,从而强化法律的制裁力度。惩罚性赔偿制度的出现无疑是对传统意义上的民事损害填平原则的重大突破。事实上,我国在1993年颁布的《消费者权益保护法》便已确立了消费者保护惩罚性赔偿制度,该法第49条规定,"经营者提供商品或者服务有欺诈行为的,应当按照消费者的要求增加赔偿其受到的损失,增加赔偿的金额为消费者购买商品的价款或者接受服务的费用的一倍"。概括来说,前述规定实际上便是人们所熟知的发生在消费欺诈领域中的"退一赔一制度"。而2013年修订的《消费者权益保护法》第55条规定对这一固有制度既有继承之处,又加了相应改进。详言之,所谓"继承"是指新法第55条沿用了原先的条文适用范围,亦即惩罚性赔偿针对的是消费欺诈行为;而与原有规定相比,其中的"改进"则主要体现在三个方面:一是增加了惩罚数额,即"增加赔偿的金额为消费者购买商品的价款或者接受服务的费用的三倍"("退一赔三");二是确立了最低赔偿数额,即"增加赔偿的金额不足五百元的,为五百元";三是引入了恶意侵权的惩罚性赔偿,即"经营者明知商品或者服务存在缺陷,仍然向消费者提供,造成消费者或者其他受害人死亡或者健康严重损害的,受害人有权要求经营者依照本法第49条、第51条等法律规定赔偿损失,并有权要求所受损失二倍以下的惩罚性赔偿"。应当指出的是,以上法律内容的修订很大程度上是在审视我国现实发展的基础上所作出的必然选择,其不仅有利于遏制损害消费者权益的违法经营行为,而且也有助于激发消费者的自身维权意识,从而维护良好的消费环境与市场秩序。

(三)明确了消费者公益诉讼制度

在我国维护消费者合法权益可以采取的方式多种多样,大致涉及协商和解、消费者协会调解、行政处理、仲裁以及司法诉讼等路径。然而,有关消费者公益诉讼的法律规定长久以来并未有实质性进展。直到2012年通过《民事诉讼法》的修订,该法第55条首次从整体上确立了民事公益诉讼制度,其明确提及,对侵害众多消费者合法权益等损害社会公共利益的行为,法律规定的机关和有关组织可以向人民法院提起诉讼。就立法层面而言,前述规定所具有的指导价值显然是不言而喻的;但稍加审视又不难发现,该条文在实际适用层面却又带有明显的概括性与不确定性,尤其是提起公益诉讼的原告主体资格并不明晰。其后修订的消费者权益保护法对此作出了有针对性的回应。在消费者公益诉讼领域,该法第47条提出,前述"法律规定的机关和有关组织"具体指向的是"中国消费者协会以及在省、自治区、直辖市设立的消费者协会"。尽管当前有部分学者对这样一种主体范围限定

(即省级以上消费者协会)多有批判,但不可否认的是,诉讼原告主体的确定无疑有助于这一法律规定的具体落实,从而使得我国的消费者公益诉讼制度得以真正确立起来。

二、竞争法领域的法律变迁

在经济法制度体系之中,竞争法在维护市场竞争秩序方面一直居于基础性的地位。回顾我国近些年经济法领域发生的法律发展过程,显然有必要考察作为其内在构成的竞争法所经历的相关制度变迁。其主要涉及如下内容:

(一)公平竞争审查制度的确立

构建与维护良好市场竞争环境以保障市场机制高效运行除了有赖于市场的自生自发秩序外,同时也离不开相关法律制度的作用发挥。在此方面,享有"经济宪法"之称的反垄断法所具有的重要性显然是不容小觑的。若从介入顺序维度来看,其又可细分为"反垄断执法"与"公平竞争审查"两类。随着 2008 年《反垄断法》的颁行,前者已在我国有效实施 10 年有余;与之相比,后者则在某种意义上可以算得上是一位诞生未久的"婴儿"。2016 年《国务院关于在市场体系建设中建立公平竞争审查制度的意见》(国发〔2016〕34 号)的出台标志着我国公平竞争审查制度得以正式确立。结合相关的规范文本来看,这一制度的关键内核实际上包括如下几个方面内容:(1)审查对象。该意见所规定的审查对象范围具体涵括行政机关和法律、法规授权的具有管理公共事务职能的组织所制定的有关市场准入、产业发展、招商引资、招标投标、政府采购、经营行为规范、资质标准等涉及市场主体经济活动的规章、规范性文件和其他政策措施,亦即各类制度与政策。(2)审查方式。该意见基于我国现实考量从而确立了"自我审查机制",即由政策制定机关在政策制定过程中进行自我审查。(3)审查标准及其例外情形。毋庸置疑,公平竞争审查制度能否取得实效以及取得多大实效,其前提之一便在于建构起科学的审查标准。详言之,前述意见从"市场准入和退出标准""商品和要素自由流动标准""影响生产经营成本标准""影响生产经营行为标准"四个方面详细列举了 18 项具体标准。与此同时,该意见也明确了有关公平竞争审查的例外制度,其大致涉及国家安全、社会保障、社会公共利益以及兜底规定等 4 项实体标准。2017 年 10 月国家发展改革委、财政部、商务部等多部门联合颁行了《公平竞争审查制度实施细则(暂行)》。较之于前述意见,该暂行细则从多个方面对公平竞争审查制度进行了细化、补充与改进,尤其是审查方式与审查标准。必须指出的是,尽管我国的公平竞争审查制度也存有诸多问题亟待解决,但这是任何一项法律制度从无到有与从粗到细均需要面临的必经之路,对此我们应当给予更多的宽容。

(二)《反不正当竞争法》的修订

反不正当竞争法是竞争法完整体系中的重要内容之一。值得一提的是,尽管我国在确立市场经济体制之初便已制定了《反不正当竞争法》，然而随着近些年我国经济社会的快速发展，以及与之相关的法律制度的调整，例如《反垄断法》的出台与《广告法》的修订，这部法律的局限性开始日趋凸显。基于适应新的形势的需要，2017 年 11 月第十二届全国人民代表大会常务委员会第三十次会议最终审议通过了新的《反不正当竞争法》。概言之，此次法律修订可从两个维度加以解读。

从宏观层面来看，新法中的制度调整主要有：(1)新法实现了反不正当竞争法与反垄断法之间的有效分离，从而真正厘清了两种不同法律制度的准确定位、功能区分及其相互关系。修订后的《反不正当竞争法》完全剔除了本归属于反垄断法规制范域的行为类型，诸如删除了公用企业限制竞争规制条款与行政垄断规制条款等内容。(2)新法引入了反不正当竞争法工作协调机制。该法第 3 条规定，“国务院建立反不正当竞争工作协调机制，研究决定反不正当竞争重大政策，协调处理维护市场竞争秩序的重大问题”。而这对于解决我国原有反不正当竞争法执法体系中所面临的“多头执法”问题无疑有所裨益。(3)新法在一定程度上重新建构了不正当竞争行为的认定标准。新法第 2 条第 2 款规定，“本法所称的不正当竞争行为，是指经营者在生产经营活动中，违反本法规定，扰乱市场竞争秩序，损害其他经营者或者消费者的合法权益的行为”。不难发现，与修订前的对应条款相比，前述规定新增了有关消费者权益之表述，同时将“扰乱市场竞争秩序”置于权益损害之前。这不仅彰显出立法者对于消费者利益与公共利益二者的重视，同时也是对不正当竞争行为认定标准的进一步完善。(4)新法加重了不正当竞争行为实施者的法律责任。与修订前的法律责任条款相比，新法中的改进之处主要涉及：一是针对各类不正当竞争行为均设置了相应的法律责任条款；二是提高了不正当竞争行为的行政处罚力度，主要体现在行政罚款的最低限额和最高限额设置方面；三是增加了一些新的行政处罚措施，例如新法第 19 条规定，监督检查部门对情节严重的商业贿赂行为可吊销其营业执照。

就微观层面来看，新法中的制度调整主要体现在相关不正当竞争行为类型化条款的修改。简而言之，大致涵括如下几点：(1)商业混淆规制条款的变化。与修订前的条文相比，新的商业混淆规制条款主要有如下变动：一是删除了有关假冒他人注册商标之规定，以期实现该法与《商标法》调整范围的有效切割；二是进一步拓宽了该行为侵害对象之范围，例如“域名主体部分、网站名称、网页等”；三是将认定商业混淆行为的前提由原来的“知名”变更为“有一定影响”，且删去了“特有性”之资质要求；四是引入了混淆行为的兜底认定条款，即“其他足以引人误认为是他人商品或者与他人存在特定联系的混淆行为”。当然，这种修订是否合理还存在可以商榷之处，学界也进行了一些思考。[①] (2)商业贿赂规制条款方的变化。主要有：

---

① 肖顺武：《混淆行为法律规制中“一定影响”的认定》，载《法学评论》2018 年第 5 期。

一是重新界定了商业贿赂的行为目的,亦即由旧法中的"为销售或者购买商品"转向"谋取交易机会或者竞争优势";二是明确列举了受贿主体类型,包括"交易相对方的工作人员"、"受交易相对方委托办理相关事务的单位或者个人"以及"利用职权或者影响力影响交易的单位或者个人";三是增设了员工贿赂及其例外规定,即"经营者的工作人员进行贿赂的,应当认定为经营者的行为;但是,经营者有证据证明该工作人员的行为与为经营者谋取交易机会或者竞争优势无关的除外"。(3)商业误导规制条款的变化。具体包括:一是重新厘定了"虚假宣传"与"引人误解的宣传"二者的关系,使之由原先的双重递进关系转为并列关系;二是删除了有关虚假广告之条文规定,以交由现行《广告法》来进行调整;三是增设了有关"组织虚假交易等方式"规制内容,主要针对的是现实生活中频频出现的网络刷单炒信行为。(4)侵犯商业秘密规制条款的变化。具体来看,这一规定的最大变化体现在商业秘密构成要件之上,立法者将其由原来的"四要件"(秘密性、保密性、实用性与价值性)修改为现行的"三要件"(秘密性、保密性与价值性),使得今后的违法行为认定不再强调商业秘密的"实用性"。(5)不正当有奖销售规制条款的变化。与原有规定相比,新法结合我国经济发展水平的现实将抽奖式有奖销售的最高奖金限额提升到 5 万元。(6)商业诋毁规制条款的变化。新法重新界定了商业诋毁行为的构成要件,将旧法中的"捏造、散布虚伪事实"修改为"编造、传播虚假信息或者误导性信息",这无疑会在很大程度上增加这一不正当竞争行为类型。(7)增加了互联网不正当竞争行为规制条款(即"互联网专条")。此次修法的最大亮点便是在不正当竞争行为具体规制条款之外创设了互联网专条。结合新法第 12 条来看,其条文构造模式大致可概括为"概括+列举+兜底"。其中的"概括规定"是指"经营者不得利用技术手段,通过影响用户选择或者其他方式,实施妨碍、破坏其他经营者合法提供的网络产品或者服务正常运行的行为";"列举规定"则具体包括"未经其他经营者同意,在其合法提供的网络产品或者服务中,插入链接、强制进行目标跳转"、"误导、欺骗、强迫用户修改、关闭、卸载其他经营者合法提供的网络产品或者服务"以及"恶意对其他经营者合法提供的网络产品或者服务实施不兼容";而"兜底规定"指涉的是"其他妨碍、破坏其他经营者合法提供的网络产品或者服务正常运行的行为"。

三、《电子商务法》的出台

互联网经济的迅猛发展,使得我国社会步入了"电子商务时代"。在各类网络电商平台给人们生活带来巨大便利的同时,也引发了一系列的法律争议。无论是发生在这一领域大量的交易纠纷,还是备受瞩目的消费者个人信息保护问题,抑或是频频出现的侵害用户人身安全问题,这些均对构建电子商务领域的专门法律制度提出了迫切需求。就立法进程来看,我国于 2013 年 12 月正式开启了电子商务法的立法工作。在经历了四次审议后，第十三届全国人民代表大会常务委员会于2018年8月31日最终通过了《电子商务法》。就框架设置而言，该法分为七章。结合具体文本来看，这部新法共涉及89条规定，大致包括以下几方面内容：

在新法的总则部分，主要涉及立法目的、适用范围、立法原则、监管体制等内容。具体而言，该法第1条明确规定，本法的立法目的在于保障电子商务各方主体的合法权益、规范电子商务行为、维护市场秩序以及促进电子商务持续健康发展。在适用范围方面，《电子商务法》调整客体指向的是发生在境内的电子商务活动，其中的"电子商务"指涉的是"电子商务，是指通过互联网等信息网络销售商品或者提供服务的经营活动"；与此同时，该法将"法律、行政法规对销售商品或者提供服务有规定的"以及"金融类产品和服务，利用信息网络提供新闻信息、音视频节目、出版以及文化产品等内容方面的服务"。应当承认，前述规定基本上廓清了《电子商务法》与其他调整传统商务领域的部门法之间的相互关系。

在有关电子商务经营者部分，主要涵括"一般规定"与"电子商务平台经营者"两方面的内容。就前者而言，该部分大致涉及电子商务中的经营主体类别、市场主体（工商）登记以及主体应当遵守的相关义务等。例如，该法第9条对"电子商务经营者"、"电子商务平台经营者"以及"平台内经营者"逐一作出了身份界定。结合定义来看，前述三者的共性之处在于通过"互联网等信息网络从事销售商品或者提供服务"。又如，针对现实生活中出现的"大数据杀熟行为"，该法第18条规定，"电子商务经营者根据消费者的兴趣爱好、消费习惯等特征向其提供商品或者服务的搜索结果的，应当同时向该消费者提供不针对其个人特征的选项"。就后者而言，该法进一步详细列举了电子商务平台经营者的相关法定义务与责任，诸如"对平台内经营者的信息收集登记核验义务""网络安全保障义务""平台服务协议和交易规则信息公示义务""禁止不合理限制交易""信用评价规则公示义务"等。其中尤为值得注意的是，该法第38条规定了作为第三方的电子商务平台经营者需要承担的法律责任。具言之，如果电子商务平台经营者知道或者应当知道平台内经营者的有关损害消费者合法权益之行为，而未采取必要举措，则须承担连带责任；而针对关系消费者生命健康的商品或者服务，电子商务平台经营者对平台内经营者的资质资格未尽到审核义务，或者对消费者未尽到安全保障义务，最终造成消费者损害的，需要承担相应的责任。另外，该法第42条确立了"通知—删除"规则，亦即当知识产权权利人认为其知识产权受到侵害的，其有权通知电子商务平台经营者采取删除、屏蔽、断开链接、终止交易和服务等必要措施，电子商务平台经营者在接到通知后应当及时采取必要措施。

在涉及"电子商务合同的订立与履行"与"电子商务争议解决"部分，顾名思义，其内容主要包括由传统手段过渡到电子化手段过程中的合同成立、履行以及相关争议的解决等事项。需要特别指出的是，该法第62条明确规定了电子商务经营者在电子商务争议处理中需要承担原始合同和交易记录提供义务，否则将承担不利的法律后果。而这样一项制度设计无疑是在综合考量电子商务平台与用户各自能力基础上作出的理性选择。另外，该法第 63 条也确立了“在线解决机制”，从而尽可能拓宽相关争议的解决路径。而在有关“电子商务促进”部分，其涉及的条文内容主要是国家与政府在助推电子商务发展方面的倡导性规定。在有关“法律责任”，其主要针对相关主体的各类违法行为设置相对应的法律责任条款，从而有效提升法律制度的制裁力与威慑力。

第四节 中国经济法制度 40 年发展历程的启示与展望

改革开放 40 年是创造中国经济奇迹的 40 年，①这其中有很多的经验值得我们去总结，特别是关于坚持中国共产党的坚强领导、坚持四项基本原则的政治内核更是我们成功弥足珍贵的精神财富，也是新时代的基本要求，需要我们长期坚定不移地一以贯之。从经济法治的角度看，改革开放 40 年也正是我国经济法治高歌猛进的 40 年。但是，从经济法制度建设的角度看，“什么样的经济法治能够兼顾效率与公平，真正推动全面的发展？……需要学界深入探讨的重要问题”②。“现代市场经济实质上是一种法治经济。”③正如有学者所深刻指出的，“法治形态的多样性是法治理论的一个重要原理，它是当今世界的普遍现实”④。因此，构建中国特色的社会主义法律体系（包括经济法律体系）、构建中国特色的社会主义法治体系（包括经济法治体系），是改革开放 40 年以来经济持续健康发展的有力保障，并构成了中国经济奇迹的制度底色。概言之，改革开放 40 年中国经济法治可资总结的经验包括很多方面，如果考虑到中国经济法治的发生语境、实践表现与具体的法律文本，⑤如下几个方面可能是特别值得我们重视的。

---

① 关于中国经济奇迹的更进一步论述，可参见林毅夫等：《中国的奇迹：发展战略与经济改革》（增订版），格致出版社、上海三联书店、上海人民出版社 2014 年版。

② 张守文：《中国经济法治的问题及其改进方向》，载《法制与社会发展》（双月刊）2018 年第 2 期。

③ 张文显主编：《法理学》，高等教育出版社、北京大学出版社 2009 年版，第 395 页。

④ 顾培东：《世界法治模式不会定于一尊》，载《人民日报》2017 年 12 月 26 日 07 版。

⑤ 有学者特别强调法治的本土资源，这与新时代对中国特色的强调也是比较契合的。关于法治的本土资源问题，具体请参见苏力：《法治及其本土资源》，中国政法大学出版社 1996 年版，第 74 页。

一、选择一条契合经济法制变革的渐进式改革进路

法制变革当然不是简单的立法和修法。社会变革要成功，在技术进路层面就必须实现改革的进度、制度创新的力度、社会可承受的程度三者的有机统一，[①]这一点应当具有普遍的意义和价值。改革开放之初，传统的计划经济体制可以说弊端丛生，快刀斩乱麻（或者苏联所谓的"休克疗法"）看起来更彻底、更解气，但在实践效果上，东欧剧变的事实已经表明，这是一条不归之路。总结这其中的经验教训，可以从很多角度进行归纳和思考。从法制的角度看，这种所谓的"休克疗法"与法制建设根本上是冲突的。如马克思所言，"立法者应该把自己看做一个自然科学家。他不是在制造法律，不是在发明法律，而仅仅是在表述法律……如果一个立法者用自己的臆想来代替事情的本质，那么我们就应该责备他极端任性。"[②]也就是说，立法者一般不能想当然地根据自己主观的需要制定法律，而是要根据社会的实践需要，用法律制度将这种需要表达出来，或者如老一辈革命家彭真同志所言，立法就是在矛盾的焦点上"砍一刀"，统筹协调利益关系[③]。正是考虑到这种深层次的原因，我国的经济法制采取了一种渐进式的法制变革道路，并逐步形成了中国特色的社会主义法律体系，真正实现了"有法可依、有法必依、执法必严、违法必究"，并在社会主义法治体系的构建中迈出新的步伐，[④]从而保障了我国经济的持续发展。

二、在法治的框架内注重政府干预的绩效

现代国家（政府）是一个不可忽视的存在，虽然有哈耶克这样的自由主义者认为国家通过立法的形式干预所产生的恶果是渐进的、我们看不到的，但是他同时也认为国家干预具有直接的甚至是明显的效果。[⑤] 事实上，在经济波动非常剧烈的情况下，国家的干预虽然有其负面效果，但是对于遏制危机的扩大和蔓延具有不可或缺的作用。正因为如此，有学者就认为国家在经济中作用的加强是现代化过程

---

① 肖顺武：《从管制到规制：集体经营性建设用地入市的理念转变与制度构造》，载《现代法学》2018年第3期。

② 《马克思恩格斯全集》第1卷，人民出版社1995年版，第347页。

③ 习近平：《在十八届中央政治局第四次集体学习时的讲话》，2013年2月23日。

④ 有学者认为，"法治体系是在法律体系基础上形成的概念，这一概念的提出彰显了我们党治国理政方式的重大转型"。王利明：《新时代中国法治建设的基本问题》，载《中国社会科学》2018年第1期。

⑤ ［英］哈耶克：《立法、法律与自由》，邓正来等译，中国大百科全书出版社1999年版，第88～89页。

中经济发展的结果。[①] 由此看来，政府干预自身一方面无可回避——也回避不了，另一方面，也是最重要的方面，就是如何把握如下两点：一是如何保障政府干预的绩效，二是如何将这种干预限定在制度的框架之内。就前者而言，要保障政府干预的绩效，又需要注意以下两个方面：其一，如何确保政府的干预符合"哈韦路假设"，也就是说，要保证政府的干预都是为公的。其二，要防止政府干预过程中被"俘虏"。政府也是由理性人、经济人组成的，也是一种有限理性，[②]因此，通过制度来隔断这种权力被寻租就显得非常必要。就后者而言，要将政府的干预限定在制度的框架之内，关键是要实现经济职权的法定化和干预程序的法定化，并且将这种干预过程予以国家秘密、商业秘密、个人隐私范围之外的公开。应当说，改革开放40年以来，我国政府干预经济的绩效是不断提升的，并且就如何确定各职能部门的经济职权、预算如何法治化、政府信息如何公开。[如制定了《政府信息公开条例》(2007年)等都制定了相应的法律法规及规章制度，从而确保了法治框架内政府干预的高绩效的实现。]

三、注重可持续性发展的制度保障

从根本上讲，可持续性发展之所以成为一个问题来源于根深蒂固的人类中心主义观念。[③] 在这种基础性世界观的指引下，法律制度的构建从主体制度开始，其潜台词就是"主体先在性"。这样一来，经济的发展就容易走向无节制的索取和重视经济的增长但是忽视经济的发展。在法律制度上，就是对意思自治高度重视和对市场运作结果特别是分配结果的无条件接受，从而将社会解构成一个一个的原子式的个体或者企业(法人)。从某种程度上看，这本身并没有太大的问题。但是，正如马克思主义矛盾论所指出的，如果过度忽视次要矛盾而过度重视主要矛盾，主要矛盾和次要矛盾就会发生地位的转换——支流会变成主流。从我国改革开放40年以来经济法治的角度看，也有过忽视可持续发展的阶段，但是，在中国共产党的坚强领导下，迅速制定了包括《环境保护法》(1989年)、《循环经济促进法》(2008年)等法律法规，并从以往的粗放式发展走向集约式发展、从外延式发展走向内涵式发展。正是在这种指导思想的指引下，1992年联合国环境与发展会议召开之后，我国随即着手制定了《中国21世纪议程——中国21世纪人口、环境与发展白皮书》，从而使得我国走向了可持续发展的康庄大道。在新时代背景下，习总书记

---

① 梁小民：《经济学的开放》，三联书店1999年版，第81页。

② 岳彩申、杨青贵：《经济法逻辑起点的理性主义解读》，载《理论与改革》2009年第3期。

③ 卢代富、肖顺武：《改革发展成果分享的目标诉求与利益均衡》，载《重庆社会科学》2011年第8期。

提出了“绿水青山就是金山银山”的重要论断。[①] 应当说，正是因为我国在改革开放不久就高度重视可持续发展问题，并以此作为我国经济法治制度构建的基本指导思想，才实现了改革开放以来我国经济的持续健康发展。

四、将政府的依法干预和市场的资源配置优势有机结合

市场是人类社会目前能够找到的最好的资源配置方式。“历史和逻辑的说明告诉我们，市场经济机制及秩序不可能通过非市场的、计划的、行政的力量造就。”[②]具体而言，市场的优势集中表现在如下三个方面：一是市场能够促使每个人拿出自己最好的一面以获取市场的交易价值。市场的精神之一就在于交易，交易的前提就是有交易的资源，这是市场绵绵不绝的基础动力。二是市场能够实现基于价值规律的优胜劣汰。在市场经济条件下，同样的商品只能卖同样的价钱，反过来，不同的商品就可以卖不同的价钱。这样，市场就对聪明、勤劳有了更好的区分路径，从而在一定程度上实现“主观为自己、客观为人人”的理想双赢局面。三是市场会淡化传统的身份，而更加注重契约关系的缔结与执行。这就为法律制度的介入提供了最基础的契机。

但是，任何事物都有两面性，市场自然不能例外。虽然自由市场论者主张市场可以解决一切问题，这本身也并没有错。因为没有法律，没有国家干预，市场显然照样可以运行，但是，市场的盲目性会让这种纯市场的解决问题的方式变得代价高昂，比如通过经济危机淘汰产能的方式实现市场的出清。但是，人类社会毕竟是理性的，在权衡这种解决问题方式的利弊之后，政府干预变成市场出清的必然选择。但是，政府本身也是由有限理性的主体构成的，市场当中存在的弊端，在政府中可能也是同样存在的。[③] 在这种情况下，主张对政府干预经济进行基于规则的约束就成为现代各国不约而同的选择。事实上，我国改革开放以来在大力发展市场经济的同时，也时时强调并践行“法治政府”、依法行政等，这些制度性约束条件就是这种思维指导下的产物。正是这种有意识的扬长避短，事实上造就了我国经济的飞速发展，并创造了被称为“中国奇迹”的经济发展速度。

---

① 习近平：《决胜全面建成小康社会　夺取新时代中国特色社会主义伟大胜利——在中国共产党第十九次全国代表大会上的报告》，2017年10月18日。

② 列伟：《经济改革与发展的产权制度解释》，首都经济贸易大学出版社2000年版，第69页。

③ 有学者甚至认为政府的缺点可能比市场更加糟糕。［美］查尔斯·沃尔夫：《市场或政府》，谢旭译，中国法制出版社1994年版，第15页。

五、推行区域发展制度以克服地方政府失灵问题

事实上，强调区域协调发展制度在党的十九大报告中得到进一步的强调。[①]对中国这样一个发展中的大国而言，一方面，需要实现总体经济的快速发展；另一方面，又不得不正视全国经济发展不平衡的现实。从理想的要求出发，自然是所有地方同步并进最好，但是这在现实中是行不通的，因为各地的发展基础本来就是有差异的，一个国家在一定时期之内的经济发展资源也是有限的。如何用好这有限的资源，改革开放40年中最重要的一个经验就是推进区域发展制度，而作为区域发展制度的另一个后果，就是很大程度上克服了地方政府的失灵问题。

从制度建构的角度看，我国的区域发展主要得益于以下核心制度的建构：一是不断加大市场开放的力度，并逐步实现市场主体的资格审查向行为监管的干预转变，这一点在下面的商事主体制度改革中还会进一步提及。二是改革产权制度。重点内容有两个：其一是明确产权的制度构建，这在国有企业改革（如成立国有资产管理委员会等）和农村土地制度改革中不断得到体现，并通过《物权法》等制度安排进行固化[《物权法》（2007年）特别强调了私人产权和国家所有权]；其二是构建产权交易制度，特别是制定了包括《合同法》（1999年）等法律法规在内的产权交易规则；其三是注重自由公平市场秩序的构建，包括《反垄断法》（2007年）、《反不正当竞争法》（1993年）等法律制度的制定和执行；其四是宏观经济调控制度，市场是微观上的有效性和宏观上的盲目性的结合体，因此改革开放以来，我国在宏观经济调控方面制定了包括产业政策调节法律制度、计划法律制度、财税金融法律制度、价格法律制度等法律法规，从而在制度上最大限度地克服了市场的盲目性带来的经济剧烈波动和社会资源的浪费；其五是区域开发制度，在政府的主导下，我国先后推出了西部大开发倡议、东北老工业基地振兴战略、中部崛起战略、国家中心城市建设、上海建设国际大都市战略以及新时代的“一带一路”倡议等。应当说，这些区域发展战略对各地地方政府都是一种无形的压力，也是一种重要的动力。

六、构建覆盖城乡的社会保障制度以消解市场的分配弊端

正如有学者所深刻指出的，“强调市场机制能够有效地进行资源配置的重要性，往往会使人们洋洋自得而忽视了自由市场体制的局限性。正是这些局限性有能力把市场机制从作为人类进步的最有力引擎变为对人类福利和公众利益的威

---

① 习近平：《决胜全面建成小康社会 夺取新时代中国特色社会主义伟大胜利——在中国共产党第十九次全国代表大会上的报告》，2017年10月18日。

胁”[①]。这种威胁之一就是市场的分配失灵，进而造成社会弱势群体、失业者在市场竞争中被边缘化甚至被淘汰。然而，我们毕竟是人类社会而不是动物世界，人们可以被淘汰出市场，但不能被淘汰出社会。在这种情况之下，社会保障制度的构建就具有兜底的意义和价值：它能在最低限度上保障失业者等弱势群体能够维持最基本的生活。正是在这种意义上，构建覆盖城乡的社会保障制度具有非常重要的价值和意义，它不仅能够解决这些弱势群体的经济需求，也能为这些弱势群体重新进入社会提供机会窗口。事实上，如果放任这种市场机制负面效果的发生，很可能国家与社会又不得不拿出一大笔资金用于社会的“维稳”，因为贫困和绝望往往和暴力犯罪紧密相连。如果沿着这种进路思考，我们就会发现，将社会保障视为一种社会成员的权利而不是国家对社会成员的恩赐就具有非常深刻的意义。[②] 随着我国《社会保险法》(2010年)等法律法规的出台，我国社会保障制度跨入了一个新的发展阶段，特别是在新时代背景下，以习近平总书记为核心的党中央提出了精准扶贫的理念，并且高度关注农村贫困问题，[③]切中了我国经济发展中的要害，因为贫困问题的消解不仅是一个当前社会问题的解决，从长远的角度来看，也是我国改革开放和市场经济发展的可持续动力来源。

七、大力推进商事主体制度改革

竞争的繁荣来自市场主体的相互争胜。但是，改革开放前，国家基本垄断了商业活动，计划经济成为资源配置的主要方式，个人及私人企业从事商业活动成为被严格限制的行为。这在商事主体制度上的表现就是严格控制市场准入条件，崇尚行政许可主义而不是市场经济需要的准则主义市场准入方式。可以认为，改革开放的40年是我国商事主体制度不断放松管制的40年：一是在制度层面上承认了自然人、私人企业等是合法的商事主体，这种制度层的肯认在1986年《民法通则》颁布后达到一个高潮。二是在规则层面逐步摒弃了商事主体市场准入的行政许可主义，而更多地采用一种准则主义的市场准入模式，这在《民法通则》中关于法人成立的条件中得到充分的体现。三是关于商事主体立法的进一步发展，典型的体现就是1993年《公司法》、1995年《中国人民银行法》《商业银行法》的制定。四是随着我国《公司法》关于一人公司的规定、关于公司由实缴资本制变为注册资本制的改革、关于公司场所的新规定等，进一步放松了商事主体的市场准入制度，从而为我国真正实现“大众创业”提供了制度的抓手。应当说，这些规定进一步拓展了商

---

① [美]理查德·布隆克：《质疑自由市场经济》，林季红译，江苏人民出版社1999年版，第116页。

② 种明钊：《社会保障法律制度研究》，法律出版社2000年版，第10页。

③ 习近平：《做焦裕禄式的县委书记》，中央文献出版社2015年版，第16页。

事主体的外延范围，丰富了商事主体的内涵，从而为市场经济的公平竞争、自由竞争创造了基本的前提，为改革开放以来的经济发展缔造了一个良好的商事主体制度环境。

八、坚持宏观调控的法治化

一般认为，所谓宏观调控行为，是指“政府从全国经济总体利益出发，以稳定物价、促进充分就业、保持经济适度增长、实现国际收支平衡为目标，从制定经济行为规范入手，在不同程度上以经济计划、产业政策为引导，采用财政、货币、信贷、制裁等经济、法律的以及必要的行政手段，从总体上调控国民经济运行的管理行为”①。事实上，需要宏观调控本身在现代市场经济条件下并没有争议，有争议的是如何进行宏观调控。笔者认为，坚持宏观调控的法治化也是我国改革开放40年以来弥足珍贵的经验之一。正如有学者深刻指出的，“宏观调控必须在法律限定的范围内进行，才不至于对处于优越地位的私人交易机制产生危害，才可以避免调控的随意性和非理性”②。如何衡量宏观调控的法治化，笔者认为，可以从形式法治化和实质法治化两个方面进行衡量：就前者而言，宏观调控的形式法治化需要符合几个核心要件，这就是行为主体合法、行为内容合法、程序合法以及形式合法。③ 就后者而言，宏观调控的实质法治化需符合以下条件④：契合法治观念的合理性、契合民主宪政的合理性、契合相关实体规则的合理性、契合法律形式要件的合理性。事实上，国家的公权力受到法律的约束、人民的私权利得到法律的保护，社会在法律的规范下有序运行等，也是法治国家的基本特征。⑤

从实践的角度看，改革开放以来，重大改革于法有据基本达成共识。从法律文本的角度看，我国的宏观调控法治化达一个新的水平：随着《中国人民银行法》(1995)、《预算法》(1994年)、《政府采购法》(2002年)以及税收、计划和产业调节法等法律法规的颁布，我国宏观调控的法治化得以持续深入发展。

九、持续推进社会信用制度建设

“徒法不足以自行。”改革开放40年以来，在大力发展市场经济、完善相关法律制度的基础上，我国一方面倡导依法治国和以德治国，同时也特别注重强化社会信

① 吴树青：《政治经济学》，中国经济出版社1997年版，第373页。

② 蒋大兴：《宏观调控行为的正当性分析——房地产市场的宏观调控与私人选择》，载李昌麒主编：《经济法论坛》(第5卷)，群众出版社2008年版，第235页。

③ 李艳：《行政行为的合法性与合理性》，载《行政论坛》2005年第5期。

④ 关保英：《论行政合理性原则的合理条件》，载《中国法学》2000年第6期。

⑤ 韩大元：《中国宪法文本中“法治国家”规范分析》，载《吉林大学社会科学学报》2014年第3期。

用建设。市场经济是陌生人之间的经济，这就为信用制度建设提供了需求的契机。总体而言，我国社会信用建设是比较落后的：社会信用方面的法律法规存在一定的制度空白、社会信用服务市场失范问题严重、社会信用监管不力等。但是，社会信用制度在一国经济法治的过程中又具有非常独特和关键的价值。严格来讲，社会信用制度的完善是法治得以有效运转的前提和基础。近年来，我国社会信用建设取得较大的进展，特别是2014年制定了《国务院关于印发社会信用体系建设规划纲要（2014—2020）的通知》（国发〔2014〕21号）后，我国社会信用建设进入加速推进时期。在企业信用建设方面，由于商事主体制度的改革，传统的市场准入监管制度逐渐被淡化，如何对规模巨大的企业群体进行监督管理，信用监管的价值得以凸显。与此同时，随着大数据的出现，电子商务的迅猛发展，企业信用建设已经成为整个社会关注的重要问题，而一些关系到国计民生的问题，如食品安全问题，既挑动着公众敏感的神经，也为企业信用建设提供了契机。正因为如此，2017年新修订的《反不正当竞争法》就专门规定了对企业的信用处罚。在个人信用建设方面，除了进一步完善银行系统主导的个人信用记录之外，2016年国务院办公厅印发的《关于加强个人诚信体系建设的指导意见》（国办发〔2016〕98号）对如何加强个人诚信建设、如何完善个人信用档案、如何惩戒失信行为、如何共享个人信用记录、如何修复个人信用记录以及相应的保障措施等都作出了原则性的规定。可以认为，市场经济就是法治经济，也是信用经济。这也是我国改革开放40年来经济法治的成功经验之一。

十、架构国家、社会、个人经济利益在制度上的同心圆

社会是一个整体，但是利益却是分化的：既有国家利益，也有社会利益、个人（包括企业）利益。一个社会的经济要发展，一方面需要正视这些不同的利益，不能只看到这些利益统一性的一面；另一方面，也要直面这些利益在一定时空之内是有巨大张力的，甚至是相互冲突的问题。如何基于一种制度公平的视角，协调好这些利益的冲突，就成为一个社会经济不断向前发展的重要保证。反之，如果放任这些利益之间的矛盾和冲突，那么，整个社会势必会陷入相互的冲突之中甚至走向崩溃。改革开放40年以来，中国经济法治在此方面作出了卓越的努力：一是在制度的层面上肯定了国家利益、个人利益、集体利益，这种肯定通过一些显性的制度安排，如《物权法》《土地管理法》《企业国有资产管理法》等得以实现。二是在宪法层面上明确私有财产受法律的保护，明确混合所有制的法律地位，从而为私人财产在法律上正名。三是通过一些制度安排，明确了国家利益、公共利益在一定条件下的优先性，如《土地管理法》关于土地征收的有关规定等。四是注重保护弱势群体的利益。为此，通过在社会初次分配中强调劳动要素的分配比重、完善社会保障制度等措施，使得弱势群体共享改革发展成果。五是要通过制度安排适当规范强势群

体过度的利益扩张。例如,推进累进所得税制度、强调强势群体的社会责任、强调企业的社会责任等,[①]从而形成一种相对合理的社会利益差距。六是注意保护社会中间群体的利益。事实上,一个成熟的、稳定的社会必定是一个社会中间群体占大多数规模的社会,因为这样一个群体才是国家与社会的稳定器。总之,改革开放40年来,中国经济法治在协同国家经济利益、社会经济利益及个人经济利益方面作出了卓越的努力,成功构建出了这三种利益之间的同心圆,进而确保了中国这艘巨轮不断破浪前行。

① 卢代富:《企业社会责任研究——基于经济学与法学的视野》,法律出版社2014年版。

第二章

经济法主体制度的变迁

第一节　经济法主体制度概述

一、经济法主体理论的观念史疏议

改革开放40年，中国经济法学研究取得了长足的发展，作为部门法，经济法的独立性早已为学界同仁所体认，亦为40年来社会主义市场经济的法治实践所证成。如今，中国经济法已开枝散叶、硕果飘香，且已然成为最前沿、最具理论与制度成长空间的部门法域。经济法独立性的证成与发展，肇因于社会经济实践的制度诉求，但亦离不开经济法基础性理论范式的抽象与提炼，而其中经济法主体理论则是经济法上最具根本性的基础理论范式之一。迄今为止，中国经济法主体理论大致经历了三大演进流变历程。[①]

(一)经济法主体理论的"拿来阶段"

第一阶段为经济法主体理论的"拿来阶段"。在经济法学科创立之初,经济法主体理论基本处于理论拓荒阶段,面临着历史给养、本土素材与舶来经验三重匮乏的现实情境。由于多年来继受苏联法制经验的传统,彼时的经济法主体理论习惯性地借鉴了拉普捷夫等苏联经济法学者的观点,建构了以国家为中轴线的经济法主体理论的雏形框架。

(二)经济法主体理论的"比对阶段"

第二阶段为经济法主体理论的"比对阶段"。在该阶段,经济法与民法、行政法等传统学科迸发出火热的理论争鸣态势。作为新兴学科,经济法急需在理论与学科范式上摆脱大而化之的理论泛化色彩,而在规范性和解释力上有所建树,大有恨铁不成钢的激愤英迈之气。彼时的经济法主体理论之建构颇有"师夷长技以自强"的味道,经济法学者深挖民法、行政法,尤其是民法主体理论,取其精华、找其"七寸",从模仿、比对的路径建构出了可以彰显经济法学科独立性的主体理论体系,并与民法、行政法主体理论形成"鼎足之势"。其中最为典型的是通过比对民事法律关系,建构出经济法律关系,并在经济法律关系项下建构出经济法主体理论、经济法行为理论以及权利义务责任理论。时至今日,当我们站在改革开放40年的历史风口,重新梳理检视中国经济法的制度变迁史的时候,亦不得不感叹此阶段经济法学人的"创业之艰"。然而,彼时经济法主体理论的历史局限性亦非常明显,为夯实经济法学科的独立性,此时的经济法主体理论过于强调与民法、行政法主体理论的差异性以及"经济法主体的专属性"[②],出现经济法主体理论与传统学科主体理论的割裂化状态。这一研究倾向在一定程度上导致了经济法主体理论后续研究在法学学科内的封闭性,难以与民法、行政法主体理论求同存异,并吸取其精妙之处。简而言之,彼时的经济法主体理论研究致力于在比对民法、行政法主体理论的路径之上,建立一套与之具有显著区别性的主体理论,而在一定程度上忽视了三者之间潜在的巨大的"理论公约数",进而导致经济法主体理论研究后劲乏力的现象。之后的一段时间内,中国经济法主体理论研究遇冷与其不无关系。

(三)经济法主体理论的"成熟阶段"

第三阶段为经济法主体理论的"成熟阶段"。在这一阶段,经济法学人越来越深入地认识到经济法与民法、行政法等传统学科的交融互动性,各学科彼此间由割

---

① 相关梳理参见孟庆瑜:《反思与前瞻:中国经济法主体研究30年》,载《云南大学学报(法学版)》2009年第1期。

② 焦海涛:《经济法主体制度重构:一个常识主义视角》,载《现代法学》2016年第3期。

据逐渐走向融合，最典型的例证是近几年财税领域"领域法学"[①]研究范式的兴起。经济法主体理论研究的开放性、包容性逐渐增强，进入发展成熟阶段。具体可观的表现是：第一，越来越多的经济法学人认识到经济法主体是情境化、角色化的，而非专属性的。某一主体到底是经济法主体还是民法主体、行政法主体，取决于其在具体的法律关系中所承担的角色以及实施的具体行为。换言之，各学科主体其实是交叉重叠并呈现出动态化分布结构的。例如卢代富教授在多个场合所言，经济法和民法、行政法的区别在于思维方式的不同，而非真正地存在非此即彼的学科界限。笔者以为，对经济法主体理论与制度的理解，亦复如此。经济法学界有关"企业社会责任"[②]、"权利倾斜性配置"[③]以及"责任倾斜性配置"[④]等研究成果即经济法主体理论转向的例证。第二，经济法主体理论的研究逐渐具体化，实践色彩也逐渐增强。在过去很长的一段时期内，经济法处于开疆破土的创业阶段，诸多火力集中于总论问题的研究，而金融法、财税法、消费者权益保护法等领域研究长期着力不足，经济法主体理论的研究在过去也存在这种总论研究偏好。近年来，这一状况得到显著改观，最明显的表现是经济法主体理论的研究越来越具体化、细分化，实践性色彩也随之加深。如在金融法领域，部分学者从监管机构的职能与运作以及监管机构彼此之间的协同性视角进行了细致的研究；[⑤]在反垄断法领域，不乏对互联网平台公司、商业银行在市场经济中的结构性优势、角色责任等问题卓有成效的研究成果等。第三，经济法主体理论研究与民法、行政法的汇流趋向明显。这种学术汇流倾向在近年来的农村集体经济组织、中央与地方关系等学术热点领域表现得尤为突出。在这几个研究领域中，经济法、民法、行政法学者的学术互动越来越多，相关成果的学科色彩逐渐退却，问题色彩增强，单纯从成果本身来看，已经很难界定到底是属于哪个学科，以至于中国法学创新网在进行每年学科点评时，会出现民法学者的文章置于经济法学科，经济法学者的文章置于民法、行政法学科里的现象。

---

① 刘建文：《论领域法学：一种立足新兴交叉领域的法学研究范式》，载《政法论丛》2016年第5期；熊伟：《问题导向、规范集成与领域法学之精神》，载《政法论丛》2016年第6期；尹亚军：《"问题导向式立法"：一个经济法立法趋势》，载《法制与社会发展》2017年第1期。

② 卢代富：《企业社会责任研究：基于经济学与法学的视角》，法律出版社2014年版。

③ 应飞虎：《权利倾斜性配置研究》，载《中国社会科学》2006年第3期。

④ 吴飞飞：《从权利倾斜到责任倾斜的弱者保护路径转换——基于法经济学视角的解读》，载《广东商学院学报》2013年第6期。

⑤ 黄韬：《我国金融市场从"机构监管"到"功能监管"的法律路径——以金融理财产品监管规则的改进为中心》，载《法学》2011年第7期；刘志伟：《地方金融监管协同机制的法律构造》，载《现代经济探讨》2017年第2期。

二、经济法主体及其特有品性

(一)何为经济法主体

从一般层面而言,到底什么是经济法主体,至今为止似乎尚未达成规范性层面的学术共识,至少未能像民法那样可以以确定化的形式落实在《民法总则》之中。然而,经济法主体界定的规范性不足现象,根本上是经济法学本身所具有的强烈不确定性所导致,它亟待经济法学人进一步抽象提炼,但也可能仍旧永远处在幻化之中。

对于何为经济法主体,经济法学者各有见解。例如,张守文教授主编的《经济法学》认为,"经济法主体是根据经济法享有权力和权利,并承担相应义务的组织和个体。某类主体是否属于经济法的主体,应根据其是否参与经济法所调整的社会关系而定。经济法主体具体可分为两大类:一类是从事宏观调控行为和市场规制行为的机构,即宏观调控机构和市场规制机构;另一类是接受调控和规制的主体,主要是各类市场主体"[①]。李昌麒教授在"需要国家干预说"的解释路径下将经济法主体分为"经济决策主体"、"经济管理主体"以及"经济实施主体"等。[②] 杨紫烜教授认为,"经济法主体,即经济法法律关系主体,是指根据经济法的规定发生的权利和义务关系的参加者"[③]。史际春教授等将经济法主体分为经济管理主体与经济活动主体。[④] 王全兴教授提出了"政府—社会中间层—市场"的"三层经济法主体理论"。[⑤] 单飞跃教授从经济权利、社会自治权力和经济权力三维视角出发,将经济法主体划分为市场、社会和国家三类。[⑥] 由于篇幅限制,经济法学界其他前辈学者对经济法主体所做的定义与分类此处不再一一列举。

尽管从细节上看,经济法学人对经济法主体的界定与分类尚有诸多认识差异,但从宏观和一般性视角来看,经济法主体的基础性学术共识早已达成。对于这一基础性共识,我们认为不宜再像民法那样对经济法的主体先做一个概念性的界定再列示类型。笔者认为,经济法主体已经达成的最大的学术共识是:它以市场经济而非简单的商品经济为场域依托,包含市场、社会和国家三重维度,并致力于求取社会公共利益之大同。如果一定要进行细致的列举,笔者认为蒋悟真教授对经济

---

① 张守文主编:《经济法学》,高等教育出版社 2016 年版,第 82 页。

② 李昌麒:《经济法——国家干预经济的基本法律形式》,四川人民出版社 1995 年版,第 464~466 页。

③ 杨紫烜:《论经济法主体的概念和体系》,载张守文主编:《经济法研究》第 14 卷,北京大学出版社 2014 年版,第 3 页。

④ 史际春、邓峰:《经济法总论》,法律出版社 1998 年版,第 186~187 页。

⑤ 王全兴:《经济法基础理论专题研究》,中国检察出版社 2002 年版,第 409 页。

⑥ 单飞跃:《经济法理念与范畴的解析》,中国检察出版社 2002 年版,第 236~239 页。

法主体的列举非常具有代表性意义。具体而言，蒋悟真教授将经济法主体细分为八种类型，分别是：(1)抽象的国家主体；(2)抽象的社会主体；(3)具体的行政机关；(4)具体的立法机关；(5)具体的司法机关；(6)具体的国家机关工作人员；(7)具体的社会中介组织、行业协会；(8)具体的市场主体。[①]

(二)经济法主体特征之演进

1.经济法主体具有非对等性

民法主体的最大特点是平等性，平等或者说形式平等是近现代民法的核心立法价值观之一，这一价值观直接体现在各大民法学教材对民法概念的界定之中，即民法是调整平等主体间人身关系、财产关系的法律规范的总称。经济法主体则不然，它具有典型的非对等性。这种非对等性主要表现在下述几个方面：(1)在市场主体层面上，经营者与消费者之间、具有市场优势地位的经营者与其他经营者之间的法律地位与角色担当具有非对等性。在这一点上，经济法的基本逻辑假设与民法是不同的。民法假设所有民事主体在地位、实力以及智识能力上均处于均等化状态，由这种平等假设顺推即产生民法上的意思自治原则以及作为意思自治原则理性基础的理性人假设。而经济法则不然，经济法的平等观是实质平等观，经济法主体的实质平等观就是在认知到民法形式平等观所面临的现代性危机基础之上所更新升级而来的。经济法在市场层面的使命就是发现主体间的不平等，洞悉不平等的原因，最终通过制度干预的形式介入当事人间的意思自治关系，并用一系列新的不对等的权利义务以及责任配置方案矫正主体间的非对等关系，以“以毒攻毒”的方法求取一种新的平衡。[②] 在这一点上看，民法与经济法的调整对象是具有一致性的，只不过民法是初次调整，经济法是二次干预，经济法是矫治民法失灵、克服民法现代性危机之法。正如民法学家梁慧星教授所言：“社会经济生活的变化，使20世纪的法官、学者和立法者，不得不重视当事人之间经济地位不平等的现实，抛弃形式正义观念而追求实质正义。”[③]关于这一点，体现在经济法上的具体制度俯拾即是。例如，消费者权益保护法采取的是消费者权利＋生产经营者义务的基本制度框架，弱者一方的权利对应强者一方的义务与责任；在消费者权益保护法、食品安全法上均存在多倍赔偿规定，尤其是食品安全法的10倍赔偿规定已经大大超出了民事责任补偿性的尺度，具有十足的“矫枉过正”意味。(2)在国家主体、社会

---

① 蒋悟真：《传承与超越：经济法主体理论研究——以若干经济法律为视角》，载《法商研究》2007年第4期。

② 相关针对性研究参见江帆：《经济法实质正义及其实现机制》，载《环球法律评论》2007年第6期；叶明：《经济法实质化研究》，法律出版社2005年版。

③ 梁慧星：《从近代民法到现代民法法学思潮—— 20世纪民法回顾》，载梁慧星主编：《从近代民法到现代民法》，中国法制出版社2000年版，第179页。

中间层对市场主体的干预层面上来看，经济法主体的非对等性特征亦表现得非常突出。一方面，在过去很长一段历史时期内，受计划经济思维影响，我们的经济法主体结构是一种“以国家和政府为核心的主体结构”[①]，这种主体结构之下，国家、政府包括社会中间层对市场主体的关系，主要体现为管制、干预性关系。其实在很长的历史时期内，民法、经济法、行政法都是在“放”与“管”所划定的藩篱之间踱步，民法主要是“放”，经济法与行政法则主要是“管”。无须赘言，管制与被管制的关系本身就蕴含着非对等性。这种非对等性关系，可以称之为“法律父爱主义”，本身蕴含着一定程度上的正当性与合理性[②]，却也经常性地成为干扰市场主体营商自由之掣肘。另一方面，在不断深化改革的大趋势下，国家机构纷纷简政放权，发生了由“放”与“管”到“服”的渐进式流变。在当下，就经济法领域的政府、社会中间层与市场主体的关系而言，我们强调更多的是“服”，即前面两个主体的主要职责是为后面的主体服务，而服务与被服务的关系本身也是一种非对等性关系。

2.经济法主体具有身份角色属性

根据法理学者的研究，人的角色分为两个层次：“第一个层次是人之为人的根本角色，第二个层次是人们参与具体实践时承担的具体角色。为实现人之为人的根本角色责任不可缺少的利益是普遍人权，为实现具体角色责任不可缺少的利益是具体角色权利，只为某些人享有。”[③]从本书的题域来看，第一个层次即根本角色具有普遍性主要受民法调整，如民法所调整的最基本的人身关系、财产关系是可以辐射所有人的。第二个层次即具体角色则主要受经济法与行政法调整。这一类型划分虽不绝对，但具有相当程度上的普遍性意义。具体到经济法主体，我们可以说他或者它具有身份角色属性，如焦海涛教授所言：“经济法主体是一种角色主体。”[④]这一特征主要体现在两个层面上：(1)由量变导致身份角色的转化。这一点是经济法主体与民法主体的重大区分之处。民法受理性主义思维影响，传统的理性主义包含两套基本的方法论：一为定性研究；二为定量研究。但是，“在民法之中，理性主义被悄悄地等同于定性主义，而定量研究被概念法学掩盖了”[⑤]。民法的定性主义偏好贯彻到主体制度之中，即体现为较少考虑民事主体在量上的差异性与变动性，如民法假设除无民事行为能力人与限制民事行为能力人外，其他所有的自然人、法人均具有同等的认识与行动能力。而经济法则不然，经济法主体会随

---

① 蒋悟真：《传承与超越：经济法主体理论研究——以若干经济法律为视角》，载《法商研究》2007 年第 4 期。

② 郭春镇：《论法律父爱主义的正当性》，载《浙江社会科学》2013 年第 6 期。

③ 吴然：《基于角色责任的利益理论——权利概念分析新解》，载《法制与社会发展》2017 年第 1 期。

④ 焦海涛：《经济法主体制度重构：一个常识主义视角》，载《现代法学》2016 年第 3 期。

⑤ 陈醇：《商法原理重述》，法律出版社 2010 年版，第 107 页。

着自身变量的变化而担当不同的身份角色，并承担不同的法律与社会责任。如在反垄断法上，当某个经营者在相关市场上占有的市场份额达到一定比例以后，它就被视为是“具有市场优势地位”，此时它的行为会受到新的限制，如果它逾越这些限制性规则，就会构成“滥用市场优势地位或者支配地位”，进而成为受反垄断执法部门规制的对象。又如在证券监管法上，当某一股东持股达到一定比例成为控股股东或者大股东以后，他（它）就会因为持股量的变化而承担经济法上的身份角色责任，典型的责任是需要对中小股东承担信义义务。相反的变化，如在社会保障法中，当某个人的收入降到一定水平以下，他在理论上就可能成为低保对象，成为经济法的重点关照对象。(2)由具体场景的变化导致身份角色的变化。这一点在经济法上表现得尤为明显。如一个巨型公司的自然人大股东，在他及他的公司与消费者的关系中，他是生产经营者，是强势一方，并因此承担相应的角色责任。[①] 但在日常生活中，无论他多么富有，只要从事消费性活动，他的身份立即会转变成为弱势的消费者。又如当工商行政管理部门的执法者查处假冒伪劣商品时，他们代表了国家、政府行使干预权，是一种身份角色。中午，他们在工作单位附近的面馆吃工作餐的时候，他们的主体身份角色又转换为了消费者。

3.经济法主体具有社会属性

相对而言，民法主体更具有私人属性，行政法主体更偏重国家属性，而经济法主体则具有社会属性，这与经济法本身的部门法特性有着密不可分的联系。经济法主体的社会性主要体现在下述几个方面：(1)立场本位的社会性。民法讲究私权神圣、法不禁止即为自由。因此，民事主体的立场和本位是个人主义的，在不侵犯国家、社会公共利益以及第三人利益的情况下，民事主体完全遵从于自身利益行事是受鼓励的。“经济法的产生表现为立法者顺应工业生产的社会化而制定新的法律规范的结果，其产生之初即具有不同于原已存在的法律的特点。经济活动的社会化导致了大量新的社会关系新的利益诉求的出现，这种新的利益诉求就是社会整体利益。”[②]经济法产生的这一制度背景，决定了经济法主体必须具有社会性立场与本位。典型的表现如，在宏观调控法中，央行等国家机关在制度与实施宏观调整政策时，须站在社会公共立场，而不是站在国家或者其自身的部门立场；反垄断、反不正当竞争法的整套价值、制度规范均是以社会公共利益、整体利益为其基础性的价值预设，而非仅考虑经济效果或者国家的经济利益。(2)主体结构上的社会性。同民事主体的平行式线性结构不同，经济法主体在结构上是立体的多维交错

① 朱大明：《美国公司法视角下控制股东信义义务的本义与移植的可行性》，载《比较法研究》2017年第5期。

② 冯果：《经济法本质探微——经济法概念界定和制度构建的理性基础分析》，载《学习论坛》2007年第2期。

的。经济法的社会属性在其主体结构上亦有鲜明的体现。这种主体结构上的社会属性的典型体现是以行业协会为代表的社会中间层经济法主体的存在。在经济法上,国家干预主体由于自身惯性依赖所致,很容易在对经济法律关系进行干预时走入国家利益本位的误区,而市场主体在参与经济法律关系时又容易陷入个人利益至上的泥沼。为了克服前述二者各自的利益本位局限性,社会中间层应运而生,它像天平的平衡地带一样,随时准备把失衡的天平回正。如今作为经济法主体的社会中间层已经分担了很大一部分原本属于国家机关的社会公共职能。同时,社会中间层于无数分散的市场主体而言,又扮演着集聚凝合的角色,以摆脱和克服分散的市场主体的集体行动困境和其他能力局限。一方面承上,另一方面启下,可以预见在未来的发展过程中,社会中间层的经济法职能会愈加广泛而深入,甚至未来的经济法将主要依赖于"社会实施"。[①]

三、经济法主体研究的前瞻

改革开放 40 年来,中国经济法主体理论与制度从无到有,已经取得了诸多可圈可点的成绩。然而,客观地说,当前的经济法主体理论与制度同民法、行政法相比,在规范性、体系化和科学性等方面尚存在很大的差距。站在改革开放 40 年的历史节点上回顾与前瞻,笔者认为未来中国经济法主体理论的研究,应在下述三个方面有所突破和建树。

(一)方法论的改进与提升

在近几年的经济法学研究中,关于经济法主体的研究确实已经存在遇冷的现象。既有的成果多卡在"国家—社会中间层—市场"的三维认知层面而不得深入,新近的成果多是对既有成果的补充性重述,甚难见到有见地、有深度的理论开拓。对此,笔者认为,中国经济法主体理论之所以会陷入目前的半停滞状态,一部分是由于经济法主体的复杂多样性这一客观性约束条件使然;另一部分是由于当前主体理论的研究缺乏方法论层面的突破。反观民事主体理论,在个人法层面,有理性人假设等个人主义方法论傍身[②];在团体法层面,有社群主义等团体主义方法论支撑,[③]民事主体理论的科学性、规范性均非经济法所能比。方法论是主体研究的逻辑主线,缺少方法论的主体理论,即没有筋骨,形散神也散。具体而言,笔者认为经济法主体理论研究在方法论上谋求突破,可着力于下述两点:

---

① 甘强:《论经济法的社会实施:源流、特征及其模式》,载《江西财经大学学报》2018 年第 1 期。

② 易军:《个人主义方法论与私法》,载《法学研究》2006 年第 1 期。

③ 吴飞飞:《决议行为归属与团体法"私法评价体系"构建研究》,载《政治与法律》2016 年第 6 期。

1.继续深挖结构功能主义的方法论素材

就经济法主体理论的既有成果来看，均或多或少地带有结构功能主义的烙印。经济法的调整对象本身所具有的宏观性、系统性特点以及经济法法益目标的整体性、社会性特点，都意味着结构功能主义方法论对经济法问题具有极强的分析解构力。作为经济法主体的国家、社会中间层以及市场本身就构成了一个自循环系统，尤为适用结构功能主义方法论。未来结构功能主义方法论在经济法主体理论研究中的深化适用可着力于下述两个层面：其一，经济法主体权力、权利边界的动态设定。如某项职能，由哪个政府部门管理，或是由社会中间层负责，更为适宜；政府干预市场的动态边界机制如何设置等等。其二，政府、社会中间层和市场本身的结构问题。如对于经营者而言，在相关市场上占据多大的份额比例，整个相关市场会处于一种最佳竞争状态。需要说明的一点是，尽管结构功能主义方法论属于社会学、法学领域中较为主流的研究方法范式，但目前主要运用于社会学领域，并且主要是解构性使用。然而，对于经济法主体而言，我们更多的是建构而非解构，因此发端于社会学上的结构功能主义方法在用于经济法主体研究时，必须进行相应的改造，尤其是要强化其实证基础。例如，政府和社会中间层权力如何划分更为有效，并非一个空泛的理论问题，它需要深刻的实证基础。既有的经济法主体理论研究，往往多为纯粹的理论分析，至多对法条进行梳理与分析，实证性明显不足。未来经济法主体理论研究，可在运用结构功能主义方法时同步强化实证基础。

2.注重宏观性、系统性研究方法的运用

如前文所述，一般民事主体呈现的是一种微观的、线性的分布结构，只在法人等团体组织中具有一定的系统性。所以，民事主体法的研究方法也是偏重微观的、个人主义的研究方法。我们当前的经济法学研究在很多方面均不同程度地受民法学影响，其中也包括来自微观、个人主义研究方法的影响。然而，经济法主体同民事主体最大的区别之一便是，经济法主体具有宏观性和系统性特点，不像民事主体那样呈现出“原子式分布状态”[①]，经济法主体从来都不是孤立存在的，而是彼此之间利益交织在一起，呈现出宏观性、系统性特点。比如，就经济法上的消费者这类主体而言，某一个消费者的合法权益受到侵害，如果以民法思维来看，这就是一个孤立的侵权事件，而在经济法上看，消费者是一个群体，某一个消费者的权益受到侵害，通常意味着有其他大量消费者或者潜在人群的利益也同样已经或者将会受到权益侵害，所以经济法和民法提供的规制思路是不一样的，经济法是惩罚性的，民法则是补偿性的。又如就民间借贷问题而言，在民法看来，民间借贷就是民事主体彼此间的资金融通行为，遵从合同自由原则；而经济法中的金融法则不然。在金融法看来，民间借贷主体数量达到一定规模以后，由于彼此间借贷关系错综复杂，

① 王雷：《我国民法典编纂中的团体法思维》，载《当代法学》2015年第4期。

就会蕴含着系统性金融风险，一旦其中某个关键主体的经济情况恶化产生违约风险，则整个民间借贷金融链条即有可能崩盘而诱发区域性金融风险甚至社会风险。正因如此，民间借贷问题在经济法领域是一个金融监管问题，而非民法上的合同自由问题。正是经济法主体的宏观性、系统性特点，要求经济法主体研究应当注重宏观性、系统性研究方法的运用。其实，这个问题也涉及民法与经济法的规制衔接问题，即同样一个调整对象，在怎样的状态下应受民法调整，在达到怎样的状态时须受经济法规制，这个渐变过程的临界点应当设置在哪里或者是设置和识别这个临界点的标准如何厘定。就该问题，当前已有学者注意到，如陈醇教授认为民法属于微观私法，金融法、反垄断法等属于宏观私法。当前的经济法主体理论研究，在此方面存在的一大问题是，倾向于大而化之地谈论经济法主体的宏观性、系统性，但疏于对细节以及渐变过程的关注。未来经济法主体理论的研究，可着力于下述两个维度：其一，经济法主体与民法主体的角色转换衔接问题。即由微观、个体到宏观、系统的转换衔接是如何变异和发生的。如民间借贷违约问题，在民法与合同法上仅涉及普通的违约处置和违约责任分配问题，而在经济法上则涉及系统性金融风险问题，对此有学者提出了"契约群理论"和"大规模违约责任预防机制"，很好地解释了风险是如何由个体风险渐变为系统性风险的发生过程，是一种非常有益的研究性尝试。[①] 其二，经济法主体的内部治理的外部影响问题。在民法看来，某一民事主体的内部治理属于意思自治范畴，典型如公司自治，外部第三人无权干涉，甚至是作为国家机构的司法机关一般也不会介入。[②] 而在经济法上则不能如此，典型如巨型上市公司，某一上市公司的内部治理问题，早已超出了公司自治的一般性范畴而具有类似的"公共管理属性"，上市公司内部治理不仅影响到公司内部主体，还会对潜在投资者甚至整个资本金融市场产生影响。但是对于经济法主体自身治理的外部影响，目前在经济法学界并未成为一个学术题域。

（二）进一步类型化细分提炼

"经济法主体的类型，也称之为'经济法主体的模式'或者'经济法主体的人格预设'，它是指在对经济法主体的行为观察和分析的经验基础之上，结合一定的目的，对有关要素进行取舍和先验性假定的条件下，确定有关经济法主体的一般形式。"[③]经济法主体研究在类型化细分方面，长期停滞于"国家—社会中间层—市场"三维解构层面，未能进一步持续深化，并在类型细分之后进一步抽象提炼出经济法主体的理论知识。民法的主体讲究形式平等，即假设一切民事主体均是一致

① 陈醇：《金融系统性风险的合同之源》，载《法律科学》2015 年第 6 期。

② 司法介入公司自治，在公司合同理论看来，应当是为了填补公司合同漏洞，而不能干预公司自治。

③ 张波：《经济法主体研究》，厦门大学出版社 2010 年版，第 70 页。

的、一样的。而差异化则是经济法主体产生的社会动因，所以经济法主体天然具有差异化特质，这一差异化特质又反过来要求经济法主体研究须有类型化细分之立场。在主体类型化细分方面，经济法总论的相关研究基本处于裹足不前的状态，分论研究有些许进展。经济法主体理论研究在进一步类型化细分以及提炼视角上，尚有很大可开拓空间：其一，进一步类型化细分视角。以社会中间层为例，在社会中间层维度，经济法主体其实是非常庞大，且隐藏着巨大的生长空间的。仅从类型上看，它可包含政府自下而上发起成立的中间层组织；消费者、劳动者等弱势群体自发结社而成的中间层组织；市场经营者集结而成的行业性中间层组织；等等。社会中间层组织的生成路径、职能特色以及服务对象均不同程度上塑造着它们自身的区别性，也意味着经济法对它们应该采取有差别地引导与规范路径。如自上而下生成的社会中间层组织，它的生成路径决定了它的职能作用偏重于受国家干预主体"委托"，代为行使部分公共管理和干预职能，有"类政府机构"的特点，它的哪些行为是合法的，哪些行为是越权的，应有其独立的规范与认定路径。而真正意义上由消费者、劳动者自发召集的社会中间层组织，它的生成路径是自下而上的，发挥着权利的集结、商谈甚至对抗功能，并向国家干预主体传达来自底层的声音和诉求。对于这类社会中间层，经济法的干预重点又是不一样的。不同于自下而上生成的社会中间层，经济法对这类社会中间层组织的干预重点应当是其权利集结路径的合法性、职能行为的代表性，并应重点监测其与经营者、雇主等强势主体合谋的道德风险。再以消费者群体为例，生产性消费和生活性消费区别的主体本质在哪里，知假买假主体和一般意义上的消费者的根本区别在哪里等均有相当大的研究空间。其二，对经济法主体的进一步提炼归纳。有关经济法主体类型化细分的研究，注定主要产生于经济法分论之中，并主要呈现出小部门法各自为政的研究态势。而在经济法主体进一步被类型细分之后，经济法总论学者应当承担一项重要的学术任务，即将分论中类型化细分后的经济法主体在理论上进行抽象提炼，从总论层面构建出一套一般性的规范性分类理念与方法。如以经济法主体的身份角色性为标准，经济法主体到底可以提炼出哪几种身份角色，各个身份角色有何自身特点，经济法应当如何区别对待不同的身份角色等。

（三）经济法主体的权利（权力）冲突与衡量问题

法理学界的研究成果显示，权利（权力）冲突"就是指两个或者两个以上同样具有法律上之依据的权利，因法律未对它们之间的关系作出明确地界定所导致的权利边界的不确定性、模糊性，而引起的它们之间的不和谐状态、矛盾状态"[①]。近几年权利（权力）冲突问题在学界已经得到了较多的关注，其中以民法与行政法领域

① 王克金：《权利冲突论——一个法律实证主义的分析》，载《法制与社会发展》2004年第2期。

相关研究最为丰硕，民法与行政法上的利益衡量方法、比例原则均是权利冲突理论的体现和适用。在部分传统观念中，在权利得到充分界定的情况下，权利彼此之间并不会存在冲突，权利冲突是一个伪概念。[①] 然而，从实在法层面看，权利得到完全充分的界定仅仅是一种永远不可能实现的理想化假设状态，实践中的权利因为彼此交叉存在、法条竞合、法律漏洞等原因必然会发生摩擦与冲突。而且，随着市场经济的深入发展和科学技术的不断进步，以及社会观念的日渐多元化，法律中的权利（权力）冲突现象将越来越具有普遍性。

从经济法主体层面来看，权利（权力）冲突问题要比民法、行政法显著得多，究其原委，主要体现在下述几个方面：第一，经济法相对于民法、行政法，它的不确定性、政策性更强，这意味着存在法律漏洞的可能性要大得多。[②] 单纯从民法来看，其历史脉络可肇始于古希腊、古罗马，数千年的发展史，至今为止整个民法体系框架已经十分完善，这意味着它的漏洞多体现在微观或者价值观层面，它的权利（权力）冲突问题相对而言要容易化解得多。从行政法层面上来看，尽管行政法上的权利（权力）冲突现象经常表现得较为激烈，但是它的线条和脉络并不复杂，无非是政府公权力和公民私权利之间的冲突与对垒，彼此之间此消彼长，能否化解冲突主要是政策尺度问题，至少在技术维度上并无复杂性可言。经济法则不然，经济法本身是一个新型部门法，受经济法调整的法律关系也多为新兴法律关系，法律和社会事实之间还处在初始的磨合阶段，法律的不确定性和政策的多变性，导致经济法规范极易出现法律漏洞，而一旦出现法律漏洞，则在漏洞地带，各项权利（权力）如果恰好交汇于此，便会引发权利或者权力冲突。如前段时间，央行与财政部就各自的职能边界和政策效应等问题在互联网上进行了多轮的论战，引爆互联网，占据各大互联网媒体头条。[③] 其实，央行与财政部“互撕”现象折射的就是国家宏观经济政策调控部门在干预经济过程中由于经济法宏观调控职权配置的不确定性所导致的权利（权力）冲突问题。第二，经济法主体本身的复杂多维性导致权利（权力）结构盘根错节而成为权利（权力）冲突的高发性法域。民事主体结构是最简单的平行型结构，民事法律关系则是最简单的互换性权利交易结构，主体结构和权利结构清晰简洁，因此民法中的权利冲突问题相对要简单很多。行政法主体结构是单一纵向结构，其权利（权力）结构也是如此，虽权利（权力）冲突时常激烈但并不复杂。经济法的主体结构则是纵横交错的多维立体结构，既有横向的权利与权利冲突、权力与权力冲突，也有纵向的权力与权利冲突，还有中间地带的“准权力”与权力、权利之间

---

① 张平华：《权利冲突辩》，载《法律科学》2006 年第 6 期。

② 岳彩申、杨青贵：《论经济法不确定性的成因与功能——解释法律规范性的新视角》，载《法学评论》2010 年第 2 期。

③ 《央行和财政部“互撕”，吃瓜群众如何看?》，http://www.sohu.com/a/241675028_100191066，下载日期：2018 年 8 月 10 日。

的冲突，权利（权力）盘根错节。依托于权利（权力）之上的利益关系亦是多重复杂，国家利益、社会公共利益、个人利益纵横交错，重叠交叉。综上，未来的经济法主体理论研究应充分吸收借鉴民法、行政法以及法理学上的权利（权力）冲突理论与方法，梳理出经济法主体的权利（权力）位阶，梳理出权利（权力）背后所反映的制度利益、群体利益以及个体利益，构建出一套经济法主体的权利冲突规范。[①]

第二节　经济法中的政府的变迁

一、经济法中政府角色定位与功能变迁

在经济法主体学说中，无论是“政府—市场”二元结构论，还是“政府—社会中间层—市场”三元结构论，均肯定了政府的经济法主体地位。政府在经济法中是一个重要的存在，也是经济法区别于同样调整经济关系的民法的重要所在。那么，经济法上的政府到底经历了怎样的历史变迁，又应当秉持怎样的角色与功能定位呢？

（一）如何理解与界定经济法中的政府

受西方三权分立政治结构观影响，我们谈论政府这一主题时，多是在立法机关、行政机关、司法机关三者明确界分的语境下，即政府一般是指三权分立中的行政机关。这种对政府的界定方式，其实是一种狭义的话语逻辑。经济法中的政府遵从的是一种广义的话语解释逻辑。若对经济法中的政府概念进行一次界定，笔者认为，所谓经济法中的政府，是指能够代表国家行使干预经济职权，并承担相应职责和责任的立法、行政、司法机关、授权机构及其工作人员，是经济法主体中的“国家队”代表。进而言之，经济法中的政府是一种泛称，而非是具体的规范性定义。

如前文所述，经济法中的政府是一个类称、泛称，那么在干预经济的过程中，它必须完成一个由抽象到具体的具象化转换，这个转换就涉及作为经济法主体的政府的具体类型问题。经济法中主体的具体类型可以大致分为下述几种：

其一，经济法行政机关。在传统经济法的政府类型中，经济法执法机关是最重要、最普遍的一种政府类型。在改革开放前的计划经济时期，社会主义法律制度体系十分简单粗放，在经济法制方面尤为粗疏，彼时一切经济活动均由行政机关包揽，不仅立法机关参与空间有限，司法机关干预经济的地位与政府机关相比也是附属性的。改革开放以后，虽然社会主义市场经济体系逐步建立完善，但因为经济法

① 梁上上：《利益衡量论》，法律出版社2013年版，第76～89页。

本身的不确定性，政府干预经济在制度层面上也多是政策性的，由行政部门而非立法机关予以制定并实施。因此，可以说行政机关是经济法中政府最主要、最关键的类型。其二，经济法立法机关。经济法立法机关在作为经济法主体的政府中的重要性随着社会主义市场经济法治体系的建立健全而愈加重要。中国经济法已经逐步走过了“立法宜粗不宜细”“摸着石头过河”的阶段，未来的经济法在规范层面将逐渐走向精细化、科学化，以克服经济法的不确定性，相应地，经济法立法机关在干预经济活动中的地位和重要性亦会逐步提高和增强。另外，市场主体法治意识的提升以及国家干预经济手段的调整和更新，均要求政府干预经济须师出有名，有明确的法律依据才能为之，故此行政机关以及司法机关的干预经济职能也将更多地依赖于经济法立法机关的规范供给。其三，经济法中的司法机关。在 20 世纪，人民法院曾专门设立经济审判庭，审理经济法相关纠纷，后来因为种种原因经济审判庭被取消，经济审判庭的业务被其他审判部门分割。21 世纪初期，经济法学界持续呼吁重新建立经济审判庭，以完善司法机关的干预经济职能，但最后均无疾而终。[①] 近年来，司法机关在干预经济活动中的参与度和重要性不断凸显出来。在互联网反垄断领域、金融监管领域、消费者权利保护领域以及环境公益诉讼领域均有司法机关参与的热点事件发生。[②] 可以预见，随着经济法律规范群的不断完善，经济法逐渐由立法论到解释论的转换，司法机关在经济法主体中的地位会越来越关键。

此外，对于行使政府职能行为的国家工作人员在经济法的政府中是否可以列为独立的主体类型，尚存争议。有观点认为，国家机关工作人员行使干预经济的职权，代表的是具体的干预机关而非个人，其行为属于职务行为，并非独立的经济法主体类型。对此，笔者认为，从发展趋势上看，必须明确行使经济法职权的国家工作人员的经济法主体地位，进而将其从国家机关的组织荫蔽中阳光化释放出来。换言之，成为独立的经济法主体类型，意味着国家机关工作人员的干预经济职权行为，须配之以独立的职权责任，这可以确保责任主体的明确化，对于提升国家干预经济的合法性、规范性大有助益。有学者将经济法中的政府分为抽象和具体两个层面，提出“抽象的国家”也是经济法主体。[③] 笔者认为，该观点很有启发意义，原因在于：第一，经济法上的政府一方在一定程度上代表了国家利益，而法律漏洞不可避免，意味着作为经济法主体的政府在某些问题上可能会存在干预权的真空地带，此时“抽象的国家”对经济法的主体漏洞可以在一定程度上起到兜底的作用。

---

① 颜运秋：《关乎经济审判庭宜改不宜废的思考》，载《法学论坛》2001 年第 2 期；邢会强：《重提经济审判庭的建立》，载《法商研究》2009 年第 2 期。

② 典型的如 360 与腾讯的互联网反垄断案件。

③ 蒋悟真：《传承与超越：经济法主体理论研究——以若干经济法律为视角》，载《法商研究》2007 年第 4 期。

第二,“抽象的国家”的存在在某些情况下为国家权力机关灵活机动执法提供了一定的正当性基础。然而,以“抽象的国家”作为经济法中的政府主体,亦存在一个潜在风险或弊端,从作为国家公权机关的政府方面来看,现代法治讲究的是“法无授权则为禁止”,这种理念折射在主体类型层面上即主体类型必须明确具体而非抽象,“抽象的国家”在某种层面上或许就意味着权力边界的模糊化和权力肆意的风险。

(二)经济法中政府的角色定位与功能变迁

1.西方资本主义经济发展史中政府角色定位的梳理

一般认为,现代意义上的经济法肇始于资本主义产生以后,在西方资本主义经济发展史上,关于政府在经济发展中的角色定位大致可分为下述几种:

其一,“守夜人”角色。在封建社会晚期和资本主义初期,伴随着资本主义原始积累的完成,资本主义的扩张本质对自由主义的渴望极大地迸发出来。彼时的资本家厌恶政府管制,渴望经济自由,在经济学先贤亚当·斯密看来,“每个人,在他不违反正义的法律时,都应当听其完全自由,让他采用自己的方法追求自己的利益,以其劳动及资本和任何其他人或者其他阶级相竞争”[①]。亚当·斯密的自由主义思想对彼时的西方资本主义市场经济影响甚大。当时资本主义经济模式初兴,正处于开疆破土阶段,自由主义经济的优越性彰显,而它的潜在风险尚未凸显出来。此时的政府充当的是“守夜人”角色,其存在的合法性在于为资本主义制度提供安全保障,而不得主动积极地参与和介入自由经济。

其二,“看得见的手”角色。20世纪30年代,西方资本主义国家爆发经济危机,资本主义经济处在一片萧条之中而难以依靠市场自救。此时,西方国家的国民开始呼唤强政府的出现以扭转经济颓势。彼时主张政府干预、介入市场经济的凯恩斯主义经济思想应运而生。在凯恩斯主义看来,理想化的市场经济绝非是政府放任不管,而是需要政府的“看得见的手”和市场的“看不见的手”双重作用,才能良性运转。在凯恩斯主义经济学思想登堂入室后,资本主义经济渐次复苏,但人民也发现政府这只“看得见的手”同市场这只“看不见的手”一样并非万能的,政府存在着信息失灵以及权力寻租等导致政府干预失灵的自困性障碍,如何干预政府确保这只“有形之手”不至于失灵,开始成为西方经济学所面临的新问题。

其三,“裁判员”角色。在美国凯恩斯主义盛行的年代,德国的弗莱堡学派提出了“社会市场经济”理论。该理论认为,国家和政府的作用应重点放在建构完善的市场体制和竞争制度上,确保市场主体可以获得充分的、公平的竞争机会。在整个市场经济架构中,政府充当“裁判员”的角色,既不直接参与经济活动,也不站在市

① [英]亚当·斯密:《国民财富的性质和原因的研究》,郭大力、王亚南译,商务印书馆1979年版,第252页。

场主体的任何一方，而是秉公持正从中裁决。[①] 经济法上政府“裁判员”的角色定位，一方面承认政府干预经济的必要性和正当性，另一方面又致力于多方面限制政府的权能，实际上结合了亚当·斯密自由主义经济思想和凯恩斯的干预主义思想。

在中国进一步深化改革的今天，回顾整个经济法中政府的身份角色史我们或许会发现，既往的经济学先贤对国家或政府的角色定位都有其特定的历史背景，与其说是他们在某种程度上创造了历史，不如说是历史恰好选择了他们，成就了他们的经济学思想。换言之，“守门员”“看得见的手”也好，“裁判员”也罢，都仅仅是国家或政府在某一特定历史时期所表现出来的某一重心偏向，它们可以解释国家或政府的某种行为取向，却都无法深层次地定义经济法中政府的应然性角色担当。

2.如何重新认识经济法中的政府角色担当与功能定位

其一，积极的服务者。在自由主义者看来，市场主体均符合理性人假设，即在完全自由的状态下，理性人会作出对自身最有利的决策，并且所有经济理性人的自利性行为在整体上会增进整个社会的福祉。然而，“一项清晰界定并保护产权的法律制度，是经济取得成就的先决条件”[②]，也是经济理性人自由自主作出决策并可以保障其决策利益在先性约束条件。这意味着，在市场经济条件下，政府必须有所作为。笔者认为，在现代法治国家，从经济层面上来看，政府不应当成为一个独立的利益主体，它的基本人设应当是服务性的，即服务于整个市场与社会，如为自由经济提供更为健全的法制基础设施、为市场竞争的参与者提供更高品质的服务。以公司法领域为例，公司合同理论是当今公司法的主要学术流派，该流派认为公司是一份长期性关系合同，公司法则是一份标准格式合同。在公司合同理论的解释路径下，由国家或政府制定的公司法主要有下述作用：一是以相对丰富和健全的格式条款，降低由当事人各自订立公司合同所产生的大量“试错成本”；二是当事人订立的公司合同由于疏忽大意等原因而存在漏洞时，公司法可用以填补公司合同的漏洞。[③] 从公司合同理论的路径来看，公司法的功能定位更多是服务性的而非干预或管制性的，这对经济法中政府的功能定位具有启发性价值。尤其是在当下，中国企业普遍面临着融资难、税负繁重等发展困境，政府作为经济法主体从服务视角来看，应该革新既有的金融政策、财税政策，为中国企业发展提供制度性依托。

其二，中立的裁决者。裁决者或“裁判员”角色对于经济法中的政府而言，一直是一项重要的角色担当，在当前中国深化改革的时代背景下，笔者认为政府裁决者的角色应在下述领域着力完善。(1)在经济法立法层面，以社会公共利益为其本位

---

① 李昌麒主编：《经济法学》，法律出版社2016年第3版，第101～102页。

② [美]柯提斯·J.米尔霍普，[德]卡塔琳娜·皮斯托：《法律与资本主义》，罗培新译，北京大学出版社2010年版，导言第3页。

③ 罗培新：《公司法的合同解释》，北京大学出版社2004年版，第74～78页。

兼顾国家、市场主体等多方利益的平衡协调。如税收政策尤其是个税政策，应当是损有余而补不足，而不是损不足而补有余；在金融政策上，应当平衡国有企业与民营企业、实体经济与虚拟经济等。(2)在经济法执法层面，除应秉公持正外，还应兼顾法律效果和发展阶段的平衡问题，避免因为过度执法、压力型执法而给市场主体带来过度损伤。(3)在经济法司法层面，它其实是最能体现经济法中政府裁决者角色的一个面向，此处不再赘言。

其三，特定领域市场行为的参与者。在理想的自由主义市场上，由于价格机制和供求机制的自发调节作用，仅有市场主体参与，便可满足一国居民以及企业的生产性消费和生活性消费需求。然而，这种理想状态在现实中是并不会存在的，市场主体在实力、逐利性等方面的天然局限性，决定了在必要的情况下政府不得不直接或者间接参与市场活动。国家在特定领域参与市场活动，主要体现在下述几个方面：(1)在关系国计民生、不适合以盈利为目标指向的领域，如医疗、国防等领域，可由国家以国有企业的形式直接参与。(2)有些领域由于资本实力的限制私人无力参与或者若私人参与会导致过度竞争现象出现，亦可由国家直接参与，如公共交通等基础设施建设领域。(3)对于某些领域，国家和私人还可以采取合作共建的模式，如现今财政部和发改委推出的PPP项目，均属于政府与市场主体共建项目。

二、经济法中政府的职权之变迁

市场失灵需要国家干预，国家干预则需要赋予政府相应的干预职权。相对于民法、行政法而言，经济法中政府的干预职权是广泛而深入的，具体可类分为下述几种主要职权。

(一)市场秩序规制权变迁

经济法的主体结构分为两大部分：一为市场秩序法，二为宏观调控法，由此可见政府的市场秩序规制权乃是经济法中最主要的干预职权之一。在一般层面上，市场秩序包含：市场准入与退出秩序、市场公平竞争秩序、产品质量与消费者权益保护秩序。因此，政府的市场秩序规制权实际上也是围绕这三个方面展开的。从规制权的具体形式上看，它大致可分为：规则制定权、许可权、调查权、处理权、处罚权、强制权等六项权能。①

1.市场准入与退出规制权

市场准入与退出规制权，是指经济法中的政府允许市场主体进入以及退出特定市场的干预权限。在市场准入规制方面，典型的规制权如公司法上的最低注册资本制度、商业银行等特殊行业领域的行政审批许可制度。近年来，随着行政审批

① 盛学军、陈开琦：《论市场规制权》，载《现代法学》2007年第4期。

制度、商事登记制度以及公司资本制度改革的推进和负面清单管理模式的推出，政府对市场准入的规制和监管逐渐放宽，市场主体的市场进入机会更加均等。[①] 在过去的很长时期内，经济法、商法存在着一种管制倾向，即重市场进入而轻市场退出，这一现象在近几年有所改善。经济法上的市场退出监管体现在很多方面，如公司解散清算破产监管、上市公司私有化以及退市制度等。近几年随着供给侧结构性改革的推进，政府在市场退出方面的监管力度增强，僵尸企业市场退出、上市公司退市等相关操作性规范和实践经验日臻成熟。从经济法与民商法、行政法的权限分界来看，目前市场主体准入和退出的监管主要在商法领域内予以规制，而中间的行为规制和监管则主要在经济法领域内进行。

2.市场竞争规制权

市场竞争规制权是市场秩序规制权的主体部分，主要分为两大板块：第一大板块为反不正当竞争规制权；第二大板块为反垄断规制权，其中又包含反市场垄断与反行政垄断。两大板块各司其职，反不正当竞争主要涉及市场主体的微观竞争层面，与民法中的侵权责任法有很多相同之处。而反垄断规制相对于反不正当竞争规制，则更具宏观性，它规制的重点不是具体的、个人的市场主体的权益侵损与保护问题，而是整个市场的结构性制度与平衡问题。相对而言，反垄断规制更具经济法色彩，因此学界有将反垄断法称为“经济法基本法”[②]的观点。

3.产品质量与消费者保护规制权

市场秩序规制权的使命和任务是双重的，一方面它要致力于构建并维护一个公平的秩序化的市场竞争环境，以促进经济发展和社会进步；另一方面又需要维护产品质量安全和消费者合法权益。在维护产品质量和保护消费者合法权益方面，当前政府的规制和调控主要是一种“底限性规制”，即只管底限，而较少关注上限。而从中央提出的供给侧结构性改革、中国制造业转型升级以及居民消费水平提升的视角来看，未来政府不仅需要在“底限性规制”方面着力管制，还应当积极发挥引导与激励作用，促使市场主体提升产品和服务的质量品质，提供更具国际竞争力的产品和服务。

（二）宏观调控权

“宏观调控是国家调节社会经济职能的一个主要方面，国家调节社会经济职能是人类社会发展到现代市场经济阶段的产物，是国家对社会经济自由放任传统的重大转变，是国家职能的扩张，对此经济界与法律界已有基本认知。”[③]宏观调控

---

① 郭冠男、李晓琳：《市场准入负面清单管理制度与路径选择：一个总体框架》，载《改革》2015年第7期。

② 张占江：《反垄断法的地位及其政策含义》，载《当代法学》2014年第5期。

③ 徐澜波：《宏观调控权的法律属性辨析》，载《法学》2013年第6期。

权，是指国家（尤其是政府）依法对国民经济总量进行调节和控制的权利。[①]

对于宏观调控权的法律性质，当前学界存在一定争议。有观点认为，宏观调控权是政府享有的一项“权利”。理由在于：权力，是一个政治学范畴而非法学范畴，如果认为宏观调控权是一种“权力”，那几乎天然地意味着这项权能的肆意性，不利于宏观调控权的依法规范形式。而“权利”和“义务”对等而存在，宏观调控权的“权利”化，意味着政府也要承担相应的义务和责任。此外，从相关例证来看，在财税法领域上，纳税人与政府的关系本质上是一种税收契约关系，而非强制性权力结构关系。[②] 另有观点认为，宏观调控权极具复杂性，既不是单纯的“权力”，又非“权利”，而是兼具二者的属性。理由在于：有的情况下，政府干预和调控宏观经济，动用的是强制性的公权力，但亦有时候政府是以直接参与市场行为这样的私权方式干预和调控经济，所以宏观调控权是“权力”和“权利”的综合体。

对于宏观调控权的法律性质，本书比较赞同徐澜波教授的观点，即它是一种“权力”，而非“权利”或者“权力”与“权利”的综合体。[③] 其一，经济法中的政府职权是一个一以贯之的逻辑脉络，市场秩序规制权属于“权力”，宏观调控权亦应当属于公权力，而如若将其界定为“权利”或者其他，则政府职权的体系性和逻辑自洽性均受影响。其二，政府对宏观经济的调控本身就是以公权身份为之，这决定了宏观调控权的“权力”属性。尽管在有些情况下，政府宏观调控权会以间接的、市场化的方式行使，甚至还会委托其他主体代为行使，但这仅仅是权力运行方式的调整，并未改变权力的属性。其三，将宏观调控权界定为“权力”，并不意味着它会被肆意行使，界定为“权利”也并不意味着它就不会被肆意行使。相比较而言，“权力”解说更能够反映宏观调控权的本质面目。

宏观调控权相对于其他政府职权而言，具有自身的特性：(1)宏观调控权所干预和调整的是宏观的、整体的和普遍的经济关系。区别于市场秩序规制权，后者调整的是具体性的、针对性的经济关系。从这一点上看，宏观调控法最能体现经济法的国家干预法属性，也与凯恩斯主义经济学思想最为接近。(2)宏观调控权的行使具有指导性和调节性。市场秩序规制权的行使主要是通过直接的管制、处罚等措施，对市场主体的行为产生强势的、直接性的影响。而宏观调控权的行使则不然，它一般不会直接对市场主体的行为进行干预，而是通过税收机制、利率调整以及价格机制等变量的调整，引导市场主体往政府所期待的方向发展。典型的如政府可以通过调整利率的方式实现调控房价的目的。(3)宏观调控权具有综合性和协调

---

① 李昌麒主编：《经济法学》，法律出版社2016年版，第107页。

② 李伟、陈乃新：《论宏观调控权力权利化——宏观调控权之法理学解读》，载《兰州学刊》2005年第1期。

③ 徐澜波：《宏观调控权的法律属性辨析》，载《法学》2013年第6期。

性。宏观调控法的调整对象为宏观性、综合性社会经济关系，牵一发而动全身，这决定了宏观调控权的行使不能"头痛医头，脚痛医脚"而具有综合性和协调性特点。如在高房价调控问题上，政府综合采用了土地管制手段、利率调控手段、税负调整手段以及价格管制手段等多种调控方法。

(三)社会保障与分配调控权

如果说市场规制权主要集中在市场维度，宏观调控权集中在国家维度，那么社会保障与分配调控权则主要集中在社会维度。社会保障与分配调控权可分为两个层面：一是社会保障调控权，如制定和实施《劳动合同法》，通过最低工资制度、无固定期限劳动合同制度等，保护作为弱势群体的劳动者的合法收入和劳动权利。二是社会分配调控权，这项权能的行使主要通过税收手段、公益手段进行。

三、经济法中政府的责任之变迁

法律责任的理解方式有多种，从规范意义上来看，法律责任是主体违反法定、约定以及道义义务所应承担的不利后果。而从一般意义或者广义上看，法律责任既包含前述规范意义上的不利后果，又包含主体根据法律规定、合同约定以及自身身份角色所应主动积极为一定行为之义务。经济法中的政府责任是广义上的责任。进而言之，我们可以将经济法中政府的责任分为两种类型：一种是政府所应承担的积极义务；另一种是政府因违反法律规定、合同约定以及身份角色担当所应承担的不利后果。

(一)经济法中政府的积极义务

在当前经济法学界有关政府责任的研究中，多数成果集中于探讨规范意义上的政府责任，专门针对政府积极义务的研究比较少见。吴志攀教授在《我国政府的经济法责任考察》一文中，对政府的该种责任进行了较为全面的列举，即政府责任包含 11 项内容：防治突发公共卫生事件的责任、防范系统性金融风险的责任、预防网络造成社会瘫痪的责任、预防自然灾害的责任、保障充分就业的责任、缩小地区贫富差距的责任、控制人口的责任、保持人民币本币币值稳定的责任、保护自然生态环境的责任、保护历史文化遗产的责任、保护政府的财政职责。[①] 吴志攀教授对政府经济法责任的界定与分类对我们界定政府的积极义务具有启发意义。本书认为，对政府积极义务的梳理可以从政府职权划分的视角进行拆解。

其一，在市场秩序规制层面，政府应承担以下责任：(1)降低市场准入门槛，确保市场主体可以获得公平的市场进入机会；(2)营造公平、高效和健康的市场竞争

① 吴志攀：《我国政府的经济法责任考察》，载李昌麒主编：《经济法论坛》(第 1 卷)，群众出版社 2003 年版。

环境，使市场的价格价值、供求机制等自发调解机制可以充分发挥作用，达到尽可能的理想状态；(3)建立完善的市场信息、信用机制，提高市场透明度，降低市场主体的发现与协商成本；(4)建立稳定有序的市场退出机制和市场主体强制淘汰机制；(5)保障产品和服务质量；(6)确保消费者的合法权益不受侵害，消费品质逐步提升等。

其二，在宏观调控层面，政府应主要承担以下责任：(1)促进经济稳步持续增长；(2)确保各个行业、产业、地区协调发展；(3)稳定物价，维持商品和服务的价格水平基本稳定，避免通货膨胀或者通货紧缩；(4)尽可能创造更多的就业及创业机会；(5)保证人民币币值的稳定性及国际收支平衡；(6)强化金融服务实体经济的能力，避免金融泡沫化，防范和化解金融风险等。

其三，在社会保障与分配层面，政府应主要承担以下责任：(1)保障居民最基本的生活水准，避免贫富差距过大；(2)保障劳动者合法权益；(3)确保房价在居民收入水平可承受范围内，防止房地产金融化等。

本书所罗列的政府的积极义务，与其说是政府在经济法中的责任，不如说像是对政府的乌托邦式的愿景，似乎给人理想很丰满、现实很骨感的虚无感。那么我们对政府的这些美好愿景应如何接近现实呢？本书认为，政府积极义务实现的线索应当为：一方面，它依赖于积极义务的精细划分，把宏大的愿景切块划分为细小的具体的积极作为之义务；另一方面，它依赖于规范意义上的政治责任与法律责任机制的健全化。

(二)经济法中政府规范意义上之责任

政府干预经济，因具体路径与方法的不同，在法律关系中所呈现出的身份角色也不同，进而所应承担的规范意义上的法律责任也因具体身份角色的不同而不同。

1.公法层面的法律责任

政府以公法主体身份干预经济时，因违反法律、行政法规及道义责任等所应承担的法律责任主要是公法责任。政府的公法责任最终落实在两个层面：其一，在国家工作人员个人层面。这种公法责任主要体现为刑事责任和行政责任。如因在干预经济过程中的权力寻租、职务犯罪行为而承担刑事责任；因履职不当而承担记过、警告、降级、撤职等行政责任。在国家与机构层面则主要体现为国家赔偿责任，即国家机关在干预经济的过程中，因为违法行为而给公民、法人以及其他组织合法权利造成损害时所应当承担的法律责任，在责任形式上主要包含“责任的形式主要是支付赔偿金、返还财产或恢复原状、消除影响、恢复名誉、赔礼道歉，责任的目的是为了救济公民权益，尽量弥补公民受到的损害，使之恢复到损害之前的状态”[①]。

---

① 刘一纯：《国家赔偿责任与公务员法律责任的衔接机制》，载《国家检察官学院学报》2009年第2期。

国家赔偿责任在责任原理和具体责任形式上,与民法上的侵权责任有很多相通之处,因此学界有观点认为国家赔偿责任其实就是国家作为主体而承担的民事侵权责任。并且,确立国家赔偿责任的民事责任属性,可以强化国家干预主体与公民、法人以及其他组织等私法主体在国家赔偿事宜上的平等地位,有利于私权的保护和避免公权的肆意行使,这即是国家赔偿责任的"私法责任说"。从域外来看,英美法系国家、大陆法系的日韩等国家亦采纳该说。在我国 1989 年的《中华人民共和国行政诉讼法》(以下简称《行政诉讼法》)制定出台以前,"私法责任说"在我国已占据主流地位。彼时的《中华人民共和国民法通则》(以下简称《民法通则》)第 121 条对国家赔偿予以规定,在规范意义上坐实了国家赔偿责任的民事责任属性。而 1989 年的《行政诉讼法》颁行实施以后,"公法责任说"在规范和法理上逐步取代了私法责任说而占据主流学说地位。例如,2002 年《最高人民法院关于行政机关工作人员执行职务致人伤亡构成犯罪的赔偿诉讼程序问题的批复》(法释〔2002〕第 28 号) 认为:"行政机关工作人员在执行职务中致人伤亡已构成犯罪,受害人提起刑事附带民事赔偿诉讼的,人民法院对民事赔偿诉讼请求不予受理。但应当告知其可以依据《中华人民共和国国家赔偿法》(以下简称《国家赔偿法》)的有关规定向人民法院提起行政赔偿诉讼。"[①]就国家赔偿责任的法律属性,本书赞同"公法责任说"。理由如下:其一,法律责任的致因不同。尽管国家赔偿责任在形式上确实与民事侵权责任有很多相通之处,但是在国家干预经济这一层面上,国家赔偿责任的致因是国家在公权力行使过程中的不当或违法行为。而一般民事侵权责任的致因是民事或者刑事违法行为,而非行使国家公权力的行为。其二,在一般民事侵权责任中,侵权行为实施者与受害人之间是平等的民事法律关系,即横向法律关系。而在国家赔偿责任中,国家与权利受侵害的公民、法人及其他组织之间的关系是干预与管理性关系,即纵向法律关系。其三,国家干预经济行为的特殊性质和效果,决定了国家赔偿责任无法直接适用民事侵权责任原理。例如,国家机关的某项不当行为或决策失误行为,所造成的直接或者间接损失可能是巨大而不可估量的,而一旦按照侵权责任法原理追究法律责任,是否会超出国家机关的赔偿能力暂且不论。但一个显著的后果会是,在责任压顶之下,国家机关种种可能的创新性、大刀阔斧性改革行为将会受到影响。其四,如果依照民事侵权责任原理,那么国家承担赔偿责任以后,这种责任到底是代位责任还是自己责任?能否要求具体的行为人承担最终赔偿责任,都是很难解决的问题。综上,我们认为国家赔偿责任是一种特殊的公法责任,应由《国家赔偿法》根据其责任原理和运行逻辑作出专门性规定。

此外,政府的宏观调控行为比较特殊。政府的宏观调控行为是否具有可诉性,

① 前述内容参见江必新:《国家赔偿与民事侵权赔偿关系之再认识——兼论国家赔偿中侵权责任法的适用》,载《法制与社会发展》2013 年第 1 期。

在经济法上一直是一个争议很大的问题。本书认为,政府的宏观调控行为不应具备可诉性。理由如下:其一,宏观调控行为属于决策行为而非执行行为,它并不针对具体的当事人实施,所调整的对象具有普遍性和不特定性。这就意味着针对宏观调控行为,很难有适格的当事人存在①。其二,宏观调控行为类似于公司法上的商业判断行为,属于专业行为范畴,法官并不具备这类专业知识,很难对该种行为进行司法审查。好比在公司法上,董事的职务行为还会受到商业判断规则的保护,法官一般不会介入,即使介入也主要是程序性介入。然而,宏观调控行为不具可诉性,并不意味着政府不需要为宏观调控失误承担责任,只不过宏观调控行为的法律责任主要体现为政治责任。

2.政府的私法责任

政府干预经济,并非总是以公法身份为之,亦会公私合作,以私法身份参与其中。同样,经济法中政府的责任也不仅仅是公法责任,亦有私法责任。在政府以私法主体身份参与经济活动时,政府与市场主体均为民事主体,政府的责任也就是民事责任。争议较大的是,在公私合作关系中,政府的法律责任问题。在公私合作关系中,政府或国家的责任其实体现在两个维度:(1)在政府与作为合作方的私法主体关系中,政府应承担的到底是公法责任还是私法责任?部分观点认为,公私合营,政府一方代表的是国家,合作领域又是社会公共领域,所以政府的身份是公法身份,责任也是公法责任。另有观点则认为公私合作关系本质上是一种民事合同关系,所以政府在这种关系中承担的是民事责任。亦有观点认为这是一种公私特点兼具的混合型法律关系。目前典型的公私合作关系如PPP项目协议,“究竟属于行政协议还是民事合同,直接关系到PPP协议的相关规则适用及救济途径的选择。目前我国学界的争论主要有三种:PPP协议属于民事合同;PPP协议属于行政合同;PPP议属于混合性质合同”②。本书认为,公私合作关系应当是一种契约性关系,而非公法关系或者混合型关系。在实践中,大量公私合作关系中政府一方表现强势,干预合同履行、单方面毁约的情况时有发生。从强化政府契约意识的角度而言,本书认为将这类关系界定为民事法律关系更具前瞻性和引导作用。若如此,则政府在这种内部关系中应当承担的法律责任亦主要是民事责任中的合同责任。(2)在公私合作体的对外关系上,政府应当承担怎样的法律责任。本书认为,应当综合考虑这类对外关系是否涉及政府干预这类公权力的行使,如果合作体或者合作体中的私权主义以政府公权力的名义行事,则须承担公法责任。若合作体对外关系仅为一般性民商事关系,而不涉及公权,则为民事关系,政府根据民事法律关系承担责任即可。

---

① 邢会强:《宏观调控行为的不可诉性探讨》,载《法商研究》2002年第5期。

② 郑雅方:《论我国PPP协议中公私法律关系的界分》,载《行政法学研究》2017年第6期。

第三节　经济法中的企业的变迁

一、如何理解经济法中的企业

企业,"一词源自于日语,其英文表达为'enterprise',含有从事冒险事业之意。我国从日本引入这个词汇,意指依法设立,以营利为目的,专门从事生产经营活动的组织"[①]。严格意义上说,企业并非一个规范的法学概念,它更多地体现为经济学和管理学概念。改革开放至今,理论与实务界一直沿用企业这一概念,已经约定俗成。企业,既是民商法中的主体类型,也是经济法中的市场主体类型,那么,经济法中的企业有何特殊性?我们在经济法的视野下应当如何理解和认识企业这类主体?以下详述之。

(一)经济法与民商法在企业问题上的一致性

企业,既是民商法的重要调整对象,也是经济法的调整对象,两个部门法中的企业并非两种不同的事物。进而言之,经济法和民商法各自侧重的是企业的不同面向,即同一个事物的不同侧面。但在基础性层面,经济法中的企业与民商法上的企业具有一致性。这种一致性主要体现在:

1.营利性是企业的本质属性

企业的营利性指企业的一切生产经营活动,均以获得利润并向其成员分配利润为终极目标,即企业存在的根本目的在于追求利润最大化。这是近代资产阶级工业革命以后,企业的最根本理论假设。因此,民商法和经济法在企业问题上最根本的一个共识是,要保障和促进企业营利性目的的实现。在民商法中,这种保障和促进主要体现为赋予企业高度的自治权,因为在民商法学者看来,自由、自治即意味着效率。在经济法上,企业的营利性体现为国家对企业的一系列管制和干预政策,这均不能偏离企业的营利性。

2.企业具有特定的法律主体资格

无论是经济法还是民商法,均要求企业必须具有特定的主体资格,并以自己的名义从事生产经营活动。其中公司这类企业具有完全独立的法人人格,有自己独立的财产,以自己的财产对外承担法律责任,股东只在认缴出资额内承担有限责任。合伙企业和个人独资企业,在我国现行制度框架下虽不具备独立的法人人格,但亦是以自己的名义对外开展活动。从当前理论界的主流观点来看,赋予合伙企

① 李昌麒主编:《经济法学》,法律出版社2016年第3版,第131页。

业等非公司类企业以法人资格，是未来企业主体资格发展的趋势。企业需具备特定的主体资格还隐含着一个逻辑，即无论企业是否具备法人资格，它均应在一定程度上独立于其成员，并且财产独立也是非法人企业发展的一大趋势。

3.一定程度上的法定性

无论是在民商法上，还是在经济法中，均要求企业具有一定程度上的法定性。这一要求主要体现在：(1)企业的主体资格类型法定。即企业只能在公司制（有限责任公司、股份有限公司）、合伙制（普通合伙、有限合伙）等法定的几种类型中择其一而成立，而不能在法定的企业类型之外自创其他新的类型，这颇类似于物权法定原则。(2)企业设立的实体和程序要件法定。尽管从企业的制度变迁史来看，法律对于企业设立的管制经历了从特许主义逐渐到准则主义的流变，企业设立自由化已成为趋势，但基于维护市场秩序以及债权人利益的需求，企业设立尚需满足最低限度的实体和程序要件。如成立公司须提交股东协议、公司章程，并向工商行政管理部门申请营业执照，特殊行业领域内的公司还须取得行政审批部门的许可等等。

（二）经济法中企业的身份角色属性

在本章第一节中，笔者提出经济法主体具有身份角色属性，经济法中的企业亦是如此，这也是经济法和民商法对待企业这类市场主体的区别之处。经济法上企业的身份角色性体现在两个层面上：

1.企业不仅具有经济属性还具有社会属性，并因此承担社会责任

企业的社会属性在民法学说史上亦有所体现，只不过它因与近代民法一以贯之的个人主义、自由主义以及私权神圣价值观不符而未能得到彰显。早在《德国民法典》编纂期间，针对法人的性质问题，萨维尼一派主张法人拟制说，即法人只不过是法律为方便自然人而基于实用主义思维拟制出来的一类主体，本身不具伦理性，仅仅是一种工具性存在[①]。而基尔克一派则认为法人的地位是实实在在的，法人等团体本身就是有机的生命体，具有伦理属性，日耳曼民族的团体主义民族精神也蕴含在法人等团体中。并且，法人等团体是整个社会有机体的一部分，并承担相应的角色，这即是基尔克的“法人有机体说”[②]。尽管《德国民法典》最终采纳了萨维尼的学说，但基尔克的有机体说传至英美法系国家，受到企业理论与实务界的追捧。彼时，英美资本主义正在由自由资本主义到垄断资本主义阶段过渡，垄断、环境污染、贫富差距悬殊、劳动问题、消费者权益纠纷等问题持续性地拷问着自由主义的理性经济人假设以及其对公司营利性本质的定位。企业社会责任运动逐渐萌芽，而基尔克的法人有机体说刚好为企业社会责任运动提供了理论支撑。在美国经济学与法学界爆发了有关企业社会责任问题的持久论战，其中以伯利与多德教

① 仲崇玉：《论萨维尼法人拟制说的政治旨趣》，载《华东政法大学学报》2011年第5期。

② 仲崇玉：《论基尔克法人有机体说的法理内涵和政治旨趣》，载《现代法学》2013年第2期。

授的持续论战最为著名。针对企业是否能够承担社会责任,伯利教授认为:"所有赋予公司或者管理者的权力,无论是基于公司的地位还是公司章程,或者同时基于这两者,只要股东有利益存在,这种权力在任何时候都必须只用于全体股东的利益。因此,当行使权利会损害股东利益时,就应当限制这种权力。"对此,多德教授认为,"公司存在的唯一目的绝不是为股东创造利润。公司作为一个经济组织,在创造利润的同时也应当服务于社会"①。其后伯利教授与多德教授相互之间进行了持续二十余年的论战,最后有趣的是先前坚决反对企业社会责任的伯利教授几乎完全认同了多德教授的观点。伯利与多德教授的论战尽管已经结束,但时至今日有关企业是否要承担社会责任的观念冲突仍在不断上演。部分经济学家、法学家尤其是民商法领域的专家学者,倾向于秉持自由主义精神,主张企业的社会责任就是盈利,并向社会输出好的产品和服务,除此之外企业无需再承担社会责任,并坚持企业治理的股东或者投资者中心主义导向。而其他部分经济学、管理学以及法学界人士则认为企业是整个社会结构中的一分子,除了追求利润最大化之外,还应当对所在社区、雇员、消费者、债权人以及其他利益相关方承担广泛意义上的社会责任。在企业治理模式上,部分企业社会责任理论者认为企业或者公司治理不应当固守股东中心主义治理模式,应当从多元利益主体出发建立企业或者公司的利益相关者共同治理模式②。

企业社会责任理论传至中国后,在民法、商法与经济法学学者中产生了一定的理论分化,并最终出现不同部门法对企业和企业社会属性的不同认知定位。经济法学科本身以社会公共利益为其部门法本位利益,而企业社会责任对企业的社会属性、社会角色和担当的宣扬恰好与我们经济法的理念有异曲同工之妙。在民商法尤其是民法领域则不然,民法以个人主义为其价值本位,民法学者多是自由主义者,企业社会责任理论与自由主义的民法理念在很多地方存在冲突与隔阂。如此一来,企业在民商法中和在经济法中其实就具有了两种差别化的面貌。在民商法领域,我们的企业理念和制度更强调企业自治和追求利润最大化。而在经济法领域,我们在尊重企业自治和利润诉求的基础上,更强调企业在整个社会及具体的利益相关者之中的角色担当。这其实也印证了笔者在本章前部所说的,经济法和民商法的差别在于理念而非调整对象。民商法中自由主义的企业和经济法上负载社会责任的企业,加起来才能构成企业的整体精神面貌。

---

① 沈洪涛、沈艺峰:《企业社会责任思想起源与演变》,世纪出版集团、上海人民出版社2007年版,第27～28页。

② 杨瑞龙、周业安:《论利益相关者合作逻辑下的企业共同治理机制》,载《中国工业经济》1998年第1期。

2.企业的具体身份不同进而在经济法上的角色担当亦不同

企业在民法上，遵循形式平等理念，即民法对企业秉持的是基本的非差别化的观念立场。在经济法上则不然，经济法中的企业除外在一般性层面上具有社会属性、承担社会责任之外，它们还有具体的身份角色，并因此而被法律配置具体的差异化的权利义务结构，这也是经济法主体身份性的体现。企业的这种因不同的身份角色导致差异化的权利义务结构的情况在经济法上比比皆是。具体而言：(1)根据企业的出资人属性，配置不同的权利义务结构。如在公司法上，国有公司在设立审批、公司治理结构、股权转让等事宜上，所受的法律限制要比民营公司多得多。如根据《中华人民共和国公司法》第44条规定，两个以上的国有企业或者两个以上的其他国有投资主体投资设立的有限责任公司，其董事会成员中应当有公司职工代表；其他有限责任公司董事会成员中可以有公司职工代表。(2)根据企业所处的行业领域，经济法实施不同的干预政策。典型的表现是现有的企业成立的行政审批制度，一般企业成立只需向工商行政管理部门申领营业执照，而特殊行业企业的设立则需要向行政主管部门提出申请，经主管部门许可后方可成立。(3)根据企业的规模和行业领域适用不同的竞争政策。这主要体现在反垄断法领域，尤其是在滥用市场支配地位规制上，企业在相关产品和服务市场上的份额达到一定比例时，就会被视为具有市场支配地位，它的经营行为会因此而受到额外限制。而对于特殊行业领域的企业，经济法上的竞争政策又会有所调整和松动，如知识产权领域的企业在反垄断规制中享有一定的豁免权。(4)根据企业所处的不同的关系结构，经济法给予不同的干预政策。如在企业与消费者的关系中，经济法采取的是企业的义务对消费者的权利这样的倾斜性权利义务结构；在企业与作为劳动者的雇员的关系中，经济法以无固定期限劳动合同、最低工资制度等举措附加给企业一系列的加重型义务。(5)在特定情境下，经济法中的企业会承担惩罚性加重责任。如在消费者权益保护法和食品安全法中，存在“三倍”“十倍”的赔偿责任就是针对企业的惩罚性加重责任。

二、企业形态的法定化与企业法律形态变迁

(一)企业形态的法定化

所谓企业形态法定化，“是指国家以法律形式确定企业形态，从而有利于建立起相应形态企业的法律制度和科学的企业法律法规体系的过程”[①]。那么，在经济法视野下，为什么企业的形态必须法定化？原因如下：

① 李昌麒主编：《经济法学》，法律出版社2016年版，第135页。

1.企业形态法定是法律人格法定的延伸

从广义私法学视野来看，法律人格法定有着数千年历史。从法律人格发展的整个脉络来看，法律人格法定是其一以贯之的立法价值观。在古罗马时期，彼时的法律认为奴隶是一种工具，虽然能够思考和行动，但本质上是附属性的，所以奴隶不具备法律人格[①]。先贤亚里士多德说："妇女和奴隶没有灵魂，他们虽然都是人类，但却不能参与到民事活动中，在法律中不能称为人。"[②]尽管后来到了资本主义时期，人类的自由和人权在法律上获得了解放，奴隶制被废除，男女平等地享有法律人格，并且女性在法律上还会因处于弱势地位而受到倾斜性的保护。即使到了资本主义时期，某一主体类型获得法律在主体资格层面的承认，也是一件艰难而漫长的事情。如法人在民法上获得主体资格就经历了法人否认说、法人拟制说以及法人实在说三个发展阶段。但在主体资格法定这一点上，千百年来没有变化，变化的仅仅是法定主体资格的范围和类型的不断多元化。具体到企业主体资格问题上，资格法定也是一以贯之的法律规制逻辑。如公司法，在最早的特许制时期，公司成立必须有国王或者议会颁发的"特许状"，有了"特许状"后公司才算获得了法律人格，才能进行生产经营和贸易活动。之后企业的设立经历了核准主义和准则主义阶段，企业成立的实体和程序条件越来越简单，但企业的主体资格类型始终是法定的。市场主体成立企业，只能在国家法律所提供的主体资格选项中选择一种来注册，而不能在法定形态类型之外自创企业形态。

2.企业形态法定化便于国家对企业主体进行干预和调控

企业属于市场主体或者商主体，在民族国家建立之前，商主体是一个特殊的、独立自在的群体，它们的经营管理以及贸易行为均有自己的商事习惯和惯例，超脱于当时的封建国家法律制度体系。在近代民族国家出现以后，民族国家把整个社会的全部社会经济和文化生活的规则制定权统一收归国家，以便于国家通过法律制度的形式全面系统地干预和调控整个国家的社会经济和文化生活。国家对企业的调控和干预也是如此。市场行为本身是高风险行为，作为市场主体的企业在其经营存续期间亦会造成和引起各种各样的风险。而政府作为国家干预主体，有义务和责任对企业所产生的风险进行化解与分配。那么，政府就需要构建一套化解和分配企业风险的法律制度体系，而企业类型法定就是风险化解和分配制度体系的重要部分之一。一个企业选择以公司制作为其主体资格形式，意味着他们的出资人可以享受有限责任的风险分配优待，但前提是出资人必须实缴出资并且不能抽逃出资或者滥用公司法人格；一个企业若选择以普通合伙作为其主体资格形式，那么企业的资金管理相对于公司制要宽松得多，但前提是合伙人必须对企业债务

---

① ［意］彼得罗·彭梵得：《罗马法教科书》，黄风译，中国政法大学出版社1996年版，第32页。

② ［意］彼得罗·彭梵得：《罗马法教科书》，黄风译，中国政法大学出版社1996年版，第32页。

承担无限连带责任。国家通过设置多重可选择的企业主体类型，把企业风险予以模块化分解，并相应地设计出不同类型的风险化解和分配制度体系。市场主体在企业的法定类型菜单中选择某一类型，就进入某一政府设定的干预和调控模块，类似于如今社会管理中实行的网格化管理模式中的特定网格，如此国家对企业的干预和调控就趋于专业化和简洁化。某一特定类型的企业在管理和经营时造成了特定风险或损害，国家公权部门可在该类型企业的制度模块中选择风险分配和损害赔偿规则予以适用，企业的法律适用程序也相对便捷化。

3.便于市场主体营商自由和提升法律对市场主体的制度服务能力

首先，企业形态法定化，实际上是立法"软家长主义"[①]的体现，以多元的可选择的菜单化模式为市场主体在设立企业时提供多元化的选择空间，让市场主体根据自己的情况"量体裁衣"，选择最适合的主体资格类型，多元化的选择空间本身就是营商自由的一种体现。其次，从服务于企业设立与发展的角度来看，企业法本身是市场经济不可或缺的主要"基础设施"之一，作为"基础设施"的企业法应当提升自己的专业品质和服务能力，而企业类型法定化就是这一努力的体现。国家设置不同的企业类型，就好比在高速公路这一"基础设施"上设置不同的"车道"，公司制一条"车道"、合伙制一条"车道"等等。政府和国家再根据每个企业"车道"的不同特点和制度诉求，制定不同的治理和行为规则，类似于各个"车道"的交通规则，这样一来市场主体选择了某一企业类型就选择了某一特定"车道"进而选择了这条"车道"上的制度规则。这种细分的主体法定类型，既避免了不同类型企业之间的风险交叉感染，也有利于国家针对不同类型的企业制定更专业、规范和科学的制度规则。这对市场主体而言，显然是大有裨益。

(二)企业的法律形态变迁

企业的法律形态，也叫企业的法定分类，是指"特定国家通过立法，对该国的企业进行的分类，亦即国家通过立法来规定的企业种类。国家通过立法对各类企业进行法律上的界定，使企业的类别规范化、标准化，并具有法律约束力"[②]。企业的法律形态，依据不同的标准，有不同的划分方法。在世界范围内来看，比较通用的标准是根据企业的责任形态，将企业的法律形态划分为公司、合伙企业与独资企业三类，这种分类方式也是我国当前主要采用的企业法定分类标准。此外，从传统上看，我国亦有根据企业的所有制划分企业法律形态的习惯，即根据所有制的不同将企业划分为国有企业、混合所有制企业、集体企业、私营企业、外商投资企业等法定形态。根据所有制来划分企业法定形态的方法，其实是计划经济向市场经济不断

---

① 潘林：《论公司法任意性规范中的软家长主义——以股东压制问题为例》，载《法制与社会发展》2017年第1期。

② 张士元主编：《企业法》，法律出版社2015年版，第10页。

转型中所附带衍生出来的企业法定分类标准，这种分类标准强制性地给企业贴上不同的身份标签，并依据标签对不同所有制的企业给予不同的法律和政策待遇，并不符合现代市场经济的平等精神。可以预见随着继续深化改革不断推进，企业法定形态划分的所有制标准终将退出历史舞台。因此，本书重点分析以法律责任标准确立的企业法律形态。同时，由于篇幅所限，此处仅对公司制与合伙制两种主流的法定主体资格类型进行梳理分析。

1.公司制形态

“公司”一词，根据方流芳教授的考证，最初是19世纪以前东南亚的中国移民对其联合体的称谓，彼时的公司与帮会社团极为类似。之后，鸦片战争开始，中国人对“公司”的理解一般专指英国的东印度公司。洋务运动前后，中国打出“师夷长技以自强”的口号，主张学习西方企业制度，这时对“公司”的理解摆脱了东印度公司的专属性，将“公司”理解为营利性企业组织[①]。我国于1993年制定首部《公司法》，并分别在2005年和2013年修改了一次，迄今为止出台了四部公司法司法解释。相对合伙企业法、个人独资企业法而言，公司法是企业法中最完善的一部法律。从公司的法律形态上看，英美法系国家将公司分为公开公司与封闭公司，大陆法系国家则将公司分为无限公司、有限责任公司、股份有限公司和两合公司。我国公司的法定形态主体分为两大类，即有限责任公司与股份有限公司。

其一，有限责任公司。所谓有限责任公司，是指股东以其认缴出资额为限对公司承担责任，公司以及全部资产对外承担责任的公司。有限责任公司相对股份有限公司而言，具有下述特点：(1)股东人数较少，具有封闭性；(2)人合性较强，股东间关系的情感纽带突出；(3)内部治理灵活性强；(4)整体数量庞大，市场中绝大多数的公司为有限责任公司。1993年的《公司法》制定出台的主要目的是为彼时正在进行的国有企业改革提供制度保障，该部《公司法》并未充分关照有限责任公司的特殊性。之后2005年修法时这一情况得到很大改变，有关有限责任公司的相关制度安排充分回应了有限责任公司治理的人合性、灵活性特点。如针对有限责任公司股东会会议通知、股东表决权、股东利润分配权、股权继承等事宜，允许公司章程以“另有规定”的形式排除公司法的适用[②]。有限责任公司还包含几种比较特殊的类型，即一人公司与国有独资公司。尤其是一人公司，是一种比较特殊的企业法定形态。公司法虽承认了一人公司的主体资格属性，但是由于一人公司在实践中很容易沦为股东滥用公司法人格的工具，对债权人存在较大的风险，所以现行《公司法》在资本制度、举证责任等方面对一人公司作出了更多的限制性规定。此外，跳出规范层面的主体类型，从商事实践上来看，2014年“大众创业、万众创新”政策

---

① 方流芳：《公司词义考：解读语词的制度信息》，《月旦民商法》2003年创刊号。

② 钱玉林：《公司章程“另有规定”检讨》，载《法学研究》2009年第2期。

推进以来，市场上涌现出了大量的创新、创业型公司。这类公司在法定主体资格类型上几乎均为有限责任公司。但是这些公司与传统有限责任公司相比，又有了诸多新特点，亟待公司法予以相应的制度回应。例如，创新创业型公司对人力资本尤其是智力资本的依赖性远大于传统有限责任公司；公司中人力资本与物质资本的冲突性问题比较突出；公司股权结构的变动性较大等等。

其二，股份有限公司。是指公司资本为股份所组成的公司，股东以其认购的股份为限对公司承担责任的企业法人。中国《公司法》规定，设立股份有限公司，应当有2人以上200以下为发起人，注册资本的最低限额为人民币500万元。股份有限公司相对于有限责任公司而言，最大的特点有二：其一，公司资本划分为等额的股份，股东根据其认缴份额承担责任；其二，公司的资合性更强。在我国公司法上，股份有限公司又分为上市公司和一般股份有限责任公司。其实，非上市的股份有限公司与有限责任公司的相通性更大，均属于英美法系国家的封闭公司，这也从侧面反映了我国现行公司法定分类制度的些许不足。

2.合伙制形态

合伙企业，指“有两名以上的合伙人根据合伙协议，共同出资、共享收益、共担风险，至少有一名合伙人对企业债务承担无限责任或无限连带责任的营利性经济组织”[①]。合伙企业又分为普通合伙企业和有限合伙企业。相对于公司制而言，由于合伙人尤其是普通合伙人须对企业债务承担无限责任或者无限连带责任，因此商事实践中普通合伙企业的数量呈逐年递减趋势。然而，近几年随着私募股权投资基金的兴起，有限合伙企业在实践中大量兴起，在某些领域内甚至有挤占公司制的趋势。有限合伙企业中，合伙人分为普通合伙人（GP）和有限合伙人（LP），其中普通合伙人负责合伙企业的日常经营管理，并对合伙企业债务承担无限责任；而有限合伙人仅在出资额内对合伙企业债务承担有限责任，并且不参与合伙企业经营管理。同公司制相比，有限合伙制，具有多重优势：（1）出资形式上的优势。有限合伙企业中，普通合伙人可以劳务出资，有限合伙人以资本出资，两相结合，进而实现人力与资本的互补协调，做到真正的“专家理财”。而在公司制中，劳务是不能用于出资形式的，这其实限制了部分人力资本依赖性较高的创新创业型公司的发展。（2）有限合伙制的经营管理更具灵活性。在有限合伙企业中，普通合伙人专司企业经营管理、“代客理财”，有限合伙人则充当“甩手掌柜”，十分灵活。而公司制经营管理受资本多数决规则限制，不仅灵活性稍弱，还时常会出现公司僵局。（3）税负优势。有限合伙企业享受税制优惠，不存在公司制的双重课税问题，财务成本优势

---

① 李昌麒主编：《经济法学》，法律出版社2016年第3版，第140页。

明显[①]。正是基于上述原因,有限合伙制在多个方面契合了私募股权投资基金的主体资格诉求,而在风险投资领域占领先机。

三、企业市场准入和运行中国家干预法律制度的变迁

(一)企业市场准入法律制度的变迁

所谓企业市场准入制度,是指企业依法设立并进入相关市场领域从事市场经营行为的法律制度。企业市场准入法律制度属于市场秩序规制法的重要内容,根据市场准入是否需要行政审批可以分为一般性市场准入和行政审批许可类市场准入。

1.企业一般性市场准入制度变迁

改革开放之前,我们长期实行计划经济体制,所有经济活动均由国家统一完成,彼时并不存在真正意义上的市场,也就不存在市场准入。改革开放之初,以"傻瓜瓜子"年广久为代表的第一批市场主体(个体工商户)开始进入市场,彼时政策尺度尚未完全放开,营商合法化与投机倒把之间边界不明,部分商人甚至因此遭受牢狱之灾。邓小平同志南方谈话后,改革春风真正到来,大量个体工商户、集体所有制企业等等如雨后春笋般破土而出。1993 年为国有企业改革保驾护航,我们制定出台了《公司法》,中国企业建立现代企业治理结构的征途也由此开始。

以公司制企业角度审视企业一般性市场准入制度的变迁,可以发现这一变迁过程中的渐进式微妙变化集中体现在公司资本制度的变迁上。在 1993 年《公司法》上,我们实行的是严格的法定资本制,严守公司资本三原则,"公司的注册资本在设立时必须全部发行,而且必须一次缴清。这样,公司的注册资本既等于发行资本也等于实收资本"[②]。彼时,注册成立公司的资金成本巨大,且无时间上的缓冲余地,对于大多数中国人来说,成立公司创业还是比较遥远的事情。2005 年《公司法》进行了大幅的修改,其中也包括公司资本制度的宽松化,变一次性缴纳为分期缴纳,且最低注册资金也大幅降低,公司的市场准入门槛大幅降低。不过当时的公司资本制度,在理念上还是奉行资本信用,尚未进入到资产信用时代。2013 年的新一轮公司法修改,取消了最低注册资本制度,公司法对股东出资期限也不再作规定而完全交由公司章程予以自主约定,此次公司资本制度的改革也成为中国《公司法》制定以来改革力度最大的一次。从公司资本制度改革的趋势也可以看到,企业的一般性市场准入门槛不断降低,截至今日,理论上一块钱就可以注册成立公司,

---

① 陈业宏、黄媛媛:《公司制与有限合伙制风险投资之比较与选择》,载《华中师范大学学报(人文社会科学版)》2003 年第 6 期。

② 冯果、尚彩云:《我国公司资本制度的反思与重构》,载《中南财经政法大学学报》2003 年第 6 期。

人人皆可创业。

2.企业行政审批许可类市场准入制度变迁

在改革开放前的计划经济时期，我国对企业的设立普遍采取行政许可主义。按照这一时期颁布的企业法律法规的要求，凡设立企业必须取得行政或政府有关部门的许可，否则，企业登记机关不得给予办理设立登记[①]。改革开放后经历40年持续性的宽松化改革，我国企业在行政审批类市场准入方面的自由度越来越高。具体体现为：其一，企业设立的"先照后证"管理模式开始推行。证照制度改革之前，设立企业须先向行政主管机关申请，行政主管机关经审批许可后方才能向工商行政管理机关申请营业执照，即"先证后照"。这种模式既浪费了大量时间，也不利于市场主体营商自由。之后国务院推行证照制度改革，改"先证后照"为"先照后证"，企业成立的手续极大简化，营商自由度提高。其二，推行了市场准入负面清单制度。行政审批制度改革的一项重要举措便是推行企业设立的负面清单管理制度。即由国务院以清单方式列举禁止和限制市场主体进入的行业、领域和业务。禁止进入类行业，特定市场主体不得进入，行政审批机关不予审批、受理。限制进入类行业和领域，由企业提出申请，政府进行审批许可后允许企业进入，或者由企业急招政府规定的准入条件和准入方式合规后准入。除了负面清单里的禁止和限制行业、领域外，其他所有行业、领域一切企业均可自由进入[②]。

（二）企业市场运行法律制度的变迁

企业市场运行法律制度是国家干预企业这类市场主体的常规性、主体性法律制度。主要包含四大块内容，分别为：企业内部治理法律制度、企业信息与信用监管法律制度以及企业社会责任法律制度。其中企业社会责任这一部分是经济法的重头戏，后文将其作为独立的一部分予以论述。

1.企业内部治理法律制度的变迁

在民法视野下，企业内部治理问题，属于私法自治范畴，国家一般不做干预，即使干预也主要是适用程序性干预方法。而在经济法视野下，企业内部治理问题不仅仅是股东或投资人的自治问题，还涉及股东或投资人之间的权利冲突问题、股东与员工等其他主体的权利平衡问题以及特殊类型企业的国家与社会使命问题等等，凡此种种均意味着法律必须以适当的方式干预和介入企业的内部治理。改革开放40年来，企业内部治理法律制度，大致经历了这样的变迁历程：其一，封闭型企业治理越来越自由化，而以上市公司为代表的公开公司的法律监管机制越来越严苛，如今年监管部分推出的"穿透式监管"即为此例[③]。其二，特殊类型企业以及

① 李昌麒主编：《经济法学》，法律出版社2016年第3版，第145页。

② 王利明：《负面清单管理模式与私法自治》，载《中国法学》2014年第5期。

③ 叶林、吴烨：《金融市场的"穿透式"监管论纲》，载《法学》2017年第12期。

特殊领域企业的内部监管越发严苛。2008年的全球金融危机昭示着我们已经进入一个高风险社会，风险的高传染性意味着企业内部治理风险也具有外部传染性。尤其是对于商业银行、金融控股公司等特殊领域内的企业而言，它们的内部治理危机不仅会传染还有可能引发系统性金融风险。因此，对于特殊行业领域内的企业内部治理问题，法律的监管不仅没有宽松化而且有愈加严格的趋势。此外，对于国有企业等负有特殊使命的企业类型的内部治理，国家的干预也是多方面的，如强化国有企业内部党的领导、职工参与和治理民主等等。

2.企业的信息、信用监管机制不断强化

商事登记制度以及公司资本制度等一系列放松市场进入管制的举措推进以后，市场信用风险也随之增加。典型的表现如，"先照后证"的行政审批许可制度改革后，实践中无证经营的情况大量出现，又如取消公司最低注册资本限额后，实践中出现了大量的"1元公司""10元公司"，严重影响市场信用。强化对企业经营的信息、信用监管的呼声愈高。当前经济法上企业信息、信用监管不断强化的趋势主要表现在：其一，实施企业年度报告公示制度。2014年2月18日，国务院出台的《注册资本登记制度改革方案》中首次提出，改企业年检制度为企业年度报告公示制度。即要求企业在规定期限内，将企业年度报告，通过市场主体信用信息公示系统向工商行政管理部门报送，并向社会公示，任何单位和个人均可查询[①]。其二，企业信用信息公示制度逐步完善。目前以"全国企业信息公示系统"为代表的企业信用信息公示机制逐步完善，社会公众和第三人可以通过互联网等相关渠道十分便捷地获知企业的注册资本、股东成员、涉诉情况等信息。其三，信息惩戒机制逐步建立。如企业经营异常名录的启用，使第三人与社会公众可以方便地获知失信企业情况，从而减少或拒绝与其交易，进而发挥对失信企业惩戒的作用。但是总体而言，我国当前的企业信息、信用监管尚处在起步阶段，在信息披露的及时性、准确性、信用惩戒机制的可执行性、信息联动互通性等方面亟待进一步发展完善。

四、企业社会责任的发展与变迁

（一）企业社会责任的理论脉络

从西方来看，社会责任思想的起源最早可以追溯到2000多年前的古希腊时代，哈佛大学的埃伯施塔特教授曾引述亚里士多德的原话来说明企业社会责任的思想渊源："在一个治理很好的社会中……公民不能过着匠人或商人的生活，这样

① 福建省工商局课题组：《市场主体"宽进严管"视角下的企业信用监管研究》，载《中国工商管理研究》2015年第1期。

的生活毫无高尚可言，并且也有损于人格的完善。”[①]这可以算是企业社会责任最早的思想渊源。在漫长的中世纪时代，教会认为对利润的追逐违反基督教精神，强调商人的经济活动应该追求社会公共利益。资产阶级革命以后，工业时代到来，受重商主义思想影响，当时的社会观念普遍认为，在一个自由的市场上，商人追求利润是其本性也是其本责。商人在追求利润的同时，也会在整体上促进整个社会的进步和发展。因此，企业的唯一社会责任就是为股东或者投资人谋求利润最大化，除此之外再无须承担其他社会责任。在资本主义国家由自由资本主义阶段发展到垄断资本主义阶段之后，企业尤其是巨型企业所带来的环境污染、贫富差距等等社会经济问题开始引发人民的关注，社会精英人士也开始重新思考市场经济下企业的角色定位。此时，企业社会责任理念在社会经济现实的驱动下呼之欲出。对于企业社会责任，理论和社会观点分为赞成派与反对派。赞成派的理据如下：(1)诸多社会问题本身是由公司所引发，而既有的法律制度很难做到处处责任明晰，由企业所造成的法律责任无法弥合的负外部性效应，须由其以承担社会责任的方式弥补，对于企业而言，承担社会责任本身也是权利义务对等的体现。(2)在市场经济条件下，企业承担社会责任对其自身而言也是利大于弊，尽管企业会为此而付出一定的经济成本，但这对于改善和提升企业的社会公共形象大有裨益。(3)现代社会对企业等公司组织的期待，已由纯然经济性组织的看法，转变为兼具社会性使命，因此，既然企业所处的环境对其的期待已有不同，企业自应当调整角色定位，负起社会责任，否则极有可能危及企业存在的合法性[②]。

反对企业社会责任的观点理据如下：(1)企业的角色担当就是为股东追求利润最大化，在此之外让企业承担社会责任与其本身的角色属性相冲突。(2)企业承担社会责任在可操作性上也存在障碍。以上市公司为例，在股东中心主义理念下，董事以及董事会只需要对股东负责，激励和约束机制十分明确、可操作性强。而在企业社会责任理念之下，董事及董事会还要对职工、消费者、债权人等等大量的利益相关者负责，最后可能的结果便是董事及董事会对谁都不负责。(3)企业社会责任会破坏原有的市场竞争规则和秩序[③]。尤其是在今天，企业社会责任越来越具有战略性，很多企业承担社会责任的目的并非出于真正的善心善意，而是希望借此树立良好的公众形象从而对自己的企业有利。而原有的市场竞争规则和秩序，主要是通过以产品和服务质量为核心的标准构建起来的，战略性企业社会责任的出现

① 转引自沈洪涛、沈艺峰：《企业社会责任思想起源与演变》，世纪出版集团、上海人民出版社2007年版，第1页。

② 刘连煜：《公司治理与公司社会责任》，中国政法大学出版社2001年版，第3页。

③ 吴飞飞：《公司自治与公司社会责任的公司法困境》，载《北京理工大学学报(社会科学版)》2012年第2期。

会扭曲原来的竞争秩序，不利于公平竞争市场环境的建立和发展。(4)即使承认企业社会责任，企业社会责任的最终承担者也并非企业本身而是投资人、消费者、员工等等，因此，企业社会责任其实是“慷他人之慨”。

其实，企业理论发展到今天，可以说企业应当承担一定程度的社会责任，这已经逐渐成为社会之共识。在今天关于企业社会责任的争论，本质上已经不再是企业要不要承担社会责任，而是怎样承担社会责任。人们所质疑的也不是企业应当承担社会责任这一定论本身，而是企业社会责任理论者如何构建出一套行之有效的企业社会责任行动和评价标准。美国经济学家卡罗尔对企业社会责任所做的类型化研究，在这方面颇具启发性意义①。根据卡罗尔教授的分类方法，企业社会责任可以在四个层面上展开：(1)经济责任，企业应当生产社会需要的产品或服务并以公正的价格销售，也即古典的经济责任；(2)法律责任，即“规范化的道德”，因为立法者通过规范建立了基本的公正观；(3)伦理责任，包括雇员、顾客、股东和社区认为公正的并且能够尊重和保护各“利益攸关方”权利的规范、标准或期待；(4)慈善责任，不过它只具备示范性质。在卡罗尔看来这四个部分并非等量齐观，相反，它们的权数各不相同，其权数按照经济责任、法律责任、伦理责任与慈善责任依次为 4、3、2、1。这一权数关系后来被称为“卡罗尔结构”②。卡罗尔结构不仅仅是有关企业社会责任评估的一套标准，它同时也深刻地诠释了企业社会责任的真正内涵，即企业最核心的、最重要的社会责任是向社会输出好的商品和服务、遵纪守法，然后在行有余力的前提下再积极承担伦理责任和慈善责任。不得不说，这一见解颇有儒家“穷则独善其身，达则兼济天下”的味道。

(二)我国企业社会责任的理论发展

尽管企业社会责任理论的相关思想渊源，在我国传统社会文化理念上不乏佐证，并且我国在计划经济时期，国有企业、集体企业“办社会”思维一直延续多年，彼时企业对员工、对社会承担责任被视为是企业的应然性、首要性责任，反而盈利目的是企业的后置性目的。然而，真正的现代意义上的企业社会责任理论引入我国的时间比较晚。20 世纪末与 21 世纪初，在我国商法、经济学理论界，三部著作对企业社会责任理论的西学东渐起到重要的推动作用。分别是刘俊海教授的《公司的社会责任》、卢代富教授的《企业社会责任的经济学与法学分析》以及我国台湾地区刘连煜教授的《公司治理与公司社会责任》。自这三部著作起，企业社会责任理论才逐渐被我国理论与实务界所关注和认识。这一阶段我国理论界有关企业社会

---

① 克拉克森(Clarkson)曾将“卡罗尔结构”戏称为“卡罗尔魔方”，卡罗尔自己也觉得这是个奇妙的昵称。

② Archie B. Carroll, *Business and society: ethics and stakeholder management*, 2nd. ed., South －western College Publishing Co., 1993, p.32.

责任的研究，具有较强的引荐性和启蒙性色彩，相关代表性作品如卢代富教授的《国外企业社会责任界说述评》一文[①]。

其后，以2005年《公司法》修改为契机，我国法学理论界对企业社会责任的制度化、司法化具体实施性问题进行了持续的学术大讨论。在理论与实务界的努力下，2006年颁布的《公司法》第5条规定："公司从事经营活动，必须遵守法律、行政法规，遵守社会公德、商业道德，诚实守信，接受政府和社会公众的监督，承担社会责任"。这是企业社会责任首次在公司法上出现，从公司这一主体性层面上消解了企业承担社会责任的行为能力局限和合法性危机。最重要的是，《公司法》第5条以立法确认的形式，一锤定音，为企业应当承担社会责任这一认识作了定调性规定。我国理论界后续的有关企业社会责任的研究大致围绕下述几个领域展开：

1.有关企业社会责任法律化的研究

企业社会责任能否法律化、如何法律化是我国法学理论界所关注的重点内容。自企业社会责任理论引入以来，这方面的研究主要体现为下述几个方面：(1)企业社会责任是否适合法律化的研究。对该问题，有观点认为企业社会责任本身带有很强的宣誓性和引导性，与法律所具有的强制性特点存在冲突，因此企业社会责任适宜作为道德责任，在法律中作宣誓性规定，而不宜过于具体化。有观点则认为，企业社会责任具有层次性，其中的经济责任、法律责任等应当法律化，而道德责任和伦理责任不宜法律化。(2)企业社会责任如何法律化的问题。在这方面，有一些企业社会责任的软法路径的成果，即在行业协会规章等软法中规定企业社会责任，既具有专业性，又具有伸缩空间，不至于磋商企业自治[②]。另有观点认为，企业社会责任法律化，应当以劳动合同法、环境与资源保护法等企业法以外的法域作为主场，而不应在企业法中摄入过多，以避免以泛道德义务的形式伤害企业自治权。

2.关于具体领域的企业社会责任制度化的研究

比如，在2008年汶川地震之后，学界有大量围绕公司慈善捐赠责任及其法律化问题针对性研究的成果，该问题的研究主要集中在公司是否有对外捐赠的行为能力、公司捐赠的决策机关、捐赠数额限度、信息披露等问题[③]。如有成果结合域外"赤道规则"等企业社会责任实践对商业银行这一金融主体承担社会责任的法理基础、政策诱因以及实践路径进行了研究[④]。有学者从公司内部治理视角，就利益相关者治理模式的构建进行了研究等等。

① 卢代富：《国外企业社会责任界说述评》，载《现代法学》2001年第3期。

② 刘中杰：《浅析我国企业社会责任之软法规制模式——以自律规则为例》，载李昌麒主编：《经济法论坛》2010年卷。

③ 罗培新：《论公司捐赠的司法政策——从万科捐赠风波谈起》，载《法学》2008年第12期。

④ 刘志云：《商业银行社会责任的兴起及其督促机制的完善》，载《法律科学》2010年第1期。

3.关于企业社会责任司法化的研究

针对企业社会责任司法化问题，有学者提出我国《公司法》第 5 条关于公司社会责任的统领性规定，虽然在性质上类似于宣誓性条款，但是作为公司社会责任的一般性条款，虽然很难有直接的可诉性，但法官仍旧可以通过利益衡量等裁判法予以援引适用。有学者提出，公司在公司章程里对企业社会责任作了具体承诺，具有法律渊源的属性，具备可诉性。另外，公司所作出的捐赠承诺等具有公益性的承诺，也具有可被执行性。有学者从公司法人格否认视角出发，提出可以通过扩宽公司法人格否认诉求主体范围的方式，把消费者、员工等利益相关者纳入进来，进而通过法人格否认路径实现企业社会责任的可诉性。有观点提出，对于公司社会责任的司法审查，可以通过改造"商业判断规则"的方式实现，"商业判断规则"的传统思路是审查董事是否尽到了对公司与股东所应承担的忠实义务和勤勉义务，而在企业社会责任司法化视野下，可以将董事对职工、消费者等利益相关方的义务及其履行情况纳入"商业判断规则"的考量因素之中[①]。

(三)企业社会责任入法的情况

企业社会责任思潮在我国滥觞，至今已有 20 年左右的历史，企业社会责任从理念到具体化的举措在我国的诸多部门法中已经有大量体现和落实。

1.企业社会责任入法情况梳理

企业社会责任入法从形式上可以分为两种情况：一种是概括式入法，典型的表现就是《公司法》第 5 条规定："公司从事经营活动，必须遵守法律、行政法规，遵守社会公德、商业道德，诚实守信，接受政府和社会公众的监督，承担社会责任"。《合伙企业法》第 7 条规定："合伙企业及其合伙人必须遵守法律、行政法规，遵守社会公德、商业道德，承担社会责任。"该种有关企业社会责任的概括式规定，多存在于企业法的本位法的总则部分，以宣誓性和引导性为主，具有原则指引和价值宣誓的功能。另一种是针对某一类企业社会责任，在某一部门法中专门作针对性规定的具体式入法进路。这一类规定主要体现于劳动合同法、食品安全法、产品质量法、消费者权益保护法、环境与资源保护法等等具体的部门法领域。出现在这类部门法中的有关企业社会责任的法律规定的特点是具体化、制度化和可实施化。如消费者权益保护法中针对经营者欺诈行为的三倍赔偿规定、劳动合同法中关于无固定期限劳动合同的规定等等，均体现为具体而具有可操作性的制度。

2.我国企业社会责任入法的评价与展望

改革开放至今，在我们梳理与回顾企业社会责任思潮在中国的兴起及其制度化成果时，我们发现今天企业社会责任理念已经如血液一样贯穿在经济法、民商法

---

① 陈群峰：《论公司社会责任司法化对利益相关者的保护》，载《法律适用》2013 年第 10 期。

等具体的部门法的细枝末节之中，由理念到细节，成效不可谓不显著。然而，我们同样需充分地认识到我国企业社会责任的法律化还存在诸多不足与缺憾之处。(1)企业社会责任的层次性和差序结构在法律上尚未得到厘清。在前文中我们提到过，有关企业社会责任的质疑和争论，很大一部分是因为它本身是一个极为含混的概念，缺乏层次性。美国卡罗尔教授向我们展示了企业社会责任的层次性和差序结构，这对于企业社会责任入法与制度化具有很大的启发和借鉴意义。反观我国各部门法中有关企业社会责任的具体性规定，所呈现出来的是一种“眉毛胡子一把抓”的立法态度，缺乏条理性和精神主线。尤其是在行业协会等社会中间层的“软法”中，长期未能建立起一套有关企业社会责任的科学评价指标体系，以至于对到底怎样的企业具备社会责任感的看法莫衷一是。实践中，我们经常可以看到某些企业前几天还在新闻媒体宣扬慈善、慷慨募捐，隔几天就被爆出产品存在严重的质量问题，有社会责任感的企业和无良奸商两个身份重合，令人啼笑皆非。更为可悲的是，这种令人啼笑皆非的近乎可以称之为企业或者企业家“人格分裂”现象在当下中国具有一定程度上的普遍性，站在改革开放40年的历史节点上，我们不得不重新思索：企业社会责任思潮与入法20年，我们的企业在社会责任的意识与行动方面到底是真正地进步了还是“高明”地退化了，对于这种现象我们的法律与制度能够在哪些方面有所作为。(2)在法律视野中，什么是企业社会责任，在今天似乎并未越辩越明。在诸多经济法教材以及企业法、公司法著作中，我们均可看到有关企业社会责任法律规定的列举和展示，整个企业社会责任规范群体系庞大、涉及十余个部门法，各种具体制度琳琅满目，令人欣喜。然而，在我们的心底似乎有种隐隐约约的感觉，即所有企业能做的、该做的对社会有益的事，似乎都被纳入企业社会责任之中，然后再体现为前述纷繁多样具体化于各个部门法中的制度细节。这种观念和认识，似乎隐藏着一种潜在的风险，即我们对企业社会责任的理解已经趋于泛化，以至于企业的诸多法定义务、法定责任因企业社会责任这层面纱而变得朦胧化甚至弱化。换言之，企业社会责任泛化会导致某些本应由企业承担的法定义务有降格为道德义务的潜在风险。企业社会责任入法的正确路径应该是道德义务不断升级为法律义务，而非相反。

第四节　经济法中行业协会的变迁

一、经济法中行业协会的特征与经济自治权

关于经济法中的行业协会，有学者认为，“在既往经济法理论的研究中，主体缺位是经济法理论研究的一个重要滞碍，也是学界其他同仁质疑经济法独立性的一

个重要论据……不同程度地忽视了对行业协会的研究,应当是我国目前多数经济法主体研究中一个共同的缺失”[①]。在经济法主体中,政府、企业以及以行业协会为代表的社会中间层本应是三足鼎立的结构,然而从目前的经济法主体理论研究与制度进化的情况来看,行业协会的地位与作用尚未得到足够的关注和重视。然而,在三种主体类型中,最能体现经济法精神特色的恰恰是行业协会。进而言之,在经济法主体中,行业协会是最具理论和制度成长空间的一个。

(一)行业协会的特征

行业协会,属于经济法中社会中间层的一类,具体是指“由单一行业的竞争者所构成的非营利性组织,其目的在于促进该行业中的产品销售和在雇佣方面提供多边性援助服务”[②]。经济法中的行业协会具有下述特征:

1.行业协会具有社会团体属性

自20世纪70年代开始,无论是在国际社会中,还是在民族国家内部,各类民间非政府组织数量呈现出几何式的增长态势,成为政治国家与市民社会之外的第三大领域[③]。有学者根据社会团体行政化依赖程度的不同,将社会团体分为:官办社会团体、民间社会团体和草根社会团体三种类型[④]。而真正意义上的社会中间层团体其实只有一种,即由市民社会自下而上自发结社而成的民间社会团体,行业协会亦是如此。从民间团体视角来看,行业协会的社会团体属性主要体现在下述几个方面:(1)行业协会的生成路径是自发性的。行业协会是由同行业的从业者基于沟通、互帮互助自发集结而成的团体组织。(2)行业协议具有团体属性。行业协会不是单个的市场主体,而是属于现代私法上的团体主体类型,行业协会的治理也适用团体法规则。(3)行业协会拥有一系列自治性权限。基于行业协会目的和治理需求,行业从业者、竞争者加入行业协会之时,便以明示或者默示的方式将部分私权让渡给了行业协会,行业协会因此而具有了公共管理属性并获得了 系列自治权限。其四,行业协会 般具有法人资格,能够以自己的名义开展活动,并能够独立地承担法律责任。

社会团体属性作为行业协会的一个特点,已经具有共识性。然而,社会团体属性的实践意义目前尚未被重视和充分挖掘。本书认为,行业协会社会团体的实践意义在于我们的经济法及相关法律如何构建行业协会治理法律规则,使行业协会

① 鲁篱:《行业协会经济自治权研究》,西南政法大学2002年博士学位论文,第1页。

② 李昌麒主编:《经济法学》,法律出版社2016年第3版,第115页。

③ 郁建兴:《行业协会:寻求与企业、政府之间的良性互动》,载《经济与社会体制比较》2006年第2期。

④ 王诗宗、宋程成:《独立抑或自主:中国社会组织特征问题重思》,载《中国社会科学》2013年第5期。

治理成为规则之治，而非一个行业帮会式的治理黑箱。经济法的三类主体中，在政府治理这一块，我们的行政法已经有了比较健全的规范体系。在市场主体治理这一块，我们的公司法、合伙企业法也已比较完善。唯独在行业协会治理这一块，法律规则目前还十分不健全。如行业协会自治权和成员权之间的冲突如何化解以及冲突性规范如何构建；行业协会对其成员的处罚到底是属于“社团罚”还是“合同罚”以及处罚权的边界如何设定；行业协会决议治理规则与公司决议规则相比有哪些相通与区别之处等等，目前均属于尚未明确的题域。

2.行业协会具有非营利性

行业协会的非营利性体现于两个方面：一是行业协会不能以盈利为目的。这是由行业协会本身的职能定位所决定的。它处于连接国家和市场主体的中间地带，提供的服务具有社会公共服务性而非市场性，一旦行业协会以盈利为目标指向，那么它的社会自治权就失去了正当性。二是行业协会的经济收益不能在成员间进行分配。尽管行业协会不能以盈利为存在目的，但是行业协会均有一定的收益渠道，这些收入或许来源于成员缴费，或者来源于社会公益捐赠等等。但是行业协会的收益不能在成员间进行分配。因为，行业协会的合法收益之合法、合理用途是维系行业协会的日常开支和提升服务水平等等，而若行业协会将收益分配给成员，它就沦为了一个类似于公司的营利性组织，它的身份合法性就荡然无存了。此处需要强调的一点是，行业协会收益不能向成员分配，意味着成员对行业协会不享有收益或者利润分配请求权。但是，这并不意味着成员对行业协会的支出和收益没有投票权和监督权，对行业协会提供的公共服务没有监督权、建议权甚至否决权。实践中，部分行业协会向会员收取高额会费，提供的公共服务质量低劣，财务会计信息不公开，挟行业协会自治权以自重，亟待监管回应。

3.行业协会具有中介性

行业协会属于社会中间层的一部分，主要发挥联络政府和市场主体的中介组织功能。行业协会的中介性特点，也意味着它必须具有身份的中立性。这种身份中立性，应包含下述几个方面：(1)行业协会不能沦为国家和政府意志的传声筒。实践中，部分官办色彩浓厚的行业协会在职能定位上存在一定偏差，过分偏重于向市场主体传达国家和政府意志、过分管控市场主体的现象均有存在。(2)行业协会不能与其成员形成合谋性的利益共同体。行业协会的收入一般主要来自行业领域内成员所缴纳的会费，并向行业成员提供公共性服务。这种供养和服务性关系，很容易导致行业协会与行业成员形成利益合谋，进而实施损害行业竞争秩序和社会公共利益的违法行为。(3)行业协会必须平衡行业成员利益与社会公共利益，尤其是消费者等弱势群体的利益。当行业协会成员违法侵害社会公共利益以及消费者等弱势群体的利益时，应当果断采取措施对成员予以处罚而非纵容。(4)行业协会的中介性还意味着它具有压力和风险“缓冲带”的功能，对于维系社会秩序稳定、降低社会风险发挥着重要作用。比如行业成员的诉求可以借助行业协会传达给国家与政府，通过行业协会在中间的沟通协调，可以减少或避免行业秩序的动乱；又如对于国家和政府的干预调控政策，由行业协会作为中间方解释和传达给行业成员，可以强化干预调控政策的可沟通性、可理解性。当行业协会成员违反市场竞争秩序、侵害消费者或者其他经营者合法权益时，行业协会借助处罚权的行使，可以极大地缓和主体间的矛盾对立性，亦可以在一定程度上缓解行业内其他成员所遭受的形象和市场危机。

4.行业协会的成员具有单一性和竞争性

行业协会根据结构形态分为垂直式和水平式两种。其中垂直式的行业协会由行业内上下游的市场主体组成，水平式的行业协会则主要由行业内同一生产、服务阶段的市场主体组成[①]。但总体上而言，行业协会主要是由同行业的具有竞争关系的市场主体所组成。行业协会的这一特点，也赋予了它一系列特有的职能优势与作用。(1)行业协会与政府相比更具专业性优势。行业协会由同行业从业者组成，站在行业规则、行业标准和行业动态的最前沿，专业和信息优势明显，政府无法比拟。(2)行业协会肩负维护行业整体利益和调节行业竞争秩序的职能。当行业发展陷入风险和困境时，由于行业协会成员的集体行动缺陷，就需要行业协会站在行业整体利益立场，调动行业整体力量对抗风险和困境。而当行业成员之间竞争关系陷入僵局时，行业协会作为中立的裁决者，可以在中间起到协调利益、化解纠纷的作用。

(二)行业协会的经济自治权

当今时代，行业协会在经济生活中已经具有不可替代的作用，它的一系列作用和功能的发挥均依赖于其所拥有的经济自治权。

1.规范制定权

行业协会的规范制定权体现为两个方面：第一个方面是作为社会团体的行业协会，其有权制定一套自身的治理规范，如行业协会章程、自治规范等等，以维系其日常运行和管理之需。第二个方面针对其所管理的整个行业、区域内的市场主体制定行业行为规范，这其中也包含责任规则和争端解决规则。当前，对于行业协会所制定的规范在性质上到底属于自治法规还是软法，尚有争议，尤其是行业协会自治规范的效力认定规则以及拘束力规则，目前法律尚未予以明确。

2.监管权

在行政审批制度改革后，诸多原来由行政审批机关享有的权力下放给了行业协会，因此目前行业协会拥有非常广泛的经济监管权。具体主要包括：第一，批准

---

① 鲁篱：《行业协会经济自治权研究》，西南政法大学2002年博士学位论文，第6页。

许可权。即批准行业内企业、从业者进入某个市场或者行业领域的权力。在域外发达国家，行业协会享有非常广泛的批准许可权。相对而言，我国的行业协会的许可批准权主要体现在职业性协会中，如律师协会、会计师协会等等。第二，常规性管理权。这是行业协会享有的最广泛的监管权。主要体现在对行业领域内市场主体进行常规性检查、行业信息披露、策划和组织行业展会或论坛、组织行业培训等等。第三，制定和实施行业标准。

3.惩罚权

在行业协会治理实践中，行业协会实际上拥有相当广泛的处罚权。如对成员施以罚款、名誉罚、集体抵制、开除和市场禁入等等[①]。然而，关于行业协会处罚权的性质在理论上的争议比较大。部分观点认为，行业协会的处罚权是一种"公行政权"，其中来自国家授予或者委托的部分属于"公行政权"中的"国家公行政权"，来自社会授予的属于"社会公行政权"，因此行业协会处罚权具有公权力属性[②]。有观点则认为行业协会处罚权在性质上属于私法上的社团罚，跟公司对股东的处罚有相通之处。比如在德国法上，公司可以根据章程对股东施加处罚，甚至可以开除股东，这均属于社团法的应有之意。另有观点认为，行业协会处罚权既不是私权也不是公权，而是私权与公权的混合体。在近年的法律实践中，因行业协会处罚引起的法律纠纷频发，主要原因就是我们对于行业协会处罚权目前尚缺乏一个统一的、明确的界定。行业协会可以拥有哪些处罚权、哪些处罚权不能拥有、行业协会处罚权如何设定和实施才最为有效、被处罚行业成员如何救济等等均缺乏健全的制度回应。行业协会处罚权虽然在暴力程度上不及行政处罚与刑事处罚，但是它对于市场主体可能造成的影响在很多方面要远远大于前者。比如对某一市场主体的违法行为，行政处罚可能是罚款、刑事处罚可能是判处几年有期徒刑，而行业协会处罚则可能是市场禁入，市场禁入对于某一行业的从业者的打击可能是毁灭性的。因此，对行业协会处罚权本身的约束和规制，也是经济法和行政法上一个亟待解决的命题。

4.争端解决权

"行业协会的争端解决权是行业协会处罚权中的重要问题，当行业协会行使处罚权时，难免会引发相关关系人的反对和申述，因而如何处理行业协会处罚权中的争端解决问题，是关系到处罚权能否正确运作，进而保障行业协会自治和和谐的重要制度构成和权利架构。"[③]行业协会的争端解决权相对于其他纠纷解决机制，具

---

① 李昌麒主编:《经济法学》，法律出版社2016年第3版，第124～126页。

② 王佑启:《论行业协会处罚权的法律性质》，载《法商研究》2017年第2期。

③ 鲁篱:《行业协会处罚权的争端解决机制初探》，载《西南民族大学学报(人文社科版)》2009年第12期。

有自身的优势:(1)行业协会具有专业和信息优势。行业协会面对的纠纷和争端主要是行业领域内的商事纠纷,这类纠纷多具有很强的专业性,而法官与仲裁员往往并不具备这类专业知识,也不清楚行业领域内的种种特殊行业规则和惯例。但是行业协会本身就掌握大量行业内部信息、熟稔行业规则和惯例,在处理行业争端中也就具有其他机关所不具有的专业和信息优势。(2)行业协会解决争端的执行力更强。法院处理争端经常会面临执行难的问题,而行业协会在这方面要比法院有优势。因为,行业协会作为行业的领导管理者,本身具有行业内的公信力和号召力,它对争端的解决更容易得到争端各方的信服。此外,行业协会在行业领域内的地位,对争端当事人也会形成一定的心理威慑,担心自己一旦拒不执行争端解决方案会遭受行业领域从业者的集体抵制。(3)行业协会争端解决权的灵活性强。相对而言,法院的纠纷解决机制由于面向最普遍的群体,所以基于公信力的证成,它极重视程序规则,在获得程序正义的同时也容易丧失灵活性和机动性能。而行业协会则不然,行业协会争端解决属于"内行过招",并不拘泥于程序和形式,灵活性强。

二、行业协会在经济法中的角色定位

(一)行业协会是政府与市场之间的连通器

经济法的基本逻辑线索是,完全自由的市场经济是不存在的。市场失灵是必然的,而市场失灵则需要政府或国家干预。政府本身也会失灵,由一个会失灵的主体干预另一个失灵的主体,即会出现一系列难以克服的困境。政府的干预和管理困境所带来的感受是双重的,一方面,在政府自身方面,现代市场经济的高度风险化、高度专业化背景下,政府在干预和调控市场时,总会感到力不从心。在这种情况下,政府极为需要有一个具有专业优势、干预能力的主体出现,以分担政府的部门职能,而行业协会就是这样的组织。另一方面,从市场主体层面来看,政府介入市场、干预经济活动,必然会对市场主体的经营自由造成限制,政府的一系列干预手段、调控措施也会存在种种失当和不足。在这种情况下市场主体需要有一个组织来捍卫自己的利益,并能够以团体的姿态与作为干预主体的政府进行有力的沟通,于是市场主体就产生了自发行使结社权成立行业协会的需要和动因。

总之,行业协会的出现迎合了政府和市场的双重需求。因此,有观点认为,行业协会是"市场失灵和政府失败下的第三条道路"[①]。在这一语境下,行业协会成为政府与市场主体之间的一个连通器:(1)由于干预能力限制和干预专业化需求,政府必须把部分干预职能让渡给行业协会,在这种情境下,行业协会即拥有了合法

① 李昌麒主编:《经济法学》,法律出版社2016年第3版,第118页。

的经济干预权。同时由于行业协会的存在，作为干预经济主体的政府得以解放出大量的精力来，政府机构和人员也可以得到精简。(2)政府的一系列干预和调控政策，需要借助行业协会这个中间组织传达、贯彻到市场之中。而行业协会传达政府干预政策的过程本身也是一个沟通和商谈的过程，不合理、不适当的干预政策在这个过程中即获得了被修正的机会，如此一来整套经济干预体制的运行成本就会降低。如有学者对温州市的行业协会进行实证研究后发现，“在温州行业商会的发展中，工商联(总商会)则在商会与政府之间起到了桥梁作用。工商联扮演着政府部门与行业商会之间的缓冲带角色，减少了直接来自政府部门的指令和压力”①。(3)任何一个行业领域内的市场主体，在税收政策、融资政策、监管政策等等方面均有其基于行业领域特点的制度和政策诉求。这些诉求需要有一个表达的通道和出口，而行业协会恰恰就能够充当行业利益与诉求的表达机制。市场主体的诉求借助行业协会得以传达给国家，国家再通过行业协会将调控政策贯彻下来，进而形成良性互动。此外，在全国以及地方人大代表、政协委员中，行业协会成员均占有一定比例，而行业协会中出来的人大代表、政协委员借助参政议政的机会，也可以跟国家以及政府形成良性的沟通和互动。

(二)行业协会是特定公共服务的供给者

在经济法主体中，由于市场失灵等原因，政府一般负有为市场提供特定公共服务的职能，比如国防、教育、医疗卫生等等。然而，由于政府的宏观视野所限，政府提供的公共服务基本都是普遍性的、一般性的，即适用于最大多数群体的公共服务。政府没有能力也缺乏足够的理据为某一特定行业的市场主体提供针对性的公共服务。在理论上，特定行业领域所需要的公共服务可以由行业内的市场主体所提供，然而由于利润担忧、价格机制不健全、信息缺失以及搭便车心理等问题，也少有市场主体涉入行业公共服务领域。进而言之，对于行业领域内市场主体而言，适用于自身行业领域的特定公共产品存在着政府和市场供给双重失灵的困境。在这种情况下，或是行业领域内市场主体自发组织起来成立行业协会，举众人之力为大家提供这些公共服务；或是在政府操持和引导下，组织行业内市场主体成立带有官办色彩的行业协会，来替代政府提供这些公共服务。具体而言，行业协会提供的公共服务可涉及下述几个方面：

1.行业内产品和服务标准的制定者

在市场经济越来越标准化的今天，任何一个行业领域均须建立一套自身的标

---

① 郁建兴：《行业协会：寻求与企业、政府之间的良性互动》，载《经济与社会体制比较》2006年第2期。

准和评价体系[①]。政府由于不具备行业领域的"地方性知识"而往往没有能力建立一套科学的公认的标准,行业领域内的市场主体由于身份不中立,也难以提供具有信服力的行业标准和评价指标。然而,唯独行业协会,既具备制定行业标准和评价指标的专业与信息优势,又可满足身份中立性要求,所以实践中行业标准、规范往往由行业协会提供。

2.指导行业发展、提供行业培训

行业协会有能力掌握行业发展的前沿和趋势性信息,在互联网大数据时代行业协会的这一信息优势极为明显。因此,行业协会可以为行业内市场主体提供关于市场前景预测、行业风险评估等指导性服务。而且行业协会可以调动行业内最顶尖的技术资源,所以通常行业协会均会为行业领域从业者提供培训服务,如律协每年均会定期对律师进行执业能力培训。

3.行业内纠纷解决

行业领域内的纠纷多具有专业性特点,法官往往并不具备这类"地方性知识",由行业协会解决此类纠纷则优势性明显。一方面,行业协会本身所具备的专业审查能力,可以在一定程度上确保纠纷解决质量;另一方面,行业协会在行业领域内的影响和号召力,对纠纷当事人也会形成一定的压力机制,有利于纠纷的解决和执行。

4.经济政策的善谈和参与制定

一方面行业协会会从行业内市场主体的整体利益诉求出发,游说国家干预部门,以出台对整个行业更为有利的政策,并且通常会参与到政策的制定过程之中。另一方面,对于政府拟出台的干预和调控政策,行业协会也会代表整个行业与政府进行协商,让即将出台的政策尽可能对自身行业有利。

三、行业协会制度变迁之展望

如笔者在前文所述,在经济法的三类主体中,行业协会是最具经济法特色,也是未来最具增长空间的主体类型。然而,相对于政府和市场主体而言,目前有关行业协会的法律制度体系尚十分粗疏,亟待经济法、民法以及行政法等部门法予以回应。在改革开放 40 年的历史节点上,本书认为未来我国行业协会的进一步规范化发展需在下述几个方面着力而为。

(一)行业协会应进一步推进市场化改革

根据易继明教授的研究,我国的行业协会根据"政会关系"之疏紧,分为政府主导型行业协会和市场内生型行业协会两类。这两种类型的行业协会在实践中均有

① 余晖:《行业协会及其在中国转型期的发展》,载黄少安主编:《制度经济学研究》2003 年第 1 卷。

其不可克服的理论与现实困境[①]。就政府主导型行业协会而言，它面临着社会合法性不足的困境。这类行业协会，在特定历史时期内承载了政府公权力向社会让渡之需，但是在今天已经越来越难以适应市场需求。(1)此类行业协会多由政府机关直接筹备成立，协会领导也由政府部委派的人担任，政府对这类协会的监管十分严苛，导致这类行业协会的独立性严重缺失，并不能为市场主体所认可。(2)部分此类行业协会在自身职能定位上存在偏差，注重协助政府干预和管制经济面向，而缺少服务精神，甚至成为行业发展之掣肘。(3)部分此类行业协会，思维落后，管理与服务能力欠缺，难以适应和满足市场主体的需求。而市场内生型行业协会又存在行政合法性不足的困境。《社会团体登记管理条例》确立的双重管理和"一业一会"体制赋予了业务主管机关对行业协会的"生杀大权"。尤其是对行业内自发组织成立的行业协会，一方面政府管理部门未必承认其合法性；另一方面，这类协会在经济自治权行使方面也会承受来自管理部门的过多干预与管制。

在继续深化改革的背景下，我国行业协会进一步发展，应当着力推进市场化改革。(1)在行业协会的生成路径上，更多地鼓励行业内市场主体自发组织成立行业协会。政府应在其主导的具有官办色彩的行业协会中逐步退出来，把权力交给社会、交给市场。在英美法系国家，行业协会成立所依据的是宪法中的公民和法人的结社权，只要符合结社权，行业协会即可以成立。国家和政府不能进行干预[②]。我国行业协会市场化虽做不到这一步，但可以尝试采取准则主义的成立标准，赋予市场主体更多的结社空间。(2)废止"一业一会"原则，鼓励市场主体自发组织成立新的行业协会，在行业协会之间引入服务竞争机制，进而提升行业协会服务市场的能力和动力。(3)改进政府干预和管理行业协会的方法，注重服务面向，在税收优惠等政策上给予行业协会更多帮扶。(4)建立健全行业协会法律制度规范体系，引导行业协会健全内部治理规则。(5)行业协会市场化之后与作为国家干预主体的政府之间的沟通和互动机制。目前二者之间的沟通和互动关系主要是管理与被管理、干预与被干预的角色定位。行业协会市场化以后，二者的身份角色会发生一系列改变，政府如何重新面对行业协会，行业协会如何面对政府的干预和管理，均须进一步厘清。

(二)规范行业协会经济自治权

当前我国行业协会享有非常广泛的经济自治权，经济自治权是行业协会履行其职能必不可少的权能。而经济自治权同公权力一样，存在被行业协会滥用的风险，尤其是在当前有关行业协会的制度规范比较粗疏的情况下，行业协会滥用经济

---

① 易继明：《论行业协会市场化改革》，载《法学家》2014年第4期。

② 李伯桥、罗艳辉：《论行业协会自治权与国家干预的冲突与协调》，载张守文主编：《经济法研究》2016年总第16卷。

自治权的可能性极大。因此，未来行业协会相关立法，应着力规范行业协会经济自治权。具体原因如下：(1)行业协会代表的是某一行业领域的整体利益，这一利益与社会公共利益不具有一致性。尤其是当行业利益与社会公共利益产生冲突时，行业协会可能会牺牲社会公共利益而保全行业利益。此时，就需要国家或者政府出面代表社会公共利益，对行业协会的经济自治权进行纠偏。(2)行业协会存在自我膨胀、过度管制的风险倾向。一个市场领域内的从业者自发组织成立行业协会，以期行业协会可以代表、维护本行业的整体利益。然而，一旦行业协会成立并运作起来，它就具有近乎天然的自我膨胀倾向。行业协会所拥有的经济自治权本身来源于成员自身私权的让渡，而行业协会机能膨胀之后，成员本身自愿性的权利让渡就会变为强制性的权利掠夺和压制，这是民事权利集中化所具有的自身难以克服的局限性[①]。行业协会自我膨胀、过度管制的表现形式多样，比如巧立名目收取各种会费、资格费，排挤、打压行业内异己分子，对行业协会成员的合法市场行为进行过度干预等等。这样一来，本身职能定位在为行业内市场主体服务的行业协会却反而成了压制市场发展的负面力量。

市场失灵需要政府干预，市场和政府双重失灵，需要行业协会这一社会中间层的介入。而行业协会本身也会失灵，行业协会经济自治权同样需要被干预与约束。在规范行业协会经济自治权层面，本书认为未来经济法可重点从下述两个方面着力：

第一，重点规制行业协会限制竞争行为。《中华人民共和国反垄断法》第46条第3款对行业协会限制竞争行为的法律责任作出了基本规定："行业协会违反本法规定，组织本行业的经营者达成垄断协议的，反垄断执法机构可以处以五十万元以下的罚款，情节严重的，社会团体登记管理机关可以依法撤销登记。"这是现行《反垄断法》对行业协会反竞争行为的立法规定。实践中，行业协会限制竞争行为形式多样，隐蔽性高，且具有一定程度上的普遍性。有学者归纳了实践中行业协会限制竞争行为的类型，其中包含：(1)滥用经济自治权限制竞争。如某些行业协会以"行业自律价"的名义限制行业最低价，人为制造行业垄断。(2)滥用信息交换限制竞争。如以行业协会作为信息中介，通过行业领域内部的信息互通交换，就市场定价、产品和服务供给形成垄断性默契。(3)滥用标准化、认证权、许可权限制竞争。如行业协会利用制定行业标准和认定行业资质的权力，特意拔高行业进入标准或者制定明显缺乏正当性的行业准入条款以及技术标准，导致新的市场竞争力量无法进入市场[②]。从既有的法律规制体系上来看，针对行业协会限制竞争行为，现行

① 陈醇：《集中性民事权利的滥用及其控制——兼论公法控权理论之引入》，载《法商研究》2008年第6期。

② 姜发根：《行业协会限制竞争行为的反垄断法规制》，载《学术界》2013年第5期。

立法还存在诸多不足与亟须改进之处。其一，对行业协会限制竞争行为类型的归纳十分不周延，诸多新型的、隐蔽的限制竞争行为未被识别和纳入；其二，缺少行业协会限制竞争行为违法性的一般性认定标准；其三，法律责任机制不健全，无论是责任主体还是责任方式，既有的立法规定均不够明朗，亟待完善。

第二，规范经济自治权的权力行使与运作。政府公权力有严格的行使和运作程序，如法无授权则为禁止、分门别类的程序性规则、比例原则以及权利救济机制等等。行业协会经济自治权由于权利（权力）属性不明，在既有的权利（权力）限制体系中几乎处于游离状态，既不受公权规则规范，也不受私权规则规范。未来行业协会规范体系的完善，应首先明确行业协会经济自治权的权利（权力）属性。其中具有准公权力属性的经济自治权被纳入公法的调整和规范范围，属于私法社团自治权的则纳入私法中团体法的调整范围，使行业协会经济自治权成为"有名之权"，进而借助公权力规则和团体法上的社团自治规则构建出经济自治权的行使和运作规范。尤其是当行业协会经济自治权对市场主体的私权、市场秩序和社会公共利益造成侵犯时，构建一套高效可行的权利救济体系十分必要。

（三）完善行业协会内部治理体系

行业协会作为社会团体，其规则制定权、处罚权以及争端解决权等权能的施展均依赖于团体内部的组织和治理机制，就像公司法人的治理和经营均依赖于股东会、董事会决议规则以及法定代表人规则一样。目前多数行业协会拥有社会团体法人资格，但是同公司法人不一样的是：在既有制度体系中，公司法人的内部治理规范体系由于公司法的支撑已经比较健全，而社会团体法人的治理规则体系却尚未完全建立起来。本书认为关于行业协会内部治理规则体系的建设，有下面几个需要重点考量的地方：(1)行业协会章程的自治权尺度设定。行业协会的经济自治权均规定在协会章程里，除了法律明确授予或者允许的经济自治权之外，协议章程可以自主设定的权能还包含哪些，而哪些权能是协会章程所不能自主设定的。比如，当某些权利属于市场主体的固有权能，行业协会能否在章程中限制或者剥夺这些权能等等。(2)行业协会章程与法律、法规以及行业惯例冲突时，哪套规范具有优先适用性的问题。对此，有学者认为在这种情况下应当坚持法律优先原则，即"行业协会行使自治权时所依据的规范，要符合国家法律、法规的规定，不得与国家法律、法规相违背、相抵触，否则即视为违法。"[①]本书认为，一刀切地适用法律优位原则其实存在一些问题。一方面，法律优位原则的潜在观念认知是，把行业协会的经济自治权自动性界定为公权力，从而套用了公权力规则。另一方面，行业协会相对于国家和政府而言，更接近市场，更了解行业，这意味着在某些事项上必须赋予

① 王莉、解露露：《行业协会自治权之程序规制》，载《行政法学研究》2013年第2期。

行业协会章程“排除”法律适用的自主权,就像公司法上允许公司章程“排除”法律适用一样。不然,行业协会的潜能或活力无法得到。(3)行业协会章程、行业规范的制定程序问题。行业协会章程以及行业规范如何制定出来,不仅关乎行业协会内部治理民主,还关乎整个行业的经济秩序。因此,行业协会章程、行业规范的制定本身需要有一套程序性规则。如谁有提案权、谁负责制定草案、表决权如何行使、会员大会如何召开、异议成员如何表达异议权、会员大会通过比例等等。(4)行业协会秘书等管理者的法律责任问题,行业协会秘书等管理者对成员是否负有类似于公司法上的信义义务,他们违反法律、法规以及行业协会章程时应当承担怎样的法律责任。(5)行业协会中的主要成员对其他成员是否负有信义义务。在公司法上,公司的控股股东因为特殊身份而对其他股东尤其是中小股东负有信义义务。那么行业协会是否有借鉴公司法上此类信义义务的必要性,配置给协会中具有重要影响力的主要成员以信义义务,敦促其站在社会公共利益或者行业整体利益立场行使表决权和发挥自身对行业协会的影响力。

第三章

市场秩序规制法律制度的变迁

第一节　市场秩序规制法律制度概述

一、市场秩序规制法律制度的产生

市场是社会发展到一定阶段的产物，伴随交换和社会分工而出现。在市场中，不同的市场主体会在交易过程中形成各种错综复杂而又紧密联系的关系，并且这种关系具有变动性和反复性，我们称之为市场秩序。在经济学上，它是指“市场参与者按照特定的市场交易规则安排行为而产生的个人利益与公共利益之间的协调状态”[①]。从法律角度上看，市场秩序是指在特定时空范围内形成的一系列法律制度和习惯惯例的总和，以公开、公正、公平为目标，旨在保障市场交易顺利进行的一

① 王蓓根：《市场秩序论》，上海财经大学出版社1997年版，第37页。

种有条不紊的经济状态[1]。由此可见，市场秩序的核心在于强调市场主体行为的规则性和经济状态的稳定性。

稳定健康的市场秩序为市场主体提供了赖以生存的发展条件。但市场秩序并非一直处于稳定的状态。市场的不完全、不普遍、信息失灵、垄断、经济危机等现象就说明了这一点。自1978年改革开放以来，市场经济在我国从萌芽到成长，在国民经济发展中从基础性地位到决定性地位，从社会主义市场经济体制的确立到现代市场经济体系的建立，市场经济取得了长足的发展并获得了空前的繁荣。但不可否认的是，在经济生活当中也存在一些问题，比如在生产流通环节，产品质量问题令人忧心，在食品、药品等关系消费者健康安全的领域尤为严重；比如在生产与消费的关系中，生产者利用信息优势损害消费者利益，消费者弱势地位尤为凸显；比如在市场整体秩序方面，经营者可能会形成垄断，从事一系列损害消费者利益，破坏市场竞争秩序的行为，经营者也可能违背诚信原则、商业道德，利用不正当手段打击竞争对手。

因而，市场秩序需要进行调整、治理，一方面，需要市场主体内在的自我调控与自我约束，另一方面，需要对市场主体行为予以外部规制。但经济的历史发展规律表明，仅有市场机制自发形成的市场秩序不能充分保证资源合理有效的配置，市场主体的逐利性和有限理性常常会造成市场主体自身利益与社会利益之间的冲突，市场主体会为了自身利益而损害社会利益。正如哈耶克所说的，“鉴于各种原因，自生自发的发展过程有可能会陷入一种困境，而这种困境则是它仅凭自身的力量所不能摆脱的，或者说，至少不是它能够很快加以克服的”[2]。因此，有必要通过外部控制力量对市场秩序施加影响，以加快和促进良好市场秩序的形成。为此，国家从法律和政策上对市场秩序的健康与稳定提出要求。中国共产党第十八次全国代表大会的报告以及第十八届三中全会审议通过的《中国中央关于全面深化改革若干重大问题的决定》提出，“经济体制改革是全面深化改革的重点，经济体制改革的核心问题是处理好政府与市场的关系，使市场在资源配置中起决定性作用和更好发挥政府作用”。十八届四中全会通过的《中共中央关于全面推进依法治国若干重大问题的决定》也明确提出：“社会主义市场经济本质上是法治经济。”同时提出要“依法加强和改善宏观调控、市场监管，反对垄断，促进合理竞争，维护公平竞争的市场秩序”。中国共产党第十九次全国代表大会的报告指出，“全面实施市场准入负面清单制度，清理废除妨碍统一市场和公平竞争的各种规定和做法，支持民营企业发展，激发各类市场主体活力。深化商事制度改革，打破行政性垄断，防止市场

① 李昌麒：《经济法——国家干预经济的基本形式》，四川人民出版社1995年版，第333页。

② [英]弗里德里希·冯·哈耶克：《法律、立法与自由》，邓正来译，中国大百科全书出版社2000年版，第135页。

垄断，加快要素价格市场化改革，放宽服务业准入限制，完善市场监管体制。”

二、市场秩序规制法律制度的内容

伴随社会主义市场经济法治发展，以维护市场秩序为导向，形成了一系列法律法规。市场秩序规制法的重要内容就是通过包括竞争政策在内的一系列法律和政策等对新兴市场进行培育、发展，对淘汰的市场进行调整和限制，对市场主体的进入和退出进行妥善处置，最终通过调整政府在调控市场秩序的过程中所发生的社会关系，来规范市场秩序并形成良好有序的市场秩序。从内容上来讲，市场秩序规制法主要包括反垄断法律制度、反不正当竞争法律制度、消费者权益保护法律制度和产品质量法律制度。

（一）反垄断法律制度

在建设与发展市场经济体制逐渐深入的条件下，2007年我国颁布《反垄断法》，并于2008年8月开始实施。我国的反垄断法既保持了世界各国反垄断法的共性之处，对于垄断协议行为、滥用市场支配地位行为以及经营者集中行为进行了全面的规制，同时，也针对我国由于计划经济体制所形成的滥用行政权力排除限制竞争的行为作了特殊规定。十余年来的实践表明，《反垄断法》的实施，必将在巩固与完善社会主义市场经济体制，实现社会主义市场经济持续发展方面发挥重要作用。

（二）反不正当竞争法律制度

《反不正当竞争法》最早于1993年颁布并实施，在反不正当竞争上发挥了不可估量的重要功能，一系列不正当竞争行为得到有效打击和处罚，为维护市场竞争秩序、保护消费者和其他经营者的合法权益提供了重要的制度保障。但是，该法实施二十多年，一方面，面临与其他法律如《商标法》《反垄断法》《广告法》等的交叉、重复甚至冲突之处，另一方面，市场中出现了不符合法定类型的不正当竞争行为。因此，2017年《反不正当竞争法》得以修订，在不正当竞争行为类型、执法调查以及法律责任等方面作出新的规定，提出新的要求。

（三）消费者权益保护法律制度

在市场经济条件下，消费者可以从市场竞争中获得好处。但是，如果市场主体偏离正常的行为准则，进行不公平和不正当的竞争，就会使消费者的合法权益受到损害。因此，在现代市场经济中，竞争秩序规制与消费者利益保护有直接紧密的联系。因而，消费者权益保护法律制度也是市场规制法的重要内容。我国于1993年颁布《消费者权益保护法》，并于2013年作出修改。该法规定了消费者权利和经营者的义务、消费者权益的国家保护、消费者组织、消费者争议解决以及法律责任等内容，体现了国家对消费者权益的倾斜保护。

(四)产品质量法律制度

产品质量法是随着现代工业生产的发展和广泛、复杂的社会分工而逐步形成和发展起来的。1978 年我国推行全面质量管理制度,产品质量立法工作逐渐受到重视。1993 年第七届全国人大常委会颁布了《产品质量法》,该法吸收和借鉴了外国的先进立法经验,如采用严格产品责任,明确损害赔偿的范围等,同时又符合我国国情,它调整的是产品质量关系,规定的是产品质量法律责任,比西方单纯的产品责任立法更广泛。该法的实施使得我国产品质量法律制度得到进一步的完善。2000 年对该法作出较大修订,成为我国产品质量法制建设的里程碑。

三、市场秩序规制法律制度的发展趋势

随着现代社会的发展,特别是信息和通信等高科技的兴起,计算机数字化和网络化的突飞猛进,人们对知识的创造、学习和使用的方式发生了巨大变化,人类进入了知识经济时代。在知识经济时代,知识成为重要的经济要素,由此,经济增长的方式和社会经济结构发生巨大变化,这也必然导致市场秩序规制法律制度的变化。同时,科技的发展也推动经济全球化和一体化的进程,使得经济关系的变数更加复杂。在这种情况下,市场秩序规制法仅仅规制国内市场中的竞争行为就存在很大不足,还必须考虑国际市场的竞争。因而在日益复杂的市场环境中,竞争主体、竞争范围和竞争手段的变化,对法律规制的具体内容提出了挑战。另外,越来越激烈的市场竞争,可能会使作为弱者的消费者的利益遭受更多的侵害。这些特征决定了市场秩序规制法的发展趋势和特征①。

(一)立法宗旨更加关注消费者福利

早期的市场秩序规制法以保护竞争者为目标,针对竞争者的不当行为加以规制,以维护市场的公平竞争。时至今日,消费者利益越来越受到关注,带有浓厚消费者保护主义色彩的竞争法相继出台,比如,关于规制食品卫生、消费者信贷、产品标识、虚假广告、引人误解的市场促销手段的法律法规成为竞争立法的主要内容,反垄断立法更是明确了以消费者是否受到损害作为判断市场竞争秩序好坏的主要标准。因此,在日益以消费者为中心的未来社会,市场秩序规制法对消费者保护的趋势将会越来越明显。

(二)法律实施更加注重调节功能

随着市场竞争的范围和程度不断扩大、加剧,市场秩序对各国市场经济的持续发展的影响也越来越大,因而各国的市场秩序法律也日益发挥着积极的调节作用,这其中以竞争政策为要。从世界范围看,成熟市场经济国家和地区普遍选择有效

① 李昌麒主编:《经济法学》,法律出版社 2016 年第 3 版,第 176~177 页。

实施竞争政策，除积极开展反垄断执法外，更重要的是约束政府政策以及政府投资、采购、援助、补贴、管制等一系列具体行政行为，通过竞争倡导、竞争关注和竞争审查等方式，保障公平竞争，为经济发展创造良好的竞争环境。我国转型经济的特殊背景，使研究和推进竞争政策更加具有现实意义。我国经济发展到现阶段，强调进一步处理好政府和市场的关系，发挥市场配置资源的决定性作用，在顶层设计中，需要把竞争政策作为优先考虑的因素，大力推进实施竞争政策[①]。

（三）国际立法进程日益加快

随着经济一体化和全球化的加快，国际市场的统一化程度大大提高，国际竞争日趋激烈。跨国合并浪潮迭起，国际卡特尔肆无忌惮，贸易保护主义抬头，为此，如何规制国际经济秩序，维护国际贸易和公平竞争，成为世界性共同话题。正如欧盟委员会所认为的，竞争政策在国际市场具有双重作用，对内要保护欧盟内部大市场的公平竞争，对外要保护欧盟企业进入外国市场。国与国之间的竞争使传统竞争法促进公平竞争的价值开始受到挑战[②]。为此，联合国贸易会议进行了不懈努力[③]，将加强国际反垄断法提上议事日程。在国际大市场内，国家正利用主权进行人为的市场分割，针对这种情况，秩序规制的法律在规制企业之间的竞争行为时，也必须对国家妨碍国际竞争的行为进行规制，这就需要尽快确立国际层面上的竞争规则。在各国经济相互依赖的趋势日益加强的情况下，施行统一的竞争规则业已成为必然。

第二节　反垄断法律制度的变迁

一、反垄断法立法背景

反垄断法是伴随市场经济发展而生成的重要法律制度，在许多市场经济国家也被称为“经济宪法”。我国在计划经济时期，市场以及市场竞争受到否定和排斥，因而也缺乏产生反垄断法的土壤。但是自1978年以来，发展市场经济，重视市场竞争机制越来越成为党和国家推进和深化改革开放的重要共识。由此也产生了反对垄断、保护竞争的立法需求，一系列反垄断法律规范也应运而生。

---

① 张穹：《大力推进实施竞争政策 促进供给侧结构性改革》，载《行政管理研究》2016年第11期。

② 侯作前：《经济全球化背景下的中国竞争法的重构》，载《烟台大学学报（哲学社会科学版）》2003年第4期。

③ 徐士英：《竞争政策研究——国际比较与中国选择》，法律出版社2013年版，第72～73页。

1980 年 10 月，国务院颁布的《关于开展和保护社会主义竞争的暂行规定》提出调整不合理的价格，打破地区垄断和部门分割，首次提出了反垄断任务。此后，国家相关法规、规章以及规范性文件对一些反垄断问题作出了规定。1992 年，党的十四大确立了建立社会主义市场经济体制的改革目标，标志着我国经济体制改革和市场经济发展进入新的阶段，市场竞争机制的作用越发重要，从法律上消除垄断以维护竞争的需求越发迫切。1993 年 12 月 1 日正式实施的《反不正当竞争法》规定了五种垄断行为并予以禁止。1998 年 5 月 1 日实施的《价格法》第 14 条规定的不正当价格行为就包含了固定价格、价格歧视等价格垄断行为。2000 年 1 月 1 日实施的《招标投标法》第 32 条规定的串通招投标也属于垄断行为。2004 年修订的《对外贸易法》在第 6 章也规定了对外贸易领域的反垄断法律规范。除此之外，《电信条例》等法规、规章也规定了相关的反垄断内容。这些法律规范积极探索防治非法垄断的方法和规则，在一定程度上遏制了市场中的垄断行为。

但是这些法律规范并非专门针对垄断问题而制定，有关反垄断规范零散且不成体系，甚至存在诸多矛盾之处。在进入 21 世纪后，完善的反垄断法典的缺乏，意味着垄断行为无法得到有效治理和根除，进而影响市场经济的健康长远发展。尤其是在加入世界贸易组织后，作为市场经济国家通行的反垄断法也成为我国重要的立法目标。在此背景下，我国迫切需要制定一部统一完善的反垄断法。

与此同时，国家也认识到制定反垄断法律法规的重要性，并在 1987 年成立反垄断法规起草小组，草拟了《禁止垄断和不正当竞争暂行条例》。1993 年先行通过《反不正当竞争法》的同时也成立了反垄断法起草小组，研究反垄断法立法问题。经过反复酝酿，《中华人民共和国反垄断法》于 2008 年 8 月 1 日正式实施。《反垄断法》共 8 章 57 条，其中第 1 章总则规定了立法宗旨、适用范围、反垄断机构以及相关原则条款，第 2 章至第 4 章规定了反垄断法“三大支柱”，即垄断协议、滥用市场支配地位以及经营者集中规制制度，第 5 章专门就滥用行政权力排除、限制竞争的行政垄断问题作出规定，第 6 章规定了涉嫌垄断行为的调查制度，第 7 章规定了垄断行为的法律责任，第 8 章作为附则主要规定了农业生产者和农村经济组织的适用除外以及涉及知识产权问题的处理原则等。反垄断法是市场经济国家特有的法律制度，它标志着国家配置资源和推动经济发展的基本手段是市场机制和竞争机制，我国反垄断法的颁布可以有力地向世人宣告，中国已经基本建成了社会主义市场经济体制①。

二、反垄断法主要内容

在我国，垄断行为主要表现为垄断协议、滥用市场支配地位、经营者集中以及

① 王晓晔：《〈中华人民共和国反垄断法〉析评》，载《法学研究》2008 年第 4 期。

行政垄断,因而围绕上述四种垄断行为,反垄断法主要形成了垄断协议规制制度、滥用市场支配地位规制制度、经营者集中规制制度以及行政垄断规制制度。上述法律制度以《反垄断法》为主要规范形式,也包括国务院反垄断执法机构制定的行政规章或规范性文件等,后者又包括《反价格垄断规定》《经营者集中申报办法》《工商行政管理机关禁止垄断协议行为的规定》等[①]。

(一)垄断协议行为的法律规制

《反垄断法》第13条至第16条规定了垄断协议的具体类型、豁免等内容,第46条规定了垄断协议行为的法律责任。垄断协议也被称为"卡特尔"、"非法联合行为"或者"限制竞争协议"等。我国《反垄断法》将垄断协议定义为"排除、限制竞争的协议、决定或者其他协同行为"。

1.垄断协议的界定

从概念上来讲,第一,垄断协议的实施主体是两个以上的独立经营者,当然行业协会如组织或参与垄断协议的制定、实施,也构成垄断协议行为的责任主体。第二,垄断协议的表现形式除书面或口头协议、决议外,还包括协同行为。因为垄断协议的本质在于共谋,所以其表现形式不限于书面协议、决议,还包括口头协议、决议或其他协同行为。第三,垄断协议具有排除、限制竞争的目的或者产生排除、限制竞争的后果。

根据参与协议的主体,可将垄断协议分为横向协议和纵向协议。横向协议是指在生产或者销售过程中处于同一阶段的经营者之间达成的协议,具体包括固定或者变更商品价格,限制商品的生产数量或者销售数量,分割销售市场或者原材料采购市场,限制购买新技术、新设备或者限制开发新技术,新产品联合抵制交易等具体类型。纵向协议是指在生产或者销售过程中处于不同阶段的经营者之间达成的协议,具体包括固定向第三人转售商品的价格、限定向第三人转售商品的最低价格等行为。

2.垄断协议的认定原则

经营者之间的协议、决议或协调行为是否构成反垄断法所禁止的垄断协议,应当以该协议是否排除、限制竞争为标准。但如果实践中对经营者之间的协议都进行全面的调查和复杂的经济分析,以确定其对竞争秩序的影响,将增加执法成本。在长期经验积累的基础上,各国根据垄断协议的性质和对竞争秩序的影响程度,在实践中形成两种认定原则。一是本身违法原则。经营者之间达成的协议,一旦形成,必然会产生排除、限制竞争的后果,对此宜适用本身违法原则,即只要证实当事

---

① 根据《深化党和国家机构改革方案》,国务院反垄断执法职责由新组建的国家市场监督管理总局承担,因而原工商总局、国家发改委、商务部制定的这些规章或规范性文件也面临着修改或者废除的需要。

人存在共谋之协议、决议或协同行为，就构成垄断协议。横向垄断协议认定一般采用本身违法原则。二是合理原则。即除了适用本身违法原则的协议以外，对其他协议是否会排除、限制竞争进行分析，考虑协议所涉及的市场具体情况，以及协议性质、后果等因素。只有分析确认该协议确实排除限制了市场竞争，才认定为垄断协议[①]。

3.垄断协议的豁免

经营者之间的协议、决议或其他协同行为，虽排除、限制了竞争，构成垄断协议，但该类协议在其他方面带来的好处大于其对竞争秩序的损害，因此法律规定对其豁免，即排除适用反垄断法的规定。豁免是利益衡量的结果，即从经济效果和对限制竞争的影响进行对比，在"利大于弊"的情况下，豁免其法律责任。豁免的具体情形包括：(1)为改进技术、研究开发新产品的；(2)为提高产品质量、降低成本、增进效率，统一产品规格、标准或者实行专业化分工的；(3)为提高中小经营者经营效率，增强中小经营者竞争力的；(4)为实现节约能源、保护环境、救灾救助等社会公共利益的；(5)因经济不景气，为缓解销售量严重下降或者生产明显过剩的；(6)为保障对外贸易和对外经济合作中的正当利益的。

(二)滥用市场支配地位行为的法律规制

《反垄断法》第 17 条至第 19 条规定了滥用市场支配地位规制法律制度。滥用市场支配地位指的是支配企业为维持或增强其市场支配地位而实施的反竞争行为。该行为具有以下特点：行为主体具有特定性，即行为主体是在市场上具有支配地位的企业，而非其他企业；行为目的具有特殊性，即维持或增强其支配地位；行为效果具有反竞争性。滥用市场支配地位行为通常按照下列步骤予以认定。

1.相关市场

相关市场是指经营者在一定时期内就特定商品或者服务(以下统称商品)进行竞争的商品范围和地域范围。在反垄断执法实践中，通常需要界定相关商品市场和相关地域市场。科学合理地界定相关市场，对识别竞争者和潜在竞争者、判定经营者市场份额和市场集中度、认定经营者的市场地位、分析经营者的行为对市场竞争的影响、判断经营者行为是否违法以及在违法情况下需承担的法律责任等关键问题，具有重要的作用。因此，界定相关市场通常是对竞争行为进行分析的起点，是反垄断执法工作的重要步骤。

2.市场支配地位

所谓市场支配地位，是指经营者在相关市场内具有能够控制商品价格、数量或者其他交易条件，或者能够阻碍、影响其他经营者进入相关市场能力的市场地位。

---

① 全国人大常委会法制工作委员会经济法室：《〈中华人民共和国反垄断法〉条文说明、立法理由及相关规定》，北京大学出版社 2007 年版，第 68 页。

认定经营者具有市场支配地位，应当依据下列因素：该经营者在相关市场的市场份额，以及相关市场的竞争状况；该经营者控制销售市场或者原材料采购市场的能力；该经营者的财力和技术条件；其他经营者对该经营者在交易上的依赖程度；其他经营者进入相关市场的难易程度。

有下列情形之一的，可以推定经营者具有市场支配地位：一个经营者在相关市场的市场份额达到二分之一的；两个经营者在相关市场的市场份额合计达到三分之二的；三个经营者在相关市场的市场份额合计达到四分之三的。在上述情形中，如有经营者市场份额不足十分之一的，不应当推定该经营者具有市场支配地位。被推定具有市场支配地位的经营者，有证据证明不具有市场支配地位的，不应当认定其具有市场支配地位。

3.滥用行为

《反垄断法》中的滥用行为包括如下类型：(1)垄断高价和垄断低价。经营者利用其支配地位，使其所销售商品价格长期、稳定、大幅度地超过(或低于)平均利润率水平的行为。该类行为以获取超额利润为目的，属于剥削性垄断行为。(2)掠夺性定价。具有市场支配地位的经营者，没有正当理由，为排挤竞争对手，以低于成本的价格销售商品的行为。(3)拒绝交易。具有市场支配地位的经营者，没有正当理由，拒绝与交易相对人进行交易的行为。(4)独家交易。具有市场支配地位的经营者，没有正当理由，限定交易相对人只能与其指定的经营者进行交易的行为。(5)搭售及附加不合理条件的行为。具有市场支配地位的经营者，没有正当理由，利用其市场支配地位搭配销售商品的行为。(6)差别待遇。具有市场支配地位的经营者，没有正当理由，对条件相同的交易相对人设定不同的交易价格等交易条件的行为。

4.排除“正当理由”

滥用市场支配地位行为的规制，通常适用合理原则。即使经营者行为符合法定的形式要件，并且具有一定的排除、限制竞争后果，而如果经营者能够证明其行为具备正当理由，那么也不属于《反垄断法》中的垄断行为。实践中，行为主体往往会提出减少亏损、应对竞争、技术特征以及公平、效率和消费者保护上的“正当理由”①。

(三)经营者集中的法律规制

《反垄断法》第20条至第31条规定了经营者集中规制法律制度。经营者集中是指经营者通过合并及购买股权或资产等方式进行企业经营行为，其直接后果可能导致同一竞争领域的经营者数量减少，集中后的企业更加庞大。因而经营者集

---

① 马克思主义理论研究和建设工程重点教材《经济法学》编写组：《经济法学》，高等教育出版社2016年版，第299页。

中往往对竞争产生一定影响,市场结构因此改变,竞争者数量减少,相关市场竞争程度降低,也使数量减少了的竞争者之间容易作出协调一致的行为,有可能排除、限制竞争,损害消费者利益。因此,我国将经营者集中规制作为反垄断法的重要内容。根据《反垄断法》第20条,经营者集中是指下列情形:经营者合并;经营者通过取得股权或者资产的方式取得对其他经营者的控制权;经营者通过合同等方式取得对其他经营者的控制权或者能够对其他经营者施加决定性影响。经营者集中的法律规制主要有以下几个要点。

1.经营者集中申报及审查程序

经过十余年的探索,我国经营者集中申报与审查制度日渐完善,目前在程序方面主要包括申报前商谈、申报、立案、审查、批准(或禁止、附条件同意),同时还包括对不予申报的合并行为的监管、对附条件同意的监督等。此外,为提高审查效率,我国还建立了经营者集中审查的简易程序。

2.经营者集中申报标准

根据《关于经营者集中申报标准的规定》,下列情形下经营者集中应予申报:参与集中的所有经营者于上一会计年度在全球范围内的营业额合计超过100亿元人民币,并且其中至少两个经营者于上一会计年度在中国境内的营业额均超过4亿元人民币;参与集中的所有经营者于上一会计年度在中国境内的营业额合计超过20亿元人民币,并且其中至少两个经营者于上一会计年度在中国境内的营业额均超过4亿元人民币。

3.经营者集中的竞争分析

反垄断执法机构对于具有或者可能具有排除、限制竞争效果的经营者集中,应当作出禁止的决定。考量是否具有反竞争效果的因素包括:参与集中的经营者在相关市场的市场份额及其对市场的控制力;相关市场的市场集中度;经营者集中对市场进入、技术进步的影响;经营者集中对消费者和其他有关经营者的影响;经营者集中对国民经济发展的影响。

4.结构性救济和行为性救济

对不予禁止的经营者集中,国务院反垄断执法机构可以决定附加减少集中对竞争产生不利影响的限制性条件。不予禁止的经营者集中,虽然对竞争产生的有利影响明显大于不利影响,或者符合社会公共利益,但或多或少仍会对竞争产生不利影响。因而反垄断执法机构往往采取结构性救济或者行为性救济措施,弥补经营者集中对竞争造成的不利影响。前者主要指的是剥离有形资产、知识产权等无形资产或相关权益;后者主要指的是开放网络或平台等基础设施、许可关键基础(包括专利、专有技术或其他知识产权)、终止排他性协议等。

(四)行政性垄断的法律规制

《反垄断法》第32条至第37条规定了行政性垄断的规制法律制度。行政性垄断行为是在市场经济初级阶段或者在经济转型国家表现尤为突出的一种限制竞争行为[①]。当前，在全面深化改革与全面推进依法治国的背景下，我国改革进入深水区，最大的障碍就是与经济利益紧密相连的权力，这种权力不仅不会轻易退出市场，而且还利用权力进一步侵蚀市场。因而对滥用行政权力行为的规制成为必要。对此，《反垄断法》以及相关法律制度提供了较为科学的规制框架。

1.行政性垄断的主体

行政性垄断行为的主体首先是滥用行政权力的政府机关。行政机关利用行政权力不正当的干预市场，扭曲了市场机制，降低了市场效率。除了行政机关外，该类主体还包括代为行使某些公共事务管理职能的社会组织或企业，我国《反垄断法》将其规定为"法律、法规授权的具有管理公共事务职能的其他组织"，如行业协会、企业团体、事业单位等。

2.行政性垄断的违法性判断

判断行政性垄断行为的违法性在于两个方面：一是滥用行政权力，二是排除限制竞争，并且后者又是判断是否"滥用"的前提。滥用行政权力可有多种表现，如果不是以行政权力排除限制竞争，也无法构成反垄断法意义上的行政性垄断。关于排除限制竞争的认定，主要在于该行政行为是否具备支配性、排除性和损害性的评价。支配性，即其对市场主体的经营活动是否进行直接或间接的制约，剥夺或限制市场主体的经营自主权。排除性，即是否在一定领域中使某些市场主体的经营活动难以继续。损害性，即是否对原来已经存在的市场竞争造成妨碍或损害[②]。

3.行政性垄断的客观后果

确定行政性垄断的危害性可从两个方面展开：一是相关市场的竞争受到实质性限制。比如地方政府采取优惠政策扶持本地企业，对外地企业采取歧视性限制，阻止外地商品进入本地市场。二是相关市场主体的经济利益受到损害。比如政府和有关部门对企业的产品采取封锁、限制和其他歧视措施，致使该企业的产品销售受阻，产品积压，预期的经济利益无法实现。只有具备了以上两个方面的因素，同时证明行政机关滥用行政权力的行为与上述后果存在因果关系，垄断行为的危害性才得以成立。

值得注意的是，随着经济体制改革不断深化，全国统一市场基本形成，公平竞争环境逐步创建。但同时，地方保护、区域封锁，行业壁垒、企业垄断，违法给予优惠政策或减损市场主体利益等不符合建设全国统一市场和公平竞争的现象仍然存在。国务院于2016年6月1日发布了《关于在市场体系建设中建立公平竞争审查制度的意见》，旨在规范政府有关行为，防止出台排除、限制竞争的政策措施，逐步

---

① 徐孟洲、孟雁北：《竞争法学》，中国人民大学出版社2014年第2版，第196页。

② 顾功耘主编：《经济法教程》，上海人民出版社、北京大学出版社2013年第3版，第415页。

清理废除妨碍全国统一市场和公平竞争的规定和做法。2017 年 10 月经国务院同意,国家发改委等五个部门发布《公平竞争审查制度实施细则(暂行)》,从审查机制和程序、审查标准、例外规定、社会监督、责任追究等方面对公平竞争审查制度予以细化。

三、反垄断法的当代意义

中国共产党十八届三中全会通过的《中共中央关于全面深化改革若干重大问题的决定》提出,"经济体制改革是全面深化改革的重点,核心问题是处理好政府和市场的关系,使市场在资源配置中起决定性作用和更好发挥政府作用。市场决定资源配置是市场经济的一般规律,健全社会主义市场经济体制必须遵循这条规律,着力解决市场体系不完善、政府干预过多和监管不到位问题""必须积极稳妥从广度和深度上推进市场化改革,大幅度减少政府对资源的直接配置,推动资源配置依据市场规则、市场价格、市场竞争实现效益最大化和效率最优化。政府的职责和作用主要是保持宏观经济稳定,加强和优化公共服务,保障公平竞争,加强市场监管,维护市场秩序,推动可持续发展,促进共同富裕,弥补市场失灵"。一方面,强调市场在资源配置中的决定性作用,坚定不移地发展市场经济,推动市场化改革。而在市场经济环境下,《反垄断法》是规范经营者行为的基本法律。一个市场经济国家,没有或者缺乏完善的《反垄断法》,市场经济是无法有效运行的。因为市场经济就是尊重企业的自主权利,依赖于自身努力和才智开展竞争,而自由、公平的市场竞争完全有赖于以《反垄断法》为基础建立起来的市场竞争秩序。另一方面,政府在市场经济中的角色和定位是"保障公平竞争、加强市场监管,维护市场秩序",起到的是弥补市场失灵的作用。这就要求政府要更加公平地运用财政政策、税收政策和各项产业政策。此外,政府面对市场时,还应当建立独立的竞争政策,推动市场竞争健康、有序地发展,打造"统一、开放、竞争、有序"的市场体系。因此,《反垄断法》具有重要的现实意义。

(一)反垄断法是我国发展社会主义市场经济的内在要求

市场失灵无法由市场自愈,因而为规范和保障市场经济发展,以反对垄断、保护竞争为基本使命的现代反垄断法应运而生,并成为现代市场经济的一项重要的基本法律制度。由于我国社会主义市场经济有着市场经济所共同具有的基本属性和要求,因而反垄断法也是我国社会主义市场经济所必须。对于中国这样一个由计划经济体制向市场经济体制转轨的国家来说,制定反垄断法除了有维护竞争自由和保护消费者利益的一般作用外,还具有促进经济体制转轨和完善市场结构的特殊作用。从一定意义上讲,制定并实施反垄断法是我国真正确立市场经济体制的一个表现和具有完全市场经济地位的一个证明。

（二）反垄断法是消除和预防我国市场上垄断行为的迫切需要

我国自引入市场机制以来，各种垄断行为也日益充分地表现出来，尤其是公用企业滥用独占地位、滥用行政权力排除限制竞争以及经营者合谋、滥用市场支配地位等。这些垄断行为严重损害消费者利益，破坏市场竞争秩序，导致社会资源分配不合理，阻碍我国开放和统一的市场建立。这迫切需要反垄断法予以消除。反垄断法的作用不仅表现在通过法律实施消除已有的非法垄断，而且还表现在通过潜在的威慑防止产生新的非法垄断。并且从长远来看，后者是主要的。正如经济学家萨缪尔森所指出的，反垄断法像一柄尚方宝剑悬挂在每一个企业头上，可以限制企业者行使垄断力量的动机①。

（三）反垄断法也是我国适应经济全球化和知识经济发展的客观需要

伴随经济全球化迅猛发展和对外开放的不断扩大，尤其是加入世贸组织后，外国产品、技术、资本更多地进入我国市场。一些跨国公司占据相当大的资金、技术优势。同时在知识经济背景之下，知识产权的重要性不断提高，知识产权日益成为跨国公司在中国争夺市场，谋求更大利润的重要工具。不少跨国公司在我国市场从事垄断行为，我国市场竞争秩序面临巨大挑战。反垄断法可以在禁止国际卡特尔、禁止跨国公司滥用市场支配地位以及限制跨国公司的外部扩张等方面起到抵制外国垄断势力和维护市场竞争秩序的作用，同时也有利于维护我国的经济安全。当然，从另一方面来讲，反垄断法以市场公平竞争为目标，为在国内市场竞争的所有经营者提供公平的竞争环境，因而反垄断法并非“贸易保护法”。

四、可能遗留的问题及进一步完善的方向

《反垄断法》实施已逾十年，一方面，中国的竞争政策正在发展，中国的竞争文化也逐渐形成，中国的反垄断执法也取得了令人瞩目的成就。但另一方面，无论是面对中国经济改革大环境变化还是中国反垄断执法实践所反映出的问题，都有必要着手对《反垄断法》进行修订。

（一）建立统一、独立的反垄断执法机构

由于历史的原因，在《反垄断法》颁布后长达10年的时间里，反垄断执法职能由国家发改委、工商总局以及商务部等三个部门共同承担。虽然这三个部门在反垄断委员会的协调下有分工有合作，但三家机构互不隶属，独立发布执法规则，难免存在不协调、不一致甚至相冲突的问题，这样反而有损于反垄断法的权威性和统一性。在反垄断执法活动中也会因执法理念、执法规范、执法尺度的差异而产生执

① ［美］保罗·A.萨缪尔森：《经济学（中册）》，高鸿业译，商务印书馆1982年版，第212页。

法效果的抵消效应[①]。另外，这三个部门行政层级不高，执法独立性不强，无法推动更高层次的“国家竞争政策”的发展。

这三个部门分散执法的局面在最新的国务院机构改革中发生改观。这次改革对原工商总局反垄断执法职责、国家发展和改革委员会的价格监督检查与反垄断执法职责、商务部的经营者集中反垄断执法以及国务院反垄断委员会办公室等职责进行整合，新组建国家市场监督管理总局承担反垄断统一执法工作。这在一定程度上保证了统一执法的问题。但从长期来看，应提高反垄断执法机构的独立性，向“准司法”机构方向进行改革。

(二)数字经济时代的反垄断问题

数字经济的蓬勃发展，一方面，带来生产方式的转变，为我国经济转型提供助力，也为消费者增加了福利，使得社会资源分配朝扁平化、均衡化方向发展。但另一方面，在数字经济中，数据成为经营者的竞争核心，同时平台化、网络效应、跨界传导效应等将快速放大数据给经营者带来的竞争优势，导致寡头垄断成为普遍的市场结构。因此也带来了有别于传统行业的全新垄断与竞争格局，以维护公平市场竞争和捍卫消费者利益为目标的反垄断法也面临着全新的任务和挑战。数字经济时代的反垄断争议主要集中在以下几个方面：一是反垄断法要不要适用于数字经济领域。目前主流的观点认为，数字经济并非法外之地，反垄断法应当适用于数字经济。二是如何理解数字经济领域的垄断。不少学者倾向于认为，数字经济有其不同于传统经济的产业特点，网络效应等经济规律使得静态的垄断极易产生。同时也有学者指出，数字经济是中国对发达国家实现“弯道超车”的关键，因而竞争政策要格外审慎。三是如何确定垄断与创新的界限。在数字经济领域，垄断与创新的界限日益模糊，应当如何认识经营者的策略行为，这需要在滥用市场支配地位、经营者集中以及垄断协议规制过程中进行更为精细的分析。数字经济领域的反垄断问题相当复杂，也产生了较多的争议。这些争议正是反垄断法未来修改需要解决的问题[②]。

(三)公平竞争审查制度的法律化

2016 年《国务院关于在市场体系建设中建立公平竞争审查制度的意见》指出，“行政机关和法律、法规授权的具有管理公共事务职能的组织(以下统称政策制定机关)制定市场准入、产业发展、招商引资、招标投标、政府采购、经营行为规范、资质标准等涉及市场主体经济活动的规章、规范性文件和其他政策措施，应当进行公平竞争审查。行政法规和国务院制定的其他政策措施、地方性法规，起草部门应当

---

① 万江:《中国反垄断法:理论、实践与国际比较》,中国法制出版社 2015 年版,第 300 页。

② 韩伟:《数字经济时代中国〈反垄断法〉的修订与完善》,载《竞争政策研究》2018 年第 4 期。

在起草过程中进行公平竞争审查。未进行自我审查的,不得提交审议。”

公平竞争审查制度给反垄断法律制度提供了有力的支持,对防止行政性垄断行为起到关键性作用。反垄断法对行政性垄断的治理倾向于“事后监管”,往往在产生垄断行为后才会启动反垄断执法。而公平竞争审查制度强调“事前审查”,将行政性垄断扼杀在萌芽中,从而产生积极的法律后果,更有利于创造和维护良好的市场竞争环境。因而,反垄断法有必要借鉴这一做法。当然,公平竞争审查制度尚需进一步规范化,对此,应将公平竞争审查纳入反垄断法律体系当中,实现公平竞争审查制度的法律化。

第三节 反不正当竞争法律制度的变迁

一、改革开放与反不正当竞争法律制度建设的启动

新中国成立到改革开放前,我国在较长的一段时期内实行高度集中的计划经济体制,经济生活中几乎无竞争的空间,加之在意识形态层面上把竞争一词视为资本主义的“专利”,忌谈竞争,只说竞赛,[①]当时基本上没有竞争的概念,因而也就谈不上不正当竞争以及反不正当竞争法律制度建设。

自20世纪70年代末实施改革开放后,我国逐步从高度集中的计划经济体制向市场化的经济体制转变,在意识形态层面上也不再把市场、竞争和社会主义对立起来,在现实经济生活中竞争逐渐兴起。但是竞争在发挥积极作用的同时,也带来了消极因素,其中一个突出表现即是如影随形的不正当竞争现象。在此背景下,保护竞争同时打击破坏公平竞争秩序的不正当竞争行为,成为推进经济体制改革的一个重要课题,反不正当竞争法律制度建设由此开始起步。

1980年国务院出台了我国第一部专门围绕保护和规范竞争而制定的立法(行政法规),即《关于开展和保护社会主义竞争的暂行规定》[②]。该规定明确肯定竞争的积极作用,强调“应当逐步改革现行的经济管理体制,积极地开展竞争,保护竞争的顺利进行”,同时指出“竞争要严格遵守国家的政策法令,采取合法的手段进行。要树立企业的信誉、企业的道德。不准弄虚作假,行贿受贿,投机倒把,牟取暴利,损害国家和人民的利益。违法乱纪的,应当根据情节轻重依法予以处理。”此后,针对市场上较为突出的不正当竞争行为,国务院及其有关部门陆续制定了相应的规

---

① 《就反不正当竞争法问题再答记者问》,载《中国法律》1994年第4期。

② 1980年10月17日国务院发布,自发布之日起实施。2001年被《国务院关于废止2000年底以前发布的部分行政法规的决定》(2001年10月6日发布)废止。

范。例如1987年国务院出台的《中华人民共和国价格管理条例》《广告管理条例》均有涉及不正当竞争的规定;国家工商行政管理局、国家技术监督局等部门发布了一系列打击假冒行为的规范性文件。[①]

1987年国务院首次提出要制定全国性的制止不正当竞争法,国务院法制局和国家工商行政管理局等七个有关部门曾组成联合小组,开始起草制止不正当竞争法,先后形成《禁止垄断和不正当竞争条例(草稿)》、《制止不正当竞争条例(草稿)》。[②] 不过,因市场经济条件不成熟,认识上存在分歧及缺乏经验,此次起草工作之后搁置,未正式上报国务院列入制定行政法规的正式程序,直至1991年才再次启动。[③]

此外,在20世纪80年代,一些省、市积极开展了反不正当竞争地方立法的有益尝试。例如,1985年11月武汉市人民政府颁布了我国第一部反不正当竞争地方立法,即《武汉市制止不正当竞争行为试行办法》;1987年10月上海市人民政府颁布了《上海市制止不正当竞争暂行规定》;1989年2月江西省人民政府颁布了《江西省制止不正当竞争试行办法》。

总的来看,自20世纪70年代末至80年代,我国的反不正当竞争法律制度建设处于起步阶段。一方面,对我国而言,现阶段无论是国家还是地方层面的反不正当竞争立法均属于开创性的工作,意义重大。这些立法活动取得了一些制度或规范成果,对于打击不正当竞争行为发挥了积极作用,亦为后来全国性的统一立法和法律制度体系建设奠定了基础、积累了经验。但另一方面,我国现阶段的反不正当竞争立法无论是在宏观体系构造上还是在微观制度安排上都还很不完善,主要体现为立法层级低,法律效力弱;立法分散零乱,缺乏系统性;概念模糊,缺乏确定性;内容较为粗糙简单,可操作性较差;执法机关职责分工不明;责任规定偏轻等等。[④]

二、反不正当竞争法律制度体系的构建与形成

步入20世纪90年代,以市场为导向的经济体制改革继续向前推进,市场日趋

---

① 相关研究,可参见:王先林:《竞争法学》,法律出版社2015年第2版,第66页;宋书林:《关于制定〈反不正当竞争法〉若干问题的思考》,载《当代法学》1993年第3期。

② 刘敏学:《关于〈中华人民共和国反不正当竞争法(草案)〉的说明——1993年6月22日在第八届全国人民代表大会常务委员会第二次会议上》,http://www.npc.gov.cn/wxzl/gongbao/2000—12/28/content_5003002.htm,下载日期:2018年8月24日。全国人大常委会法制工作委员会民法室编:《〈中华人民共和国反不正当竞争法〉释义》,法律出版社1994年版,第3页。

③ 全国人大常委会法制工作委员会民法室编:《〈中华人民共和国反不正当竞争法〉释义》,法律出版社1994年版,第3页;孙晋主编:《中国竞争法与竞争政策发展研究报告:1980—2015》,法律出版社2016年版,第299页。

④ 宋书林:《关于制定〈反不正当竞争法〉若干问题的思考》,载《当代法学》1993年第3期;黄勤南:《论制止不正当竞争及其立法》,载《知识产权》1991年第5期。

活跃。与此同时，市场经营活动中的不正当竞争现象也越发突出，相形之下，反不正当竞争法律制度供给不足问题进一步凸显。尤其是，党的十四大明确提出建立社会主义市场经济体制的改革目标，党的十四届三中全会提出加快经济立法，20世纪末初步建立适应社会主义市场经济的法律体系。[①] 而反不正当竞争法可以说是市场经济法律中的基本立法[②]，在此背景下，加强反不正当竞争立法，特别是尽快制定一部反不正当竞争基本法律，进而建立健全反不正当竞争法律制度体系，显得十分必要。[③]

此外，对外开放中加强知识产权保护的需要，也对我国加快完善反不正当竞争立法提出了要求。例如，根据1992年1月17日中美两国政府签署的《中华人民共和国政府与美利坚合众国政府关于保护知识产权的谅解备忘录》，我国承诺，为确保根据保护工业产权巴黎公约第十条之二的规定有效地防止不正当竞争，中国政府将制止侵犯商业秘密的行为；中国政府的主管部门将于1993年7月1日前向立法机关提交有关议案，并将尽最大努力于1994年1月1日前使该议案通过并实施。[④]

在此背景下，以反不正当竞争基本法律的制定为重要标志，我国的反不正当竞争立法和制度建设进入了体系化构建的阶段。

(一)1993年《反不正当竞争法》的制定

1991年底，《制止反不正当竞争法》被正式列入全国人大常委会立法规划，并确定由国家工商行政管理局承担起草任务。1992年初国家工商行政管理局成立起草小组，同年10月形成《反不正当竞争法(征求意见稿)》。在征求意见和论证修改过程中，1993年1月改名为《公平交易法(征求意见稿)》，当年3月正式向国务院上报《公平交易法(送审稿)》，除名称上的变化外，增加了有关滥用市场竞争优势和协议限制竞争等反垄断法的内容，同时结合国内市场情况，规定了反地区封锁。

① 1993年党的十四届三中全会通过的《中共中央关于建立社会主义市场经济体制若干问题的决定》指出："社会主义市场经济体制的建立和完善，必须有完备的法制来规范和保障。要高度重视法制建设，做到改革开放与法制建设的统一，学会运用法律手段管理经济。法制建设的目标是：遵循宪法规定的原则，加快经济立法，进一步完善民商法律、刑事法律、有关国家机构和行政管理方面的法律，本世纪末初步建立适应社会主义市场经济的法律体系"。

② 甘国屏：《〈反不正当竞争法〉的法律地位、作用及其特点》，载《工商行政管理》1994年第1期。

③ 刘敏学：《关于〈中华人民共和国反不正当竞争法〉的说明——1993年6月22日在第八届全国人民代表大会常务委员会第二次会议上》，http://www.npc.gov.cn/wxz/gongbao/2000－12/28/content_5003002.htm，下载日期：2018年8月24日。

④ 《中华人民共和国政府与美利坚合众国政府关于保护知识产权的谅解备忘录》(1992年1月17日)第4条。

之后，根据国务院法制办协调审查过程中提出的意见，恢复“反不正当竞争法”的提法，并删去了反地区封锁的内容。1993年5月国务院讨论通过《中华人民共和国反不正当竞争法（草案）》并将该草案提交八届全国人大会常委会第二次会议审议。在审议过程中，根据有关意见，整体上去掉了滥用市场竞争优势和协议限制竞争的内容，留待将来制定反垄断法解决，但保留了部分规定；同时恢复了反地区封锁的内容。1993年9月2日八届全国人大常委会第三次会议正式通过《中华人民共和国反不正当竞争法》（以下简称《反不正当竞争法》），该法自1993年12月1日起施行[①]。

这部《反不正当竞争法》是“我国历史上第一部专门用来规范市场主体行为，维护市场公平竞争的重要法律，它的通过，标志着具有中国特色社会主义竞争法律制度的初步确立”[②]。总的来看，其主要确立了以下制度安排：

1.明确了我国反不正当竞争立法的宗旨和目标

概言之，我国反不正当竞争立法的宗旨和目标包括三个层面：一是保障社会主义市场经济健康发展；二是鼓励和保护公平竞争，制止不正当竞争行为；三是保护经营者和消费者的合法权益。这些目标既有直接目标也有间接目标，同时兼顾个体利益和整体利益的维护。

2.以概括加列举的方式对不正当竞争行为进行了界定

《反不正当竞争法》第2条规定了市场竞争原则、不正当竞争的定义和经营者的定义，同时第二章以专章的形式列举了11种不正当竞争行为。例如，第2条第1款规定：“经营者在市场交易中，应当遵循自愿、平等、公平、诚实信用的原则，遵守公认的商业道德。”第2款规定：“本法所称的不正当竞争，是指经营者违反本法规定，损害其他经营者的合法权益，扰乱社会经济秩序的行为。”显然，第2款中的“本法规定”既包括第二章关于不正当竞争行为的各项具体规定，也包括第2条第1款关于市场竞争原则的规定。换言之，不仅经营者违反第二章的规定实施有关行为将构成不正当竞争，而且经营者实施第二章明确列举之外的行为，如果违反第2条第1款规定的诚实信用原则和公认的商业道德，给其他经营者的合法权益造成损害，扰乱社会经济秩序，同样构成不正当竞争，可适用反不正当竞争法加以规

① 关于1993年《反不正当竞争法》的制定过程，综合参考以下资料进行梳理：孙晋主编：《中国竞争法与竞争政策发展研究报告：1980—2015》，法律出版社2016年版，第299～300页；刘敏学：《关于〈中华人民共和国反不正当竞争法〉的说明——1993年6月22日在第八届全国人民代表大会常务委员会第二次会议上》，http://www.npc.gov.cn/wxzl/gongbao/2000－/2/28/content_5003002.htm，下载日期：2018年8月24日。《就反不正当竞争法问题再答记者问》，载《中国法律》1994年第4期。

② 甘国屏：《〈反不正当竞争法〉的法律地位、作用及其特点》，载《工商行政管理》1994年第1期。

制。由此，第2条实际上发挥了一般条款的作用，使该法具有较强的适应性，能够及时延及新领域和规范新行为。[①]

第二章列举的11种不正当竞争行为，包括仿冒行为[②]、商业贿赂行为、引人误解的虚假宣传行为、侵犯商业秘密行为、不当有奖销售行为、商业诋毁行为、公用企业或其他依法具有独占地位的经营者限制竞争行为、政府及其所属部门滥用行政权力限制竞争行为、以排挤竞争对手为目的的低价倾销行为、搭售或附加其他不合理条件的销售行为、串通招投标行为。值得指出的是，这11种不正当竞争行为中的后5种本质上属于垄断行为。从调整范围来看，这部《反不正当竞争法》采取了综合调整的立法模式，之所以如此安排，主要考虑的是：当时我国经济生活中需要重点规制的是狭义的不正当竞争行为，典型的经济垄断和大部分限制竞争行为尚不突出，制定反垄断法的条件不成熟，必要性也不足，但同时我国现实中又存在一些限制竞争行为，且较为严重，各界反映很强烈，亟须加以回应。于是，《反不正当竞争法》没有拘泥于某种模式，而是根据我国的具体国情，从务实角度出发，将这些行为纳入调整范围。[③]

3. 强调通过行政手段对不正当竞争行为进行主动干预

《反不正当竞争法》在规定民事、行政和刑事等多种制裁手段的同时，强调通过行政手段对不正当竞争行为进行主动干预。一方面，行政干预的范围比较宽，对于第二章列举的11种不正当竞争行为，只有3种没有规定行政责任；另一方面，《反不正当竞争法》突出了通过行政处罚对不正当竞争行为人加以制裁。[④] 如此安排，主要是基于我国市场经济处于刚起步的初始阶段，人们的法制观念有待加强，同时我国有运用行政救济处理纠纷的传统，且相较司法救济，行政救济有快捷、简便的

---

① 孔祥俊：《反不正当竞争法的司法创新和发展——为〈反不正当竞争法〉施行20周年而作(上)》，载《知识产权》2013年第11期。

② 对于1993年《反不正当竞争法》第5条规定的不正当竞争行为，理论界有不同认知。有的称之为“虚假标示行为，又称欺骗性交易行为、仿冒行为”并将其划分为两大类型：一是商业混同行为，包括第(一)(二)(三)项规定的三种行为样态；二是欺骗性质量标示行为，即第(四)项规定的行为样态。参见《经济法学》编写组编(张守文主编)：《经济法学》，高等教育出版社2016年版，第337～338页，第341页。也有学者认为第5条第(四)项规定的行为本质上属于虚假宣传。参见徐孟洲、孟雁北：《竞争法》，中国人民大学出版社2013年第2版，第222页；王先林：《竞争法学》，中国人民大学出版社2015年第2版，第99页。

③ 郑迎新：《论我国〈反不正当竞争法〉的特点》，载《河北法学》1994年第1期；种明钊主编：《竞争法》，法律出版社2016年第3版，第84页；冯彦君：《我国〈反不正当竞争法〉点评》，载《当代法学》1994年第3期。

④ 甘国屏：《〈反不正当竞争法〉的法律地位、作用及其特点》，载《工商行政管理》1994年第1期。

特点。[①]

4. 内容具有综合性

《反不正当竞争法》既规定了实体法规范,也规定了程序法规范,内容具有综合性。[②] 一方面,在实体法规范层面规定了立法宗旨、经营者在市场交易中应遵循的原则、不正当竞争行为的含义和类型等内容;另一方面,在程序法规范层面专门设置"监督检查"一章,对监督检查机关的职权及其行为规范、相对人的义务等作了原则规定。其中,就查处不正当竞争行为的行政机关,我国《反不正当竞争法》采取确认的方式确定了工商行政管理部门为主要的监督检查机关,而非像其他国家通过法律创设一个专门的机构负责行政执法,这也可以说是一个特色。[③] 如此安排,主要考虑到:设立专门机构容易造成机构重叠,办事效率低,而且还要增加国家人事编制等因素。而工商行政管理部门——从主管范围上看——其本身是与反不正当竞争职能很接近的行政执法机关,同时它在反不正当竞争方面也有一定的经验,由工商行政管理部门承担主要的行政执法任务,其他有关部门则在法律、行政法规规定的职权范围内履行相应职责并加以配合,这是符合我国国情的切实可行的方案。[④]

(二)《反不正当竞争法》的配套制度建设

1993 年《反不正当竞争法》出台后,我国陆续制定了大量与建设社会主义市场经济体制相适应的法律法规,其中不少立法直接或间接规定了反不正当竞争的规范。除此之外,国务院有关部委、地方立法机关或政府、最高人民法院等还陆续出台了诸多专门性、多元化的配套规范,包括部门规章、行政解释、地方性法规、司法解释等。总的来看,在反不正当竞争法的配套制度建设方面,较具代表性的有:

1. 国家工商行政管理局等国务院有关部委关于不正当竞争行为的规定

国家工商行政管理局等国务院有关部委针对特定领域或某种类型的不正当竞争行为制定了一些专项性的部门规章(详见表 3-1),同时通过答复、批复等形式对执法实践中不正当竞争行为的认定、《反不正当竞争法》的适用等问题作了进一步的明确。

---

① 种明钊主编:《竞争法》,法律出版社 2016 年第 3 版,第 84 页。

② 郑迎新:《论我国〈反不正当竞争法〉的特点》,载《河北法学》1994 年第 1 期;种明钊主编:《竞争法》,法律出版社 2016 年第 3 版,第 85 页。

③ 甘国屏:《〈反不正当竞争法〉的法律地位、作用及其特点》,载《工商行政管理》1994 年第 1 期。

④ 郑迎新:《论我国〈反不正当竞争法〉的特点》,载《河北法学》1994 年第 1 期。

表 3-1 反不正当竞争的代表性部门规章

公布时间	规章名称	制定部门
1993-10-4	医药行业关于反不正当竞争的若干规定	国家医药管理局
1993-12-24	关于禁止公用企业限制竞争行为的若干规定	国家工商行政管理局
1993-12-24	关于禁止有奖销售活动中不正当竞争行为的若干规定	国家工商行政管理局
1995-2-20	关于反对律师行业不正当竞争行为的若干规定	司法部
1995-7-6	关于禁止仿冒知名商品特有的名称、包装、装潢的不正当竞争行为的若干规定	国家工商行政管理局
1995-11-23	关于禁止侵犯商业秘密行为的若干规定	国家工商行政管理局
1996-2-14	制止存款业务中不正当竞争行为的若干规则	中国人民银行
1996-2-27	制止民用航空运输市场不正当竞争行为规定	民航总局
1996-11-15	关于禁止商业贿赂行为的暂行规定	国家工商行政管理局
1998-1-6	关于禁止串通招投标行为的暂行规定	国家工商行政管理局
1998-6-15	关于制止低价倾销平板玻璃的不正当竞争行为的暂行规定	国家发展计划委员会、国家建筑材料工业局
1998-10-1	关于制止低价倾销钢材的不正当竞争行为的暂行规定	国家计委、国家冶金工业局

2.地方出台的综合性的反不正当竞争规定

我国不少省份(含直辖市、自治区)乃至一些设区的市出台了综合性的反不正当竞争地方性法规、地方政府规章。根据北大法宝的检索数据(检索时间:2018 年 8 月 21 日)①,我国共有 24 个省份陆续制定了反不正当竞争地方性法规,它们集中出台于 1993 年至 2000 年之间,其中 23 部在颁行后作过 1 次或多次修订(详见表 3-2)。此外,诸如四川省成都市、湖北省武汉市、辽宁省抚顺市等一些设区的市出台了反不正当竞争地方性法规或地方政府规章。

① 北大法宝“法律法规”数据库之“地方法规”版块:http://www.pkulaw.com/law/lar,下载时间:2018 年 8 月 21 日。

表 3-2　省级反不正当竞争地方性法规

序号	通过时间	名　　称	制定部门	最新修订
1	1993-11-26	海南经济特区反不正当竞争条例	海南省人大常委会	/
2	1994-7-22	北京市反不正当竞争条例	北京市人大常委会	1997-9-4
3	1994-12-27	河南省反不正当竞争条例	河南省人大常委会	2010-7-30
4	1995-9-28	上海市反不正当竞争条例	上海市人大常委会	2011-12-22
5	1995-10-9	四川省反不正当竞争条例	四川省人大常委会	2012-7-27
6	1995-10-19	江苏省实施《中华人民共和国反不正当竞争法》办法	江苏省人大常委会	2012-1-12
7	1996-4-5	广东省实施《中华人民共和国反不正当竞争法》办法	广东省人大常委会	2014-9-25
8	1996-5-31	福建省实施《中华人民共和国反不正当竞争法》办法	福建省人大常委会	2012-3-29
9	1996-5-17	吉林省反不正当竞争条例	吉林省人大常委会	1997-11-14
10	1996-6-15	山东省实施《中华人民共和国反不正当竞争法》办法	山东省人大常委会	2012-1-13
11	1996-8-6	广西壮族自治区反不正当竞争条例	广西壮族自治区人大常委会	2012-3-23
12	1996-9-23	山西省反不正当竞争条例	山西省人大常委会	2011-12-1
13	1996-9-28	辽宁省实施《中华人民共和国反不正当竞争法》规定	辽宁省人大常委会	2011-11-24
14	1996-10-17	宁夏回族自治区反不正当竞争条例	宁夏回族自治区人大常委会	2012-3-29
15	1997-3-25	天津市实施《中华人民共和国反不正当竞争法》办法	天津市人大常委会	2012-5-9
16	1997-3-27	贵州省反不正当竞争条例	贵州省人大常委会	2012-3-30
17	1997-11-2	安徽省反不正当竞争条例	安徽省人大常委会	2011-12-28
18	1998-3-28	重庆市反不正当竞争条例	重庆市人大常委会	2012-5-24
19	1998-6-27	河北省反不正当竞争条例	河北省人大常委会	2013-9-27

续表

序号	通过时间	名　　称	制定部门	最新修订
20	1998-9-25	湖北省反不正当竞争条例	湖北省人大常委会	2011-12-1
21	1998-10-16	黑龙江省反不正当竞争条例	黑龙江省人大常委会	2011-12-8
22	1998-12-18	江西省反不正当竞争条例	江西省人大常委会	2011-12-1
23	1999-4-2	云南省反不正当竞争条例	云南省人大常委会	2012-3-31
24	2000-8-28	浙江省反不正当竞争条例	浙江省人大常委会	2011-11-25

3.最高人民法院关于不正当竞争行为的司法解释及其他规定

最高人民法院通过发布司法解释、司法政策,作出答复或批复等形式对司法实践中不正当竞争行为的认定、对《反不正当竞争法》的适用等问题予以进一步明确。例如,2006年通过、2007年颁行的《最高人民法院关于审理不正当竞争民事案件应用法律若干问题的解释》(法释[2007]2号)对仿冒行为、引人误解的虚假宣传行为、侵犯商业秘密行为认定中的诸多关键问题进行了回应。

三、全面深化改革与反不正当竞争法律制度的新发展

随着《反不正当竞争法》的出台和配套制度建设的推进,我国逐步建立起了与建设社会主义市场经济体制相适应的反不正当竞争法律制度体系。鉴于我国在2000年之前便总体上完成了《反不正当竞争法》和诸多骨干性质的配套规范的制定工作,可以说,我国的反不正当竞争法律制度体系在20世纪末即基本形成。而这也契合了十四届三中全会《决定》提出的20世纪末初步建立适应社会主义市场经济的法律体系这一要求。我国反不正当竞争法律制度体系的建立,为鼓励和保护公平竞争,保护经营者和消费者的合法权益,为社会主义市场经济体制的建立和完善提供了重要的法制保障。但与此同时,亦应看到,1993年《反不正当竞争法》毕竟是我国由计划经济向市场经济转轨时期制定的一部法律[①],囿于当时的经济发展阶段和立法技术水平,难免具有时代的局限性,而以它为中心建立起来的反不正当竞争法律制度体系,亦不可避免地存在这样或那样的不足,需要与时俱进不断加以完善。随着改革开放的深入推进和社会主义市场经济的深入发展,市场经济活动中的不正当竞争行为也更加充分地暴露出来,我国的反不正当竞争法律制度特别是《反不正当竞争法》的不足日益显现。虽然相关配套制度建设在一定程度上

① 国务院新闻办公室:《中国特色社会主义法律体系》白皮书,2011年10月27日。

起到了发展和完善反不正当竞争法律制度的作用,但囿于《反不正当竞争法》所确立的制度框架,它们更多的是细化或修补性工作,效能有限,有必要从根本上对作为反不正当竞争基本法律的《反不正当竞争法》进行修改。此外,随着《中华人民共和国反垄断法》(以下简称《反垄断法》)《中华人民共和国商标法》(以下简称《商标法》)等一些法律的出台和修订,《反不正当竞争法》与它们之间的法律条文交叉、重复乃至冲突等问题亦不断凸显。诸种因素叠加,使得《反不正当竞争法》的修订工作日显重要和迫切。早在21世纪伊始,我国即把修订《反不正当竞争法》提上了立法议程,例如《反不正当竞争法》的修订工作被列入2003年国务院立法工作计划和全国人大常委会5年立法规划。2008年《反垄断法》出台后,《反不正当竞争法》的"综合调整"模式显得很不适宜,仅就立法技术层面而言,对其加以修改可谓势在必行。2010年国务院立法工作计划将修订《反不正当竞争法》列为重点立法项目;同年,国家工商总局与国务院法制办公室联合组织专家对修法工作进行专题调研。然而,由于诸多方面的原因,这项工作的进展较为缓慢,直至党的十八大以后才全面快速推进。

2012年,党的十八大作出全面深化改革的战略部署。2013年,十八届三中全会进一步作出《关于全面深化改革若干重大问题的决定》,其中明确提出发挥市场在资源配置中的决定作用,建立公平开放透明的市场规则;改革市场监管体系,反对不正当竞争,建立统一开放、竞争有序的市场体系。在此背景下,加快修订《反不正当竞争法》已十分必要,该法的修订工作获得快速推进。为了贯彻落实十八届三中全会《决定》的有关要求,中央全面深化改革领导小组将反不正当竞争法修订作为全面深化改革的工作要点。此外,《反不正当竞争法》修订先后被列为十二届全国人大常委会立法规划预备项目,国务院2014年立法工作计划研究项目和2015年立法工作计划预备,由国家工商行政管理总局负责修订起草工作。2015年12月,国家工商行政管理总局向国务院报送了《反不正当竞争法(修订草案送审稿)》。国务院2016年立法工作计划进一步将《反不正当竞争法》修订列为全面深化改革急需的项目。2016年,《反不正当竞争法(修订草案)》形成,并于次年11月经国务院常务会议通过,提交全国人大常委会审议。[①] 自2017年2月十二届全国人大常委会第26次会议初次审议,历经三次审议和多番修改,2017年11月十二届全国人大常委会第30次会议最终审议通过修订草案,《反不正当竞争法》正式完成修订,自2018年1月1日起施行。

---

① 关于《反不正当竞争法》修订的背景和过程,综合参考了以下两份材料:《〈中华人民共和国反不正当竞争法(修订草案送审稿)〉起草说明》(百度文库);张茅:《关于〈中华人民共和国反不正当竞争法(修订草案)〉的说明——2017年2月22日在第十二届全国人民代表大会常务委员会第二十六次会议上》载王瑞贺主编:《中华人民共和国反不正当竞争法律释义》,法律出版社2017年版,第108页。

总的来看,在施行20余年后,1993年制定的《反不正当竞争法》呈现出以下三个方面的突出问题,需要在本次修订中着重加以回应:[①]其一,法律内容狭窄陈旧。这主要体现为,对实践中新出现的扰乱竞争秩序、具有明显不正当竞争性质的行为,未作列举,或是已列举的不正当竞争行为,其特征发生了变化,反不正当竞争的执法依据不够充分。其二,对不正当竞争行为的规制和治理机制存在不足。民事损害赔偿制度在治理不正当竞争行为中的作用有待进一步加强,行政查处措施有待进一步创新,需要根据加强事中事后监管的要求来完善民事责任和行政处罚有机联系,并以刑事责任为最后惩戒手段的法律责任体系。其三,随着《反垄断法》等一些法律的出台和修订,《反不正当竞争法》与这些法律存在交叉重叠甚至不一致的内容,需要对《反不正当竞争法》进行修订,以保持法律规定的协调一致。针对上述问题,2017年修订的《反不正当竞争法》主要从以下五个方面进行了回应:

(一)完善不正当竞争行为的定义

2017年修订的《反不正当竞争法》在延续规定一般条款以确保法律的适应性的基础上,本着厘清法律定位、合理界定法律适用范围的目的,完善了不正当竞争行为的定义。修订后的第2条第2款规定:"本法所称的不正当竞争行为,是指经营者在生产经营活动中,违反本法规定,扰乱市场竞争秩序,损害其他经营者或者消费者的合法权益的行为。"相较原来的规定[②],主要有三个方面的修改:一是增加了"在生产经营活动中"的规定;二是把"扰乱社会经济秩序"修改为"扰乱市场竞争秩序"且将其位置前移;三是将"损害其他经营者的合法权益"修改为"损害其他经营者或者消费者的合法权益"。

如此修改有着深刻的意涵,主要包括以下四个方面:(1)强调认定不正当竞争行为应以发生在生产经营活动中为要件。结合行为主体—经营者的界定,一方面,只要开展生产经营活动,行为主体即为经营者;另一方面,即便行为主体具备从事生产经营活动的资格,但在个案中实施的行为并非生产经营行为,此时不能将该行为主体认定为经营者,也不能将此种行为纳入反不正当竞争法的调整范畴。(2)将"社会经济秩序"限缩并调整为"市场竞争秩序",既是向反不正当竞争法宗旨的凝聚,也是将反不正当竞争法从生产经营一般监管法向市场竞争法的重要矫正,由此凸显了该法的竞争法定位,这可以说是本次反不正当竞争法修订的一项重大进

---

① 张茅:《关于〈中华人民共和国反不正当竞争法(修订草案)〉的说明——2017年2月22日在第十二届全国人民代表大会常务委员会第二十六次会议上》,http://www.npc.gov.cn/wxzl/gongbao/2000-12/28/content_5003002.htm,下载日期:2018年8月24日。《〈中华人民共和国反不正当竞争法(修订草案送审稿)〉起草说明》(百度文库)。

② 1993年《反不正当竞争法》第2条第2款规定:"本法所称的不正当竞争,是指经营者违反本法规定,损害其他经营者的合法权益,扰乱社会经济秩序的行为。"

步[①]。(3)将"市场竞争秩序"置于法益保护内容之前,进一步突出了反不正当竞争法的竞争法特质,凸显反不正当竞争法的核心宗旨在于保护竞争而非竞争者,强调认定不正当竞争行为时,竞争秩序是首要考量因素。[②] (4)增加规定"消费者的合法权益",明确了在判断相关行为是否构成不正当竞争行为时,应把是否损害消费者的合法权益作为一项重要因素[③]。如此修改更加完整地体现了第1条所规定的立法宗旨[④]。不过,值得注意的是,反不正当竞争法首要保护的是市场竞争秩序,其本质为竞争法而非一般意义上的消费者权益保护法,关于其对消费者权益的保护主要是从间接层面来理解。析言之,对于经营者实施的损害消费者的合法权益但不涉及竞争关系、竞争秩序的行为,不属于该法规定的不正当竞争行为[⑤]。

(二)补充和完善具体不正当竞争行为的规定

2017年修订的《反不正当竞争法》在补充和完善具体不正当竞争行为规定方面,主要有如下两个层面的成果:

1.增设互联网不正当竞争行为条款

根据互联网领域反不正当竞争的客观需要,专门增设互联网不正当竞争行为条款(第12条),对互联网不正当竞争行为加以规制。实践中,互联网不正当竞争行为体现为两种类型:一种属于传统不正当竞争行为在网络领域的延伸,它们与传统经济领域中的不正当竞争行为相比,只是因为网络领域的特点而呈现出不同的表现形式,并不存在实质上的区别;另一种则属于网络领域特有的、利用技术手段实施的不正当竞争行为[⑥]。鉴此,第12条一方面从总体上作出宣示性规定"经营者利用网络从事生产经营活动,应当遵守本法的各项规定"(第1款),表明对于互联网不正当竞争行为的规制,需要结合具体情形选择适用相应法律条款而不限于第12条;另一方面则以"列举+兜底"的方式对互联网领域特有的不正当竞争行为进行了规定(第2款),其中列举的三种行为是:未经其他经营者同意,在其合法提供的网络产品或者服务中,插入链接、强制进行目标跳转;误导、欺骗、强迫用户修改、关闭、卸载其他经营者合法提供的网络产品或者服务;恶意对其他经营者合法提供的网络产品或者服务实施不兼容。

---

① 肖江平:《新反不正当竞争法的主要进步》,载《中国市场监管研究》2017年第12期。

② 孔祥俊:《继承基础上的创新——新修订反不正当竞争法解读》,载《中国市场监管研究》2017年第12期;肖江平:《新反不正当竞争法的主要进步》,载《中国市场监管研究》2017年第12期。

③ 王瑞贺主编:《中华人民共和国反不正当竞争法释义》,法律出版社2017年版,第7页。

④ 1993年制定和2007年修订的《反不正当竞争法》第1条均将"保护经营者和消费者的合法权益"作为其立法宗旨之一加以规定。

⑤ 王瑞贺主编:《中华人民共和国反不正当竞争法释义》,法律出版社2017年版,第7页。

⑥ 王瑞贺主编:《中华人民共和国反不正当竞争法释义》,法律出版社2017年版,第42～43页。

2.完善传统不正当竞争行为的有关规则

本次修法对商业混淆、商业贿赂、虚假或引人误解的商业宣传、侵犯商业秘密、违法有奖销售、商业诋毁等传统不正当竞争行为的规制规则予以了补充和完善，使相关规定更加明确、具体、更具操作性，同时也更能适应实践发展的需要。择要来看：[①](1)针对商业混淆行为，明确引入“混淆行为”概念并进一步厘定了判断标准，即“引人误认为是他人商品或者与他人存在特定联系”；拓宽了混淆行为中标识的范围，并就相应标识的类型和形式作了更加细化的规定，同时进一步明确对各种标识的保护均以其“有一定影响”为前提。(2)就商业贿赂行为，对商业贿赂的对象作了系统梳理和列举规定，将原法笼统规定的“对方单位或个人”修改为“交易相对方的工作人员”、“受交易相对方委托办理相关事务的单位或者个人”以及“利用职权或者影响力影响交易的单位或者个人”；突出商业贿赂的本质特征，把商业贿赂的目的由“销售或者购买商品”修改为“谋取交易机会或者竞争优势”；增加了关于员工行贿的责任认定规则。(3)就虚假或引人误解的商业宣传行为，明确宣传形式包括虚假或引人误解的商业宣传，宣传结果欺骗、误导消费者；增加帮助其他经营者进行虚假或引人误解的商业宣传的规制条款。(4)关于侵犯商业秘密行为，对商业秘密的定义予以进一步完善，将“能为权利人带来经济利益”修改为“具有商业价值”，并删除了“实用性”要求，明确了权利人采取保密措施的标准是“相应”；对员工、前员工参与侵犯商业秘密问题，作了进一步梳理和完善。(5)就违法有奖销售行为，对具体情形作了进一步梳理和完善，如新增一种禁止情形，即“所设奖的种类、兑奖条件、奖金金额或者奖品等有奖销售信息不明确，影响兑奖”；考虑到经济社会发展和人民收入的增长，将抽奖式有奖销售的最高奖金额上限由五千元调整为五万元。(6)关于商业诋毁行为，以往规定的“捏造、散布虚伪事实”这一表述适用情形偏窄，且存在逻辑矛盾，对此，本次《反不正当竞争法》修订将其修改为“编造、传播虚假信息或者误导性信息”。

(三)理顺反不正当竞争法与相关法律制度的关系

这集中体现为以下方面：(1)为了厘清与《反垄断法》的关系，删除了1993年《反不正当竞争法》有关禁止公用企业或其他依法具有独占地位的经营者限制竞争行为、政府及其所属部门滥用行政权力限制竞争行为、以排挤竞争对手为目的的低价倾销行为、搭售或附加其他不合理条件的销售行为等排除、限制竞争行为的规定。(2)为了理顺与《中华人民共和国招标投标法》的关系，删除了1993年《反不正

---

① 相关理论解析和研究，参见王瑞贺主编：《中华人民共和国反不正当竞争法释义》，法律出版社2017年版；宁立志：《〈反不正当竞争法〉修订的得与失》，载《法商研究》2018年第4期；孔祥俊：《继承基础上的创新——新修订反不正当竞争法解读》，载《中国市场监管研究》2017年第12期；肖江平：《新反不正当竞争法的主要进步》，载《中国市场监管研究》2017年第12期。

当竞争法》有关禁止串通招投标行为的规定。(3)鉴于"假冒他人注册商标"已有《商标法》规范,"在商品上伪造或者冒用认证标识、名优标志等质量标志,伪造产地,对商品质量作引人误解的虚假表示"已有《中华人民共和国产品质量法》《中华人民共和国消费者权益保护法》《中华人民共和国认证认可条例》等规范,2017年修订的《反不正当竞争法》在对禁止混淆行为作出列举规定时,将上述内容予以删除[①]。(4)为使《反不正当竞争法》与《中华人民共和国广告法》更好地衔接,删除了1993年《反不正当竞争法》第9条中关于禁止虚假广告的内容,同时在"法律责任"部分明确规定"经营者违反本法第八条规定,属于发布虚假广告的,依照《广告法》的规定处罚"。

(四)健全反不正当竞争执法体制机制

考虑到我国的行政管理体制和部门分工等实际情况,2017修订的《反不正当竞争法》维持了原法关于不正当竞争行为查处部门的规定,没有作实质修改。但是,由于有多个部门承担反不正当竞争执法职责,可能出现重复执法或执法空白地带,还可能出现不同部门对不正当竞争的认定存在不同认识、在处罚标准和力度方面尺度不一等情况,为了保证反不正当竞争执法的统一性、有效性,有必要建立相应的协调机制。就此,2017年修订的《反不正当竞争法》作出回应,专门增加了国务院建立反不正当竞争工作协调机制的规定。[②]

此外,2017年修订的《反不正当竞争法》进一步完善了不正当竞争行为调查制度,[③]这集中体现为以下三个方面:(1)增加行政调查措施(执法手段)[④],健全调查程序和规则。例如,增加规定调查涉嫌不正当竞争行为,可以查封、扣押与涉嫌不正当竞争行为有关的财物;查询涉嫌不正当竞争行为的经营者的银行账户。同时,为了规范调查权的行使,保障相对人的合法权益,特别规定采取相应调查措施,应当向监督检查部门主要负责人书面报告,并经批准;采取查封、扣押、查询银行账户这三项措施,应当向设区的市级以上人民政府监督检查部门主要负责人书面报告,并经批准;调查涉嫌不正当竞争行为,应当遵守《中华人民共和国行政强制法》和其他有关法律、行政法规的规定,并应当将查处结果及时向社会公开。(2)增加规定监督检查部门及其工作人员对调查过程中知悉的商业秘密负有保密义务。(3)确立了社会举报制度。第16条规定:"对涉嫌不正当竞争行为,任何单位和个人有权

---

① 王瑞贺主编:《中华人民共和国反不正当竞争法释义》,法律出版社2017年版,第15页。

② 王瑞贺主编:《中华人民共和国反不正当竞争法释义》,法律出版社2017年版,第8~10页。

③ 2017年修订的《反不正当竞争法》将第三章的名称由原来的"监督检查"修改为"对涉嫌不正当竞争行为的调查"。

④ 对于《反不正当竞争法》第13条规定的监督检查部门调查涉嫌不正当竞争行为可以采取的措施,人们有不同的提法,如行政调查措施、行政查处措施、行政强制措施、行政执法手段。

向监督检查部门举报，监督检查部门接到举报后应当依法及时处理。监督检查部门应当向社会公开受理举报的电话、信箱或者电子邮件地址，并为举报人保密。对实名举报并提供相关事实和证据的，监督检查部门应当将处理结果告知举报人。”

(五)完善法律责任制度

2017年修订的《反不正当竞争法》进一步强化了行政责任，同时亦强调了行政责任的适度性。这主要体现为以下三个方面：(1)扩张了给予行政处罚的不正当竞争行为范围，对于第二章列举的诸种不正当竞争行为实现了行政处罚的全覆盖。(2)加大了行政处罚力度，同时首次引入了对违法行为人的信用惩戒制度，规定“经营者违反本法规定从事不正当竞争，受到行政处罚的，由监督检查部门记入信用记录，并依照有关法律、行政法规的规定予以公示。”(第26条)，由此进一步提高执法的威慑力。(3)增加了从轻、减轻或不予行政处罚的规定。第25条规定“有主动消除或者减轻违法行为危害后果等法定情形的，依法从轻或者减轻行政处罚；违法行为轻微并及时纠正，没有造成危害后果的，不予行政处罚”。

2017年修订的《反不正当竞争法》还进一步完善了民事责任制度，健全了民事责任与行政责任、刑事责任并行，民事赔偿优先的法律责任体系。本次修订的《反不正当竞争法》在总体延续原法有关违法行为人应承担民事责任、民事赔偿数额计算方法等规定的基础上，对于商业混淆行为和侵犯商业秘密行为，明确增加了法定赔偿的规定，即“权利人因被侵权所受到的实际损失、侵权人因侵权所获得的利益难以确定的，由人民法院根据侵权行为的情节判决给予权利人三百万元以下的赔偿”(第17条第4款)。此外，第27条规定：“经营者违反本法规定，应当承担民事责任、行政责任和刑事责任，其财产不足以支付的，优先用于承担民事责任。”由此既明确民事责任、行政责任和刑事责任相互独立，可以并行承担，亦强调经营者的财产不足以同时承担民事责任和行政责任、刑事责任时，优先用于承担民事责任。

总体观之，2017年修订的《反不正当竞争法》相较1993年《反不正当竞争法》在立法技术上更加成熟，在立法程序上更为严谨，在立法手段上更加多元，修订的内容有进步[①]。它立足于我国经济社会发展的新形势、新需要，确立了一些新的理念、新的制度，对原法律规定进行了较大幅度的增删、细化和优化，使其制度安排更能有效回应反不正当竞争的现实挑战。经由此次《反不正当竞争法》修订，我国的反不正当竞争法律制度实现了新的发展，这同时也意味着我国的反不正当竞争法律制度建设迈入了一个新的阶段。

当然，亦应认识到，本次《反不正当竞争法》新修订的内容虽然在立法意义上属于法律上的新创制，但实质内容却大多属于对已有司法和行政执法经验的总结和

---

① 宁立志：《〈反不正当竞争法〉修订的得与失》，载《法商研究》2018年第4期。

升华,是继承基础上的创新和发展;既要看到其变化、创新和提升,也不能忽视和隔断其历史的延续性[①]。从不同角度来看,虽然2017年修订的《反不正当竞争法》相较1993年《反不正当竞争法》有重大进步,但和《反不正当竞争法》颁行20多年来的执法、司法实践经验、理论研究成果和市场规制需求相比,它的进步还很不够[②]。甚至在一些全程参与本次修法过程的学者看来,虽然此次修法总体上有进步,作为《反不正当竞争法》自1993年颁行以来的首次修订,没有半途而废,尤其值得庆幸和肯定,但是此次修法的修改幅度仅可称为"小修小补",有大量重要问题未能得到应有关注;鉴于我国正处于经济快速发展阶段,新问题层出不穷,为了保证法的稳定性和适用上的统一性,并解决不断出现的新问题,我国应寻求对"头痛医头、脚痛医脚"式的回应性立法的超越,对具有顶层设计性质并有竞争基本法属性的《反不正当竞争法》进行一次再造式的大修,以提立法的引领性和前瞻性,从而更好地引导我国市场经济的发展[③]。

诚然,本次《反不正当竞争法》修订究竟属于"大改"还是"小改",取得的仅是"进步"还是"重大进步",基于不同视角审视,难免见仁见智。但至少从发展的角度来看,在充分肯定其成就的同时,放眼未来,我国的反不正当竞争法律制度仍然需要持续的改进,以顺应我国不断发展的经济社会的需要。就当前而言,随着2017年修订的《反不正当竞争法》的颁行,以往围绕1993年《反不正当竞争法》出台的配套性规范已有不同程度的滞后性,需要尽快开展对配套性规范的制定修改和清理废止工作,实现新旧法律衔接,增强司法、执法的统一性和规范性[④]。

第四节　消费者保护法律制度的变迁

一、消费者权益保护法律制度的建立

自1978年以来,随着政治经济体制改革的深入,我国经济高速发展,商品生产经营如火如荼。但在商品经济日益活跃的同时,一些经营者唯利是图,生产假冒伪劣产品,因产品质量造成消费者伤害、死亡的事件越来越多,甚至发生制假售假等严重危害消费者生命、财产安全的犯罪活动。1989年9月国务院发布的《关于严

---

① 孔祥俊:《继承基础上的创新——新修订反不正当竞争法解读》,载《中国市场监管研究》2017年第12期。

② 肖江平:《新反不正当竞争法的主要进步》,载《中国市场监管研究》2017年第12期。

③ 宁立志:《〈反不正当竞争法〉修订的得与失》,载《法商研究》2018年第4期。

④ 张茅:《认真贯彻实施新反不正当竞争法 建立统一开放竞争有序的市场体系》,载《中国市场监管研究》2017年第12期。

厉打击在商品中掺杂使假的通知》指出，“目前，掺假商品之多，手段之恶劣，已到了令人发指的地步。掺假商品不仅严重危害工农业生产，使国民经济受到极大损失，而且破坏了国家和企业的信誉，严重损害了消费者的利益，有的甚至危及人身安全，已引起广大群众的强烈不满。对这种掺杂使假的投机倒把行为，必须坚决制止，严厉打击。”

这一时期，消费者权益保护的呼声日益兴起，消费者权益保护运动日益兴起，各地消费者权益保护组织如雨后春笋般建立起来。1983 年 3 月 21 日，河北省新乐县维护消费者利益委员会成立，这是我国成立的第一个消费者组织。1984 年，广州消费者委员会宣告成立。1985 年 1 月 12 日，国务院正式批复同意成立中国消费者协会。1987 年 9 月，中国消费者协会被国际消费者组织联盟接纳为正式会员。各级消费者保护组织开展了广泛的消费者保护运动，并且伴随央视“3・15”晚会的宣传与推广，消费者权益保护的理念日益深入人心①。

面对广大消费者的呼声，消费者保护立法成为紧迫的现实需求。1987 年 12 月 19 日《湖北省保护消费者权益条例》颁布，这是我国第一部关于消费者权益保护的地方立法。次年，江苏、上海、北京、安徽四省市也先后出台消费者权益保护法规。经过长期论证，1993 年 10 月 31 日，八届全国人大常委会审议通过了《消费者权益保护法》。该法在我国第一次以立法的形式全面确认了消费者权利，对于保护消费者权益，规范经营者的行为，维护社会经济秩序，促进社会主义市场经济健康发展具有十分重要的意义。

进入 21 世纪后，我国市场经济飞速发展，人民群众日益增长的文化物质需求进一步增加。与此相适应，新的消费形式、新的产品种类层出不穷，如物业服务、预付费卡消费、电信消费等。尤其应特别注意的是，以互联网科技为代表的新技术革命，极大地改变了人类社会的生产、生活方式，当今在线购物等新的消费方式已经越来越成为消费的时尚和主流。当然，这些产品或服务消费也引发了不少问题，如信用风险、个人信息安全等问题。就传统消费领域而言，也存在消费者权益保护难以周延的隐患。特别是在大规模生产及快速流通的条件下，一旦出现产品质量问题，就有可能导致大规模侵权事件发生，如三聚氰胺事件等。这些问题给《消费者权益保护法》的执法和司法提出了更高的要求，逐渐出现不适应经济社会生活的一些方面。随着经济社会不断发展，我国的消费方式、消费结构和消费理念发生了很大变化，在消费者权益保护领域中出现了不少新情况新问题，有必要适时修改这部法律，完善消费者权益保护法律制度。因而，修改《消费者权益保护法》的呼吁渐起，2008 年 10 月消费者权益保护法的修订被列入立法规划，2013 年 10 月，《消费者权益保护法》修订通过。正如《关于〈中华人民共和国消费者权益保护法〉修正案

① 中国消费者权益保护法学研究会：《消费者权益保护法学》，中国社会出版社 2017 年版。

(草案)的说明》所提到的,这次修订的必要性体现在以下四个方面:一是秉持以人为本的立法理念,认真总结消费者权益保护法的实施经验,切实加强对消费者权益的保护。二是针对消费领域出现的新情况新问题,着重解决广大人民群众十分关注的突出问题,并尽量把保护消费者权益的制度落到实处。三是适应转变经济发展方式的要求,营造良好的法治环境,增强人民群众消费信心,并引导节约资源和保护环境的合理消费。四是按照加强和创新社会管理的需要,进一步发挥消费者协会的作用,强化有关部门对消费者权益保护的监管职责,减少、预防消费纠纷[①]。

二、1993 年《消费者权益保护法》的开创性制度

1993 年《消费者权益保护法》共八章 55 条,包括消费者权利、经营者义务、国家对消费者合法权益的保护、消费者组织、争议解决以及法律责任等内容。该法从消费者利益出发,在充分考虑消费者弱者地位的基础上给予消费者以特殊的法律保护,体现了国家对社会经济生活的干预。

(一)消费者权利与经营者义务

权利与义务对等是法律的一般原则。但在特殊情况下,允许对弱者予以倾斜性保护[②],这一目标通常通过赋予消费者权利以及增加经营者义务和责任的方式实现。《消费者权益保护法》规定消费者享有安全权、知悉权、选择权、公平交易权、索赔权、结社权等权利。经营者义务则包括履行法律义务、接受消费者监督、商品服务安全保障、信息提供、身份标明、出具凭证和单据、商品服务品质担保、售后服务、不得不当免责、尊重消费者人格等义务。

上述立法安排是在充分认识到消费者的弱者地位的基础上对消费者权益的特殊保护。就传统法律体系中各种保护消费者权益的规定而言,无论是在简单商品经济还是在自由资本主义的条件下,一般都是基于双方地位平等的观念而将经营者和消费者视为交易双方当事人给予同等的保护。它无视消费者与经营者的差别,旨在追求消费者与经营者的形式平等和权利义务对等。而现代消费者保护法则基于对消费者具体人格的识别,在充分认识到消费者弱者处境的前提下,站在消费者的立场上对消费者给予特别的保护。因此,它往往对消费者一方规定更多的权利,而对经营者一方设置更多的义务,经营者与消费者的权利义务并不对等。现代消费者保护法具有与传统法律关于消费者的规定完全不同的价值取向。

(二)消费者组织

消费者组织是指由消费者组织以保护自身利益为宗旨的社会组织,在我国主

① 李适时:《关于〈中华人民共和国消费者权益保护法修正案(草案)〉的说明》,http://www.npc.gov.cn/wxzl/gongbao/2014－01/02/content_1823356.htm,下载日期:2018 年 9 月 28 日。

② 应飞虎:《权利倾斜性配置研究》,载《中国社会科学》2006 年第 3 期。

要指消费者协会。根据《消费权益保护法》的规定，消费者协会在保护消费者的工作中应履行下列职责：向消费者提供消费信息和咨询服务；参与有关行政部门对商品和服务的监督、检查；就有关消费者合法权益的问题，向有关行政部门反映、查询，提出建议；受理消费者的投诉，并对投诉事项进行调查、调解；投诉事项涉及商品和服务质量问题的，可以提请鉴定部门鉴定，鉴定部门应当告知鉴定结论；就损害消费者合法权益的行为，支持受损害的消费者提起诉讼；对损害消费者合法权益的行为，通过大众传播媒介予以揭露、批评。

《消费者权益保护法》明确了消费者协会等消费者组织的定位，其意义在于集中消费者力量，从组织上克服单个消费者势单力薄的不利局面，使消费者权益维护获得组织指导和保障。但是实践中，消费者协会并未充分发挥应有的作用，该机构甚至在有些地方形同虚设。归结起来，消费者协会主要存在以下问题：(1)消费者协会缺乏独立性。消费者协会属于社会团体，但1984年设立消费者协会时就挂靠在同级工商行政管理部门，其领导机构为理事会，理事由有关部门和社会方面代表组成，会长一般由同级工商行政管理机关领导兼任。由此可见，我国消费者组织具有浓厚的"半官方色彩"，自身缺乏独立性，从而制约其监督功能的发挥[①]。(2)运转机制存在缺陷。一方面，立法对其性质、职能、发展方向并未作出明确规定；另一方面，内部运行机制缺乏透明，在资金使用，受理咨询、投诉案件的处理情况以及内部的组织运作等方面并未定期、及时地向社会公众披露。(3)缺乏权威性和公信力。消费者协会往往会就社会中损害消费者利益的事件予以点评，但经营者往往不予理会，导致违法行为"点而不除"[②]。在处理消费者投诉时，被投诉企业敷衍拖延，争议久拖不决，这反映了消费者协会的调解并无强制力，进而影响其权威性和公信力。

(三)惩罚性赔偿制度

1993年《消费者权益保护法》在我国首次通过立法的方式确立了惩罚性赔偿制度。该法第49条规定，"经营者提供商品或者服务有欺诈行为的，应当按照消费者的要求增加赔偿其受到的损失，增加赔偿的金额为消费者购买商品的价款或者接受服务的费用的一倍"。传统大陆法系民法中，损害赔偿作为一种民事责任通常仅具有补偿性，这种损害赔偿原则是根据民事主体地位平等的特征而确立的。由于每个主体平等，故若民事主体在民事活动中致他人损害，则受害人仅能就其损害而获得赔偿，对加害人在民事活动中存在的违法行为，只能通过公法责任的追究来进行制裁，一般不加重加害人对受害人的责任。消费者保护法突破了传统民事赔

---

① 傲双红：《论中国消费者组织的转型》，载《社会科学家》2008年第6期。

② 张军：《发挥消费者组织的社会监督功能，维护消费者合法权益》，载《中国工商管理研究》2010年第3期。

偿责任中的一般原则，规定了惩罚性赔偿，目的在于更充分地保护消费者利益。一方面，通过惩罚性赔偿制度可以督促经营者诚实经营，否则，就可能承担加重责任。另一方面，也可以鼓励消费者积极同经营者的不诚实经营行为作斗争，检举、揭发经营者的不法经营行为。因而，在惩罚性赔偿制度具有的补偿、惩罚、威慑、激励四项功能中，惩罚和威慑是主要功能[①]。

惩罚性赔偿责任的适用应当符合相应条件。(1)经营者提供商品、服务存在欺诈行为。经营者提供商品或服务有欺诈事实，或积极地捏造假象、歪曲事实行骗，或消极地隐匿真情，如明知商品有瑕疵而不告诉对方，都构成欺诈。常见的欺诈行为有：提供假冒他人注册商标、名优标志、认证标志、厂名、厂址、产地的商品或服务；出售变质有害的食品；出售假药或过期失效的药品；出售危害人体的化妆品；出售的商品计量不足，克扣消费者；出售有时效的商品，不标明生产日期、有效期限或者标明的与实际不符；利用邮购、订购、预付货款、还本销售等形式欺骗消费者；提供的商品或服务以次充好；提供的服务采用欺骗手段多收费用等。(2)消费者受到损害。消费者对经营者提供的虚假信息信以为真并因此蒙受财产损失。并且受损害者只能是消费者，即为生活需要而购买商品或服务的人。(3)消费者要求经营者承担惩罚性赔偿责任。

惩罚性赔偿制度的建立，对于维护消费者利益，规范经营者行为起到积极作用。但总的来讲，伴随社会生产的发展，原有的“加一倍”赔偿对经营者来讲违法成本不高，因而制度威慑力不足。尤其关系到消费者生命健康安全的产品或服务，或者产品服务已经导致消费者生命财产损失，“加一倍”赔偿与消费者损失相比根本微不足道。因此，2013 年《消费者权益保护法》对惩罚性赔偿制度作出两项改变：(1)提高惩罚性赔偿额度。根据该法第 55 条第 1 款规定，经营者提供商品或者服务有欺诈行为的，消费者要求增加赔偿的金额可高达商品或服务费用的三倍。同时，如果增加赔偿的金额不足五百元的，为五百元。(2)扩大惩罚性赔偿适用范围。根据该法第 55 条第 1 款规定，经营者明知商品或者服务存在缺陷，仍然向消费者提供，造成消费者或者其他受害人死亡或者健康严重损害的，受害人除有权要求经营者赔偿人身财产损失外，还可以要求所受损失二倍以下的惩罚性赔偿。值得注意的是，本款所指“所受损失”指的是消费者因缺陷产品或服务导致的人身财产损失，而非缺陷商品价款或者服务费用。

此外，实践中存在“知假买假”营利活动，引发关于该类行为是否适用惩罚性赔偿制度的争议[②]。从司法政策上来讲，2013 年最高人民法院《关于审理食品药品纠

① 马一德：《消费者权益保护专论》，法律出版社 2017 年版，第 203 页。

② 杨立新：《“王海现象”的民法思考——论消费者权益保护中的惩罚性赔偿金》，载《河北法学》1997 年第 5 期。

纷案件适用法律若干问题的规定》第3条规定，当事人获得惩罚性赔偿不以“不知”为要件，也即经营者证明消费者“明知”商品为假货也不能推卸应承担惩罚性赔偿的责任。因而在司法政策上，人民法院支持食品药品领域的“知假买假”。但实践中该条司法解释也有被扩大适用的趋势，造成一些负面后果，反而打击了经营者积极性。因此，最高人民法院办公厅《对十二届全国人大五次会议第5990号建议的答复意见》(法办函〔2017〕181号)明确指出，除食品药品领域外，其他商品或服务领域的“知假买假”行为不适用惩罚性赔偿制度。

三、2013年《消费者权益保护法》的创新与发展

消费者权益保护法制订之初，我国刚刚实行社会主义市场经济体制，整个国家的中心任务是快速发展经济，扶持企业发展是各级政府的重要工作。消费者权益保护法不可避免地受到影响，并在具体制度设计上有所体现。就该部法律保护消费者合法权益的宗旨而言，这种体现往往反映为消费者权益保护的不足，如适用范围过窄、对消费者的缔约权利保护不够、惩罚性赔偿制度无法真正发挥功能、消费者协会功能贫弱等[①]。真正以消费者为中心，重新审视消费者权益保护，与时俱进地加入有利于保护消费者权益的新制度，提升消费者保护的水平，成为2013年消费者权益保护法修改的使命。具体来说，该法本次修改着力于解决消费者维权难、强化经营者义务、加重违法经营者责任三个方面。

(一)消费者个人信息保护

个人信息是与特定消费者个人身份相关的、对特定消费者个体有识别效果的信息。如消费者姓名、出生年月日、身份证号码、户籍、遗传特征、教育背景、职业、健康、身体状况、财务状况等方面的信息。以不法手段获取、存储、利用消费者个人信息，是对消费者合法利益的严重侵害。在传统法律制度当中，个人信息与隐私密切相关，个人隐私与个人信息呈交叉关系，即有的个人隐私属于个人信息，而有的个人隐私则不属于个人信息；有的个人信息特别是涉及个人私生活的敏感信息属于个人隐私，但也有一些个人信息因高度公开而不属于隐私。传统隐私法(或保护隐私权的民法制度)将隐私权作为人格权之一进行保护，所侧重的是个人的人格利益尤其是人格尊严和人格自由方面的利益[②]。

人类进入信息社会后，与个人信息相关的利益主体及利益关系变得多样和复杂，对个人信息采取了保护与利用并重的基本立法政策，信息业者(即从事个人信息收集、处理、储存、传输和利用等相关活动的自然人、法人和其他组织)作为独立

① 苏号朋：《消费者权益保护法修改中若干重大问题研究》，载《西部法学评论》2013年第2期。
② 张新宝：《从隐私到个人信息：利益再衡量的理论与制度安排》，载《中国法学》2015年第3期。

的利益相关者出现。尤其是伴随电子商务等互联网交易规模的扩大,个人信息保护面临巨大风险。实践中,侵害消费者个人信息的现象比比皆是,如不合理地收集消费者个人信息,不当泄露消费者个人信息,非法营利性使用个人信息,侵扰个人空间等。

对此,2013 年《消费者权益保护法》特别对消费者个人信息保护作出规定。该法第 14 条规定,"消费者在购买、使用商品和接受服务时……享有个人信息依法得到保护的权利"。第 29 条还规定了他人收集、使用消费者个人信息的一般规则:"经营者收集、使用消费者个人信息,应当遵循合法、正当、必要的原则,明示收集、使用信息的目的、方式和范围,并经消费者同意。经营者收集、使用消费者个人信息,应当公开其收集、使用规则,不得违反法律、法规的规定和双方的约定收集、使用信息。经营者及其工作人员对收集的消费者个人信息必须严格保密,不得泄露、出售或者非法向他人提供。经营者应当采取技术措施和其他必要措施,确保信息安全,防止消费者个人信息泄露、丢失。在发生或者可能发生信息泄露、丢失的情况时,应当立即采取补救措施。"

(二)消费公益诉讼制度

近年来,消费领域频频发生侵害消费者合法权益和社会公共利益的重大事件,如三鹿奶粉事件、假疫苗事件等。同时在一些领域,侵犯消费者权利现象非常突出,如商品房质量纠纷、物业纠纷、旅游服务纠纷等群体性纠纷。消费者提起诉讼不仅成本高收益低,而且还面临与强势经营者对抗的不利局面。因而在消费领域引入公益诉讼制度势在必行。

《民事诉讼法》第 55 条规定,对环境污染、侵害众多消费者合法权益等损害社会公共利益的行为,法律规定的机关和有关组织可以向人民法院提起诉讼。2013 年的《消费者权益保护法》第 47 条规定,对侵害众多消费者合法权益的行为,中国消费者协会以及在省、自治区、直辖市设立的消费者协会,可以向人民法院提起诉讼。截至 2016 年,人民法院共受理消费民事公益诉讼案件 3 件,包括上海市消费者权益保护委员会分别以天津三星通信技术有限公司、广东欧珀移动通信有限公司生产销售的手机预装应用软件情况不告知、无法卸载等损害消费者权益为由提起的诉讼,浙江省消费者权益保护委员会以上海铁路局强制实名制购票乘车后遗失车票的消费者另行购票损害消费者权益为由提起的诉讼。在法院协调下,上述案件当事人就争议问题充分沟通,最终达成和解,并以撤诉方式结案。应当说,消费公益诉讼在实践中的效果与立法预期存在较大差距。主要原因在于,立法相对抽象简单,还缺乏相应的配套规定,比如对案件管辖、诉讼费用承担、裁判执行、债权清偿分配等方面的具体操作还不清晰。因此,2015 年 10 月全国人民代表大会常务委员会就消费者权益保护法专项执法检查后,建议最高人民法院尽快出台关于消费公益诉讼的司法解释。2016 年最高人民法院制定《关于审理消费民事公益诉讼案件适用法律若干问题的解释》，明确了消费民事公益诉讼原告资格、适用范围、消费领域社会公共利益类型化、管辖法院、原告处分权的限制、公益诉讼与私益诉讼的关系、请求权类型及责任承担方式、裁判既判力等问题。该司法解释为消费公益诉讼制度的实践提供了强力支持与保障。

（三）冷静期制度

随着我国电子商务的快速发展，网购等非现场购物已成为当下消费者重要的消费途径。快捷的购物模式在给消费者带来效率与快捷的同时也滋生了诸多新型消费纠纷。在网络等非现场购物模式下，消费者无法像现场购物一样近距离接触、了解商品或服务，经营者与消费者之间在信息上的不对称地位在非现场购物中被进一步拉大，消费者消费安全面临严重威胁，逐渐增多的网购投诉案件也说明了这一问题[①]。

而消费者权益保护法一大亮点就是确立了消费者冷静期制度，有的学者称之为消费者后悔权制度，指的是在特定商品买卖的消费活动中，在一个确定的期间内无需说明任何理由，消费者可以单方面地撤销消费合同的权利，无条件退还所购商品。现行《消费者权益保护法》第25条规定，"经营者采用网络、电视、电话、邮购等方式销售商品，消费者有权自收到商品之日起七日内退货，且无需说明理由"。因而，我国消费者冷静期制度也被称为"七日无理由退货"制度。

冷静期制度的运行具有下列特点：一是权利行使的单方性。后悔权的权利主体是非现场购物的消费者，其义务指向的对象为相关商品或服务的经营者。消费者在行使后悔权时只要符合法定条件，即可单方面行使后悔权，后悔权的行使无需说明理由，并且直接请求经营者即可实现。二是冷静期有一定时效性。我国消费者权益保护法赋予消费者行使后悔权的时间是七天，目的在于保障消费者能够及时地确定是否需要此项交易、检验交易是否对其权益造成侵害，同时也能够将经营者损失降到最低。三是权利行使范围的限定性。并非所有网络交易都适用冷静期制度，在《消费者权益保护法》第25条排除了下列四种情形适用冷静期制度，包括消费者定作的，鲜活易腐的，在线下载或者消费者拆封的音像制品、计算机软件等数字化商品，交付的报纸、期刊。

消费者权益保护法构建冷静期制度的目的和宗旨在于给予消费者群体以特殊保护，给予消费者重新审视消费行为的机会。当然，冷静期制度并非一味"偏袒"消费者，消费者权益保护法对消费者适用冷静期制度制定了较为严格的条件，防止消费者权利滥用对交易安全产生不利影响。

---

① 俞梦睿：《消费者冷静期制度的法律属性与立法定位》，载《江淮论坛》2017年第1期。

四、消费者权益保护法未来发展方向

消费是最终需求，既是生产的最终目的和动力，也是人民对美好生活需要的直接体现。党的十九大明确了新时代我国社会的主要矛盾是人民日益增长的美好生活需要和不平衡不充分的发展之间的矛盾。这表明人民群众的消费亟待转型升级。消费转型意味着从过去追求规模、数量的低质量发展转变为追求品质、节约资源、保护环境的高质量发展。2018 年 9 月，中共中央、国务院发布的《关于完善促进消费体制机制进一步激发居民消费潜力的若干意见》提出要坚持“绿色发展，培育健康理性消费文化”。这在立法上归结为“绿色原则”[①]。2017 年通过的《民法总则》第 9 条规定，民事主体从事民事活动，应当有利于节约资源、保护生态环境。消费者和经营者作为民事主体都应当坚持“绿色原则”。尤其《消费者权益保护法》第 5 条也规定，国家倡导文明、健康、节约资源和保护环境的消费方式，反对浪费。

绿色原则目前仍是一个原则性、倡导性的法律原则，未来需要在消费者权益保护法中贯彻和实施，还需要作进一步的努力：(1)建立信息公开和产品绿色信息公示制度。该制度主要解决消费者的信息不足问题。应规定生产企业、废弃物处理企业的信息公开义务，为消费者开展和监督绿色消费创造条件。尤其要规定生产企业的信息公开和产品绿色信息公示义务，要求生产企业公开与其产品相关的能耗、资源来源，在标签上用量化指数标示产品生命周期(从原料、制造、储运、废弃到回收的全过程)内所消耗的资源和碳排放量，以方便公众选择绿色产品。这一点与日本的“碳足迹”标示制度、意大利的“白色证书”制度、德国的“蓝色天使”等绿色标志制度有相似之处[②]。(2)生产者责任延伸制度。生产者责任延伸指的是生产者不仅要进行绿色设计、绿色生产，还要进行绿色回收；不仅要对生产过程中造成的环境污染负责，还要对产品废弃后的环境保护及资源回收承担责任。生产者须承担的责任主要有经济性责任、行为责任、信息公开及公示责任。我国很多法律、法规如《清洁生产促进法》《固体废物污染环境防治法》《电器电子产品有害物质限制使用管理办法》等都有关于生产者责任延伸制度的规定。立法应当作出规定，生产企业对其产品经使用后所产生废弃物承担全部或部分的回收、资源化利用和处置责任，避免产品消费后对环境造成不利影响，减少对自然资源的消耗。

由此可见，《消费者权益保护法》除了在总则规定“绿色原则”以外，还应当明确规定经营者的绿色生产义务和责任，规定消费者的绿色消费权利及相应的保障措施。具体而言，建议在《消费者权益保护法》第 2 章“消费者的权利”中增加对产品的环境信息公示和绿色标识认证制度的规定，以保障消费者的知情权；在第 3 章

---

① 吕忠梅课题组：《“绿色原则”在民法典中的贯彻论纲》，载《中国法学》2018 年第 1 期。

② 岳小花：《绿色消费法律体系的构建与完善》，载《中州学刊》2018 年第 4 期。

“经营者的义务”中增加经营者应对所售商品或提供服务的附加产品或包装予以说明或提示的义务的规定，以保障消费者的选择权。

第五节　产品质量法律制度的变迁

一、产品质量法律制度的历史沿革

（一）从《工业产品质量条例》到《产品质量法》

十一届三中全会以后，我国百业待兴，产品质量存在严重问题。于是，质量整顿工作被提到党和政府重要的议事日程。但此时，质量整顿工作并无相应法律依据，缺乏法律强制力保障。1982年春，根据27位专家、教授、质量管理工作者的建议，国务院领导批准国家经委增设质量管理局，组建不久的质量管理局接到了研究我国质量立法问题的任务。经过调研决定，先由国务院发布一个《产品责任条例》试行，在总结试行经验的基础上再起草《产品责任法》。由此，我国产品质量立法工作步入正轨。

《产品责任条例》草案由简单到具体，多次征求了法律界、经济界和中央各部委、各省市意见，反复修改，由繁到简、到精，最终于1986年4月由国务院定名为《工业产品质量责任条例》，以国发〔1986〕42号文发布实施。该条例第一次以法规的形式明确规定了工业产品的生产者、储运者和经销者应承担的质量责任，并规定了对违反《工业产品质量责任条例》，生产、经销假冒伪劣产品的责任者的具体行政处罚和民事赔偿的责任。至此，工业产品的用户和消费者才真正找到了维护自己合法权益的法律依据[①]。

但是仅有一部条例还远不能适应经济发展形势的需要。整个20世纪80年代，我国产品质量问题依然突出，许多假冒伪劣产品案件波及多个省份，造成重大生命财产损害。例如，江苏省金坛县一起假农药案使得山东省、河北省15万亩棉花绝产。1988年3月，在七届全国人大一次会议，河南省代表团王书玉等32位代表提出一项议案，建议国家进行质量立法。同时，在国务院机构改革方案中设立了国家技术监督局，是国务院行使质量管理职能的直属机构，因而该局承担了产品质量立法的工作。1988年9月7日国家技术监督局成立《质量法》起草小组。在全面收集资料、广泛听取意见的基础上，形成质量法初稿。1990年9月，质量法草案报送国务院，经过反复修改，国务院于1992年审议通过了质量法草案。1993年2

① 张云、徐楠轩：《产品质量法教程》，厦门大学出版社2011年版，第2～4页。

月22日，在全国人大七届常委会第三十次会议上，审议通过了《中华人民共和国产品质量法》。

(二)《产品质量法》的修改

《产品质量法》实施后，我国产品生产者、经销者的质量责任意识不断加强，采取各种措施，完善内部质量保证体系，落实质量责任制度，产品质量总体水平有了显著提高。产品质量行政监督执法系统日臻完善，建立起一支既能满足综合管理职能需要，又能迅速反应、制止、查处、打击质量违法行为的行政监督和执法队伍，并积累了相当丰富的惩处大案、要案的经验，对打击假冒伪劣等质量违法行为，依法维护消费者合法权益，保证社会主义市场经济秩序起到了重要作用。

但是，《产品质量法》在实施过程中，也明显反映出一些不足。第一，有些地方把发展和质量对立起来，片面强调"先发展、后治理"，支持发展"假冒伪劣"专业村、一条街，千方百计阻止质量行政执法部门介入。第二，企业的质量管理水平偏低，在生产过程中，技术、管理水平低下，粗放式生产经营导致质量无法过关。第三，对质量违法行为的行政处罚力度不够，无法形成强有力的威慑力量。在《产品质量法》中，行政处罚的经济额度是以违法所得为基准。但在实践中，"违法所得"往往很难界定，只能象征性地随意罚款、没收产品了事。第四，产品责任的民事赔偿责任不到位，影响消费者维权的积极性。国家统计局曾做过调查，调查表明，产品损害赔偿与产品损失相比仅为1∶7。

1997年秋，全国人大召开的《产品质量法》执法大检查情况汇报会上，与会代表肯定成绩的同时建议对《产品质量法》进行一次全面的修改，以适应市场经济的客观需要。这样，修改《产品质量法》就提上了国家技术监督局的议事日程。从1998年7月起，国家质量技术监督局会同国务院法制办公室共同研究修改《产品质量法》的思路与重点问题，在总结实施经验，征求各部门、各地方意见基础上，并结合中国加入WTO后对立法的新要求，形成《产品质量法修正案(草案)》。2000年7月召开的九届人大第十八次会议上，审议通过了《关于修改〈中华人民共和国产品质量法〉的决定》[①]。

新修改的《产品质量法》主要从以下几个方面进行了完善：第一，明确了各级人民政府在产品质量工作中的责任，要求各级政府把提高产品质量纳入国民经济和社会发展规划，加强对产品质量工作的统筹规划和组织领导。第二，建立了企业产品质量的约束机制。强调生产者应当对其生产的产品质量负责。对产品质量监督部门依法阻止进行的产品质量监督检查，生产者、销售者不得拒绝。第三，补充、完善了产品质量监督管理的行政执法手段和必要的行政强制措施。第四，加大了对

① 朱玉龙：《依法治国 依法治质——纪念〈产品质量法〉发布十周年》，载《中国质量》2003年第2期。

销售假冒伪劣产品的制裁力度，规定凡销售假冒伪劣产品者，都应当承担法律责任，对有充分证据证明不知道所售产品为假冒伪劣产品的销售者，可以从轻或减轻处罚。第五，加强了对产品质量监督部门、检验机构、认证机构的约束。第六，建立了产品质量的监督举报制度，充分调动群众参与打假的积极性。

(三)产品质量法律体系的形成

从《工业产品质量责任条例》到《产品质量法》的出台和修改，这些重大变化无疑在产品质量法律体系特别是产品质量基本法的形成过程中具有里程碑意义，同时，一系列产品质量特别法和产品质量相关法的出台也对产品质量法律体系的形成和完善具有重要意义。

《食品安全法》是重要的产品质量特别法，该法于2009年颁布，并于2015年修订。新修订的《食品安全法》共十章，包括总则、食品安全风险监测和评估、安全标准、生产经营、检验、进出口、安全事故处置、监督管理、法律责任和附则。由过去104条增至154条，贯彻了党中央、国务院关于建立最严格覆盖全过程食品监管制度、加快政府职能转变和深化行政审批制度改革的精神，建立了统一权威的食品安全监管体制，回应了维护食品安全、保障人民群众生命健康的社会呼声，对未来食品安全监管工作指明了方向，具有较强的针对性和可操作性。《农产品质量安全法》也是一部重要的产品质量特别法。由于《产品质量法》将初级农产品排除在法定产品范围以外，而农产品的质量安全问题又是我国农业和农村经济工作中的一个重大问题，因此，我国于2006年通过了《农产品质量安全法》，该法为保障农产品质量安全，维护公众健康，促进农业和农村经济发展发挥了重要功能。相关的产品质量特别法还包括《药品管理法》《特种设备安全监察条例》等法律法规等。

产品质量相关法是在我国现行法律体系中与产品质量相关的法律。《消费者权益保护法》是重要的产品质量相关法，产品质量法重在约束经营者行为，《消费者权益保护法》以维护消费者权利为中心，为经营者附加相应的义务，重在规范经营者行为，从而间接促使经营者以提高产品质量为责任，以服务消费者为宗旨。另外，为落实产品质量法中的企业质量认证、生产许可等制度，国务院还相继发布《认证认可条例》《工业产品生产许可证管理条例》等。《认证认可条例》对于规范认证认可活动，提高产品、服务的质量和管理水平，促进经济和社会的发展发挥着重要功能。《工业产品生产许可证管理条例》作为一项重要的市场准入制度，对于保证直接关系公共安全、人体健康、生命财产安全的重要工业产品的质量安全，贯彻国家产业政策，促进社会主义市场经济健康、协调发展发挥了重要作用。

二、产品质量法的重要法律制度

(一)产品责任制度

产品责任是指产品的生产者、销售者或者中间商因其产品给消费者、使用者或其他人造成人身、财产损害而应承担的一种补偿责任。产品责任的承担者一般包括产品的生产者和销售者，作为产品责任的主要承担者，它们存在连带关系。此外，若造成产品缺陷的是产品的设计者、装配者、修理者、零部件的生产者、仓储者或其他人，那么这些人最终也要承担产品责任。

1.产品责任的归责原则

我国《产品质量法》第41条第1款规定，因产品存在缺陷造成人身、缺陷产品以外的其他财产(以下简称他人财产)损害的，生产者应当承担赔偿责任。按照国内多数学者的见解，这一规定贯彻了严格责任原则。同时第42条规定了销售者承担责任的两种情形，一是销售者存在过错，二是销售者无法指明缺陷产品生产者或供货者。第43条规定了受害人的求偿方式，受害人可以向产品的生产者要求赔偿，也可以向产品的销售者要求赔偿。属于产品的生产者的责任，产品的销售者赔偿的，产品的销售者有权向产品的生产者追偿。属于产品的销售者的责任，产品的生产者赔偿的，产品的生产者有权向产品的销售者追偿[①]。

上述规定表明，我国采取的是严格责任和疏忽责任相结合的双重归责原则，生产者对其生产的缺陷产品造成他人人身或财产损害承担严格责任，而销售者承担产品责任以过错为要件。至于生产者和销售者之间的追偿关系，由于并非产品责任问题，应按照一般的过错责任原则确定各自应负的责任。

现代产品责任制度为了更好地保护消费者利益，在适用疏忽原则确定和追究产品责任时，对于生产者和销售者主观上有无过错，各国都已不再要求受害者承担证明责任，而是通过“举证责任倒置”或“事实自证规则”来确定生产者或销售者过错，这也表明了产品责任法的发展趋势，也是整个市场秩序规制法律制度朝着消费者主权的时代迈进的标志。

2.产品责任的构成要件

第一，产品存在缺陷。产品缺陷是指产品存在不合理危险，且这种危险在产品离开生产者或销售者前已经存在。我国认定产品缺陷的标准有两个，一是存在不合理危险，二是违反国家保障人体健康和人身、财产安全的强制性标准。我国产品责任法律制度并未就产品缺陷作明确分类，但一般认为分为四种：制造缺陷、设计缺陷、警示缺陷和开发缺陷。第二，存在损害事实。这是指产品因缺陷造成人身、缺陷产品以外的其他财产损害。如果产品有缺陷，但并未造成人身或财产损害，或者仅造成缺陷产品本身的损害，均不构成产品责任。第三，产品缺陷与损害后果之间存在因果关系。即损害后果是由产品缺陷直接导致的。第四，不存在免责事由。《产品质量法》针对产品责任的特殊性，规定了免除生产者责任的条件：未将产品投入流通；产品投入流通时，引起损害的缺陷尚不存在；将产品投入流通时的科学技

① 李昌麒主编：《经济法学》，法律出版社2016年第3版，第297页。

术水平尚不能发现缺陷的存在。

《产品责任法》关于产品责任的规定在此后又有所发展。《侵权责任法》第5章第41条至第47条也专门规定了产品责任,在责任构成、归责原则等方面延续《产品责任法》的规定外,还增加了责任承担方式,规定了产品召回制度和惩罚性赔偿制度,作为产品责任制度的补充,由此完善了产品责任的治理体系。《消费者权益保护法》第55条第2款规定,"经营者明知商品或者服务存在缺陷,仍然向消费者提供,造成消费者或者其他受害人死亡或者健康严重损害的,受害人有权要求经营者依照本法第四十九条、第五十一条等法律规定赔偿损失,并有权要求所受损失二倍以下的惩罚性赔偿。"该条款就产品责任的惩罚性赔偿作出了明确规定。

(二)产品召回法律制度

所谓"产品召回",指的是因设计、制造等原因引起某个型号或批次的产品出现普遍存在的具有同一性的危及人身和财产安全的缺陷,制造商必须以更换、收回等方式消除产品缺陷,并对消费者作出道歉或物质性补偿。2001年,国家质量监督检验检疫总局开始着手研究我国产品召回制度,决定从缺陷汽车产品召回管理规定入手,遵循"借鉴国际、结合国情、积极推进、慎重行事"的原则,完成法规的起草。2004年10月1日,《缺陷汽车产品召回管理规定》正式实施,标志着我国产品召回制度正式建立。我国产品召回制度是由个别种类产品的召回到一般产品的召回,由少数产品的召回到多数产品的召回,汽车产品召回制度是我国产品召回制度的试金石,我国立法和实践的目标在于建立起完整的涉及所有产品的召回制度。2007年质检总局出台《食品召回管理规定》《儿童玩具召回管理规定》,食品药品监督管理局出台《药品召回管理办法》。2009年2月28日出台的《食品安全法》第53条就食品召回作出明确规定,第一次在法律层面上确立了产品召回制度。2009年出台的《侵权责任法》第46条进一步明确了所有缺陷产品的召回责任。2010年7月,《家用电器产品召回管理规定》《汽车产品召回监督管理条例(征求意见稿)》向社会征求意见。2012年《缺陷汽车产品召回管理条例》出台,2015年《食品召回管理办法》《铁路专用设备缺陷产品召回管理办法》出台。另外,《缺陷产品召回管理条例(草案)》也一直在反复讨论,争取早日出台。随着这些重要法律文件的出台,我国将逐渐建立起一个涵盖各类缺陷产品的召回制度体系。

产品召回法律制度以产品召回法律关系为中心。产品召回法律关系由实施者、监管者和协助者三方主体权力义务关系构成。产品召回的实施者是承担缺陷产品召回责任的厂商,通常是制造商和进口商。根据"就危险源之开启或使之持续者,须采取必要的可期待之保护他人措施"的原则,制造商和进口商理应承担产品召回责任。当厂商不召回缺陷产品时,承担监督管理产品质量和厂商缺陷产品召回职责的政府机关应当指令厂商召回缺陷产品[①]。销售商、租赁商是制造商和消费者的中介和渠道，尽管他们不是产品召回责任承担者，但当其发现产品存在缺陷时，负有向消费者保护机关报告的义务，并配合、协助制造商、进口商进行产品缺陷警示并实施缺陷产品召回。产品召回法律关系的客体是指能引起危害的缺陷产品。产品召回制度上所指的"缺陷"是指系统性缺陷，即某个批次的产品存在相同缺陷。缺陷产品的危害巨大，存在缺陷的产品侵害消费者、产品使用者或者社会公众的利益，从而造成大量消费者、产品使用者和社会公众的人身安全、健康受到直接、间接威胁或损害的危险和灾难。决定缺陷产品是否需要召回的关键因素是该产品是否会引发产品危害，而判断该产品是否会引发产品危害则需要结合产品缺陷的状况、进入流通和消费领域的缺陷产品数量、缺陷产品带来危险的严重程度以及造成消费者危害的可能性程度、消费者的自我保护意识、受教育程度等因素进行综合考察。

（三）产品质量监管法律制度

产品质量监管是一种行政监督执法，国家通过立法授权的国家机关，利用国家的权力和权威来行使，其监管具有法律威慑力。目前，我国采取市场机制与行政干预相结合的办法来强化产品质量监督管理。

1.产品生产许可制度

产品生产许可制度是我国最主要的产品质量市场准入制度。《产品质量法》第13条和《工业产品生产许可证条例》第1条均明确规定，我国对直接关系公共安全、人体健康、生命财产安全的重要工业产品实施市场准入，即产品生产许可证制度。国家对实行工业产品生产许可制度的产品实施目录管理。设计食品安全、人身财产安全、生产安全、劳动安全、公共安全、金融安全和通信安全等领域重点产品实施许可证制度。而工业产品的质量安全通过消费者自我判断、企业自律和市场竞争能够有效保证的，通过认证认可制度能够有效保证的，不实行生产许可证制度。

工业产品生产许可证制度起源于20世纪80年代，该制度在促进企业完善内部管理、提高质量管理水平、保证产品质量符合标准要求等方面发挥了重要作用。1983年，五届人大三次会议的政府工作报告提出对重要工业产品实行生产许可证制度的要求。1984年，国务院颁布《工业产品生产许可证试行条例》，低压电器、电度表等87类产品被列入第一批实施生产许可证管理的产品目录。同年，原国家经委又发布《工业产品生产许可证管理办法》，成立工业产品生产许可证办公室，设在原国家标准局，承担全国生产许可证管理的日常工作。这种管理体制一直持续到

① 郭丽珍：《论制造人之产品召回与警告责任》，载苏永钦等：《总则·债编——民法七十年之回顾与展望纪念论文集（一）》，中国政法大学出版社2002年版，第152～202页。

1998年。1998年，国家机构改革，国家质量技术监督局承担管理工业产品生产许可证的工作。2001年，成立国家质检总局，并于次年发布《工业产品生产许可证管理办法》。2005年，国务院颁布《工业产品生产许可证管理条例》，随后又出台一系列相关规定，逐渐形成"统一管理，分工协作，突出重点，程序规范"的管理体制，工业产品生产许可制度也日趋完善，更加适应社会主义市场经济的发展。

2.企业质量体系认证制度

企业质量体系认证是指认证机构根据申请，对企业的产品质量保证能力和质量管理水平进行综合性的检查和评定，对符合质量体系认证标准的企业颁发认证证书的活动。《产品质量法》第14条规定，"国家根据国际通用的质量管理标准，推行企业质量体系认证制度"。企业质量体系由组织机构、职责、程序、过程和资源五个方面组成，所以企业质量体系认证的基本内容即是对这五个方面情况予以评价、确认。质量体系认证的依据为GB/T19001－ISO9001、GB/T19002－ISO9002、GB/T19003－ISO9003三种质量保证标准模式。对于某些特殊行业的质量体系认证，还可以依据其他国际公认的质量体系规范性标准，如美国石油协会发布的QI等。

企业质量体系认证的对象是企业质量体系，而非产品、过程或服务认证。认证的性质是自愿、非强制。实施质量体系认证制度，通过一个公正机构对质量体系作出正确、可靠的评价，为人们提供值得信赖的质量信息，可以提高企业的质量信誉，赢得顾客信任；促进企业建立健全有效的质量体系，提高质量效益；能够减少社会重复检查费用；提高产品在国际市场上的竞争能力。

3.产品质量认证制度

产品质量认证制度是指认证机构依据产品标准和相应的技术要求，对申请认证的产品进行检验，对符合相应标准和相应技术要求的产品颁发认证证书和标志予以证明的制度。产品认证的对象是实物产品，认证的依据是具有国际水平的国家标准和行业标准以及其他技术性要求。

我国《产品质量法》规定的产品质量认证，为自愿认证。2003年9月3日，国务院公布的《认证认可条例》对产品质量实行自愿认证与强制认证相结合的制度。按照规定，任何法人、组织和个人可以自愿委托依法设立的认证机构进行产品、服务、管理体系认证。同时，为了维护国家安全、防止欺诈行为、保护人体健康或安全、保护动植物生命或健康、保护环境，国家规定相关产品必须经过认证的，应当经过认证并标注认证标志后，方可出厂、销售、进口或在其他经营活动中使用。这也被称为"中国强制性认证"（China Compulsory Certification，简称"3C认证"或"CCC认证"）。根据这一制度，国家对必须经过认证的产品，统一产品目录，统一技术规范的强制性要求、标准和合格评定程序，统一标志，统一收费标准。统一的产品目录由国务院认证认可监督管理部门会同国务院有关部门制定、调整，由国务院认证认可监督管理部门发布，并会同有关方面共同实施；列入目录的产品，必须经国务院认证认可监督管理部门指定的认证机构进行认证。

三、产品质量法律制度存在的问题及未来方向

（一）产品质量法律制度存在的问题

我国产品质量工作虽然取得很大成绩，但与人民群众的需求相比还有明显差距，特别是全社会质量意识有待提高，产品质量发展的基础仍然较为薄弱，假冒伪劣屡禁不止，质量安全事件时有发生。归结起来，主要存在以下几个方面的问题[①]：(1)产品质量总体水平不高。一是产品供给和消费需求的结构性矛盾突出。一些普通产品档次偏低，标准水平和可靠性不高，难以满足市场的多元化需求。二是部分产品质量问题突出。三是假冒伪劣依然高发，制假售假趋向链条化、职业化、网络化，且涉及领域广泛，质量安全形势不容乐观。(2)企业主体责任落实不到位。部分企业对产品质量法重视不够，质量意识不强。有些企业未按法律规定建立健全产品质量管理制度，岗位质量规范、质量责任落实不到位，进货检查验收、过程管理、出厂检验等把关不严，质量难以保证。(3)产品质量优胜劣汰的市场机制作用发挥不够。一些地方在强调产品质量行政监管的同时对发挥市场机制作用重视不够，质量诚信体系不健全，守信激励、失信惩戒机制还不完善。生产销售假冒伪劣产品的违法成本低，没有对质量违法行为形成有力威慑。(4)质量技术基础不牢固。计量方面，一些领域缺乏计量基准、计量标准，计量保障能力不足，部分企业计量器具缺乏定期校准和维护。(5)质量监管仍有薄弱环节。一是监管体制尚未理顺；二是监管工作亟待加强；三是行政执法和刑事司法衔接不畅，存在有案不移、有案难移的现象；四是质量社会共治格局尚未形成。消协、行业组织、中介机构和新闻媒体在推动行业自律、强化外部监督、提升全社会质量意识方面的作用发挥还不充分，消费者维权意识有待提高。

（二）产品质量法律制度建设的未来方向

在深入推进供给侧结构性改革的背景下，需要进一步贯彻实施好产品质量法，保障和提升产品质量，满足人民群众物质文化需求。这对于全面建成小康社会，促进依法行政、维护社会主义市场经济秩序具有重要意义。

1.全面推进质量强国战略

党的十八大以来，党中央提出要把经济发展的立足点转到提高质量和效益上

---

① 严隽琪：《全国人民代表大会常务委员会执法检查组关于检查〈中华人民共和国产品质量法〉实施情况的报告》，http://www.npc.gov.cn/npc/xinwen/2017－06/22/content_2023714.htm，下载日期：2018 年 9 月 30 日。

来。习近平总书记指出，供给侧结构性改革的主攻方向是提高供给质量，提升供给体系的中心任务是全面提高产品和服务质量。因而质量立法和法律实施部门要充分认识贯彻实施产品质量法的重要意义，统筹规划质量工作，加快制定产业发展、科研技改、财税金融等方面的激励政策，继续深化质量强省、强市、强县建设，扎实做好政府质量考核和质量奖励工作，引导企业不断提升产品质量，持续开展质量改进、质量攻关、质量对比等全面质量管理活动，推动我国经济发展进入"质量时代"。

2.严格落实企业主体责任

企业要牢固树立质量第一的理念，增强守法经营意识、创新意识和品牌意识。一是建立健全产品质量管理制度和责任体系，真正实行全员、全过程、全方位的质量管理，严格落实原材料把关、包装标识、出厂检验和进货查验等责任和义务；二是发挥标准引领作用，企业要严格执行强制性国家标准，不断提高企业标准水平；三是加强技术创新，加大投入和研发力度，积极开展技术攻关，提高产品的质量安全和使用性能；四是加强人才队伍建设，强化质量教育培训，提高企业管理人员和全体员工的质量意识、质量责任和质量技能；五是弘扬工匠精神，重视品牌建设。

3.进一步夯实质量技术基础

一是加强计量技术能力建设，加大对贸易结算、安全防护、医疗卫生、环境监测、资源管理、司法鉴定等重点领域计量器具的监管。针对人民群众关心的水、电、气表质量问题，建议国务院责成有关部门近期对民用水、电、气表开展专项检查，重点是检查水、电、气表到期轮换制度的执行情况，保障计量的准确性。二是以标准化工作改革和标准化法修订为契机，全面梳理和整合强制性标准，优化完善推荐性标准，培育发展团体标准，鼓励提升企业标准，推进企业标准自我声明和监督制度的实施，建立高效权威的标准化统筹协调机制，着力解决标准缺失、陈旧和冲突问题。三是完善强制性产品认证制度和实施机制，提高认证认可的社会认知度和权威性。四是加强公共服务性质的检验检测机构建设，放开检验检测服务市场，大力发展市场化经营的检验检测服务机构，支持企业建设产品实验室，提高产品研发和质量检测能力，并推动其向社会开放，提高资源利用率。

4.强化全方位质量监管

一是健全监管体制机制。国务院及有关部门要在总结近年来市场监管机构和综合执法体制改革试点经验的基础上，进一步完善行政管理和执法体制。建立健全部门间情况通报、信息共享、案件移送等协作机制，形成齐抓共管、高效畅通的工作格局。二是完善监管手段。要适应经济社会发展需要，加强对新业态、新产品的质量监管，加大投入和保障力度，提高执法能力。加快产品质量追溯体系建设，确保按期实现国务院提出的目标任务。加快完善缺陷产品召回制度，扩大适用范围。三是加大监督执法力度。各级政府要加大对产品质量监督抽查的支持力度，扩大抽查覆盖面，提高抽查效率。加强对城乡接合部、农村地区等重点区域的产品质量监管。严厉打击以次充好、以假充真等质量违法行为，维护市场秩序，净化质量发展环境。四是构建社会共治体系。在加强行政监管的同时，要充分发挥市场配置资源和社会监督的作用。要完善公平竞争、优胜劣汰的市场机制，引导企业提升产品质量水平。行业协会、中介机构要弘扬质量文化，普及质量法律知识，促进行业诚信自律。新闻媒体要积极宣传质量管理优秀典型，曝光重大质量违法行为。消协要全面履行法律赋予的职责，维护消费者合法权益。消费者要进一步增强质量意识和维权意识。各有关方面要统筹协调，形成推动质量发展的合力，让重视质量、创新发展成为社会风尚，让追求卓越、崇尚品质成为时代精神。

5.修改完善产品质量法及相关法律法规

建议国务院有关部门尽快启动产品质量法的修改工作，就法律中增加关于质量促进、产品追溯、缺陷产品召回、惩罚性赔偿等规定进行研究论证，待条件成熟时列入全国人大常委会立法计划。同时，对涉及产品质量的其他法律法规修改，如招标投标法等也应予以关注和重视。

第四章

宏观调控法律制度变迁

第一节　宏观调控法律制度概述

一、宏观调控法立法概况

我国关于宏观调控的立法始于计划经济时期。在计划经济时代，国家的重要任务之一就是组织、领导社会主义经济建设，发展社会主义生产力，而欲实现这一任务，就需要国家进行宏观调控立法。只不过在计划经济时代，宏观调控立法主要以行政性的法律法规为表现形式。改革开放后，我国实现了计划经济体制向市场经济体制转轨，为了适应新的社会经济条件，更好地调整经济关系，我国颁布了大量的法律法规。在这些法律法规中，有相当一部分是宏观调控法。从规范内容来看，这些法律规范涉及计划、产业调节、财政、税收、金融、投资等诸多方面。

(一)计划相关立法

受我国在较长一段时间实行计划经济体制的影响，在我国的宏观调控法律体系中，与计划相关的立法是最早的，亦是最完备的。中华人民共和国成立后，我国颁布的与计划有关的规范性文件主要有：《国民经济计划编制暂行办法》（1952 年颁布）《关于编制国民经济年度计划暂行办法（草案）》（1953 年颁布）《国家计划委员会暂行组织通则》（1955 年颁布）《关于改革计划管理体制的规定》（1958 年颁布）《关于加强财政计划工作的决定》（1960 年颁布）《关于改进计划体制的若干暂行规定》（1984 年颁布）《关于大型企业联营企业在国家计划中实行单列的暂行规定》（1987 年颁布）《国家发展计划委员会智能配置、内设机构和人员编制规定》（1998 年颁布）。进入 21 世纪后，国家继续推动与计划相关的立法。为了与市场经济相适应，相关规范性文件在称谓上发生了变化，更多的是以"规划"代替"计划"。在这些规范性文件中，既有中央综合性规划[①]，也有地方综合性规划；既有中央专项规划，也有地方专项规划；既有区域规划，也有主体功能区划。为了与我国市场经济体制不断完善的需要相适应，我国有学者提出应尽快制定一部具有中国特色、反映中国社会主义市场经济实际的计划基本法，以对计划法律关系主体的行为进行有效规范[②]。

（二）产业调节相关立法

改革开放以后，我国开始着手进行产业调节相关立法，出台了大量政策性的产业调节法规。1986 年开始实施的《国民经济和社会发展第七个五年计划》首次明确提出和规定产业调节。产业调节的提出，主要是针对当时经济发展过程中出现的加工业盲目发展、基础工业严重滞后以及机电工业技术进步缓慢等产业结构矛盾。产业调节以调整产业结构为重点。1989 年国务院发布的《关于当前产业政策要点的决定》标志着我国正式制定和实施产业调节政策，确立了以产业调节作为宏观调控手段之一，由此开始发挥产业调节在我国经济发展中的作用。1993 年十四届三中全会通过的《中共中央关于建立社会主义市场经济体制若干问题的决定》明确提出"制定和实施产业政策作为政府管理国民经济的重要职能和调控手段"。1994 年国务院颁布了我国第一个长期产业调节政策，即《90 年代国家产业政策纲要》。在这些产业调节政策的指引下，我国相继颁布了系列与产业调节相关的规范性文件，主要有《90 年代农业发展纲要》《中华人民共和国农业技术推广法》（1993 年）《全国第三产业发展规划基本思路》（1993 年）《基本农田保护条例》（1994 年）《汽车工业产业政策》（1994 年）《水利产业政策》（1997 年）《国务院关于纺织工业深化改革调整结构、解困扭亏工作有关问题的通知》（1998 年）《关于当前调整农业产业结构的若干意见》（1999 年）《关于鼓励和促进中小企业发展的若干政策意见》（2000 年）《鼓励软件业和集成电路产业发展的若干政策》（2000 年）《国家产业技术

---

① 如《中国铁路发展中长期规划》、《中国应对气候变化规划》（2014—2020 年）。

② 李昌麒主编：《经济法学》，法律出版社 2010 年版，第 401 页。

政策》(2002年)。这些规范性文件对于贯彻与落实我国的产业政策，调整产业结构，促进战略产业发展，推动产业机构的科学化与合理化，实现国民经济的持续、健康、快速发展发挥了不可或缺的作用。然而，由于上述规范性文件法律化程度不高、法效力层次太低、产业组织政策法稀缺、内容分散且缺少统一性，故而，加紧制定《产业增长法》或《产业调整法》显得尤为重要与迫切。

(三)财税相关立法

中华人民共和国成立初期，我国就开始了财政和税收方面的立法，所颁布的法律法规在数量上和内容上不可谓不丰富。其中，与财政相关的法律法规主要有《预算决算暂行条例》(1951年颁布)[①]《国务院关于违反财政法规处罚的暂行规定》(1987年颁布)[②]《国家预算管理条例》(1991年颁布)[③]《国债一级自营商管理办法(试行)》(1993年颁布)[④]《国库券条例》(1994年颁布)[⑤]《中华人民共和国预算法》(1994年颁布)[⑥]《国债托管管理暂行办法》(1997年颁布)。与税收相关的法律法规主要有《中华人民共和国个人所得税法》(1980年颁布)[⑦]《中华人民共和国资源税条例(草案)》(1984年颁布)[⑧]《中华人民共和国进出口关税条例》(1985年颁布)[⑨]《中华人民共和国海关进出口税则》(1985年颁布)[⑩]《中华人民共和国固定资产投资方向调节税暂行条例》(1991年颁布)[⑪]《中华人民共和国税收征收管理法》(1992年)[⑫]《中华人民共和国增值税暂行条例》(1993年颁布)[⑬]《中华人民共和国营业税暂行条例》(1993年颁布)[⑭]《中华人民共和国土地增值税暂行条例》(1993年颁布)[⑮]《中华人民共和国企业所得税暂行条例》(1993年颁布)[⑯]《中华人民共和

① 已失效。
② 已失效
③ 已失效。
④ 已失效
⑤ 已于2011年修订。
⑥ 2014年修正。
⑦ 已先后于1993年、1999年、2005年、2007年、2011年修正。
⑧ 已失效。
⑨ 已先后于1987年、1992年、2003年、2011年、2013年、2016年、2017年修订。
⑩ 部分失效。
⑪ 已于2011年修订。
⑫ 已先后于1995年、2001年、2013年、2015年修订或修正。
⑬ 已先后于2008年、2016年、2017年修订。
⑭ 已于2008年修订。
⑮ 已于2011年修订。
⑯ 已失效。

国消费税暂行条例》(1993年颁布)[①]。这些法律法规构成我国财政税收法律体系的重要组成部分,在保障国家财政收入、满足社会公共需求等方面发挥了十分重要的作用。

(四)金融相关立法

中华人民共和国成立后,尤其是改革开放后,我国颁布了大量的法律法规对金融关系进行调整,将这些法律法规进行梳理并按照内容进行分类,大致可分为如下几类:(1)金融主体法。主要有《中国人民银行法》《中华人民共和国银行业监督管理法》《中华人民共和国商业银行法》《农村合作银行管理暂行规定》《农村商业银行管理暂行规定》《金融机构管理规定》《外资银行管理条例》等。(2)金融调控与监管法。主要有《中国人民银行法》《银行业监督管理法》《中华人民共和国保险法》《中华人民共和国证券法》《中华人民共和国反洗钱法》《中华人民共和国人民币管理条例》《现金管理条例》《国家货币出入境管理办法》等。(3)间接融资法。主要有《商业银行法》《储蓄管理条例》《人民币利率管理规定》《贷款通则》等。(4)直接融资法。主要有《证券法》(1998年颁布)[②]《中华人民共和国证券投资基金法》(2003年颁布)[③]《企业债券管理条例》(1993年颁布)[④]《股票发行与交易管理暂行条例》(1993年颁布)《证券交易所管理办法》(2017年颁布)等。(5)期货、期权与外汇法。主要有《期货交易管理暂行条例》《外汇管理条例》《外汇期货业务管理试行办法》等。(6)金融中介业务法。主要有《中华人民共和国票据法》《商业银行中间业务暂行规定》《支付结算办法》《国内信用证结算办法》等。

二、宏观调控法的定义和调整对象

(一)宏观调控的定义

科学地认识宏观调控是科学地认识宏观调控法的前提。按照现代市场经济的一般理论,宏观调控与市场规制乃国家干预经济的两种基本手段。所谓宏观调控,是指国家从国民经济运行的总体出发,通过运用各种宏观经济手段,对国民经济总体的供求关系进行调节和控制。宏观调控理论最初由英国著名经济学家凯恩斯于20世纪30年代提出,后经其学生及支持者的阐释、修补和发展而逐步趋于完善。凯恩斯在1936年发表的代表作《就业、利息和货币通论》,标志着宏观经济调控理论的正式形成。在凯恩斯看来,市场机制在现代资本主义条件下已经不能充分发挥自动调节的作用,自由放任政策已经不具有适用的条件,而只有综合运用财政政

① 已于2008年修订。

② 已于2004年、2005年、2013年、2014年修订或修正。

③ 已于2012年、2015年修订或修正。

④ 已于2011年修订。

策、金融政策对经济进行全面的干预和调节，资本主义的危机与失业问题才能得到解决。也就是在这一理论观点基础之上，西方经济学家在第二次世界大战以后提出了整套的需求管理理论，强调通过货币政策与财政政策来平衡总供给与总需求，进而达到消除失业、通货膨胀等威胁经济稳定增长目标的因素。虽然进入20世纪70年代后，随着失业与通货膨胀现象的再次显现，凯恩斯主义理论受到挑战。以萨缪尔森为代表的学者们亦主张通过研究供给方面的问题来弥补凯恩斯需求管理理论的不足与缺陷，但凯恩斯所提出的宏观调控理论对实行市场经济的国家仍然具有十分重要的借鉴意义。

（二）宏观调控的特征

1.基本目标是实现社会总供给与总需求的均衡发展

所谓社会总供给，是指在一定时期内国民经济能够向社会提供的全部商品与劳务之和；社会总需求，则是指全社会生产需求与消费需求之和。两者的平衡，包含了总量平衡与结构平衡两个方面，而这两个方面又是相互联系、相互制约的。具体而言，总量平衡是结构平衡的前提条件，而结构平衡又是总量平衡的基础。只有实现了总量平衡，国家在作出产业结构调节政策时才能免受物价波动之干扰，从而使决策趋于合理与准确，进而推动经济的良性循环；反之，只有实现了结构平衡，才能使产业结构与产品结构适应于社会的需求结构，从而长期维持总量平衡。宏观调控针对的就是社会经济的总体、宏观和全局性的问题，其目标是实现经济总量的均衡，而非部门、地区及微观经济单位的局部均衡。需要说明的是，微观与宏观并非毫无关联，通常情况下，宏观经济指标的落实与完成需要借助大量的微观性工作。为实现经济总量均衡，须通过制度方式或政策手段使市场经济中的部门、地区及微观经济单位，根据竞争规则追求微观经济目标，或者使分散的市场行为在宏观调控下最终集合成总量均衡的趋势。

2.调控方式具有间接性

宏观调控是现代市场经济的主要标志，其不同于传统的市场经济，也不同于计划经济调控方式。传统的市场经济主要依靠“看不见的手”进行调节，计划经济依赖政府直接管理微观经济主体，现代市场经济则依赖“看不见的手”与“看得见的手”互相作用、互相配合。其中，“看得见的手”在表现形式上为计划、财政、价格、金融、产业政策等间接手段，在作用发挥方式上则是通过市场中介来引导市场主体的微观经济活动同宏观经济发展目标相衔接。在宏观经济中，市场发挥着信息传递的作用。具体而言，就是由国家通过以上间接手段向市场输入与国家经济调控目标相吻合的经济参数，通过其在市场经济中发生内部机理变换，进而发出与宏观调控需求相符合的市场信号，最终达到引导市场主体经营决策的目的。

3.调控手段具有综合性

宏观调控作为政府对国民经济总量进行调节和控制的基本手段，在具体调控手段上必然具有综合性。既包括法律手段，也包括行政手段；既包括经济政策手段，也包括计划手段。当然，在现代市场经济条件下，宏观调控手段应以法律手段、经济政策手段等间接方式为主，行政手段等直接方式应被限定在必要的范围内，根据国民经济运行的实际状况有针对性地采用。为实现宏观调控，我国目前已确定了政策手段，即健全以国家发展战略和规划为导向、以货币政策和财政政策为主要手段的宏观调控体系，推进宏观调控目标制定和政策手段运用机制化，加强货币政策、财政政策与价格、产业等政策手段的协调配合，增强宏观调控协同性、针对性与前瞻性。

（三）宏观调控法的定义和调整对象

宏观调控法属于经济法性质的法律规范，是经济法的重要组成部分。同宏观调控理论一样，宏观调控法也经历一个发展历程，从最初的危机对策法，到二战后各国为维持和保障有效的市场运行而相继出台系列调控法规，宏观调控法在保障国家调节，促进社会经济协调、稳定和发展方面发挥着不可或缺的作用。宏观调控法，简单来说，就是调整宏观调控关系之法。法是调整社会关系的法律现象，经济法调整的是社会关系的一部分。在经济法所调整的这部分社会关系中，又有一部分社会关系由宏观调控法调整，这部分社会关系便是宏观调控关系。

宏观调控关系是指国家在宏观调控过程中与其他社会组织、个人发生的经济关系，这些经济关系包括计划关系、价格调节关系、财税调节关系等。具体而言，宏观调控关系包含如下三个方面的含义：其一，宏观调控关系的一方主体是国家。它是国家为平衡社会总供给与总需求，促进经济结构的优化，引导国民经济持续、快速、健康发展，对国民经济总体活动进行调节和控制过程中发生的社会经济关系。其二，宏观调控关系是一种间接管理关系。它是国家在履行管理经济职能的过程中，以间接手段调控经济运行过程中所发生的关系。其三，宏观调控关系是国家与市场主体之间普遍发生的社会经济关系。按照宏观经济调控的功能和目的，可将宏观调控关系划分为调节性经济关系和指导性经济关系两类，前者包括了财税调节关系、价格调节关系和金融调节关系等，后者包括了因计划而产生的经济关系和因执行产业政策过程产生的经济关系等。

通过上述对宏观调控关系的分析，我们可对宏观调控法作进一步界定，即宏观调控法是调整国家在宏观经济调控过程中与其他社会组织和个人发生的经济关系的法律规范的总称。

（四）宏观调控法同其他部门法的关系

宏观调控法属于经济法的一个子部门法，这一点已确认无疑，但这不排除宏观调控法同其他部门法存在的客观联系。前文已经提到，国家在宏观调控的过程中往往需要综合运用多种手段，仅从法律这一层面而言，亦需要行政法、民法、商法、刑法等多个部门法的配合，有时甚至需要直接适用这些部门法的相关规定。其中，宏观调控法同行政法之间的关系尤为密切。也正是因为两者间的密切联系，国内外一些学者认为经济法属于行政法的一个分支而并不具备独立的部门法属性，其症结在于对经济法体系中宏观调控法性质的认识。不可否认，宏观调控的管理主体大多是国家行政机关中的经济管理机关，如计划、财政、税收、金融、物价、工商、经济贸易等国家机关。这与行政法的法律关系主体存在较大的重叠——它们既是执行行政管理职能的行政管理机关，又是执行国家经济调节职能的国家宏观调控管理主体。然而，我们并不能因此得出宏观调控法即为行政法的结论。毕竟，同一法律主体参加不同的法律关系而成为不同法律关系主体在法律实践中经常出现，故而，我们不应苛求经济法与行政法在法律关系主体上的非交叉性。国家机关在设立之初，宪法和法律便赋予它实施多种法律的职责，这也为其多重法律关系主体资格提供了正当依据。

宏观调控需要通过国家行政机关的微观管理来实现，这也就导致宏观调控法与行政法在微观管理领域存在明显的交叉与重合。以财政税收为例，在19世纪末国家肩负起经济调节任务之前，国家财政主要是为了满足国家对内外职能活动经费的需要，此种意义上的财政法具有浓厚的行政法性质。然而，由于财政同经济关系密切，国家在组织财政收支的过程中，会对社会经济的结构和运行产生强烈的影响。最初国家并未意识到这种影响的重要性，而任其处于自发的状态。待国家充分认识到这一点时，便开始自觉地将其运用到经济调节中，财政的功能、性质由此发生变化，与之对应的财政法随即被划入经济法的范畴。

综上所述，一方面我们应当充分认识到宏观调控法的经济法性质，它属于经济法体系中一个重要的子部门法；另一方面我们也应看到宏观调控法同行政法联系密切，在某些方面发生着交叉。认识到这一点，有助于我们在宏观调控的立法与实施的过程中科学地处理同行政法的关系，有助于我们综合运用多种法律，更好地实现国家宏观调控的任务。

三、宏观调控法的基本原则及调整方法

（一）宏观调控法基本原则的含义

任何部门法都有其特定的基本原则，部门法的基本原则是部门法的本质属性在法律技术要求方面的体现，也是部门法价值的具体反映，是指导部门法立法的基本思想。宏观调控法的基本原则是由宏观调控法调整对象的种类和性质而决定，并为实现宏观调控法的任务而确定。因此，宏观调控法基本原则是贯穿于宏观调控法之中的调整宏观调控关系时所应遵循的基本行为准则，它在宏观调控法中起到统领作用。

鉴于宏观调控法基本原则的重要性，经济法学界已对其进行了较为深入的研

究,并对其作了抽象归纳。遗憾的是,对于宏观调控法究竟包括哪些基本原则,经济法学界尚未达成一致观点。有学者认为,宏观调控法有四大原则,即平衡优化原则、有限干预原则、宏观效益原则、统分结合原则[①];有学者则指出宏观调控法有五大原则,分别为总量控制原则、间接调控为主原则、协同调控原则、集中统一调控权原则以及政府的调控行为规范化和约束原则[②];还有学者提出宏观调控法如下六大原则:间接调控原则、计划指导原则、公开原则、合法原则、适度性原则以及稳定性与灵活性相结合原则[③]。

尽管学界观点尚未达成一致,但学者对宏观调控法基本原则所做的有益探索是值得肯定的,而且这些相关探索亦逐步趋同。根据我国社会主义市场经济体制和宏观调控法的实际,本书认为我国宏观调控法的基本原则应包含如下六大原则:决策集权原则、权力制约原则、维护受控者权利原则、间接调控原则、调控手段法治化原则。

1.决策集权原则

决策集权原则蕴含两层含义:第一层含义是宏观调控决策权不能由不同的机构和部门分散行使;第二层含义是应由较高层次的国家机构控制宏观调控决策权。从我国目前的情况来看,干预权扩张或干预权滥用的现象在一定程度上仍然存在,部分地方政府假借"宏观调控"之名来实施损害部分市场主体利益的行为,实行地区封锁,对正常的经济秩序造成干扰。实践中亦存在某些基层政府实施所谓"宏观调控"的行为,实际上却扰乱了正常的经济秩序。因此,宏观调控决策权应当主要集中在中央政府或中央政府授权的各部委,而对于特别重大宏观调控措施,则应当由全国人大或人大常委会行使决策权。

2.权力制约原则

宏观调控是运用政府权力对市场进行适当干预的过程,这就决定了在宏观调控的过程中,受控者与拥有无比强大权力的调控者在法律地位上是不平等的。如博登海默教授所言,"一个拥有绝对权力的人试图将其意志毫无约束地强加于那些为他所控制的人"[④],调控者与受控者在法律地位上的不平等,极易导致权力寻租等"政府失灵"问题,由此使得市场经济的发展面临"市场失灵"与"政府失灵"的双重风险。故而,我们在调整宏观调控关系时,应重点管理和规范政府的宏观调控行为。换言之,宏观调控法首先是对调控者进行管理和规范的法。为了管理和规范政府的宏观调控行为,就应当遵循权力制约的原则,在经济民主理念的指导下,一

① 潘静成、刘文华主编:《经济法》,中国人民大学出版社 1999 年版,第 301 页。

② 王守渝、弓孟谦:《宏观经济调控法律制度》,中国经济出版社 1995 年版,第 17～19 页。

③ 杨紫烜主编:《经济法》,北京大学出版社、高等教育出版社 1999 年版,第 263 页。

④ [美]博登海默:《法理学:法律哲学与法律方法》,邓正来译,中国政法大学出版社 2009 年版,第 358 页。

方面对政府权力进行合理分配，强化权力制约，做到权利、义务和法律责任的严格一致；另一方面赋予受控者提出异议、抗辩以及监督的权利。具体到宏观调控的立法中，则是要建立严格的提议、审查、公告、异议、评估、论证或听证以及最终批准的决策机制，构建宏观调控机关相互间的监督制约机制，确立宏观调控机关及其工作人员的法律责任机制，建立过错追究机制等。

3.维护受控者权利原则

宏观调控关系中的受控者是宏观调控行为指向的单位和个人，而这类单位和个人则是市场主体的最主要构成部分。宏观调控法在赋予受控者接受国家宏观调控义务的同时，还应当充分保障受控者应有的权利。宏观调控法既是控权法，又是权利保障法。具体而言，在宏观调控中受控者应享有如下四项权利：(1)参与权。宏观调控法应赋予受控者决策建议权、知情权以及异议权等，保障受控者参与宏观调控决策、实施的权利。(2)监督权。针对调控者的调控行为，应赋予受控者相应的监督权利。(3)获得补偿权。当受控者的合法权益因接受宏观调控措施而遭受根本性损害时，应当考虑给予受控者相应的补偿。(4)求偿权。在宏观调控的过程中，如因宏观调控决策、实施中的错误或严重偏差以及调控机关工作人员的失误使得受控者的利益受损时，受控者应当依法享有获得赔偿的权利。

4.间接调控原则

市场经济体制的建立和完善，要求政府在进行经济管理时必须转变职能，以间接调控手段为主，只涉足市场管不好和管不了的“市场失灵”领域。在市场经济条件下，政府应通过市场活动来贯彻与实现宏观调控的目标，应摒弃计划经济体制下由政府直接调控企业的生产经营活动的行为。宏观调控应以经济手段、法律手段等间接方式为主，在必要时辅之以行政手段。经济手段主要是通过经济杠杆和经济参数进行间接调控。而所谓的经济参数，是指政府为了获得一个与国民经济发展相关的目标值而向市场输入的经济变量，这些经济变量主要包括信贷投放量、货币增发量、财政收支及其差额、进出口贸易及外汇储备等。通过这些参数，政府可以有效调节市场，从而达到促进国民经济发展的目标。法律手段主要是通过立法、法的适用与法的遵守来作用于经济关系，最终达到预期的宏观调控目标。行政手段是一种直接调控方式，主要起辅助作用，直接通过行政权力或行政隶属关系对经济进行管理与控制，优点是见效快，弊端则是使微观经济的活力削弱，导致体制僵化。故而，在现代市场经济条件下，应当慎用行政手段进行宏观调控。

5.调控手段法治化的原则

法律、经济和行政是宏观调控的三大手段，而这三大手段并非并行不悖。在法治社会中，无论是经济手段还是行政手段，均应在法律允许的范围内进行，而且也只有在法律认可和保护的条件下才能得到有效实施。市场经济与法治的关系，经济手段与行政手段都应被纳入法治化的轨道。因此，从本质上来说，经济手段与行政手段只有经过法律的认可并按照法律的程序决策和实施，才能有其合法根据。总而言之，只有将宏观调控的措施以法律的形式表现出来，纳入法律的规范范围之内，才能真正贯彻宏观调控手段的法治化。

（二）宏观调控法的调整方法

一个法律部门之所以独立，除了其具有独特的调整对象外，还因为其具有独特的调整方法。宏观调控法作为经济法的一个子部门法，当然也有独特的调整方法。所谓宏观调控法的调整方法，是指由国家或者政府规定的、可用于干预宏观调控关系的各种合理方法。宏观调控方法的独特性主要表现在四个方面：(1)宏观调控法的调整方法是一种社会整体调节方法。法的调整对象决定了法的调整方法，有什么样的调整对象就有什么样的调整方法。宏观调控法的调整对象为宏观调控关系，这就要求以社会整体调节方法对其进行调整。毕竟，宏观调控是着眼于宏观经济而非微观经济，立足于社会整体而非部分，强调社会公共利益而非其他利益。宏观调控的这些特征在宏观调控法调整方法上的要求便是社会整体调节方法。(2)宏观调控法的调整方法是一种自觉调整方法。市场调节是一种自发调节，其效果主要体现在微观调节上，在宏观调节上发挥的作用则微乎其微，对于宏观经济的盲目性更是无能为力。宏观调控是一种自觉调整，能够有效克服市场调节的缺陷，通过对经济规律的科学认识来科学预测经济趋势，主动采取措施进行自觉调整，从而达到事先确立的目标。(3)宏观调控法的调整方法是一种统制方法。同私法的自治方法和公法的他治方法不同，宏观调控法的调整方法是一种统制方法。所谓"统制"，就是"将经济纳入一定的方针"或"引导经济以实现特定目的"。宏观调控法的统制方法，就是为国民经济规定方向、确立目标、制定方针，这种调整方法是自由与秩序、自愿与强制、自治与他治的统一，其优势在于强调秩序但不失自由、实行强制但尊重自愿，允许他治但不拒自治。(4)宏观调控法是一种间接调整的方法。这种调整方法是由宏观调控的性质决定的，也是由宏观调控法的性质决定的。

从宏观调控法调控方法的类型来看，根据国家介入宏观调控的方式不同，可将调控方法分为两种类型，即国家公权介入的方法和国家私权介入的方法。

1.国家公权介入的方法

所谓国家公权介入的方法，就是指国家以公权者的身份依法调整宏观经济时所采取的措施与手段。根据这些措施或手段是否具有强制性，又可将该调整方法划分为国家公权力强制性介入的方法和国家公权力非强制性介入的方法。

一是国家公权力强制性介入的方法。该方法也可被称为指令性调整方法，就是国家以公共权力者的身份强制整顿与调控宏观经济活动。运用该方法的目的在于使得国民经济的发展同社会公共利益和市场经济运行规律的需要相符合，推动经济运行效率提高，保障国民经济持续、协调、高速发展。需要注意的是，国家运用公权力强制介入宏观经济活动所运用的具体手段，包括经济手段与非经济手段两种。其中，强制性经济手段就是国家运用计划、价格、汇率、利率、税收等经济手段调整国民经济。由于这些手段被赋予法律的强制力，故而具有强烈的强制性色彩。以税收为例，国家依法确立税目、税率后，便对征纳税双方具有强制约束作用，除非经法定程序修改或废止，否则征纳税双方必须遵守。除税收外，计划、价格等其他强制性经济手段同样如此。这些强制性经济手段在宏观调控中被非常普遍地运用，是宏观经济调控的主要手段。与强制性经济手段相对应的则是强制性非经济手段，即国家运用非经济手段来强制性地组织经济。法律、法规和规章制度赋予政府可采取禁止、命令、免除、撤销、确认以及许可等方式，以行政命令来调节经济。无论是强制性经济手段还是强制性非经济手段，均是市场主体必须服从的刚性调整方法，是宏观调控方法体系中不可或缺的组成部分。

二是国家公权力非强制性介入的方法。该方法又被称为指导性调整方法，是指国家以公共权力者的身份非强制性地整顿和调控宏观经济活动。常见的指导性调整方法有引导、倡导、建议、发布官方信息等。不具有强制性，这是指导性调整方法与指令性调整方法的最大区别。这一特征决定了指导性调整方法是一种柔性的调整方法，对于调控者采取的调控手段，相对人可以不接受且不会受到法律制裁。随着市场经济不断发展以及政府职能的转变，指导性调整方法在宏观调控中被运用的频率也在逐步提高。

2.国家私权介入的方法

所谓国家私权介入的方法，就是指国家为了进行宏观调控而以非公权力的手段直接参与到宏观经济活动中。常见的国家私权介入的方法有政府采购、投资创办国有企业以及政府出售与收购等。国家私权介入的调整方法反映了市场经济条件下的经济活动对国家主体的特殊要求，也符合社会主义市场经济对构筑私权秩序的要求。

第二节　计划与产业调节法律制度变迁

一、计划法律制度的变迁

（一）计划在我国的发展历史

1.计划经济体制下的计划

1949年后，我国决定走一条全新的共产主义道路，在各个领域实现跨越式发展，这决定了我国一切重新开始。在经验匮乏的条件下，只能通过借鉴苏联的计划模式来构建我国计划经济体制。计划经济体制，是在政治权力高度集中的条件下由中央政府集中全国的人力与物力，依据全国范围内的工农业项目对国民经济发展的重要性,依次进行有计划的投资与建设的经济体制。在全社会范围内,由政府有计划地分配社会生产与生活资料。以企业发展为例,政府根据每个阶段的生产条件、技术水平以及社会需求程度制定生产指标,向企业提供生产资料并向工人发放工资,企业根据生产指标完成生产任务。对于贫穷落后的国家而言,计划经济体制对于恢复与发展国家的经济实力发挥着重大作用,能够弥补贫穷国家人力、物力分散的短板,利于整个社会的人、物形成合力,从而在较短的时间内取得较大的建设成就。对于建国初期百废待兴的新中国而言,唯有计划才能在较短的时间内完成社会转型的历史重任,计划的历史积极作用不应被抹杀。

然而,我们同样应该注意到,在中华人民共和国成立初期国家将职能活动中心放在"巩固政治统治"上时,计划固有的不足被暂时淹没。在计划经济体制下,国家对经济的调节和管理基本都是通过计划实施的,在这一时期计划控制成为国家调节的代名词。计划包括的范围十分广泛,几乎包揽一切,且所制定的计划指标几乎以指令的方式推行,计划实施手段多依靠行政命令。从国家管理和调节经济的基本方式角度来分析,计划成为包含国家强制、国家参与以及组织经济等多种方式在内的一种全面的、综合的控制与管理手段,计划控制取代或掩盖了国家调节经济应有的方式。当国家将工作重心转移到经济建设上时,计划的不足便开始显现。由于信息渠道不畅,加之计划者及计划内容缺少约束与规范,计划的不足便暴露无遗。在与生产力发展水平不适应的所有制、分配制等因素的共同作用下,计划经济体制下的计划手段暴露出体制僵化、供需脱节、资源配置盲目以及效率不足等弊端,这直接造成经济增长缓慢、人民生活水平低下以及政府负担过重等严重的社会问题。

计划手段原本就是组织经济的一种方式,在一定范围内具有配置资源的有效性,但也存在固有的缺陷,即"有效性"和"缺陷"是计划的内在属性。因此,我们需要以市场为前提、以法律为辅助对计划手段进行相应的限制与制约,从而充分有效地发挥其积极作用,控制其消极作用。计划经济体制下的计划手段之所以暴露出如此多的问题,其根源并非在于计划,而是其所依附的经济体制的不合理性。

2.市场经济体制下的计划

既然计划经济体制下的计划手段暴露出如此多的不足甚至是缺陷,那么我们就不得不面对这样一个问题:在市场经济体制下是否还需要计划?其实,计划同市场一样,是一种资源配置的手段,它既不姓"资"也不姓"社"。市场经济体制下市场在资源配置中起基础性作用,但计划的作用同样应该被重视。毕竟,市场调节机制并非万能,市场存在的固有缺陷会影响经济的发展,而这种影响可能是灾难性的。市场缺陷的表现之一是市场的被动性与滞后性,尽管市场供求关系引导着市场主体的经济活动,但这种引导作用是在一定量的产品产生交易与流通之后才开始奏效,供求关系的信号才会反映给市场主体,这也就意味着市场对经济活动的调节是被动的。此外,在市场经济中某一产品从投资到生产运营再到价格的形成与信息的反馈,要有一个时间过程,而由于信息偏在的客观存在以及市场主体对信息的重视程度不同等主观因素影响,在这个时间过程中就会有一部分处于竞争中的市场主体胜出,还有一部分市场主体将遭受灾难性的淘汰。这说明市场无法做到同时同步调节经济活动,即市场调节机制具有滞后性。

市场主体的优胜劣汰是不可避免的,市场调节的被动性与滞后性恰恰推动了正常的市场主体的优胜劣汰,这本无可厚非。然而,人类社会毕竟同自然界有着本质差异,在市场经济中放任市场主体优胜劣汰,很可能会引发一系列问题。在市场主体市场份额普遍比较分散、经营规模不大的情况下,市场调节机制的被动性与滞后性虽然会导致部分经营者亏损甚至破产,但这对社会经济全局并不会造成实质性损害,相反,这反而会推动市场主体不断更新,保持社会经济的生机与活力。然而,当人类社会爆发产业革命后,市场经济开始从自由竞争走向垄断,垄断企业逐步形成。具有垄断优势的垄断企业为了追逐超额垄断利润,往往会忽视市场发出的供求关系信号而盲目扩大再生产,从而导致生产过剩和产品的积压,这很可能会使得垄断企业走向亏损甚至是破产。垄断企业因市场调节的被动性与滞后性而走向亏损甚至是破产,这同中小企业的亏损或破产一样,在本质上属于市场经济中的优胜劣汰现象,但二者所引发的结果截然不同。垄断企业走向破产会直接影响市场供求关系,而且引起的连锁反应还会影响到其他企业或者经济部门,甚至会造成经济危机或者社会动荡的严重后果。

通过上述分析可知,对于因市场调节的被动性与滞后性引发的不良后果,需要国家介入其中以调节社会经济的运行,来保障和促进社会经济结构的协调、稳定与发展。针对市场调节的滞后性所引发的部分领域生产过剩或者供应不足,以及由此导致的结构比例失衡、经济波动,就需要国家知悉各地区、各行业、各部门的市场情况,在全面掌握各种数据与信息的基础上,科学分析和预测经济与市场情况,进而拟定出针对特定时期或特定阶段的发展计划或规划,指导生产、流通、分配等经济各环节。由此可见,对于市场经济体制而言,计划手段并不能被全面否定,其仍然具有十分重要的作用,具有弥补市场内在缺陷,对经济进行宏观调控的功能。具体而言,在市场经济体制下,计划的作用体现在如下几个方面:有助于保障经济总量的平衡;有助于保障社会公共利益;有利于引导投资和促进经济结构的合理化;有助于市场主体预测经济发展趋势,减缓经济波动。

计划所具有的上述宏观调控特征,使得其一出现便成为以"国家计划—经济政策—调节工具"为轴线的宏观调控体系的起点与核心[①]。对于现代国家而言,发展市场经济体制已经不能离开包含计划调控在内的宏观调控。对于我国这样一个社

---

① 漆多俊主编:《经济法学》,武汉大学出版社2005年版,第379～380页。

会主义国家而言，随着计划经济体制向市场经济体制的转变，计划方式也由原来指令性计划向指导性计划转变。即便市场经济体制在我国完全确立后，计划仍然不可或缺，只是计划的方式发生变化而已。而对于资本主义社会而言，计划也具有其必要性，毕竟，资本主义国家古典资本主义经济的原有形式已经无法全面实现机能，需要进行人为政策上的国家干预[①]。从另外一个角度来说，计划的不可或缺性与经济体制无必然联系，而是取决于经济本身，正如德国学者所言，“经济是指通过生产、制造和分配短缺的物品以及提供短缺的服务来有计划地满足人们需求的各种条件和措施的综合”。也就是说，无论何种经济形态，计划是经济本身固有的内在要素。概而言之，在一个正常运行的市场经济体制中应当是计划与市场和谐统一、相辅相成的。

3.从“计划”到“规划”的重大转变

“计划”与“规划”本无实质区别，“计划”一词之所以变得比较敏感，甚至学界也存在反对将“计划”纳入经济法的声音，是由于我国的历史和现实赋予“计划”浓重的人治色彩，计划似乎有着与计划经济紧密相关的特定含义。中华人民共和国成立后受苏联的影响，我国一直沿用“计划”的称谓，直至2006年“中华人民共和国国民经济和社会发展第十一个五年规划纲要”(以下简称“十一五规划”)将延续了50多年的国民经济和社会发展“计划”首次变成“规划”。“十一五规划”明确了我国政府的工作重点，阐述了国家战略意图，进一步明确了市场与政府职能的划分，在强调进一步发挥市场机制作用的同时，进一步强化了政府职能和责任，对市场主体的行为起到引导作用。哥伦比亚大学教授约瑟夫·斯蒂格利茨教授对我国“十一五规划”作出高度评价，认为其具有全面性和综合性，恰当地处理了政府与市场的关系，是中国迈向市场经济又一关键之步[②]。我国有学者认为，“十一五规划”的提出标志着计划进入“发展战略规划期”，实现了有效计划与有效市场的结合[③]。“计划”到“规划”称谓上的变化，对我国具有重要和深远的意义，标志着进一步迈向市场经济体制、融入国家社会，政府的职能也发生进一步转变。经过我国长期的探索与实践，计划已经由苏联特色向中国特色转变，并逐步成为我国体制优势的重要体现。一方面，对于计划体制中最核心且有必要的特征予以保留，即保证市场经济活动是“有政府”“有计划”“有比例”的；另一方面，计划的对象已经由单一的经济计划向战略规划转变，由短期计划为主向中长期计划为主转变，由微观领域向宏观领域

---

① [日]金泽良雄：《当代经济法》，刘瑞复译，辽宁人民出版社1988年版，第46页。

② [美]约瑟夫·斯蒂格利茨：《评中国“十一五”规划：迈向市场经济的又一关键之步》，中国发展高层论坛会论文集2006年，第26～28页。

③ 胡鞍钢等：《从经济指令计划到发展战略规划：中国五年计划转型之路(1953—2009)》，载《中国软科学》2010年第8期。

转变，由经济指标为主向公共服务指标为主转变。从经济法学视野来看，以法治的“规划”替代游离于法律之外的“计划”，对于摆脱历史上的人治、计划经济的羁绊具有重要意义。一字之差，但对政府的管理和调节经济的行为提出了更高的要求。

(二)计划法在我国的变迁

1.计划法在我国立法体系中的变迁

中华人民共和国成立后，我国先后制定了与计划有关的系列规范性文件[①]。这些规范性文件对于特定时期我国的计划工作与计划法制的完善与进步起到了积极的推动作用。然而，令人奇怪的是，即便在计划高度发达的计划经济体制背景下，我国并未制定一部形式意义上的计划法典。究其原因，应当与计划经济体制下“法律虚无主义”的盛行有一定关联。受其影响，计划异化为行政手段的附庸，法律、法规被行政命令取代。随着十四届三中全会提出将建立社会主义市场经济体制作为我国经济体制改革的目标，理论界围绕发展市场经济要不要计划和计划法展开讨论，甚至一度存在由“法律虚无主义”转向“计划虚无主义”的倾向。有学者提出，我国当前尚处于市场经济的初级阶段，计划经济的不利影响还未被完全清除，在此条件下强调计划并不合适，当前任务应当是通过自由竞争来达到优胜劣汰，待市场经济发展到一定程度时，再由国家通过计划等手段对经济进行调控。该观点实质上是自由放任主义的表现，对我国而言并不可取。毕竟，在市场经济的产生与发展方面我国与西方资本主义国家存在很大的不同，我国的市场经济在产生之初便受到发达国家市场经济的挑战，对抗经济危机的能力较弱。为减少经济危机对我国市场经济的打击或破坏，即便在市场经济体制的初级阶段也要重视计划的调控并加强计划立法。

鉴于计划法在我国社会主义市场经济体制中的重要性，我们接下来的工作除了继续对计划经济时代一些不合时宜的计划法规进行清理外，还应重点考虑如何完善我国计划立法。梳理各个国家的计划立法，大致可将世界上的计划立法模式分为三种：第一种是法典式，即以颁布计划法典的形式对所有计划关系进行调整；第二种是分散式，即以经济法规、行政法规或其他法律法规对计划关系进行分别规范；第三种是结合式，即在颁布单独的计划法的同时，又分别以行政法、计划法规对一些具体的计划问题进行规范。对我国而言，制定一部计划法典并不现实，毕竟我国发展市场经济的时间还不是很长，对计划法的调整对象尚未完全界定清楚。综合考虑各方因素，结合式的计划法立法模式比较适合我国。改革开放至今已有40年，我国积累了一些计划实践与计划立法的经验，已具备制定单独的计划基本法的条件，可以就计划法的立法宗旨、基本原则、计划的性质、计划的形式、计划程序以

① 胡鞍钢等：《从经济指令计划到发展战略规划：中国五年计划转型之路(1953—2009)》，载《中国软科学》2010年第8期。

及计划法律责任等计划法的基本问题作出规定。

2.计划法在我国经济法中的地位变化

在高度集中的体制下，计划法一度被认为是经济法的核心，其被推崇为经济法的“龙头法”[①]。而随着市场经济体制的建立，人们开始争论是否需要制定计划法，计划法在经济法中的“龙头法”地位开始动摇。可见，我国经济体制的转变使得计划法在经济法中“龙头法”地位的体制基础丧失。尽管如此，我们不应因此就否认计划法的在市场经济发展中的作用，更不应把思维推向取消计划立法的极端[②]。事实上，计划法在经济法中仍具有重要地位，只不过其在对国民经济作用的方式上发生了变化，不再全面统筹通管。计划法在经济法中的重要作用，主要体现为其能够为国民经济调节确定一个总体框架，使得国民经济结构趋向合理、内容搭配适当。此外，对于国民经济各部门之间的矛盾与冲突，能够确立一个协调解决机制。由此可见，经济法实际是在计划法所确立的预定框架内对社会关系进行调节，并且随着新情况的出现而作出相应的调整[③]。

我们讨论计划法在经济法中的地位，就不能回避计划法与宏观调控法的关系。计划法作为宏观调控法一个重要的子部门法，其在经济法中的指导作用主要体现在和其他宏观调控法的关系之中。一方面，欲实现计划目标或者计划法的立法目的，就需要不同法律部门之间进行调整；另一方面，不同法律部门间的联结与协调又离不开计划法发挥作用。另外，各法律部门分别调整的局限性，亦需要借助计划法而使得计划法的调整与各法律部门的调整直接相关。概而言之，计划法除了自身的宏观调控方式属性外，还可协调其他宏观调控方式，故而是一种综合性的、更高层次的宏观调控法。

（三）我国计划立法存在的问题及完善

1.我国计划立法存在的问题

市场经济体制背景下，独立的计划法的缺位，使得我们不得不继续沿用以往的一些计划制度。以往的计划制度在新的经济体制下暴露出诸多的问题，主要表现在如下几个方面[④]：

首先，计划管理体制不完善。计划管理体制是有关中央与地方间以及不同计划主体间的权责分工制度的总称。我国目前的计划主体主要包括各级人民代表大会及其常务委员会和各级人民政府。其中，作为权力机构的各级人民代表大会及

---

① 李昌麒主编：《经济法学》，法律出版社 2010 年版，第 413 页。

② 李昌麒：《经济法——国家干预经济的基本法律形式》，四川人民出版社 1995 年版，第 393～394 页。

③ 漆多俊主编：《经济法学》，武汉大学出版社 2005 年版，第 399～400 页。

④ 刘大洪主编：《经济法学》，中国政法大学出版社 2008 年版，第 313～316 页。

其常务委员会负责审议、批准和监督计划执行，而各级人民政府则负责编制和实施计划。当前，国务院的“国家发展和改革委员会”已取代计划经济时代的“国家计划委员会”成为国家计划主管部门，国务院各部门和地方各级人民政府则根据需要设立计划工作机构。各级计划主管部门与计划工作机构都具有其职权范围和职责分工。然而，我国的计划管理体制还存在诸多不完善的地方，如中央与地方间的计划管理权限问题、社会公众参与计划与行使计划权利的问题、计划主体间的协调问题，这些问题均需要通过完善计划管理体制予以明确。

其次，计划体系的协调性有待加强。我国的计划体系按照不同标准可划分为不同的类型。例如，按照计划制定主体的不同，可分为中央计划、部门计划与地方计划；按照计划期限的长短，可分为长期计划、中期计划与短期计划；按照计划的具体对象，可分为综合计划、行业计划与专项计划。从理论上来讲，无论何种计划，其目标应趋向一致。然而，由于计划制定者不同，不同的部门或地区有其相对独立的利益，加之其他多方面的原因，计划的协调性难以得到保障，甚至存在不同计划之间脱节的情况。

再次，计划制度的效力层次较低，科学性和规范性有待加强。我国当前的计划法律制度主要以行政法规，办法和通知等呈现，效力层次不高。从制度内容来看，有些计划可操作性不强，甚至存在不同规范性文件冲突的现象，这也是我们当前感受不到计划法权威性的原因。此外，计划法在本质上是程序法，但我国当前计划制度中的计划编制、审批、下达、执行、调整、监督以及评估程序等存在诸多不完善甚至缺失之处。上述情况直接导致我国计划缺乏法律保障，其实施效果也因此大打折扣。

最后，计划法律责任制度不完善。对于任何一个法律部门而言，法律责任都是不可或缺的。倘若法律没有强制性的惩罚手段作为保障，那么其维持社会秩序的基本职能也就无法实现。为了敦促计划管理主体尽职尽责，激励计划执行主体努力完成计划下达的任务，就需要严格的计划责任制度。遗憾的是，我国当前的计划法律责任制度还非常不完善，制裁措施薄弱，制裁机制几乎处于失效的状态。

2.我国计划立法的完善

为了充分、有效地发挥计划在宏观调控中的作用，针对以上我国计划立法存在的问题，非常有必要采取以下措施予以完善：

第一，完善计划管理体制。计划管理体制的完善，首先要对中央与地方的计划管理权限进行合理划分，尽管十四届三中全会通过的《中共中央关于建立社会主义市场经济体制若干问题的决议》已经确立划分的基本原则和具体方法[①]，但这些原则和方法尚未以法律的形式固定下来。其次还要理顺包括计划决策机构、管理机构、监督检查机构等在内的计划主体间的关系，使得各主体各司其职，保障计划的协调性。最后，为保证计划的民主性与科学性，还应在计划管理体制中明确社会公众的计划参与权、建议权、监督权等权利。

第二，应制定一部统一的形式意义上的计划法。在我国发展市场经济之初，学界就有制定计划法的呼声，但计划立法至今未纳入立法规划，使得我国当前诸多的计划规范性文件缺少统帅，削弱了计划的宏观调控功能。我国应当认真考虑制定独立的计划法，并涵盖以下内容：计划的宗旨与原则；计划的地位与任务；计划的形式；计划主体的权利与义务；计划的编制与审议；计划的执行与调整；计划的评估与监督；计划法律责任等。

第三，建立严格的计划责任制度。只有建立严格的计划责任制度，严格追究责任者的相应责任，才能保证相关主体尽职尽责地编制并组织实施计划，进而推动政府的计划得到全面实施，避免计划被束之高阁的窘境。在计划责任类型的设定上，依据计划主体的不同，可将计划责任分为国家责任、计划管理主体责任和计划执行主体责任，并以计划管理主体责任和计划执行主体责任为主，国家责任为辅。当然，计划法律责任还涉及民事责任、行政责任、刑事责任等传统法律责任类型。譬如，计划管理主体与计划执行主体签订计划合同约定其各自权利与义务，倘若一方违约，那么违约方应承担相应的违约责任。

二、产业调节法律制度

（一）我国产业调节理论研究现状

产业调节是市场经济体制下政府宏观经济调控的重要方面，自 1986 年《国民经济和社会发展第七个五年计划》首次正式使用“产业政策”概念后，法学界对产业调节办展开了持续性的研究，并取得了一定成果。归纳来看，相关理论研究主要包括如下几个方面：产业调节法理论基础、概念、特征、原则、法治化等。

1.产业调节法理论基础

学界通常认为经济学中的产业经济学理论和产业政策理论构成了我国产业调

---

① 十四届三中全会通过的《中共中央关于建立社会主义市场经济体制若干问题的决议》指出：“合理划分中央与地方经济管理权限，发挥中央和地方两个积极性。宏观经济调控权，包括货币的发行、基准利率的确定、汇率的调节和重要税种税率的调整等，必须集中在中央。这是保证经济总量平衡、经济结构优化和全国市场统一的需要。我国国家大，人口多，必须赋予省、自治区和直辖市必要的权力，使其能够按照国家法律、法规和宏观政策，制订地区性的法规、政策和规划；通过地方税收和预算，调节本地区的经济活动；充分运用地方资源，促进本地区的经济和社会发展。”

节法的理论基础[①]。其中，产业经济学属于现代经济学中的新兴应用经济学，主要研究对象是现实经济问题。产业经济学主要围绕市场、行业、企业这三个经济社会中的基本要素，以垄断、竞争的矛盾关系为中心，将产业内企业间的垄断与竞争的关系结构作为重点，以不完全竞争的状态为分析的出发点，对各种不完全竞争状态模型展开研究，探讨企业行为、市场结构、市场绩效间的内在联系以及各种公共政策的效应。20世纪80年代我国经济学家在意识到宏观经济学的局限性之后，从西方引进产业经济学，试图加强政府对经济的供给调控。西方产业经济学理论以亚当·斯密的市场竞争机制理论、哈弗学派的产业组织理论、芝加哥学派理论等为代表。除产业经济学理论外，产业政策理论也构成了产业调节法的理论基础，有学者从历史的角度对此予以论证[②]，认为日本先有“后发优势论”，后有“市场失败论”，接着又出现“边际费用递减说”，随后发达的资本主义国家又出现“危机导向论”和“机会导向论”两大产业政策理论。在对各种理论进行介绍与对比之后，认为“后天优势”对于处于发展中国家行列的我国具有现实适用性。同时，鉴于我国市场的不完善性与不发达性，“市场失败论”在我国亦具有适用的空间，而“边际费用递减说”对于我国产业优化升级具有借鉴价值。

2.产业调节法的概念

产业调节法，又称产业调控法，学界亦有学者称其为产业政策法[③]，是调整基于产业调控而发生的社会关系的法律规范的总称[④]。产业调节法的目的在于通过对产业结构的宏观调控，强化市场机制的功能，弥补市场机制的不足与缺陷，促进资源在各部门、各区域的有效配置，提高宏观经济效益，最终实现国民经济的可持续、健康、快速发展。对产业政策进行法律调整，既是法治建设的要求，也是产业政策的内在要求，更是日本、韩国等国产业政策实践的成功经验[⑤]。

3.产业调节法的特征

有的学者指出，产业调节法同其他宏观调控法相比，具有针对性、阶段性、综合性的特征[⑥]；有的学者指出产业调节法具有综合性、协调性、表现形式灵活和以选择性规范为主的特征[⑦]；有的学者指出产业调节法具有综合性、协调性、灵活性和

① 卢炯星主编：《产业调节法理论创新与实务问题研究》，厦门大学出版社2011年版，第1～2页。

② 王健：《产业政策法若干问题研究》，载《法律科学》2002年第1期。

③ 漆多俊主编：《经济法学》，武汉大学出版社2004年版，第419页。

④ 《经济法学》编写组：《经济法学》，高等教育出版社2016年版，第254页。

⑤ 刘大洪主编：《经济法学》，中国法制出版社2008年版，第334页。

⑥ 刘大洪主编：《经济法学》，中国法制出版社2008年版，第334页。

⑦ 杨紫烜主编：《经济法》，北京大学出版社、高等教育出版社1999年版，第285～286页。

诱导性的特征[①];还有的学者指出产业调节法具有综合性、指导性、协调性和灵活性的特征[②]。综合学界观点,学者关于产业调节法特征的讨论逐渐趋向一致,我国产业调节法具有以下特征:(1)综合性。作为国家宏观调控的重要法律,产业调节法在调整对象和调整方法等方面具有显著的综合性特征。(2)指导性。产业调节法的立法原则、立法目标,以及据此建立的各项制度、调整方法等对其他宏观调控法均具有重要的指导意义。(3)协调性。产业调节法是协调市场调节机制与政府调节机制的重要法律,欲实现产业结构的合理化,进而实现资源优化配置和可持续发展的目标,就需要其协调长远利益与当前利益、社会公共利益与个人利益等多方利益。(4)灵活性。产业结构不会一成不变,其处于动态发展的过程。故而,产业调节法在对产业发展进行宏观调控时,应根据产业结构的变动和经济社会的发展情势灵活进行,这正体现了产业调节法的灵活性。

4.产业调节法的原则

产业调节法的原则是产业调节法律规范所必须遵循的基本准则,其作用是维系、保证产业调节法的统一、协调与稳定。我国有学者将产业调节法的原则归纳为如下三个方面[③]:(1)优化产业结构原则。产业结构是指各产业的构成及各产业之间的联系和比例关系,既包括产业空间结构又包括产业部门结构。产业结构一方面是社会经济发展到一定程度的产物,另一方面又反作用于社会经济发展,良好的产业结构会促进社会经济发展。然而,实践中受各种复杂因素的影响,产业结构有可能会背离社会经济发展的需要,而当市场对这种背离又无法矫正时,就需要国家借助产业调节法对产业结构进行调整,使产业结构朝着符合社会再生产要求的方向转化。(2)效率原则。产业调节法的效率原则要求在制定和实施产业调节法的过程中,应以最小的成本实现产业结构优化的目的。毕竟,在产业调整过程中政府是最主要的主体,而政府行为又存在内生的低效率障碍,所以必须以法律制度对政府行为发挥经常性制约作用。(3)依法合理调节原则。产业调节关系的特殊性,要求产业调节法应遵循依法合理调节原则。具体而言,就是拥有产业结构调节权的机关应根据复杂的产业结构调节的现实需要,在法律规定的范围内自由行使自由裁量权,同时要把握调节的力度,通过各种调节手段的灵活运用使得产业结构朝着符合社会再生产和可持续发展的方向发展。该原则既要求调节机关在法律的范围内依法调节,又要求调节机关应当按照适度、符合理性的要求行使调节权。

5.产业调节的法治化

我国学界研究产业调节法的理论基础,其目的于推动产业调节的法治化,即将

---

① 漆多俊主编:《经济法学》,武汉大学出版社1998年版,第557~571页。

② 李昌麒主编:《经济法学》,法律出版社2010年版,第499~500页。

③ 李昌麒主编:《经济法学》,法律出版社2010年版,第500~501页。

产业政策的制定、实施和监督建立在法治基础之上。产业政策只有走向法治化，才会上升为全民意志和国家意志，才能严格规范政府的行为。我国已有学者围绕产业调节法治化本身展开研究，[①]重点探讨了产业政策法治化的含义和产业政策法治化实现的方式。就含义而言，产业政策法治应当包含如下内容：第一，产业政策的制定、实施与监督主体法治化。依法确定产业政策的制定主体及其相应权限，明确产业政策实施的监督主体。第二，产业政策主体行为确定化。依法确定产业政策的行为主体及其行为范围和行为方式，在保障行为主体的权利的同时，使得权力受到应有的制约。第三，产业政策实施手段的法律化。产业政策的实施手段主要有经济手段、行政手段和法律手段三种。在法治环境下，前两种手段就要披上法律的外衣。然而，为了避免经济手段的僵化，就对立法技术提出了要求。法律在规定经济手段、行政手段种类的同时，应给行为主体一定的自由空间。第四，产业政策法律责任明晰化。虽然大量的产业政策属于提倡性或者倡导性的，但也有部分产业政策有明确的限制、禁止等规定。针对后者，产业调节法应明确规定违法后的法律责任，从而体现法律的强制性。另外，同大部分部门法不同，产业政策法律责任有其特殊的一面，即为了诱导、鼓励行为主体从事某些行为，可在法律中规定奖励性法律责任。奖励性法律责任目前已被一些国家采纳，并取得了较好的效果[②]。就产业调节法治化的方式而言，首先应当依法确定国务院各部委在产业政策制定或修改方面的权限与程序，并对产业政策的实施进行协调与监督，使得产业政策无论在制定、实施还是监督方面都有法律依据。

（二）法学界关于我国产业调节法体系的研究

产业政策法的调整对象十分广泛，所涉及的面也十分宽广，可以说是宏观调控法中规模最大的一组法规群。正是由于产业政策法的庞大与复杂，学界对我国产业调节法是否有独立的体系以及体系的基本构成等展开讨论。大部分学者认为产业调节法虽然规模庞大，但并非无章可循，它有相对独立的体系。在这些学者中，又有很多学者认为产业调节法由四部分构成，即产业结构调节法、产业组织调节法、产业技术调节法和产业布局调节法（区域经济促进法）。[③] 其中，产业结构调节法，是促进产业间资源合理配置的法律规范的总称，其目标是通过整体产业结构规划、调整和援助衰退产业、保护和扶植战略产业等实现产业结构的优化；产业组织

① 卢炯星：《产业调节法理论创新与实务问题研究》，厦门大学出版社2011年版，第42～43页。

② 陈淮：《日本产业政策研究》，中国人民大学出版社1991年版，第23页。

③ 李昌麒主编：《经济法学》，法律出版社2010年版，第502页；杨紫烜主编：《经济法》，北京大学出版社、高等教育出版社2009年版，第286页；卢炯星主编：《宏观经济法》，厦门大学出版社2000年版，第402～403页。

调节法，是政府对产业组织进行调节的法律规范的总称，内容包括了与产业保护、产业合理化以及市场秩序有关的法律规范，其目标是促进企业间的合作，实现企业组织间的专业化协议和规模经济；产业技术调节法，是规定产业技术发展目标、途径、措施等有关的法律规范的总称，其目标是促进应用技术开发，提高我国产业技术水平；产业布局调节法，又可称为区域经济促进法或区域经济协调发展法，是促进区域间均衡、协调发展的法律规范的总称。对于上述产业调节法“四分法”，也有学者提出了不同看法，认为该划分方法有不够科学和严谨之处[①]。原因在于经济学界对于产业政策是否由产业结构政策、产业组织政策、产业技术政策和产业区域政策四部分构成本身就存在争论，有的经济学者就指出产业政策主要包括产业结构政策和产业组织政策[②]。与这种划分方法相对应，产业调节法体系应当由产业结构调节法和产业组织调节法两部分构成。

当然，学界还有部分学者认为产业调节法不具独立性，不能自成体系。在这些学者看来，我国产业调节相关的法律规范完全可以被经济法的其他子部门法吸纳或者涵盖。产业组织调节法的内容主要体现在反不正当竞争法和反垄断法中，尤其是体现在反垄断法中。反垄断法作为对市场结构进行规制的法律部门，对产业组织的合理化本身就起着非常重要的作用。产业结构与国家计划又有着十分密切的联系，是国家计划的重要内容，故而产业结构调节法亦可以被计划法吸收[③]。上述观点注意到产业调节法与计划法以及市场规制法中的竞争法的联系，却忽视了它们之间的区别。譬如，产业结构调节法是为配合完成计划规定的宏观经济总量指标和经济发展总任务的手段之一，故而不应被视为计划法的一部分。

（三）我国产业调节立法存在的问题

根据前文梳理可知，目前我国已经出台了一些产业调节相关的法律法规，但从其实施效果来看并不太理想。以我国目前的产业结构来看，依然存在层次低、竞争力弱的情况，从总体来看产业链还处于国家分工的低端环节。重大装备制造方面虽取得了一定进步，但与发达国家相比仍存在一定的差距。高新技术与传统产业结合度不高，导致制造业技术水平整体处于较低的状态。对企业而言，也存在着自主创新能力弱、生产集中度不高等问题，使得企业因普遍缺乏核心竞争力而无法有效地与国外大企业、大集团相抗衡。尽管我国产业结构的上述状况乃多方因素使然，但从法律角度来看，与我国产业调节法存在的问题不无关系。总之，我国产业调节法突出存在如下几方面问题：(1)产业调节法体系不完善。改革开放后，我国的产业调节立法主要集中于产业结构方面，有关产业组织和产业技术方面的立法

---

① 漆多俊主编：《经济法学》，武汉大学出版社2004年版，第423～424页。

② 高斌、张国福：《经济政策导论》，经济科学出版社1993年版，第17页。

③ 张守文、于雷：《市场经济与经济法》，北京大学出版社1993年版，第302页。

则比较少，有关产业布局方面的立法更是凤毛麟角。即便是已经颁布的产业结构有关的规范性文件，也存在很多不完善之处。已颁布的《汽车工业产业政策》《水利产业政策》《鼓励软件业和集成电路产业发展的若干规定》《关于加快发展服务业若干政策措施的实施意见》《促进产业结构调整暂行规定》等产业结构规范性文件，要么已经失效，要么不是真正的产业结构规划法。(2)产业调节法同宏观调控法的其他法律法规间的协调性较差。国家产业目标的实现，仅依靠产业调节是不够的，还须综合运用各种政策工具和调控手段，尤其需要同预算、税收、信贷、国债等工具密切配合。也就是说，产业调节法宏观调控功能的实现，需要与宏观调控法中的预算法、税法、金融法等法律法规协调配合。然而，从目前我国产业调节立法现状来看，国家的产业政策并未很好地体现在这些宏观调控的子部门法中。产业调节法同其他宏观调控法间的协调性较差，甚至存在相互抵牾的情形。(3)产业调节法律化程度不高。通过梳理我国的产业调节相关规范性文件可以发现，目前我国产业调节法效力层次较低，即使是在一些关系国计民生的重要领域，相关产业政策也主要是以行政法规和部门规章的形式呈现，甚至不乏以意见、通知等形式呈现。由于这些规范性文件效力层次不高、强制力较弱，实践中的实施效果往往不能达到预期目标。

(四)我国产业调节立法的完善

针对我国产业调节立法存在的上述问题，结合当前我国市场产业调节的实际情况和社会主义市场经济体制建立和完善的需要，我国可通过以下几个方面的努力来完善我国产业调节立法。

1.健全产业调节法体系

由于我国已经颁布或出台了一些产业调节规范性文件，从立法成本及法律稳定性的角度来考虑，我国未来产业调节立法应该以既有的产业调节规范性文件为基础进行立法层次的提升以及立法补漏。具体而言，我国产业调节法体系的健全可从建立与完善综合性的产业调节法、专项性产业调节法两方面来展开。综合性的产业调节法是指在某个时间段内(通常以10年为一个时间段)较全面地指导国家产业发展的法律规范。我国目前已颁布的类似的规范有《90年代国家产业政策纲要》《2010—2020年产业政策纲要》等。由于一国的产业政策应根据社会经济的需求和产业发展情况进行不断的调整与更新，将综合性的产业调节法固化并不现实，以“纲要”这种相对灵活的形式对一段时间内的产业政策及立法提供依据与指导是一种不错的选择。需要注意的是，各个时期出台的“纲要”具有规范性，其规定的内容应具体全面。具体而言，作为规范性的“纲要”应当包括如下内容：订立产业政策和法律必须遵守的原则、优化产业结构的规定、产业组织调节的目标、产业技术调节的重点、产业布局调节的主要原则、产业政策的制定程序与实施、违反“纲要”的法律责任等。只有在综合性产业调节法的指导下，我国才能更有针对性地完善专项性调节立法。无论是从学界既有的研究成果来看，还是从我国目前已出台的看似杂乱无章的产业调节规范性文件来看，我国专项性产业调节立法可从产业结构调节法、产业组织调节法、产业技术调节法和产业布局调节法展开。其中，在产业结构调节法中，应制定《农业发展促进法》《基础设施和基础工业发展法》《支柱产业促进法》《第三产业促进法》《对外经济贸易促进法》《衰退产业调整条例》等；在产业组织调节法中，应重点考虑制定《企业集团法》；在产业技术调节法中，应制定《产业技术促进法》《科技成果转化法》《技术引进法》等；在产业布局调节法中，应制定《产业布局调整法》《西部大开发法》等[①]。

2.强化产业调节法同其他部门法的协调性

产业调节是一个系统工程，仅依靠产业调节法是远远不够的。从宏观调控法部门法内部来看，产业结构调节、产业组织调节、产业技术调节、产业布局调节的顺利实施，离不开国家财政政策、税收政策以及金融政策的鼎力支持。故而，需要强化产业调节法与财税法、金融法等宏观调控法子部门法之间的密切联系。从宏观调控法外部来看，产业调节法与竞争法、环境资源保护法、企业法等部门法之间的联系也十分密切，应将产业政策融入这些部门法的立法完善中。

3.提升产业调节的法律化程度

产业调节法律化程度的提高首先要保障立法的针对性和有效性，因此应根据我国不同阶段产业发展的目标与特点，制定科学合理的产业发展规划，全面统筹与协调产业发展与产业布局，为制定既有针对性又有效的产业调节规范提供依据与指南。在保障产业调节立法的针对性和有效性的基础上，应提高产业调节立法的效力层次。对于关系国计民生的重要领域，应当由全国人民代表大会及常务委员会制定法律。对于当前的产业调节相关规范性文件应进行系统清理，已不合时宜的规范性文件应直接予以废除，对于仍有必要保留但在适用上处于闲置状态的规范性文件提升立法层次，提高其效力层次。例如，为了调节汽车工业产业，我国于1994年出台了《汽车工业产业政策》，该文件因2004年《汽车产业发展政策》的出台而被废止。而《汽车产业发展政策》自出台至今，有些条款已经不合时宜。对于这些不合时宜的条款，有的已经停止执行[②]，但有的仍然有效。对于类似的规范性文件，应当进行全面清理并在必要的情况下提升其立法层次。除了全面清理并提升立法层次外，对于尚未进行产业调节立法的领域，应尽快出台相应的规范性文

① 卢炯星：《产业调节法理论创新与实务问题研究》，厦门大学出版社2011年版，第45～59页。

② 《汽车产业发展政策》中的第52条、第53条、第55条、第56条、第57条、第60条中“对进口整车、零部件的具体管理办法由海关总署会同有关部门制订，报国务院批准后实施”已被工业和信息化部、国家发展和改革委员会令第10号——关于停止执行《汽车产业发展政策》有关条目的决定停止执行。

件。同时,为了使得制定和实施产业政策的行为能够得到有效规范和切实保障,应建立严格的法律责任制度[①]。我国已经意识到产业调节过程中法律责任的重要性,开始将法律责任制度引进到产业调节立法中,并取得了积极的效果。譬如,我国2002年发布的《中华人民共和国中小企业促进法》就未规定法律责任制度,但2017年修订后的《中小企业促进法》在第九章监督检查部分建立了严格的法律责任制度,并取得了不错的效果。

第三节 财政与税收法律制度变迁

一、财政法律制度变迁

(一)新中国财政法律制度沿革

自中华人民共和国成立至今,我国财政法律制度大致经历了三个发展阶段,即从中华人民共和国成立至社会主义改造完成前的社会主义财政法初步建立时期、从"大跃进"开始至"文化大革命"结束前的财政立法停滞时期、改革开放以后的社会主义财政法全新发展时期[②]。

1.我国财政法律制度的初步建立

1949年至1957年是我国财政法律制度雏形初步形成时期,这一时期的财政立法基础是1949年《中国人民政治协商会议共同纲领》和1954年《中华人民共和国宪法》。该阶段通过立法所形成的系列财政法律制度,为我国财政法律制度的建立打下良好基础。具体而言,我国在该阶段主要从财政管理体制法律制度、预算法律制度、税收法律制度、国债法律制度等方面着手建立全国统一的财政收支系统,并对中央与地方在财政经济工作上的管理职权作出划分。

在财政管理体制方面,由于中华人民共和国成立初期国家百废待兴,财政收入分散,通货膨胀以及财政赤字严重,需要将财政管理权限高度集中在中央,实行高度集中的"统收统支"财政管理体制以保证国民经济的恢复和发展。随着国民经济的日益稳定,1951年国家发布《关于1951年度财政收支系统划分决定》,实行"统一领导,分级负责"的方针,将全国的财政收支分为中央、大区以及省三个级别,并进一步划分中央与地方的财政收支范围,在此基础上国家开始整顿城市地方财政体制。"一五"时期,我国确立重工业优先发展的战略方针,为了能适应大规模经济建设,国家开始实行划分收支、分级管理、侧重集中的财政管理体制。

---

① 王先林:《产业政策法初论》,载《中国法学》2003年第3期。

② 刘剑文、熊伟:《财政税收法》,法律出版社2009年版,第31～34页。

在预算制度方面,1951 年发布《预算决算暂行条例》,对国家预算、决算的编制、审查、核定以及预算的执行等作了明确规定。在税收制度方面,各种税收条例的颁布,我国初步形成了全国统一的税收制度,国家财政收入的筹集也因此逐步稳定并有力地调节了国民经济,我国税收立法逐步走向体系化和科学化。在国债制度方面,1950 年发行的"人民胜利折实公债"有效弥补了财政赤字,稳定了物价,制止了通货膨胀。1954 年至 1957 年期间我国以《1954 年国家经济建设公债条例》等为依据发行的"国家经济建设公债"满足了当时国家大规模发展经济建设的需要。

2.我国财政法律制度的停滞

1958 年至 1978 年,是我国财政法律制度发展的停滞时期,十年动荡致使我国财政立法较少。这些少量财政法律法规又主要集中于财政管理方面,包括《关于财政管理体制的规定》《关于严格控制财政管理的规定》《关于民族自治地方财政管理暂行办法》《关于改进民族自治地方财政管理的规定》等规范性文件。1958 年我国进入"二五"时期,国民经济得到较大发展,社会主义改造基本完成。中央开始将部分财政权限下放至地方,对中央与地方的财政与人事权限进行划分,实行"以收定支,五年不变"的财政管理体制。地方分权政策在实践中过度放权,"大跃进"时期"吃大锅饭"的做法导致财政虚假浮夸,破坏了财政管理体制,致使规章制度废弛。为了恢复"大跃进"时期给国民经济带来的巨大损失,我国从 1960 年开始对国民经济进行全面调整,采取"巩固、充实、提高"的方针,财政以"缩减支出以求平衡",并继续加强财政管理,进行中央集权。到 1965 年我国的国民经济得到较快的恢复与发展,各项经济指标均已达到"一五"时期的最高水平。然而 1966 年至 1976 年"文化大革命"的十年期间,我国的财政管理体制频繁变动,国民经济下降,财政收支格局失衡,财政管理体制再次遭到严重破坏。

3.我国财政法律制度的新发展

1978 年党的十一届三中全会以后,全党的工作重心转移到社会主义现代化建设上,实行"对内改革,对外开放"的战略方针。自改革开放以来,我国的财政法律制度得到恢复并有了全新的发展。

(1)财政管理体制的新发展

为了改革财政管理体制,规范中央与地方的财政分配关系,改革开放后我国在四川省试行"划分收支,分级包干",在江苏省试行"收支挂钩,总额分成,比例包干,三年不变"的财政管理体制改革,扩大了地方财政管理权限。国务院发布了《关于试行"收支挂钩、全额分成、比例包干、三年不变"财政管理办法的若干规定》《关于实行"划分收支、分级包干"财政管理体制的规定》《关于地方实行财政包干办法的决定》等文件。1980 年至 1984 年国家对财政管理体制进一步改革,1980 年开始实行"分灶吃饭",即主要实行"划分收支,分级包干"并根据不同省市的具体情况进行相应调整。1982 年开始的财政管理体制改革,特别是在 1983 年、1984 年进行的

"利改税"政策明确了政府与企业的利益分配关系，调动了地方积极性并促进了地方经济建设。与此同时，中央与地方的财政问题开始暴露，中央财政预算困难较大，收支难以平衡，地方财政权限扩大导致重复建设等问题。

为了消除"分灶吃饭"财政管理体制带来的弊端，我国从1985年开始实行"核心税种，核定收支，分级包干"的财政管理体制。1988年7月国务院发布《关于地方实行财政包干办法的决定》，开始在全国推行多种形式的地方财政包干的财政管理体制。这些财政管理体制变革为国民经济的发展发挥了积极的推动作用，但也引发了一些弊端，导致中央与地方的财政关系失衡，中央的统一协调作用无法得到较好的发挥。

1993年12月国务院发布《关于实行分税制财政管理体制决定》，这是我国财政管理体制改革的一大进步。1994年我国开始进行以"分税制"为核心的分级财政管理体制改革，改革的基本内容有：中央与地方事权和支出的划分；中央与地方收入的划分；中央财政对地方税收返还数额的确定；原体制下中央补助、地方上以及有关结算事项的处理；建立过渡时期的转移支付制度。"分税制"是我国财政管理体制改革的一次历史性突破，增强了中央的宏观调控能力，使国民经济得到进一步发展。但是"分税制"改革仍旧存在一些缺陷与弊端，出现中央与地方事权划分不清，税权高度集中，地方税系不健全，政府间收入划分不合理等问题。

1998年国家开始构建公共财政管理体制的基本框架，着手进行"税费改革"，接着又对财政支出进行改革，实行"部门预算制度"、"国库集中收付制度"以及"政府采购制度"等。从2003年至2012年国家以税制改革为核心并辅以财政支出和财政管理制度的改革，使公共财政管理体制进一步完善。

2012年至今是我国现代财政管理制度的摸索与建立时期。2012年党的十八大召开，十八大报告对"公共财政体系""财政分权"等进行了高度的概括，随后一系列政策相继出台，我国的财政管理体制法律制度逐步完善，开启了中国特色社会主义的新征程。2013年党的十八届三中全会通过了《关于全面深化改革若干重大问题的决定》，新一轮的财政管理体制改革以建立现代财政管理制度为目标而展开。此后我国修订了《中华人民共和国预算法》，旨在规范政府收支行为，建立政府预算体系。国家对税收制度以及中央与地方的财政关系等进行一系列的改革，使财政管理体制逐步规范化、法律化、现代化。

(2)预算制度逐步完善

改革开放后我国在预算制度方面展开改革，并颁布了一系列规范性文件：1986年《关于加强预算外资金管理的通知》、1989年《国家预算调节基金征集办法》、1991年《国家预算管理条例》、1994年《预算法》、1995年《国预算法实施条例》、1996年《关于加强预算外资金管理的决定》。其中，1994年出台的《预算法》，对于加强财政资金的管理具有重要意义，但也存在诸多问题。鉴于1994年《预算法》存在的这些问题，全国人大常委会多次将其列入立法规划，但均未取得实质性进展。直至中共十八大以后，我国《预算法》的修订才被重新提上日程，并加快了修改进度。2014年8月，全国人大常委会表决通过《预算法修正案》，使得《预算法》的修订告一段落。

(3)国债制度日益健全

从国债法角度出发，在经历了十年动荡时期之后，我国财政连年赤字，我国1981年1月发布《中华人民共和国国库券条例》，以发行国库券的方式来弥补财政赤字，此后又发行了国家重点建设债券、财政债券、重点企业债券、保值公债、特种公债等。从1989至1991年，每年均颁布一个特种国债条例，对特种国债的发行对象、发行数额、发行期限、利率及偿还期等内容予以规定。2011年国务院在对1992年《国库券条例》修订的基础上，形成现行《国库券条例》。

(二)2014年《预算法》的修订背景、内容及意义

1994年出台的《预算法》，对于加强财政资金的管理具有重要意义，但也存在诸多问题，如预算审批机构权威性不足、依然有大量预算外资金存在、法律责任机制欠缺、预算监督不足、预算程序不够透明等。这些问题使得预算的应有功能未得到完全发挥。鉴于1994年《预算法》存在的这些问题，全国人大常委会多次将其列入立法规划，但均未取得实质性进展。直至中共十八大以后，我国预算法的修订才被重新提上日程，并加快了修改进度。2014年8月，全国人大常委会表决通过《预算法修正案》，使得《预算法》的修订告一段落。

《预算法》素有“经济宪法”之称，此次大修改开启了我国财政体制改革的新时代。与1994年《预算法》相比，2014年《预算法》在条文上由79条增加至101条，修改的内容主要有以下几个方面：(1)完善了立法宗旨。2014年《预算法》在第1条对立法宗旨进行了更新，强调“规范政府收支行为”“建立全面规范、公开透明的预算制度”。立法宗旨上的更新与完善，使得我国《预算法》成为人民管理政府的“治权之法”，而不再是“治民之法”和政府的经济调控工具①。(2)建立了全口径预算。2014年《预算法》强调将各级政府所有收支都纳入预算，以此完善政府预算系统，建立公开透明的预算制度。(3)建立了跨年度预算平衡机制。为了适用市场经济的发展，2014年《预算法》要求各级政府应建立跨年度预算平衡机制，以规范政府超收使用，弥补政府短收不足，并加强政府的支出政策和支出预算的审查，强化支出预算的约束。(4)规范了地方政府债务管理。2014年《预算法》对于地方政府举债的条件、规模、程序、资金的用途等作出规定，并要求国务院建立风险评估和预警机制、应急处置机制以及责任追究制度②。(5)建立了科学的转移支付制度。2014

① 刘剑文：《财税法——原理、案例与材料》，北京大学出版社2017年版，第67页。

② 《预算法》第35条。

年《预算法》规定财政转移支付应当规范、公平、公开，要求建立健全专项转移支付定期评估和退出机制，并强调市场竞争机制能够有效调节的事项不得设立专项转移支付[①]。(6)细化了预算编制。2014年《预算法》将政府收支按照功能与经济性质分类编制，利于对财政的监督与分析。加强了人大代表对预算、决算草案的审查，完善了人大预算监督机制。(7)强化了法律责任。2014年《预算法》在原《预算法》基础上细化了法律责任，加大了追究责任的力度，对越权、违反程序的六种行为进行了详细的规定，并明确了处罚的方式，除行政处罚外，构成犯罪的依法追究刑事责任。

2014年《预算法》的实施是我国民主法治建设过程中的重要成果，也是财政体制改革的重要里程碑，开启了现代财政制度的新征程，标志着公开、透明、全面的现代预算制度的建立。政府由管理主体向管理对象的转变使《预算法》更加规范化、法治化、现代化，由"管理法"变为"控权法"。2014年《预算法》更好地协调了政府与市场的关系，使财政发挥作用不"越位"、不"缺位"。同时2014年《预算法》为新一轮财政体制改革指明了方向，为预算制度的完善提出了指导思想，中央和地方以此为原则进一步形成一套完整的现代预算制度。2014年《预算法》具有可操作性、可执行性，使中央和地方在进行预算管理时"有法可依、有法必依、违法必究"。

(三)我国财政立法未来展望

中共十八届三中全会强调："财政是国家治理的基础和重要条件，科学的财税体制是优化资源配置、维护市场统一、促进社会公平、实现国家长治久安的制度保障。"经过改革开放40年的探索与改革，我国财政立法已取得很大进步，但仍存在一些尚不完善的地方，继续加强财政立法基本成为学界的共识。我国未来财政立法，应着重考虑如下几个方面：

第一，推进财政基本法立法工作。财政基本法涉及财政法一些基本制度的规定，其指导财政法的各个领域，具有普遍适用性。世界发达国家在财政基本制度的法律规范方面主要采取两种方式，要么在宪法中较为全面地规定财政基本制度，要么通过制定专门的财政基本法来规定。我国《宪法》目前尚未完整地规定财政基本制度，为了保障财政领域法律规范的统一实施，有学者提出我国应制定《财政法》[②]，我们对此也表示赞同。在财政制度中有些事项逻辑性较强，能够形成独立完整的体系，这些制度可以在单行法中作出规定。而对于财政领域的重大、基本事项，有必要通过财政基本法予以规定。

第二，预算法应当回归本位。预算法的调整对象及预算法的立法目标决定了

① 《预算法》第16条。

② 刘小兵：《有必要制定财政法》，载《上海人大月刊》2018年第3期；刘剑文：《财税法——原理、案例与材料》，北京大学出版社2017年版，第19～20页。

其应当主要包括预算编制、审批、执行和监督等方面的法律规范。然而，目前我国《预算法》所涵盖的内容过于庞杂，还包含了财政收支划分法、财政转移支付法、公债法等方面的内容，这使得《财政法》在事实上承担了财政基本法的应有功能。未来财政立法应当考虑将预算法回归本位，着力于解决预算过程中的权利配置、标准以及程序等问题[①]。

第三，强化财政支出法。财政的核心内容一为收入，二为支出。财政支出关系与税收关系截然不同，前者通常具有受益性，而后者为侵益性。理论研究中似乎更关注具有侵益性的、容易激发人的抵触情绪的税收关系，由此使得财政支出的法理建构存在一定缺失，体现在立法实践中则是财政支出立法未得到立法者应有的重视。目前，我国制定的层次较高且较完整的财政支付法律规范只有《中华人民共和国政府采购法》，其他财政支出领域缺乏相应规范，这直接导致财政权力自由空间过大。从规范财政支出的角度而言，强化我国财政支出立法，甚至是制定统一的《财政支出法》确有必要。

二、税收法律制度

（一）我国税收制度沿革

中华人民共和国成立近70年来，伴随着我国政治、经济发展形势，我国税收制度经历了一个曲折的发展过程。根据不同时期的特征，可将近70年的税制改革历程划分为三个阶段：第一个阶段是从中华人民共和国成立后到1957年，为我国税制建立和巩固时期；第二个阶段是从1958年到十一届三中全会召开前，属于我国税制曲折发展时期；第三个阶段是从十一届三中全会到现在，属于我国税制建设全面前进时期。在这三个阶段内，我国又先后进行了几次重大税制改革，以适应当时政治、经济发展需要：

1.改革开放以前的税制改革

从1949年以后到改革开放以前，我国经历了一个十分坎坷的税制改革过程。1950年年初，当时的政务院通过发布《全国税政实施要则》规定了14种税收[②]。另外，各地根据其社会经济实际情况，还自行设置了牧业税、农业税等税种。通过这次税制改革，我国初步建立了一套以多种税、多次征为特征的复合税制。该税制在当时保障革命胜利、推动国家财政好转、实现社会主义改造等方面发挥了重要作用。

---

① 刘剑文：《财税法——原理、案例与材料》，北京大学出版社2017年版，第20页。

② 分别是货物税、工商业税、盐税、关税、薪给报酬所得税、存款利息所得税、印花税、遗产税、交易税、屠宰税、房产税、地产税、特种消费行为税和使用牌照税。在实际执行的过程中，对上述税种作了一些调整，如将房产税和地产税合并为城市房地产税。

1958年,我国开始大规模的税制改革,改革的主要内容是简化工商税制。1958年6月3日,第一届全国人民代表大会常务委员会第九十七次会议通过的《关于改进税收管理体制规定》,将部分税收立法权下放,并试行工商统一税,在农村人民公社试行"财政包干",在国营企业则试行"税利合一"。通过改革,全国征收的税种在数量上有所减少[①]。"文化大革命"中,受"极左"思潮影响,我国再一次进行税制改革,改革的核心仍然是简化税制。通过改革,我国的税种进一步减少,对国营企业只征收工商税,对集体企业则只征收工商税和工商所得税,工商统一税仅对外征收,屠宰税、车船使用牌照税、城市房地产税仅对个人和极少数单位征收。另外,1975年对《宪法》进行了修改,将1954年《宪法》所规定的"公民有依照法律纳税的义务"条款取消,使得我国当时的宪法成为世界上极少数无税收条款的宪法之一。

总体来看,改革开放前,受当时苏联经济理论以及我国"左"的思想影响,我国通过税制改革使得当时的税制越来越简单,税种也越来越少,这使得税收在经济活动中的作用逐渐缩小,从而影响了税收职能的发挥。

2.1978—1986年税制改革

十一届三中全会以后,我国社会主义各项事业进入崭新的发展时期。1982年12月4日,第五届全国人大第五次会议正式通过我国第四部《宪法》,恢复了税收条款"中华人民共和国公民有依照法律纳税的义务"。20世纪80年代,为了适应改革开放的新形势,我国急需建立一套立法层次较高且完整规范的税法体系。只是由于当时我国尚未展开经济体制改革,使得税制改革的方向并不明确。在这种背景下,我国开始尝试一种独特的立法方式,即国内税法与国外税法相分离的方式。在当时"税负从轻,优惠从宽,手续从简"的涉外税制原则指导下,我国率先建立了一套涉外税收法制体系。从1980年至1981年,我国发布了《中华人民共和国中外合资经营企业所得税法》《中华人民共和国外国企业所得税法》。这适应了当时我国开展对外经济技术合作、引进外资的需要。1991年,我国又将两部涉外税收规范合并为《中华人民共和国外商投资企业和外国企业所得税法》。

在我国涉外税制初步建立的同时,我国财税部门也在加紧就国营企业利润分配制度以及工商税制改革展开调研。在充分调研的基础上,1981年8月财政部拟定了《关于改革工商税制的设想》,报送国务院并获批准。1983年财政部公布《关于对国营企业征收所得税的暂行规定》,其实行被称之为"第一步利改税"。1984年9月,财政部拟定的《国营企业第二步利改税试行办法》报送国务院并获批准。紧接着,国务院发布了《国营企业所得税条例(草案)》《国营企业调节税征收办法》,

① 改革后主要的税种有工商统一税、工商所得税、盐税、屠宰税、城市房地产税、车船使用牌照税、利息所得税(1959年停征)、文化娱乐税(1966年停征)、畜牧交易税。

由此开启了我国对国营企业征收所得税的历程,被称为"第二次利改税"。另外,国务院又发布了《产品税条例(草案)》《增值税条例》《营业税条例(草案)》《盐税条例(草案)》。在这些行政法规的基础上,国务院于 1986 年 4 月发布了我国税法建设上具有里程碑意义的行政法规——《税收征收管理暂行条例》,我国税收管理由此走上法治轨道。除此外,国务院还发布了关于征收烧油特别税、资源税、集体企业所得税、集体企业奖金税、国营企业奖金税、国营企业工资调节税、城市维护建设税、事业单位奖金税、车船使用税、房产税、个人收入调节税、城乡个体工商户所得税、私营企业所得税、城镇土地使用税、印花税、筵席税等税法法规。

综上,在此次税制改革中,我国进行了全方位的探索,并取得很大进展,初步形成了一套内外有别、以流转税和所得税为主体、其他税种相互配合的新的税制体系,这套新的税制体系基本满足了我国经济体制改革起步阶段的需求[①]。该套税制的特点是由封闭型税制转向开放型税制,由单一税制转向复合税制,这种转变使得我国的税制建设进入新的轨道。

3.1992—1994 年税制改革

1992 年党的十四大提出建立社会主义市场经济体制的战略目标,为了与这一战略目标相适应,税制改革再次被提上日程。1992 年 11 月,党的十四届三中全会通过的《关于建立社会主义市场经济体制若干问题的决定》明确提出我国税制改革的基本原则和主要内容。在此指引下,我国财税部门迅速制定改革的总体方案与具体措施,相应的法律法规也陆续出台。此次税制改革的内容主要有以下几个方面:(1)全面改革流转税制,以比较规模的增值税为主体,消费税与营业税并行;(2)改革企业所得税制,将原来私营企业、集体企业、国营企业分别征收的多种所得税合并为统一的企业所得税;(3)改革个人所得税制,不区分中国人、外国人、个体工商户,统一征收个人所得税;(4)对部分税种作了大幅度调整,开征部分土地增值税,取消原来的 7 个税种,并将部分税种的管理权下放。通过此次税制改革,我国税收制度进一步完善,对于深化改革、扩大开放、加强宏观调控起到重要作用。

4.2003—2013 年税制改革

2003 年党的十六届三中全会提出《完善社会主义市场经济体制若干问题的决定》,提出要分步实施税制改革,并从八个方面提出了税制改革的方向,这标志着我国在进入 20 世纪后开始了新一轮的税制改革。这一时期税制改革遵循的原则是"简税制、宽税基、低税率、严征管",改革涉及的税种包括农业税、财产税、货物和劳务税、所得税、关税等。2005 年 12 月,经第十届全国人大常委会第十九次会议决定,我国自 2006 年 1 月 1 日起废止《农业税条例》,标志着我国彻底废除了延续两千多年的农业税。2005 年,我国修订了《中华人民共和国个人所得税法》,将个人

① 艾华等主编:《税法》,武汉大学出版社 2017 年版,第 21～22 页。

所得税起征点由每月800元提高至每月1600元。2006年，我国调整了消费税的税目、税率及相关政策。2007年我国公布了《中华人民共和国企业所得税法》，原有的《企业所得税暂行条例》《外商投资企业和国外企业所得税法》废止，实现了内外资企业所得税合并。2007年修改《个人所得税法》，将个人所得税起征点提高至每月2000元。2011年再次修改《个人所得税法》，个人所得税起征点提高至3500元，并将九级超额累进税率调整为七级，对应税差距进行了相应调整。2011年，上海首先在交通运输业和部分现代服务业开展营业税改增值税试点工作。2013年8月1日，开始在全国范围内的交通运输业和部分现代服务业的营业税改增值税试点工作。

5.2013年至今

2013年党的十八届三中全会通过《中共中央关于全面深化改革若干重大问题的决定》，首次提出"市场在资源配置中起基础性作用"，标志着我国经济体制改革进入新阶段。在这一新的历史起点，我国税制改革也以前所未有的广泛性与深刻性进入新的发展阶段[①]。最新一轮的税制改革，以逐步建立与国家治理体系和治理能力现代化相匹配的现代税制体系为改革目标。为实现这一目标，我国在诸多方面开展税制改革。在税收征管体制方面，中央全面深化改革领导小组于2015年10月通过了《深化国税、地税征管体制改革方案》，该方案提出"理顺征管职责划分""创新纳税服务机制""转变征收管理方式""深度参与国际合作""优化税务组织体系""构建税收共治格局"六个方面的任务，具有极强的针对性，成为我国税收征管方面又一次具有里程碑意义的改革。在纳税服务机制方面，我国税务部门积极探索税收征管新手段，推动税收信息化建设，"互联网＋税务"行动计划、增值税发票管理新系统的全面推广、金税三期工程的全面上线等，极大提高了我国纳税服务水平。2018年3月党中央印发《深化党和国家机构改革方案》，提出改革国税地税征管体制，将省级及省级以下的国税地税机构合并，实行以国家税务总局为主、与省（自治区、直辖市）政府双重领导的管理体制。此项改革既提高了我国税收征管效率，也使得税收征纳成本提高，有利于为纳税人提供更加便利、优质、高效的服务。

优化税制结构，是新一轮税制改革的另一重点。2016年5月1日，"营改增"覆盖了金融业、建筑业、房地产业和生活服务业，营业税改增值税在我国彻底实现，中华人民共和国成立后已经开征66年的营业税从此退出我国历史舞台。2017年国务院又推出六大减税措施，措施之一则是继续推进"营改增"，简化增值税税率结构。增值税税率自2017年7月1日起由四档减至三档，农产品、天然气等增值税税率也降低。2018年国务院又作出"深化增值税改革，进一步减轻市场主体税负"

① 王敏、袁娇：《中国税制改革四十年回溯与发展趋向》，载《经济纵横》2018年第6期。

的战略部署，推出下调增值税税率、统一小规模纳税人标准、进一步扩大留抵退税范围三项举措。除全面推行并深化“营改增”外，我国在这一时期还积极稳妥地推进所得税改革，从2017年至今推出多项举措为企业减轻税负。2017年仅支持“大众创业、万众创新”的税收优惠政策就减税超过5000亿元。而根据2018年的政府工作报告要求，将再为企业和个人减税8000多亿元，从而促进实体经济转型升级，着力激发市场活力和社会创造力[①]。在个人所得税方面，2018年8月31日十三届全国人大常委会第五次会议通过修改《个人所得税法》的决定，个税起征点提高至每月5000元，进一步释放了改革红利。另外，消费税改革也在这一时期加快进行。此次消费税改革调整了消费税征收范围、环节、税率，将高能耗、高污染产品及部分高档消费品纳入征收范围，取消了对酒精、汽车轮胎征收消费税，对涂料、电池开征消费税，提高了卷烟、高档化妆品税率。

（二）我国税制改革的未来发展趋向

经过前述几个阶段的税制改革，我国基本确立了现代税收制度的雏形。然而，我们也应当意识到，与成熟完善的税制相比，我国还有一段路要走。欲充分发挥税收在解决发展不平衡不充分问题以及更好满足人民日益增长的美好生活需要方面的作用[②]，在未来税制改革中，我们还应当注意如下几方面问题：

1.制定税法通则统率下的税收实体法与税收程序法

税法通则是对国家税收政策、税收制度以及税法基本问题作出对税收实体法和税收程序法具有普遍指导意义的规定。税法通则在某种意义上来说是税法的“宪法”，其在税法体系中起着统帅作用，无论是税收实体法还是税收程序法，均不得与其抵触[③]。考察世界各国税收立法，有许多国家对税法中的共同性问题作出了规定，只不过在模式上存在差异。第一种模式是将税法中的共同性问题以及相关法律法规汇编成法典，如美国的《国内税收法典》；第二种模式是将税法中的一般规定体现在税法通则中，例如日本的《国税通则》、德国的《租税通则》以及俄罗斯的《联邦税收基本法》便是采取该类模式。当前我国尚处于一个税制改革较为频繁的时期，制定税法典并不现实。然而，适时制定税法通则对于我国而言既有现实可能性，又具有重要意义。一方面，我国1949年以后尤其是改革开放后多次税制改革，现代税制雏形初步确立，为制定税法通则提供了可能性；另一方面，制定税法通则可以为我国将来税制改革提出最基本的准则，可在其指导下进一步完善我国的税收实体法与税收程序法。

---

① 《国务院重磅宣布减税 减税4000亿这些企业将受益》，http://www.zhicheng.com/n/20180329/207380_3.html，下载日期：2018年9月22日。

② 张斌：《把握社会主要矛盾转化 深化税收制度改革》，载《税务研究》2018年第2期。

③ 刘剑文：《财税法——原理、案例与材料》，北京大学出版社2017年版，第174～175页。

2.进一步强化税收法治

税收关系到国计民生,因而我们需要加强税收立法,不断完善税法体系,推动我国税收法治化水平。对于当前我国而言,推动税收法治化急需做的一项工作就是不断提高效力层次较高的税收法律在整个税法体系中的比例,这也是保障税法的稳定性与权威性的需要。考察世界各国税收立法状况可以发现,大多数国家的税法体系呈现出以税收法律为主、税收行政法规为辅的特征,而我国的税法体系则与之相反,这显然不符合国际惯例。目前我国只有企业所得税、个人所得税、车船税、烟叶税、环境保护税等少数税种实现了真正意义上的税收法定,大部分税种则是通过条例或暂行条例进行规范,这成为我国当前税法的一个突出特征。鉴于这种现实,我们需要进一步强化税收法治,建立一个以税收法律为主、税收行政法规为辅的税法体系,从而保障我国税法的稳定性与权威性。

3.深化税收国际合作

鉴于经济全球化的深入发展对各国税收管理形成新的挑战,近年来,国际税收改革以及税收征管能力建设成为很多国家共同关注的问题。2018年,首届税收合作平台全球会议在联合国总部召开,这标志着国际社会在税收征管能力建设领域上进一步深化了合作,也为发展中国家充分参与国家税务合作提供了新机遇。随着我国不断推进"一带一路"建设,与各国的联系将更加密切,但由于各国税收制度存在的现实差异,也使得我国在税收问题上面临新的挑战。为此,我国应加快与相关国家和国际组织相关协议的谈判与修订进程,营造合作共赢的国际税收环境,以强化税务管控、深化国际税收合作,促进全球经济的可持续发展。

第四节　金融法律制度变迁

一、中央银行法律制度

(一)我国中央银行的历史沿革

我国历史上最早的中央银行是大清户部银行,由清政府于1905年模仿西方国家的中央银行而建立。1908年大清户部银行改名为大清银行,承担代理国库、铸造发行货币等特殊业务,初步具备了中央银行的职能。清朝灭亡后,大清银行改名为中国银行,并受北洋政府控制,承担着一部分中央银行的职能。此后,孙中山、北伐军也先后在广州、武汉成立过中央银行,但受当时军事形势影响,两家中央银行均未能实际履行中央银行的职能。1928年南京国民政府成立中央银行,新成立的中央银行与交通银行、中国农民银行以及改组后的中国银行共同享有货币发行权。1937年国民政府成立"四联总处",行使中央银行的职能。1942年国民政府中央银行收回货币发行权，统一管理中国的金融业务。

1948 年，西北农民银行、北海银行与华北银行在石家庄合并为中国人民银行，并于 1949 年年初迁入北京。此后，新合并的中国人民银行又合并了内蒙古人民银行、东北银行等地区性银行，成为国家银行。再次合并后的中国人民银行按照行政区划设置了四级机构，即总行、区行、分行和支行。在计划经济体制背景下，当时的中国人民银行具有多重功能，一方面它是各级政权的组成部分，承担着金融管理和发行货币的职能，另一方面它又是一个经济组织，承办储蓄、信贷、结算、外汇等业务，中国人民银行这种集经营和管理于一身的状况一直持续到 1979 年。改革开放后，国务院决定恢复农业银行、建设银行和中国银行。国务院又于 1983 年出台了《关于中国人民银行专门行使中央银行职能的决定》，要求中国人民银行从 1984 年 1 月 1 日起不再面向企业和个人办理金融业务，专门行使中央银行的职能。随着 1995 年《中国人民银行法》的颁布，中国人民银行作为我国中央银行的地位最终以基本法律的形式确立。1998 年中国人民银行及其分支机构在全国范围内改组，全国范围内设立九大区行。2003 年修订后的《中国人民银行法》，从法律上进一步强化了中国人民银行制定和执行货币政策的功能。

(二)我国中央银行立法模式变化

从世界范围来看，各国的中央银行法的立法模式主要有合并立法和分别立法两种模式，前者是将中央银行和商业银行、专业银行统一立法，统称为银行法，后者是将中央银行和普通银行分开单独立法，分别制定中央银行法、商业银行法、专业银行法等。从立法趋势来看，各国主要采取分别立法的模式。我国中央银行立法经历了一个从合并立法到分别立法的转变过程。1998 年我国颁布《银行管理暂行条例》，对中央银行与专业银行、城乡信用合作社、信托投资公司及非银行金融机构等进行统一规范。这种立法模式决定了无法对在金融机构性质、经营管理方式和业务范围存在较大差异的不同类别的金融机构作出详尽的规范。在市场经济体制下，由于货币资本融通性有限，此立法模式尚可以维系。但随着我国由计划经济体制向社会主义市场经济体制转变，交易越来越频繁，货币资本融通也越来越活跃，立法内容较为简陋的统一立法模式便难以为继。在这种背景下，我国于 1994 年开始了金融体制的全面改革，改革的原则是实行银行业、保险业、证券业以及信托业的分业经营，将中国人民银行办成真正的中央银行。为实现此目标，我国于 1995 年先后出台了《中国人民银行法》《商业银行法》《保险法》《票据法》等，1995 年因此也被称为“金融立法元年”。

(三)中国人民银行的性质、地位

各国立法对于中央银行性质的规定不统一，而且理论界对中央银行的性质亦存在分歧。分歧的焦点在于中央银行在性质上究竟属于金融企业还是政府机关，或者兼具两种性质。根据《中国人民银行法》第2条的规定，中国人民银行是我国的中央银行，它在国务院的领导下，制定和执行货币政策，防范和化解金融风险，维护金融稳定。由此可见，中国人民银行在性质上应属于国务院下属的政府机构，为履行国家在货币、金融方面的职能而设立。我们同时又应注意到，作为国家机关的中国人民银行同一般的政府机构相比又有其特殊性。中国人民银行履行国家职能，不仅需要通过金融市场与金融机构实现，还需要经营再贷款、再贴现、票据清算以及公开市场业务等特定的银行业务，这显然不同于通过实施行政强制手段来履行国家职能的一般政府机关。此外，我们还应注意到，中国人民银行虽然经营特定的银行业务，但在经营原则、经营目标、业务对象以及人员管理等方面又显著区别于普通银行。具体而言，在经营目标上不以营利为目的；在业务对象上只针对政府、普通银行以及其他金融机构，而不面向一般的企业、个人等办理业务，且不经营普通银行业务；在人员管理上，中国人民银行的高级领导由全国人大或国务院任命，其职员属于国家公务员。

中国人民银行的地位，是指中国人民银行在我国国家机构体系中的地位，主要是指其与全国人民代表大会、国务院的关系。此问题的核心在于中国人民银行在制定和执行货币政策中享有多大的权力或有多大的独立性。世界各国根据自身的经济发展水平、政治制度以及历史文化传统，对中央银行的法律地位作出了不同的规定。总体来看，主要三种模式，即以美国为代表的独立性较强的模式，以英国和日本为代表的相对独立的模式，以意大利、巴西、澳大利亚、比利时为代表的独立性较小的模式。对于中国人民银行与全国人民代表大会的关系，《中国人民银行法》第6条作出规定：中国人民银行应当向全国人民代表大会常务委员会提出有关货币情况和金融业务运行情况的工作报告。这也就意味着中国人民银行须同其他国家机关一样向全国人民代表大会及全国人民代表大会常务委员会报告工作，对其负责，并接受其监督。对于中国人民银行同国务院的关系，《中国人民银行法》第2条已经作出规定。同时，《中国人民银行法》第7条规定：中国人民银行在国务院领导下依法独立执行货币政策，履行职责，开展业务，不受地方政府、各级政府部门、社会团体和个人的干涉。这说明作为国务院直属机构的中国人民银行具有相对独立性，即在中国人民银行法律地位这一问题上我国采取的是相对独立的模式。这种相对独立性亦体现在《中国人民银行法》第5条、第30条之中，即国务院对于重大货币政策以及向特定的非金融机构提供贷款等事项享有最终决定权。此外，在中国人民银行的人事决定权由国务院掌握的情况下[①]，欲期待中国人民银行在现阶段高度独立行使职权似较难达成[②]。

(四)从 1995 年立法到 2003 年修订:中国人民银行职能不断丰富

我国 1995 年颁布的《中国人民银行法》共计 8 章 51 条，除了规定中国人民银行的性质、法律地位、组织机构、人民币的发行与管理、基本业务、金融监督管理等规则外，还详细规定了中国人民银行的十一项职责[③]。而中国人民银行的职责就是其职能的具体化，通过分析十一项职责可知，具有相对独立地位的中国人民银行在新形势下被赋予三大职能，即制定和执行货币政策的职能、维护金融稳定的职能和提供金融服务的职能。也正是由于被赋予这三大职能，中国人民银行才成为我国真正意义上的中央银行。为了保障中国人民银行能够很好地履行三大职能，国务院在此后又出台了系列配套法规，有 1996 年的《外汇管理条例》[④]，1997 年的《中国人民银行货币政策委员会条例》和《支付结算办法》，2000 年的《人民币管理条例》等[⑤]。2003 年十届全国人大常委会第六次会议修订了《中国人民银行法》，此次修订强化了中国人民银行的三大职能，并小范围内调整了其职责：首先，明确了《中国人民银行法》的立法目的是维护金融稳定，并且规定了中国人民银行维护金融稳定的具体职责；其次，在第 12 条中增加条款"中国人民货币政策委员会应当在国家宏观调控、货币政策制定和调整中，发挥重要作用"，这实际上进一步凸显了中国人民银行的宏观调控职能；最后，鉴于 2003 年国务院机构调整后新设立银行业监督管理委员会，根据中国人民银行与银行业监督管理委员会的职责分工，修订后的《中国人民银行法》第 4 条增加规定了第 4 项"监督管理银行间同业拆借市场和银行间债券市场"、第 5 项"实施外汇管理，监督管理银行间外汇市场"和第 10 项"指导、部署金融业反洗钱工作，负责反洗钱的资金监测"，删去了原法第 4 条第 3 项"按照规定审批、监督管理金融机构"、第 4 项"按照规定监督管理金融市场"。《中国人民银行法》经 2003 年修订后，中国人民银行承担 13 项职责。而随着 2008 年国务院办公厅发布《中国人民银行主要职责内设机构和人员编制规定》，中国人民银行承担的职责又增加至 18 项。综上，从 1995 年我国颁布《中国人民银行法》，到 2003 年《中国人民银行法》的修订，加之前后系列配套规则的出台，中国人民银行

---

① 《中国人民银行法》第 10 条规定："中国人民银行设行长一人，副行长若干人。中国人民银行行长的人选，根据国务院总理的提名，由全国人民代表大会决定；全国人民代表大会闭会期间，由全国人民代表大会常务委员会决定，由中华人民共和国主席任免。中国人民银行副行长由国务院总理任免。"

② 强力、王志诚：《中国金融法》，中国政法大学出版社 2010 年版，第 40～41 页。

③ 1995 年《中国人民银行法》第 4 条。

④ 已于 2008 年修订。

⑤ 已分别于 2014 年、2018 年修订或修正。

的职责不断健全，职能不断丰富。当然，新形势的发展和职责的健全、职能的丰富，对中国人民银行的履职也提出了更高的要求。

（五）现行《中国人民银行法》的不足

《中国人民银行法》在经过2003年的修订后，基本奠定了中国人民银行履职法律体系的基础。然而，从2003年至今的15年时间里，我国经济社会发生了巨大的变化，金融业体制改革在持续推进，金融业对外开放亦在不断深化。尤其是在2008年金融危机以后，防范金融风险已经成为各国中央银行进行金融监管的重中之重。这些变化，使得《中国人民银行法》不足之处逐渐显现：

1.中国人民银行的独立性有待加强

中国人民银行的独立性不强表现在两个方面。一方面是决策独立性不强，中国人民银行仅对一般货币政策事项具有决定权，对利率、汇率和年度货币供应量等重大事项没有决定权，仅有制定权与执行权，且其货币政策委员会在货币政策方面亦没有决定权，仅作为咨询议事机构存在；另一方面是法律的独立性不强，因《中国人民银行法》对于货币政策和财政政策间的相对独立性未作出规定，当中国人民银行的货币政策与其他部门的宏观调控政策发生冲突时，解决方式与解决程序的缺位使得相关政策陷入窘境。

2.最后贷款权法律限制缺失

为维护金融稳定，处置与化解金融风险，作为"最后贷款人"的中国人民银行可决定给地方政府或问题金融机构发放贷款。由于我国《中国人民银行法》对最后贷款权未作出法律限制，这使得中国人民银行在实践操作中经常扩大最后贷款人的适用范围与适用数量，甚至将保险公司、信托公司、证券公司等也纳入最后贷款人的角色范围，这无疑会直接导致基础货币供应量的无限度增加，导致通货膨胀压力增加、金融体系流动性过剩等诸多不良后果，也使得中国人民银行成为金融体系中的不稳定源。

3.中国人民银行履行部分职责缺乏有力的法律保障

现行《中国人民银行法》明确赋予中国人民银行的职责有13项，但法律对中国人民银行履行部分职责的授权上还不够充分，譬如在征信管理方面，虽然征信管理已经在财税、司法等方面得到广泛运用，但未体现在《侵权责任法》等重要的相关法律法规中，这使得信用信息提供部门甚至是基层央行可能会面临侵权诉讼风险。再比如，1995年《中国人民银行法》颁布后，为了中国人民银行更好地履行职责，惩处金融违法行为、维护金融秩序，防范金融风险，国务院于1999年出台了《金融违法行为处罚办法》。虽然《中国人民银行法》经过2003年修订，但国务院出台的该规范性文件依然有效，故而对于基层人民银行而言仍应无条件遵守与执行。然而，在修订的《中国人民银行法》的统领下，基层人民银行在实践中对于是否应继续履行上述国务院规范性文件中的职权却不置可否，而且其他主体也会以监督管理权不明确为由不予配合[①]。同时,《中国人民银行主要职责内设机构和人员编制规定》新增的金融信息安全、金融发展规划及金融控股公司发展规划等职责,由于未上升到法律层面,其权威性不足。此外,在银行业监督管理委员会设立以来,金融服务成为中国人民银行主要职责之一,中国人民银行在推进现代化支付体系建设、改善货币发行服务、提高国库服务水平以及深化外汇服务与改革创新等方面取得了极大的成绩。然而,随着金融宏观审慎制度框架的建立,中国人民银行宏观管理和金融管理职能还有待强化,当前亟须确认与强化中国人民银行的基本职能。

4.部分规范的可行性有待加强[②]。《中国人民银行法》部分规范可行性不足,主要表现在如下两个方面:其一,部分法律条文过于"纲领性""原则性",在实践中不易操作。譬如,《中国人民银行法》虽然赋予中国人民银行金融稳定的职能,但由于尚未有效建立最后贷款人职责、法人金融机构风险评估以及问题金融机构救助等制度,导致立法目标与配套工具脱节,使得中国人民银行面临相关工具与手段匮乏的问题。再比如,《中国人民银行法》虽然赋予中国人民银行检测金融市场运行情况的职责[③],但同样缺乏有效的配套措施来保证中国人民银行的实时动态检测。其二,部分重要权能的安排影响工作的开展。协调机制尚未有效建立以及监管权的缺失,使得中国人民银行不能获取足够的信息,这无疑影响了其应对系统性风险和作出货币政策的能力。另外,清算管理权与支付结算管理权分属中国人民银行、银监会[④],使得原本紧密联系的支付结算链条人为地割裂开来,直接导致我国对社会资金支付划拨的监管效果大打折扣。

(六)《中国人民银行法》的完善

1.提高中国人民银行的独立性

逐步加强中央银行的独立性已经成为过去十几年世界各国中央银行立法的一个趋势,这一点从英国、新西兰、日本、法国通过立法修改来加强中央银行的独立性中可见一斑。而欧洲中央银行自20世纪末成立之初便独立于各成员国政府,且受欧盟理事会这一欧盟最高权力机构的制约,这一做法也值得我国借鉴。对于当前处于经济转型时期的我国而言,中国人民银行的独立性应当进一步加强。一方面,可考虑由中国人民银行直接对全国人民代表大会负责,从而树立中国人民银行的权威性;另一方面,应确定货币政策委员会为人民银行的决策机构,其委员会成员可借鉴欧盟、美国、日本等中央银行的做法,由中国人民银行的工作人员与专家组

---

① 黄锋:《我国央行履职变化与〈中国人民银行法〉修订前瞻》,载《武汉金融》2012年第7期。

② 中国人民银行南昌中心支行法律办课题组:《〈中国人民银行法〉法律适用性的理性评判与完善构想》,载《金融与经济》2013年第3期。

③ 《中国人民银行法》第31条。

④ 《中国人民银行法》第27条。

成，而为了加强对货币委员会的监督，可由全国人民代表大会委派独立委员进行监督。货币委员会的主席应通过选举产生并由国家主席任命。

2.加强对金融稳定再贷款权的限制

在我国当前金融环境下，应当严格约束中国人民银行对金融稳定再贷款的使用。而且为了使市场参与者能够有稳定的预期，还应当对再贷款的运用和经营情况进行严格的信息披露。此外，未来法律的修订还须严格确定最后贷款权的提供条件、程序及监督等。目前国际上通常将“银行危机危害到社会信用，可能引发系统风险”作为最后贷款权的提供条件，我国可参考此条件。在最后贷款人角色界定方面，应当避免范围扩大化，只能针对吸收存款、发放贷款的金融机构适用，禁止向其他类金融机构适用。在适用程序上也应当严格控制，向适格金融机构提供最后贷款的前提是经由货币政策委员会绝大多数表决权通过。在监督程序上，中国人民银行有权监督金融机构对最后贷款的使用情况，并可根据实际使用情况调整利率或者要求提前归还再贷款等。

3.重新界定中国人民银行的职能，为职能的实施提供有力法律保障

为了与十八大所确定的“深化金融体制改革，健全促进宏观经济稳定、支持实体经济发展的现代化金融体系”的金融发展目标相适应，应通过修订《中国人民银行法》进一步明确中国人民银行在我国金融体系中的地位和作用的基础上，将中国人民银行的职能扩大为“制定和执行货币政策”“维护金融稳定”“改善金融服务”“加强金融宏观审慎管理”。2003年《中国人民银行法》之所以确定中国人民银行的“三大职能”，是由当时分业经营、分业监管的现实决定的。我国金融业经过十几年的发展后，新型金融和综合金融不断壮大，完全分业经营会限制我国金融业竞争力的提升。而且国际应对金融危机的经验也告诉我们，中央银行应站在宏观审慎管理者的高度统筹协调金融业。因此，通过修订《中国人民银行法》来理顺中国人民银行与金融监管部门与其他宏观调控部门间的关系，确立中国人民银行宏观审慎管理者的身份显得十分必要。

4.进行必要的制度弥补与完善

具备充足的金融监管工具与手段，是中国人民银行能够有效履行职责的基本条件。结合中国人民银行过去履行职责的经验，同时借鉴域外的有效做法，可考虑通过新增联合检查权、建立金融稳定风险评估制度、增设对直接审批设立机构的监管、建立约谈制度和通报制度等，来充实中国人民银行履行职能的手段。鉴于金融统计工作对于金融监管的重要性，可以考虑将中国人民银行统计监测的范围扩大到非吸收存款、发放贷款类金融机构以及其他相关单位和个人，并通过规定相应的法律责任来保证数据的质量。另外，为了避免原本紧密的支付结算链条被人为地割裂而影响监管的效果，可将维护支付体系安全稳定的总体职责赋予中国人民银行，并明确其管理支付体系的具体内容。

二、商业银行法律制度

(一)1949年后我国商业银行发展历史

1949年后,我国商业银行的发展开始于改革开放以后。在改革开放方针指引下,1979年初我国恢复了中国农业银行,负责农村金融业务;从中国人民银行分设出中国银行,负责外汇和外贸信贷业务;从财政部分设出中国建设银行,负责长期投资与信贷业务。1983年,国务院决定由中国人民银行专门行使中央银行职能的同时,设立中国工商银行,负责信贷和储蓄等商业银行业务。至此,我国以四大国家专业银行为骨干的银行体系初步形成。改革开放之初的四大国家专业银行与现在的四大国有银行存在较大差异,因为改革开放之初的四大国家专业银行不仅从事商业信贷业务,还从事政策性信贷业务,所以并非完全意义上的商业银行,这种情况直到20世纪90年代才发生改变。20世纪90年代,为适应建立社会主义市场经济体制的要求,我国将政策性信贷业务从四大国家专业银行中剥离出来,由新成立的国家开发银行、中国农业发展银行和中国进出口银行专门负责政策性信贷业务,与此同时,将四大国家专业银行改造成国有独资商业银行。

在改革开放的推动下,我国除了完成商业银行的改造外,其他类型的银行也在快速发展。继交通银行于1986年完成重组,变成以公有制为主的股份制全国性综合银行以后,我国相继成立了中信实业银行、招商银行、中国光大银行、华夏银行、上海浦东发展银行、民生银行等12家股份制银行。《中华人民共和国邮政法》于1986年通过后,因邮政企业从事邮政储蓄业务,邮政储蓄成为"准银行"系统。1995年,中国人民银行在各城市信用社的基础上决定在全国16个城市进行组建城市合作银行试点,深圳城市商业银行作为我国第一家城市商业银行成立。

在中资商业银行快速发展的同时,外资银行在我国也开始发展起来。早在1985年,我国就在政策上允许外国金融机构在我国经济特区设立营业性分支机构[①]。此后,我国又陆续允许在其他几个城市设立外资金融机构。1994年为了规范外资金融机构在我国的经营行为,我国颁布了《外资金融机构管理条例》。2001年我国加入世界贸易组织,而根据入世的承诺,我国将逐步取消外资银行进入中国的限制,商业银行业将全面开放。外资进入我国银行业,给我国金融业造成威胁,我国商业银行业的发展也因此面临严峻挑战。在这一背景下,我国积极推进商业银行改革。为了加强对商业银行的监管,2003年中国银行业监督管理委员会(简称"银监会")挂牌成立,代替中国人民银行行使银行业监督管理职权。随后,我国又相继颁布了《中华人民共和国银行业监督管理法》等文件,明确了银监会的职责,

---

① 《中华人民共和国经济特区外资银行、中外合资银行管理条例》。

我国银行业监督管理体制在逐步建立与完善。

(二)我国商业银行立法概况

我国商业银行立法始于1904年清朝户部奏准的《试行银行章程》。清朝灭亡后,民国政府先后多次颁布银行法,其中较为完整的是1947年公布的《新银行法》。中华人民共和国成立后我国银行立法长期处于缺失的状态,直至1986年我国才颁布《银行管理条例》,这也是我国第一部对商业银行进行规范的行政法规。1995年全国人大常委会第十三次会议审议通过了《商业银行法》,这部法律对我国改革开放以来的商业银行改革实践经验进行了总结,同时也吸收了域外各国商业银行立法的成功经验,适应了我国商业银行体系建设的需要。然而,随着我国对外开放程度的深化以及金融体制改革的深入,1995年《商业银行法》中的部分条款已经无法适应我国银行业进一步改革的需要。在这种情况下,2003年全国人大常委会第六次会议通过了商业银行法的修正案。通过此次修改,适应了我国商业银行改革发展的需要,有利于确保金融机构安全、稳健、高效地运行。此外,2015年第十二届全国人民代表大会常务委员会第十六次会议又对我国商业银行法作了小范围修改,删除了原第39条商业银行贷款"贷款余额与存款余额的比例不得超过百分之七十五"的规定,同时删除原第75条第3项规定的"存贷比例"指标,存贷比监管指标变为检测指标。

就适用范围来看,我国《商业银行法》适用于在我国境内设立的所有商业银行,既包括大型国有商业银行的股份制银行,也包括农村商业银行、城市商业银行、外国分行、中外合资银行、外商独资银行。另外,农村和城市信用合作社办理存贷款及结算业务,同样适用《商业银行法》。就立法内容来看,我国现行《商业银行法》共9章95条,包括商业银行的定义与义务范围;商业银行的设立和组织机构;对存款人的保护;贷款和其他业务的基本规则;财务会计;监督管理;接管和终止;法律责任等。我国《商业银行法》的立法可总结出一些特征,这些特征也反映了我国商业银行立法所取得的成绩:

第一,注重保护存款人的利益。注重保护存款人的利益已成为各国银行立法的基本宗旨。我国《商业银行法》也尤其注重存款人利益的保护。除了在总则部分直接规定保护存款人利益的原则外,还在第三章分专章对存款人保护的内容作了较为详细的规定。此外,《商业银行法》所规定的商业银行设立条件、中国人民银行的接管、资产比例负债比管理等,也为加强存款人利益的保护提供了依据。

第二,保护商业银行的合法权益。《商业银行法》同样注意保护商业银行的权益,其目的是使作为独立企业法人的商业银行能够更好地经营资金,实现自负盈亏、自担风险与自我约束。

第三,提高商业银行信贷资产质量。我国商业银行信贷资产质量长期呈下降趋势,集中表现为逾期、呆账、呆滞贷款增加。信贷资产质量下降,将严重影响到商业银行的资产流动性与充足率，影响到金融的安全稳健运行。为此，我国《商业银行法》从十个方面对提高商业银行信贷资金质量作出了规定。

（三）2003 年《商业银行法》修改的背景和原则

1995 年我国《商业银行法》的颁布和施行，对推动我国金融业的健康发展起到重要作用。然而，随着 20 世纪末我国对外开放程度的加大以及金融体制改革的深入，1995 年《商业银行法》的部分条款已经不能适应新形势的需要。其存在的问题可归纳为如下四个方面：第一，过窄的业务范围无法涵盖商业银行当时的经营范围；第二，严格的分业经营既不符合国际金融发展趋势，也约束了我国商业银行进一步发展；第三，对商业银行的监管与处罚在一定程度上存在缺失；第四，商业银行信贷资产质量较低，呆账、坏账比例高。鉴于我国商业银行当时所处的上述经营环境，理论界与实务界对修改商业银行法的呼声日益高涨，这引起立法机关的重视，修改 1995 年《商业银行法》由此列入立法机关的议事议程。

另外，2003 年 3 月 10 日十届全国人大一次会议审议通过了《关于国务院机构改革方案的决定》，决定设立银监会，以完善我国金融监管体系，适应银行监管职能与货币职能的发展趋势。鉴于国务院机构改革，当时需要修改商业银行法以适应这种变化。2003 年 4 月 26 日，十届全国人大二次会议审议通过了《全国人民代表大会常务委员会关于中国银行业监督管理委员会行使原由中国人民银行履行的监督管理职责的决定》，要求国务院抓紧提出修改《商业银行法》等有关法律的议案。

在立法过程中，立法者对于修改《商业银行法》应遵循何种原则一直存有争议，后经反复慎重考虑，最后决定采用如下原则指导 1995 年《商业银行法》的修改：其一，适应金融监管体制改革的需要，在法律中明确银监会对商业银行的主导监管地位，明确具体监管规则，同时保留人民银行必要的监管职责；其二，适应商业银行改革与发展的需要，修改有把握且看得准的内容，暂不修改看不准或存疑的内容[①]。

（四）未来《商业银行法》修订应予注意的几个问题

自 1995 年我国颁布《商业银行法》至今已 20 年有余，《商业银行法》发挥的价值与作用值得肯定。然而 20 余年间我国银行业无论是在组织形式、市场发育、竞争态势、业务类型，还是在监管环境方面已经发生了极大的变化，已与《商业银行法》颁布之初不可同日而语。虽然经过 2003 年、2015 年两次修改，但 2003 年修订距今也有十余年，2015 年只是对局部进行小范围修改，现行《商业银行法》已不能满足银行业发展的现实需求。理论界与实务界修改《商业银行法》的呼声再次高涨，而且所提及的修改内容几乎涵盖该法的全部章节。更有全国人大代表呼吁全

---

① 中国人民银行“两法”起草工作小组：《修改〈商业银行法〉的背景和原则》，载《金融时报》2004 年 3 月 1 日。

面修改商业银行法[①]。由此可见，在修改现行《商业银行法》这一问题上已基本达成共识。针对我国当前的金融环境以及商业银行发展现状，未来我国《商业银行法》修订应注意如下几个问题：

第一，规范市场准入，实行分类持牌分类监管制度。经过改革开放40年的发展，我国已经成为一个银行业金融机构众多的金融大国。然而，我们应当注意到这样一个现实，我国银行业金融机构在性质、资金来源、资产规模以及经营状况等各方面存在极大的差距，而差异如此大的各银行业金融机构无差别地适用同一部法律，这无疑不利于银行业的健康发展。从域外发达国家的银行业监管实践来看，实行分类持牌分类监管已取得了积极的效果。以新加坡为例，新加坡金融监管部门将银行牌照划分为全面银行、批发银行与岸外银行三种牌照，且针对外资银行又划分一般全面牌照和特许全面牌照两类，持有批发银行和岸外银行牌照的银行只能在新加坡开设一家分行。对于经营管理能力有限、治理机构不健全的银行，则严格限制其业务范围。新加坡这种分类持牌分类监管的模式，规范了银行业市场准入，并取得了有效的监管效果。我国未来商业银行立法可借鉴此制度，这不仅有利于防范银行经营管理风险，还有利于解决我国当前严重的同质化竞争问题。

第二，明确银行业协会的法律地位，发挥自律组织的作用。《中共中央关于全面深化改革若干重大问题的决定》要求激发社会组织活力，发挥社会组织作用。我国《保险法》《证券法》也分别明确界定了保险业协会、证券业协会的地位与作用[②]，但令人遗憾的是我国至今尚未在《商业银行法》中规定银行业协会，这直接导致银行业协会法律地位不清，影响了职能的发挥。目前，全国成立的银行业协会有200多家，这些银行业协会在自律、协调、维权等方面发挥着积极的作用。为了更好地发挥银行业协会的作用，为我国银行业发展提供法律保障，未来我国《商业银行法》修订应对银行业协会的地位与职能作出明确规定。

第三，严格规范银行业信息披露，强化客户隐私权保护。随着银行产品种类日益繁多，银行引发客户投诉的情况也日益严重。部分银行的不良销售行为，既损害了金融业的声誉，也损害了客户的合法权益。究其原因，则与银行相关业务披露不充分存在重要关联。我国现行《商业银行法》仅在财务方面规定商业银行应当按照国务院要求来公布上一年度的经营业绩和审计报告[③]，但对于银行相关业务必要信息的披露却并没有作出实体性与程序性规定。未来《商业银行法》的修订应严格规范银行业信息披露，披露的信息需既包括管理信息，又包括相关业务信息。同

---

① 张先明：《罗祖亮代表——商业银行法应全面修改》，载《人民法院报》2016年3月11日第7版。

② 《保险法》第182条、《证券法》第174条。

③ 《商业银行法》第56条。

时，还应对金融消费者的概念作出界定，以方便判断银行与客户的行为哪些属于投资行为，哪些属于消费行为。

三、政策性银行法律制度

(一)我国政策性银行发展历史

1949 年后，我国开始全面整顿民国时期遗留下来的银行，新组建的中国人民银行又合并吸收了国内绝大多数银行，成为唯一的银行，集中央银行与商业银行的功能于一身。这一时期，政策性业务也主要由中国人民银行承担。改革开放以后，我国在银行业出台了多项改革举措，使得我国银行业朝着多元化方向发展。从改革开放之初到 1994 年，政策性业务被从中国人民银行的业务中剥离出来，改由中国银行、农业银行、工商银行、建设银行四大国家专业银行承担。为了与社会主义市场经济体制建设的需要相适应，国务院于 1993 年发布了《国务院关于金融体制改革的决定》，决定将四大国家专业银行建设成四大国有商业银行，政策性业务再次被从四大国家专业银行中剥离出来。《国务院关于金融体制改革的决定》成为我国筹建政策性银行的主要依据。由于转型后的四大国有商业银行不再承担政策性金融服务，1994 年 3 月注册资本为 500 亿元人民币的国家开发银行成立，其业务范围是承担国内开发型政策性金融服务。1994 年 7 月，注册资本为 33 亿元人民币的中国进出口银行成立，其业务范围是承担大型机电设备进出口融资服务。1994 年 11 月，注册资本为 200 亿元人民币的中国农业发展银行在北京成立，其业务范围是承担农业政策性扶植业务。三大政策性银行在同一年内先后成立，既是我国金融体制改革的结果，又是我国社会主义市场经济发展的必然结果。

进入 21 世纪，我国政策性银行又有了新的发展。2007 年初召开的全国金融工作会议决定推进三大政策性银行改革。改革的目标方向是按照建立现代金融企业制度的要求全面推进政策性银行的商业化运作，实现自主经营、自担风险、自负盈亏。2007 年年底，中央汇金与国家开发银行签署协议，向国家开发银行注资 200 亿美元。2008 年 2 月国务院批准了国家开发银行改革实施总体方案，2008 年 12 月由银监会和国家工商总局为国家开发银行办理《金融许可证》和《营业执照》，国家开发银行股份有限公司挂牌成立，这也是我国第一家由政策性银行转型而来的商业银行。2015 年，由中国人民银行会同有关单位提出的我国三大政策性银行改革方案获得正式批准，按照此方案，中国进出口银行和中国农业发展银行的政策性银行定位进一步得到了明确，而国家开发银行则被明确定位为开发性金融机构。

(二)我国政策性银行立法概况

目前我国政策性银行立法十分薄弱，尚无政策性银行专门立法，也无针对政策性银行的单独行政法规，主要以决定、命令、规章和其他政策性文件对政策性银行进行规范。法律层面虽无专门立法，但在部分法律中有针对政策性银行监管的零散规定。按照1995年《中国人民银行法》的规定，政策性银行的金融业务最初由中国人民银行进行指导和监督[①]。2003年修订后的《中国人民银行法》则取消了针对政策性银行所作的上述规定，并将政策性银行同商业银行、信用合作社等统一界定为银行业金融机构[②]。2003年颁布的《中华人民共和国银行业监督管理法》亦将政策性银行界定为银行业金融机构[③]。由此可见，《银行业监督管理法》与《中国人民银行法》在对政策性银行的监管态度上基本一致，即将其与商业银行、信用合作社等一同作为银行业金融机构进行无区别监管。略有不同的是，《银行业监督管理法》意识到政策性银行的特殊性，并为政策性银行立法留了空间[④]。在行政法规层面，虽然同样不存在针对政策性银行的专门的行政法规上，但在有关银行业金融机构监管的行政法规上，有部分条款针对政策性银行。在决定、命令、规章和其他政策性文件层面，主要有《国务院关于金融体制改革的决定》以及依此文件颁发的各"通知""方案"。此外，国务院、银监会和中国人民银行针对银行业金融机构制定的各种文件中也有部分规定涉及政策性银行的组织机构、业务运行等，但同样很少是专门针对政策性银行作出的。

(三)我国政策性银行立法存在的问题

通过对目前我国政策性银行立法状况的梳理可以明显看出，我国政策性银行立法还处于并不健全的初级阶段，这也决定了我国政策性银行立法无论是在技术、体系还是内容等方面均存在一定问题，其中突出的问题可归纳为如下三个方面：

第一，立法层次低且层次混乱。我国目前没有一部专门针对政策银行的法律、行政法规，即便是其他法律、法规中有对政策性银行的规定，但也极为有限，缺乏系统性。实践中，有关政策性银行的制度安排通常由自身拟定后报国务院批准施行，不仅立法层次低，也缺少严肃性与权威性，且执行效果较差。

第二，立法滞后。国外通常是先进行政策性银行立法，然后再建立和运行政策性银行，而我国则采取了相反的模式。从1994年我国建立三大政策性银行至今，我国不但未能制定相应的法律或条例，即便是其他层次的规范性文件也屈指可数，呈现出严重的立法滞后现象。相关立法滞后无疑制约了我国政策性银行的健康发展。

第三，制度设计粗糙且不合理。我国现有政策性银行立法中许多方面应当进

---

① 1995年《中国人民银行法》第35条。

② 《中国人民银行法》第52条。

③ 《银行业监督管理办法》第2条。

④ 《银行业监督管理办法》第48条规定："对在中国境内设立的政策性银行、金融资产管理公司的监督管理，法律、行政法规另有规定的，依照其规定。"

行规定而没有作出规定，其中不乏一些根本性的制度缺失，使得政策性银行在实际运作中经常出现无法可依的情况。此外，既有立法对政策性银行监管制度的安排不尽合理，未考虑到政策性银行的特殊性，更未针对政策性银行的特殊性作出针对性的监管安排。将政策性银行同商业银行等金融机构进行无差别的统一监管，既不利于对政策性银行的有效监管，又不利于其职能的发挥。从国外政策性银行立法实践来看，通常由财务部对政策性银行进行监管，而并非通过中央银行或者银行业监督管理部门。

（四）我国政策性银行制度安排的有益探索

考虑到我国政策性银行立法的薄弱性，结合政策性银行在实践中遇到的现实问题，近年来我国针对三大政策性银行积极探索有益的制度安排。2015 年 4 月 12 日，国务院印发了《关于同意中国农业发展银行改革实施总体方案的批复》《关于同意中国进出口银行改革实施总体方案的批复》和《关于同意国家开发银行深化改革方案的批复》三个文件。文件针对三大政策性银行分别提出了最新改革方案。

该方案对中国农业发展银行的定位是“坚持以政策性业务为主体”，改革的主要内容有：合理界定业务范围，审慎发展自营性业务；妥善解决并逐步消化政策性财务挂账；建立资本充足率约束机制；完善财税货币支持政策；建立健全治理结构；修改章程并将其作为合规经营的重要依据；深化内部改革等。对中国进出口的定位同样是“坚持以政策性业务为主体”，改革的主要内容与中国农业发展银行有相似之处，但也存在特殊的地方，要求中国农业发展银行充分发挥在稳增长、调结构、支持外贸发展、实施“走出去”战略中的功能与作用。对中国进出口则是要求“坚持开发性金融机构定位”，改革的主要内容有：合理界定业务范围；完善组织框架和治理结构；明确资金来源支持政策；提高资金充足率，并建立以资本充足率为核心的资本约束机制；加强内部管控和外部监管。

四、货币法律制度

（一）我国人民币管理法律制度沿革

1948 年 12 月，我国在合并与收兑当时各解放区和革命根据地的货币的基础上建立起人民币制度。1948 年 12 月 1 日，当时的北海银行、华北银行以及西北农民银行合并成立中国人民银行，同时开始发行人民银行钞票，标志着人民币的诞生。人民币诞生后，中国人民银行一方面收兑肃清原国民党政府发行的金圆券，另一方面收兑各解放区银行发行的地方性货币。同时，对当时尚有流通的金银外币进行了排除。1949 年 9 月，中国人民政治协商会议通过《中国人民政治协商会议共同纲领》，作出发行权属于国家的明确规定。至此，我国确立了以人民币为唯一合法货币的货币制度。为了明确人民币的法律地位，我国《人民币管理条例》和《中国人民银行法》均作出明确规定，“人民币是我国的法定货币，以人民币支付中华人民共和国境内的一切公共和私人的债务，任何单位和个人不得拒收”①。

截至目前，我国共发行了五套人民币。第一套人民币发行于1948年12月1日，共计12种面值62种版别；第二套人民币发行于1955年3月，发行的目的是稳定国民经济、抑制通货膨胀；第三套人民币发行于刚刚渡过三年经济困难期的1962年，为了适应国家财政金融逐步好转、工农业生产逐渐恢复的新形势而发布；第四套发行于1987年，在改革开放的推动下，国民经济迅猛发展，急需大量货币；第五套人民币发行于1999年，其发行标志着我国建立了较为完善的货币制度，该套人民币的特点是具备较先进的防伪技术，防伪功能明显增强。

目前我国与人民币管理有关的法律规范主要有《中国人民银行法》《人民币管理条例》《现金管理暂行条例》《现金管理暂行条例实施细则》等。其中，《中国人民银行法》在第三章分专章规定了人民币法律制度，规定的主要内容有：人民币的法定货币地位及法定适用范围；人民币的主币和辅币及单位；人民币的发行机构和发行公告；与人民币有关的违法犯罪行为；禁止变相人民币流通；人民币的兑换、收回和销毁的规定；人民币的发行等。《现金管理暂行条例》则从总则、人民币的设计和印刷、人民币的发行与收回、人民币的流通和保护、法律责任等方面对人民币制度作出规定。《现金管理暂行条例》则从现金使用范围、现金库存限额、现金收支以及法律责任等，对人民币的流通环节作出规定。此外。我国《中华人民共和国刑法》还规定了“伪造假币罪”“出售、购买、运输假币罪”“金融工作人员购买假币、以假币换取货币罪”“持有、使用假币罪”“变造货币罪”“走私假币罪”等涉及假币的法律责任。

(二)我国外汇管理法律制度沿革

自1949年至今，我国外汇管理经历了三种不同管理模式。而以改革开放为节点，改革开放之前我国实行严格的外汇管制模式，改革开放以后，我国逐步探讨计划与市场相结合的管理模式，并逐步向以市场调节为主的管理模式转化。

改革开放以前我国的严格外汇管制模式又可被划分为两个阶段。第一个阶段是从新中国成立到我国完成私营工商业社会主义改造以前。在此阶段，我国完成了对原国民政府时期的外汇管理制度的彻底改造，在取消帝国主义银行一切特权的同时，又对私营银行的外汇业务进行整顿。1950年，中国人民银行总行在对当时华北、华东、华南、华中四大行政区的外汇管理办法进行统一和修正的基础上，对外汇管理的基本任务作出规定：严禁外币流通买卖，防止逃汇套汇，限制人民币、外币、金银贵金属出入国境，外汇收支集中国家统一管理，进出口贸易实行许可证制

---

① 《人民币管理条例》第3条、《中国人民银行法》第16条。

度，全国外汇资金由中央财政经济委员会统一掌握分配。第二个阶段是从1956年我国完成私营工商业社会主义改造到改革开放以前，这个时期由我国的国营外贸公司统一经营外贸业务，由中国银行统一经营管理外汇业务，形成了高度集中的外汇管理体制。

改革开放以后，伴随着经济体制改革，我国外汇管理制度发生了巨大变化。原有的国营外贸公司垄断外贸的局面被打破，外资被大量引入，这对原有的外汇管理体制提出了挑战。为了对外汇统一管理，我国于1979年成立了外汇管理局，并制定《外汇管理暂行条例》[①]，经国务院批准后于1981年3月开始实施，成为我国第一部外汇管理法规。之后，为了与社会主义市场经济发展需求相适应，中国人民银行于1993年12月制定和发布了《关于进一步改革外汇管理体制的公告》。1996年1月，国务院第四十一次常务会议通过了《外汇管理条例》，次年国务院对该条例作出修订，明确我国实行人民币经常项目可兑换。2008年因对外经济贸易发展及金融发展产生新的变化，我国再次修订《外汇管理条例》，在外汇管理理念上由“重流出、轻流入”向“均衡管理”转化，受到业界的普遍好评，对于完善人民币汇率形成机制、推动贸易便利化、强化资金流通的监管等具有重要意义。作为我国对外汇进行管理的基本规范，《外汇管理条例》规定了经常项目外汇、资本项目外汇、人民币汇率、外汇市场管理以及与之对应的法律责任。这些规范同《结汇、售汇及付汇管理规定》《境内机构对外担保管理办法实施细则》《境外外汇账户管理规定》《外债统计监测暂行规定》等，共同构成我国外汇管理法规体系。

（三）我国金银管理法律制度沿革

作为贵重金属，金银曾经是人类历史上的主要货币形式，曾长时间在世界范围内被普遍适用。金银管理是金融管理的重要组成部分，是国家授权特定机关对金银的收购、配售、经营以及进出国境进行管理。世界各国都十分重视金银管理，它在保持一国外汇储备、确保法定货币法律地位、维持法定货币的币值稳定、回笼货币以及打击各种利用金银进行的违法犯罪活动等方面具有重要意义。在我国，由中国人民银行按照统一管理、统购统配的原则对金银进行管理。为了实现金银管理法治化，改革开放后我国出台了一些法律规范。国务院为适应金银管理的需要，于1983年颁布了我国第一部对金银进行管理的全国性法律——《金银管理条例》，使得金银管理政策法律化。为贯彻《金银管理条例》，同年底中国人民银行公布了《金银管理条例施行细则》。为了贯彻执行《金银管理条例》对金银进出国境的管理规定，1984年中国人民银行与海关总署联合制定并公布了《对金银进出国境的管理办法》。2002年10月30日上海黄金交易所正式开业，为了适应黄金交易的需

---

① 已失效。

要，中国人民银行于2002年10月公布了《关于调整携带黄金有关规定的通知》，规定上海黄金交易所开业后，黄金生产、加工、经营企业跨省区携带批量黄金，人民银行不再审批，航空、铁路和交通运输部门凭企业经营执照副本和单位介绍信查验放行。上述规范性文件，共同构成了我国金银管理法规体系。

第五章

经济监管法律制度的变迁

第一节　经济监管法律制度变迁概况

一、经济监管的背景分析

(一)语境的转变:从计划经济到市场经济

在计划经济体制下,政府对经济的管理完全用指令性的经济计划代替市场经济,政府是集财产所有者、生产经营者、资源分配者、经济管理者等多项职能于一体的"全能政府"。在市场经济条件下,市场机制在资源配置中起基础或决定性作用,政府的经济管理职能则被理解为"以矫正和改善市场机制内在问题为目的"的政府治理市场的行为。1978年中共中央十一届三中全会决定改革中国过分集中的计划经济体制,此后通过多次经济体制改革的决议和宪法的确认逐步推进并完成了中国经济体制从计划经济向有计划商品经济再到市场经济的历史转变,具体体现在:

1.提出建立社会主义有计划的商品经济

1982年9月召开的中国共产党第十二次代表大会提出“计划经济为主、市场调节为辅”的经济改革原则，随后于1982年12月颁行的《中华人民共和国宪法》则明确提出要“保护个体经济的合法的权利与利益”。1984年10月十二届三中全会《中共中央关于经济体制改革的决定》提出建立“有计划的商品经济”，1987年10月召开的中国共产党第十三次代表大会提出“社会主义有计划商品经济的体制，应该是计划与市场内在统一的体制”，建立“国家调节市场，市场引导企业”的经济运行模式，1988年宪法修正案则明确提出要“保护私营经济的合法的权利与利益”。

2.提出建立社会主义市场经济体制

1993年11月召开的中国共产党第十四届三中全会审议通过的《中共中央关于建立社会主义市场经济体制若干问题的决定》提出要“建立社会主义市场经济体制，就是要使市场在国家宏观调控下对资源配置起基础性作用”，1993年宪法修正案则明确了“国家实行社会主义市场经济”的经济体制。

3.进一步完善社会主义市场经济体制

2003年10月召开的中国共产党第十六届三中全会审议通过的《中共中央关于完善社会主义市场经济体制若干问题的决定》提出“更大程度地发挥市场在资源配置中的基础性作用”，而于2013年11月召开的中国共产党第十八届三中全会审议通过的《中共中央关于全面深化改革若干重大问题的决定》将市场在资源配置起基础性作用升级为“使市场在资源配置中起决定性作用和更好发挥政府作用”。

中国社会主义经济体制从指令性的计划经济到有计划的商品经济再到社会主义市场经济体制的转变，主要是围绕政府与市场关系的调整来展开的，重点就是在整个国民经济发展中，让市场在资源配置中发挥基础性或决定性作用，政府由统制型政府、发展型政府、全能型政府向服务型政府、监管型政府、有限型政府转变，因而中国经济体制的变革一方面是通过农村经济、国有经济、民营经济等的深入发展，另一方面则是通过政府机构设置、职能配置等政府管理体制改革来协同推进、共同完成。

（二）监管方式的调适：从宏观调控到市场监管

在计划经济体制下，政府对经济的管理方式是采用计划和管制，因而政府的职能主要是围绕高度集中的计划经济体制进行配置，但随着指令性计划经济体制向社会主义有计划商品经济和市场经济体制的转变，市场的功能和政府在经济管理中的角色均开始发生转变。在社会主义有计划的商品经济体制中，在遵循价值规律的前提下，政府必须“有计划的指导、调节和行政的管理”；而在社会主义市场经济条件下，改革初期就是“要使市场在国家宏观调控下对资源配置起基础性作用”，深化改革阶段则是“使市场在资源配置中起决定性作用和更好发挥政府作用”。

1."经济调节""宏观调节"

1984年10月中国共产党十二届三中全会《中共中央关于经济体制改革的决定》提出建立"有计划的商品经济",其中"部分农副产品、日用小商品和服务修理行业的劳务活动"的生产、交换完全由市场进行调节,经济计划也由单一的指令性计划向兼容指令性计划和指导性计划转变,并适当扩大指导性计划的范围、缩小指令性计划的范围,"对关系国计民生的重要产品中需要由国家调拨分配的部分,对关系全局的重大经济活动,实行指令性计划"。同时提出要推进政企分开工作的展开,"正确发挥政府机构管理经济的职能",政府要"掌握和运用经济调节手段;制订并监督执行经济法规",更加重视"宏观调节"在经济管理中的作用。

2."经济调节""宏观调控""市场监管"

1993年11月中国共产党第十四届三中全会《关于建立社会主义市场经济体制若干问题的决定》提出要"建立社会主义市场经济体制,就是要使市场在国家宏观调控下对资源配置起基础性作用……转变政府管理经济的职能,建立以间接手段为主的完善的宏观调控体系"。同时,还提出要充分发挥市场在资源配置中的作用,必须要培育和发展社会主义市场体系,而"当前培育市场体系的重点是,发展金融市场、劳动力市场、房地产市场、技术市场和信息市场等",当然也需要"建立有权威的市场执法和监督机构,加强对市场的管理"。1993年宪法修正案明确"国家加强经济立法,完善宏观调控""国家依法禁止任何组织或者个人扰乱社会经济秩序"。2002年11月召开的中国共产党第十六次代表大会报告指出,"要完善政府的经济调节、市场监管、社会管理和公共服务的职能"。2018年中国共产党十九届三中全会《中共中央关于深化党和国家机构改革的决定》指出要"建设现代化经济体系,加强和完善政府经济调节、市场监管、社会管理、公共服务、生态环境保护职能"。

二、经济监管内涵与外延的界定

随着社会主义市场经济体制改革的深入和逐步完善,"经济监管"的内涵与外延也逐渐从笼统模糊向明确具体转变,即"经济监管"逐渐从"经济管理""经济调节""宏观调控""市场监管"等概念中分离出来,并与"宏观调控"、"市场监管"并列成为国家干预经济的重点内容。相对于"宏观调控"而言,"经济监管"具有微观性、直接性和特定性的特征;相对于"市场监管"而言,"经济监管"更多体现为对要素市场的监管,而"市场监管"更多是商品市场的监管。

在改革初期,为了改变国家过度直接介入微观经济管理的局面,国家采取价格机制改革、政企分开等改革举措,并尽量将微观的经济活动交由市场进行调节,而国家主要从宏观层面进行经济的干预。此即表现为1984年10月中国共产党十二届三中全会《中共中央关于经济体制改革的决定》中提出的,国家要"掌握和运用经济调节手段"来对国民经济进行管理，并重视"宏观调节"在国民经济管理中的重要作用。随着经济的发展、认识的深入和1992年"社会主义市场经济"概念的提出，1993年11月《关于建立社会主义市场经济体制若干问题的决定》提出"要使市场在国家宏观调控下对资源配置起基础性作用……转变政府管理经济的职能，建立以间接手段为主的完善的宏观调控体系"。显而易见，社会主义经济改革初期，十分注重宏观调控职能在经济管理中的作用，"市场监管"这一概念并没有被单独提出来，其仅仅属于宏观调控的下位概念，或者是说直接将市场监管与宏观调控等同。退一步讲，尽管1993年11月《关于建立社会主义市场经济体制若干问题的决定》也提出了要"建立有权威的市场执法和监督机构，加强对市场的管理"，在工商行政管理、金融等领域也开始使用"市场监管"这一提法，并且在机构改革中一些部门被命名为监督管理机构，如中国证券监督管理委员会、国家药品监督管理局等等，但此时的"市场监管"仍然没有被准确界定和系统阐述，并且仍然带有一定的计划经济色彩。

随着中国加入世界贸易组织和市场经济改革的深入推进，2002年11月召开的中国共产党第十六次代表大会报告正式提出"市场监管"这一概念，"市场监管"这一概念的内涵与外延也越来越清晰，与具有宏观性、间接性干预特征的"宏观调控"逐渐分离并与之并列，"市场监管"是公共部门依据法律明确规定直接限制市场主体权利或增加其义务的行为，具有调整方法的直接性、调整领域的特定性特征。尽管"市场监管"的概念已经越来越明晰，但值得注意的是，市场有商品市场和要素市场之分，其中要素市场是指金融市场、房地产市场、公用事业市场等。在要素市场中，经营者一般具有较高的市场支配地位，具有高风险性的特性，国家对其进行监管主要是维护市场秩序的安全性，具有事前、事中、事后全程监管的特性，而商品市场的监管主要是为了交易秩序的公平性，仅仅对经营者的交易行为进行监管。事实上，对商品市场的监管则通常被界定为"市场秩序规则"，而对要素市场的监管经常被界定为"经济监管"，市场秩序规制法主要包括反垄断法、反不正当竞争法、消费者权益保护法、产品质量法等，而经济监管法包括金融法、房地产法、公用企业监管法等。

三、经济监管体制的调整过程与模式

改革开放40年来，我国的涵括经济监管体制在内的行政管理体制改革经历了8次，分别是1982年、1988年、1993年、1998年、2003年、2008年、2013年和2018年的改革。这8次行政管理体制改革主要是让行政管理体制更好地适应经济体制改革的需要、推动政府职能转变，并有效处理好各政府职能部门之间的协调。每一次行政管理体制改革都会涉及横向层面的不同政府职能部门之间的权责配置和机构的新设、合并和撤销，同时也涉及纵向层面中央与地方政府以及上级地方政府和下级地方政府之间的权责配置、机构调整等等。值得注意的是，以适应经济体制变革为核心的行政管理体制改革，必然是围绕政府经济管理职能的变革为核心，以经济管理机构的调整为主要，最终体现为经济管理体制的变化，其中，经济管理体制的变化重点涉及经济监管体制和宏观调控体制的变更。

(一)改革开放以来8次行政管理体制改革

1978年改革开放，党和政府将工作的重点转移到经济建设上来，设置了诸多经济管理部门和具有协调功能的办事机构，但此举导致机构和人员的繁冗，运行效率的降低。1982年国务院层面进行了第一次机构改革，其中与经济体制改革相关最为重要的就是重组了国家经济委员会，创新设置了国家经济体制改革委员会，专门负责经济体制改革的总体方案的设计。1988年的行政管理体制改革与社会主义“有计划的商品经济体制”的确立紧密相关，积极推进政府经济管理职能的转变，即合并具有相近或相似特点的经济管理职能，统一交由一个经济管理部门行使。另外，与此次经济体制改革最紧密相关的是经济管理部门的改革，尤其是对国务院经济管理部门中的专业管理部门和综合管理部门内的专业管理机构进行了重点改革。随着1993年提出建立社会主义市场经济体制，政府经济管理体制改革，坚持以政企分离为原则，将国务院行业主管部门改为国有企业和行业协会，并开始建立新的市场监管机构。事实上，1993年改革力度不是很大，明显具有过渡性质，但其政企分离、职能转变和行业监管的理念对后来的经济管理体制改革影响重大。

1998年和2003年的行政管理体制改革是随着社会主义市场经济体制改革的深化和实践推行而进行的改革。1998年的经济管理体制改革重点是将计划经济色彩比较浓重的9个工业经济专业管理部门全部撤销，多个部委的经济职能被交给了市场主体和社会中介机构，几乎消除政企不分的组织基础，同时开始组建包括中国证券监督管理委员会、中国保险监督管理委员会等在内的经济监管机构，此次改革奠定了中国经济管理体制改革的基本框架。2003年的行政管理体制改革基本围绕2002年11月召开的中国共产党第十六次代表大会报告所提出的“完善政府的经济调节、市场监管、社会管理和公共服务的职能”要求展开的，改革的重点是弥补专业经济管理部门被取消后经济管理缺失的问题。这集中体现在宏观调控和市场监管机构的创新设置上，如通过增设国有资产管理委员会来进一步推进政资分开，通过改组国家发展与改革委员会来完善宏观调控体系，通过新设中国银行监督管理委员会与1998年成立的经济监管机构来重塑经济监管体系。2008年和2013年的机构改革重点是进一步转变政府职能，推进“大部制”改革和促进政府职能部门之间的协调，与经济管理相关的就是合理配置宏观调控职能，优化宏观调控体系，并将铁道部这一最后政企不分的部门进行改革。2018年与经济管理相关的行政管理体制改革，重点是进一步优化政府的经济管理职能，加强完善政府经济调节和市场监管职能，在机构改革层面上就体现在将中国银行监督管理委员会和中国保险监督管理委员会合并组建为中国银行保险监督管理委员会,将拟订银行业、保险业重要法律法规草案和审慎监管基本制度的职责划归中国人民银行;将国家工商总局、质检总局和食药监总局合并组建为国家市场监管总局。

(二)横向层面的经济监管体制变革

横向层面中国经济监管体制的变革主要表现为国务院所属部委包括经济监管职能在内的经济管理职能的重新配置和机构的设立、合并与撤销,并且经历了一般意义上的经济管理部门体制改革和细分的宏观调控机构、经济监管机构体制改革两个发展阶段。前一阶段主要体现在1978年到1988年的机构改革之中,而后一阶段开始于1993年的机构改革并延续至今。1993年之前国务院有关经济管理部委或机构的调整并不涉及"市场监管"的内容,1982年经济管理机构的改革就是重组了国家经济委员会和新组建了国家经济体制改革委员会,1988年的机构改革主要是围绕经济管理职能的调整来展开的,为了弱化专业经济部门分钱、分物、直接干预企业经营活动的职能,以增强政府宏观管理能力和完成转向行业管理目的,重点对相近或相似的经济管理职能进行调整,并辅之以经济管理机构的改革,如合并航空工业部、航天工业部为航空航天工业部,合并煤炭工业部、石油工业部、核工业部为能源部。

1993年11月召开的中国共产党第十四届三中全会审议通过的《关于建立社会主义市场经济体制若干问题的决定》提出要"建立有权威的市场执法和监督机构,加强对市场的管理",在工商行政管理、金融等领域也开始使用"市场监管"这一提法,并且在国务院机构改革中一些部门被命名为监督管理机构,如中国证券监督管理委员会、国家药品监督管理局等等。1998年机构改革的重点是撤销工业专业经济部门,消除了政企不分的组织堡垒,同时组建了中国证券监督管理委员会、中国保险监督管理委员会等经济监管机构。2002年11月召开的中国共产党第十六次代表大会报告提出"要完善政府的经济调节、市场监管、社会管理和公共服务的职能",因此,2003年机构改革的主要内容包括:深化国有资产管理体制改革,设立国有资产监督委员会代表国家履行出资人职责;完善宏观调控体系,组建国家发展和改革委员会;健全金融监管体制,设立中国银行业监督管理委员会;加强食品安全监管体制建设,在国家药品监督管理局的基础上组建国家食品药品监督管理局。2008年机构改革的重点是合理配置宏观调控部门职能,协调好国家发展和改革委员会、财政部、中国人民银行等宏观调控部门之间的关系。2013年机构改革的重点是围绕转变职能和理顺职责关系,稳步推进大部门制改革,实行铁路政企分开,整合加强食品药品管理机构,组建国家食品药品监督管理总局。2018年机构改革的重点是将中国银行监督管理委员会和中国保险监督管理委员会合并组建为中国银行保险监督管理委员会,将拟订银行业、保险业重要法律法规草案和审慎监管基本制度的职责划归中国人民银行;将国家工商总局、质检总局和食药监总局合并组建为国家市场监管总局。

（三）纵向层面的经济监管体制变革

纵向层面经济监管体制的变革和横向层面经济监管体制改革类似，真正意义的纵向经济监管体制也是在1993年《关于建立社会主义市场经济体制若干问题的决定》提出要“建立有权威的市场执法和监督机构，加强对市场的管理”之后，但纵向经济体制改革主要是涉及中央与地方以及地方上下级政府之间监管权责的配置和相应经济监管机构的调整。改革开放40年来，中央与地方政府经济监管权责的配置以及相应经济监管机构的配置经历了多次调整，并形成了纯粹的属地管理模式、中央垂直管理模式、省级以下垂直管理模式、中央督察式省级以下垂直管理模式等多种经济监管体制的类型。鉴于“经济监管”主要是针对金融市场、房地产市场等要素市场以及公用企业进行监管而生成的与宏观调控、市场规制相并列的经济管理职能，因而此处就以金融市场经济监管权责在中央与地方以及地方上下级政府之间的配置和相关机构的设置为例展开分析。

在改革开放之初，尽管1983年国务院发布的《中国人民银行专门行使中央银行职能的决定》，明确规定中国人民银行是国务院领导和管理全国金融事业的国家机关，但地方政府获得了一定的信贷计划管理权、信托投资公司准入和监管权、证券市场实际管理权，乃至直接任免中国人民银行、国有银行地方分支机构的人事领导权等金融管理权，这一阶段对金融市场的监管形成了中央与地方的双重管理或领导。然而在1993年至2003年期间，中国证券监督管理委员会、中国保险监督管理委员会和中国银行监督管理委员会及派驻式垂直管理体制的建立，以及1995年《中国人民银行法》首次以法律的形式明确规定中国人民银行内部实施垂直管理体制。1998年开始撤销省级分行，设立跨省分行，实施大区分行派出制的大区式垂直管理模式，同时在人民银行系统内部成立党委，对党的关系和干部管理实行垂直管理，至此金融领域以“一行三会”为核心的中央垂直管理体制正式确立，地方政府被排斥在金融监管权享有的范围之外。随着金融领域深化改革的推进和弥补“一行三会”在地方性金融组织或业态监管中的缺失，2003年国务院关于《深化农村信用社改革试点方案》提出，“成立省级联社或其他形式的省级管理机构，在省级人民政府领导下，具体承担对辖内信用社的管理、指导、协调和服务职能”，此后又逐步将小额贷款公司、融资担保公司、典当行、融资租赁公司等新兴地方性金融组织或业态的监管权交由地方政府行使。最重要的是，国务院于2015年发布《关于界定中央和地方金融监管职责和风险处置责任的意见》、2017年中共中央和国务院发布《关于服务实体经济防控金融风险深化金融改革的若干意见》从整体上就中央与地方政府的金融监管权责进行重新配置，从而在金融领域形成了“中央为主、地方为辅”的金融监管格局。通过对金融市场经济监管职责在中央与地方政府之间的权责配置来看，自改革开放以来中国经济监管体制经历了多次调整，并“试错性”地采用了多种经济监管模式来探索中央与地方经济监管权责的合理边界，以探寻科学、合理、有效的纵向经济监管体制。

四、经济监管的范式变迁

计划经济体制向市场经济体制的变革本质上是处理市场与政府关系理念的变革。改革开放以来，随着市场经济体制的建立，市场在资源配置的作用也逐渐得到强化，在政策推进上体现为市场的“基础性”向“决定性”作用的转换，在市场作用发生变革的改革过程中，政府对经济的管理或监管的理念也发生了深刻的转变，政府由全能型政府到有限型政府转变，在形式上表现为从依靠行政命令监管为主向依靠法治手段监管为主，在内容上从直接介入经济发展到以第三方的独立立场服务与经济的发展，过程上从传统的“重审批、轻监管”向事前事中事后“全程监管”转变。

(一)由发展型管理为主向服务型监管为主转型

1978年中国共产党十一届三中全会指出，“让地方和工农业企业在国家统一计划的指导下有更多的经营管理自主权；应该着手大力精简各级经济行政机构，把它们的大部分职权转交给企业性的专业公司或联合公司”。这开启了政府由财产所有者、企业经营者和经济管理者等多种身份融合向多种身份分离转变。且不说财产所有权，起码企业经营者和经济管理者的身份已经开始发生转变，由政府单一的扮演经济管理者的角色，并辅之以经济管理体制的改革。1984年10月中国共产党十二届三中全会《中共中央关于经济体制改革的决定》提出要“建立自觉运用价值规律的计划体制”、“建立合理的价格体系”和“实行政企职责分开”，明确要改变“过去由于长期政企职责不分，企业实际上成了行政机构的附属物”的局面，“今后各级政府部门原则上不再直接经营管理企业。至于少数由国家赋予直接经营管理企业责任的政府经济部门，也必须按照简政放权的精神，正确处理同所属企业的关系”。事实上，在改革开放初期政府与市场关系的处理主要就是围绕“政企分开”“简政放权”展开，“政企分开”表明政府和企业或市场关系的初步厘清，而“简政放权”中“放权”的核心内容就是将企业的经营权交由企业自主管理，“简政”就是对政府权力范围的调整，一定程度上就是“权利”和“权力”的下放，但此一阶段的改革主要是中央与地方政府之间权力的重新配置，这又在一定程度上导致地方政府对企业管理权的截留或者是直接控制，使得政府与市场关系不能得到有效处理。

于1993年11月召开的中国共产党第十四届三中所审议通过的《关于建立社会主义市场经济体制若干问题的决定》明确提出要建立社会主义市场经济体制，具体体现在“转换国有企业经营机制，建立现代企业制度”，“培育和发展市场体系”以及“转变政府职能，建立健全宏观经济调控体系”等方面。首先明确了国有企业中国有财产权和法人财产权的关系，政府不得直接干预企业的生产经营活动，其次提出进一步完善商品市场和重点发展金融市场、劳动力市场、房地产市场、技术市场和信息市场等，最后落脚于政府职能的转变上来。其中政府职能转变又涉及政府社会经济管理职能和国有资产所有者职能分开、改善和加强对市场的管理和监督、健全宏观调控体系三个方面的内容，这表明中国政府干预经济框架基本形成，分别表现为宏观调控、市场监管和公共投资与管理等现代政府经济职能的确定。与20世纪80年代有计划商品经济体制下的“政企分开”“简政放权”改革相比，20世纪90年代市场经济条件下对政府与市场关系的处理，更加注重企业的自主经营、自负盈亏以及要素市场的发展和培育，进一步发挥了市场在资源配置中的基础性作用。而对市场作用的发挥主要依托政府职能的转变与实现，并且政府职能的转变逐步实现了与市场经济的管理有效匹配。

随着中国政府干预经济框架基本形成，进一步优化完善政府经济的管理，实现政府职能的进一步转变则成为2003年以后改革的重点，2003年10月召开的中国共产党第十六届三中全会审议通过的《中共中央关于完善社会主义市场经济体制若干问题的决定》提出“更大程度地发挥市场在资源配置中的基础性作用，增强企业活力和竞争力，健全国家宏观调控，完善政府社会管理和公共服务职能”。从政府的公共投资与管理职能来看，要建立健全国有资产管理和监督体制，重申政府公共管理职能和国有资产出资人职能分开，加快推进和完善公用事业改革，实行政企分开、政资分开、政事分开，并对自然垄断业务要进行有效监管；从政府的宏观调控职能来看，要“进一步健全国家计划和财政政策、货币政策等相互配合的宏观调控体系”；从政府的市场监管职能来看，提出要“深化行政审批制度改革，切实把政府经济管理职能转到主要为市场主体服务和创造良好发展环境上来”。此一阶段的改革，与20世纪90年代的改革相比，重点提出了打破公用事业企业垄断，强化对其实施监管，并且政府的市场监管职能也从重点培育和发展要素市场向为市场主体服务和创造良好发展环境转变，此乃市场监管理念的重大变革。

2013年11月召开的中国共产党第十八届三中全会审议通过的《中共中央关于全面深化改革若干重大问题的决定》进一步强调了政府市场监管职能行使的不是为了培育和发展市场，而是“着力解决市场体系不完善、政府干预过多和监管不到位问题”。提出加快完善现代市场体系，“改革市场监管体系，实行统一的市场监管”，并重点反映为建立公平开放透明的市场规则，对具有垄断性的公用事业进行价格改革、能让市场形成价格的都交由市场进行解决，建立城乡统一的建设用地市场等，进一步实施简政放权，深化行政审批制度改革。另外，在国有企业改革方面体现为从管资产向管资本转变，宏观调控职能的行使重点是强调各项宏观政策之间的协调。

如上所述，政府经济管理理念已经由发展型管理为主向服务型监管为主转型。在改革开放之前，政府是全能管理者，既是财产的所有者，又是企业的经营者，还是经济的管理者；而改革开放之后，政府逐渐实现了不同经济管理职能的分离，能交由市场解决的全部由市场解决，政府只是扮演经济管理者的角色。根据细分领域的不同，政府的经济管理者的角色在宏观调控、市场监管和公共投资与管理三个方面分别体现出来。最初是宏观调控的优化完善，而后到改革难度较大的市场监管和公共投资与管理领域，所有这些都表明政府对经济的管理已经不是为了直接推动经济的发展，而是为经济发展提供公共服务和良好的营商环境。

（二）由行政型管理为主向法治化监管为主转型

行政型管理主要采用行政手段对经济活动进行管理，而法治化监管还采用经济手段和法律手段对经济活动进行监管，并且中国经济变革及监管的变迁更多的是以政策为先导进行推进的。自改革开放以来，尽管国家对经济活动的管理依然存在明显的政策性、行政性的痕迹，但以法治化的手段进行经济管理和推进经济体制的改革也已经越来越明显，并且呈现出由行政型管理为主向法治化监管为主的发展态势，主要体现在经济法律制度的制定方面：

随着1978年中国共产党十一届三中全会的召开和1984年10月中国共产党十二届三中全会《中共中央关于经济体制改革的决定》关于“利用外资，吸引外商来我国举办合资经营企业、合作经营企业和独资企业”的要求，全国人民代表大会和国务院颁行了一系列经济法律法规，最典型的是1979年《中华人民共和国中外合资经营企业法》、1981年《中华人民共和国经济合同法》、1982年《广告管理暂行条例》、1982年《工商企业登记管理条例》，1982年《宪法》还提出要“保护个体经济的合法的权利与利益”。随着1984年10月中国共产党十二届三中全会《中共中央关于经济体制改革的决定》提出“不要重复过去那种主要依靠行政手段管理企业的老做法”和“经济体制的改革和国民经济的发展，使越来越多的经济关系和经济活动准则需要用法律形式固定下来”的要求，国家进一步加强了经济立法，全国人民代表大会和国务院颁行了1986年《中华人民共和国外资企业法》、《中华人民共和国土地管理法》、1988年《中外合作经营企业法》、《中华人民共和国全民所有制工业企业法》、1990年《中华人民共和国乡村集体所有制企业条例》、1991年《中华人民共和国城镇集体所有制企业条例》等等，1988年宪法修正案提出要“保护私营经济的合法的权利与利益”。1993年11月召开的中国共产党第十四届三中审议通过的《关于建立社会主义市场经济体制若干问题的决定》明确提出要“遵循宪法规定的原则，加快经济立法，进一步完善民商法律、刑事法律、有关国家机构和行政管理方面的法律，本世纪末初步建立适应社会主义市场经济的法律体系”。全国人大随后于1993年颁行《中华人民共和国产品质量法》《中华人民共和国反不正当竞争法》《中华人民共和国消费者权益保护法》《中华人民共和国公司法》，1994年颁行《中华人民共和国预算法》《中华人民共和国广告法》《中华人民共和国城市房地产管理法》，1995颁行《中华人民共和国中国人民银行法》《中华人民共和国银行法》

《中华人民共和国保险法》,1997 年颁行《中华人民共和国合伙企业法》,1998 年颁行《中华人民共和国证券法》,1999 年颁行《中华人民共和国合同法》《中华人民共和国独资企业法》。2003 年 10 月召开的中国共产党第十六届三中全会审议通过的《中共中央关于完善社会主义市场经济体制若干问题的决定》提出要"全面推进经济法制建设,按照依法治国的基本方略,着眼于确立制度、规范权责、保障权益,加强经济立法",全国人大于 2003 年颁行《中华人民共和国证券投资基金法》、《中华人民共和国银行业监督管理法》,2006 年颁行《中华人民共和国农民专业合作社法》,2007 年颁行《中华人民共和国反垄断法》等等。

截至 2011 年,中国特色社会主义法律体系基本形成,中国已经制定了约 60 部经济法方面的法律和一系列行政法规,为政府宏观调控、市场监管、经济监管职能的行使提供了坚实的法律基础。事实上,从笼统的经济管理职能到宏观调控、市场监管、经济监管等经济管理职能的有效细分,政府经济职能的行使必然越来越专业,这就需要改变传统的粗放式的经济管理方式,尤其是要改变过去那种行政命令的方式,而应采用技术性、专业化的经济管理手段来管理经济,这也就需要专门的宏观调控法、市场监管法、经济监管法来对政府经济管理活动进行规范控制。值得注意的是,除了专业性、技术性要素外,政府行政命令式的经济管理缺乏制度的约束,具有明显的"人治"而不是"法治"特征,缺乏"法治"特征的经济监管也就无法有效地维护市场主体的私权利和限制监管机构的公权力。为了配合实质层,面经济监管理念从发展型管理向服务型监管的转变,必须在形式层面实现由行政型管理向法治化监管的转变,这才有助于保证政府与市场关系的有效处理,保证政企、政资的有效分离,保证市场在资源配置中决定性作用的有效发挥。

(三)由事前审批为主向事中事后监管为主转型

在计划经济时期,国家对经济领域进行全面的管理,既不存在真正意义上的事前市场准入,又不存在事中事后监管,商品的生产、经营、销售和管理活动等都需通过国家的经济计划予以安排。随着改革开放的逐步推进,中国逐步确立了"坚持公有制为主体,多种所有制经济共同发展的基本经济制度",逐步推进市场主体从单一的国有企业向包括国有企业、集体所有制企业、私营企业、外资企业等在内的多样化形态转变,并且国家也积极培育和发展商品市场和包括金融市场、土地市场等在内的要素市场。市场主体的市场准入有一定的条件限制并需要进行审批或登记备案手续,市场交易机制的有效运行需要特定的秩序维护机制,这就要求国家在积极培育和发展市场的同时,也要积极履行有别于全能型政府的经济监管职能,而该职能的行使主要从事前审批、事中监管、事后监管三个层面进行,并且我国经济监管职能的行使正在从以事前审批为主向事中事后监管为主的"全程监管"转变。

1984 年 10 月召开的中国共产党十二届三中全会审议通过的《中共中央关于经济体制改革的决定》提出要"建立合理的价格体系""积极发展多种经济形式"。

改革过于集中的价格管理体制，逐步缩小国家统一定价的范围，适当扩大有一定幅度的浮动价格和自由价格的范围，为市场秩序监管中价格监管提供了可能。在有关积极发展多种经济的形式的要求，国内集体经济、个体经济，外商合资经营、合作经营和独资企业的发展则开启了改革开放后市场准入监管的先河。

1993 年 11 月召开的中国共产党第十四届三中全会审议通过的《关于建立社会主义市场经济体制若干问题的决定》提出要"改善和加强对市场的管理和监督。建立正常的市场进入、市场竞争和市场交易秩序，保证公平交易，平等竞争，保护经营者和消费者的合法权益。坚决依法惩处生产和销售假冒伪劣产品、欺行霸市等违法行为。提高市场交易的公开化程度，建立有权威的市场执法和监督机构，加强对市场的管理，发挥社会舆论对市场的监督作用。"正常的市场进入在一定程度上对应事前审批，而对竞争、交易秩序的维护和对违法行为的处罚则与事中事后监管相对应，这基本上构成了事前事中事后"全程监管"的雏形。这也是中国首次对市场规制、经济监管相对准确完整的表达，其中"经济监管"主要指的是该决定中提及的对金融市场、劳动力市场、房地产市场、技术市场和信息市场等要素市场的监管。

2003 年 10 月召开的中国共产党第十六届三中全会审议通过的《中共中央关于完善社会主义市场经济体制若干问题的决定》提出的"完善市场体系，规范市场秩序"主要是针对"市场规制"而言的，其他则主要是指"经济监管"指向的资本市场和其他要素市场为被监管对象的发展问题。另外，该决定与"经济监管"相关的内容是要积极打破公共事业垄断，积极进入市场化的竞争机制，深化电信、电力行业的改革，实现城市公用事业的政企、政资、政事分开，并对自然垄断业务进行有效的监管。

2013 年 11 月召开的中国共产党第十八届三中全会审议通过的《中共中央关于全面深化改革若干重大问题的决定》提出要"商品和要素自由流动、平等交换的现代市场体系，着力清除市场壁垒，提高资源配置效率和公平性"，具体体现在要实现市场准入制度的统一性构建，在制定负面清单基础上，各类市场主体可依法平等进入清单之外领域，其中负面清单主要是设计具有高度风险性、外部性的关系国计民生的重要行业，如金融行业、公用事业、公益性服务、网络型自然垄断等行业。此外，2017 年 1 月国务院还发布了中国第一个市场监管规划，即《关于印发"十三五"市场监管规划的通知》，并提出"精简事前审批，加强事中事后监管，探索市场监管新模式"。

建立完善的"全程监管"机制不仅要重点关注事前的市场准入审批，还要加强事中事后的监管，这就要求监管理念的转变，即除具有高度风险性、外部性的关系国计民生的重要行业，如金融行业、公用事业、公益性服务、网络型自然垄断等行业外，应积极降低一般行业的市场准入门槛，不需要经过特定的审批程序，重要的是要加强进入市场之后的市场经营行为。当然，对于重要行业而言也要实现市场的统一、公平进入，同时采用信息披露、审慎监管等多元化的监管手段对其进行有效监管。事实上，中国经济监管正是秉承“全程监管”的理念进行改革，实现了对商品市场和要素市场的监管进行分步骤改革，首先改革商品市场的市场准入监管法律制度，促进了市场主体的多元化；而后逐步实现要素市场之市场准入监管法律制度的变革，如逐步放开金融行业、公用事业企业的市场准入制度；第二步是随着经济体制改革进入深水区和维护市场秩序的有序性，积极加强商品市场和要素市场事中事后监管，积极建立由事前审批为主向事中事后监管为主的“全程”监管转变。

第二节 金融市场经济监管法律制度的变迁

一、金融监管体制的源流嬗变

（一）“大一统”金融监管体制

中国“大一统”金融监管体制的建立是围绕中国人民银行而展开的，中国人民银行于1948年12月1日成立，1949年2月迁入北平。1950年11月政务院颁行的《中国人民银行试行组织条例》明确指出，中国人民银行作为唯一的金融监管当局，专门行使国家对金融业的监督管理职能，采用“总行—区行—分行—支行”四级管理体制。中国人民银行受政务院领导和政务院财经委员会指导，与财政部保持密切联系，主管全国货币金融事业，负责掌管金融行政，监督私营、公私合营以及外商金融业，并对金融市场进行管理。随着国民经济的恢复和过渡时期总路线的提出，金融领域也逐步建立了高度集中的金融组织体系和金融管理体制，工作的重点即是“通过拥有国家资本和独享垄断的国家银行，把信贷控制在国家手里”，此时便提出中国人民银行是社会主义性质的国家银行，公私合营银行并入中国人民银行，并要使中国人民银行建成信贷中心、结算中心、现金中心，是国家的总会计。为了加强中国人民银行对全国金融活动的统一领导和集中管理，1954年6月政务院决定撤销大区一级行政机构及其所属的大区行，实行中国人民银行总行直接领导各省、自治区、直辖市分行的中央垂直管理体制，并且此时的中国人民银行已经成为既负责管理货币，又负责管理金融，还直接从事金融业务的统一“大银行”，此即表明以中国人民银行为核心的“大一统”金融监管体制基本形成。

进一步讲，中国“大一统”金融监管体制的形成还体现在银行信用的集中、商业信用的取消和“统存统贷”信贷管理体制、集中管理型货币投放回笼制度、集中统一利率管理体制、高度集中外汇管理制度等金融管理制度的建立层面。当然，上述所言的金融管理制度，尤其是“统存统贷”信贷管理体制既是金融监管的手段，也是金融业务开展方式，即“大一统”下的金融监管制度与金融业务经营制度已经融为一体。值得注意的是，“大一统”金融监管体制并不是一成不变的，随着高度集中的计划经济体制弊病的显现，“一五”期间，中央对高度集中的金融管理体制进行了适度调整，如按照“统一领导、分级领导、适当扩大权限”的原则对信贷资金管理权限、结算办法、现金管理办法等进行改进，此其一。二是“大跃进”时期，1959年开始重新划分中央与地方的信贷管理权限，实行“存贷下放、计划包干、差额管理、统一调度”和两个“差额包干”的管理办法，但此举削弱了中国人民银行对信贷和货币流通的管理并造成信用膨胀和金融混乱的局面。对此，1962年中共中央、国务院发布《关于切实加强银行工作的集中统一，严格控制货币发行的决定》，明确银行业务实行完全的彻底的垂直领导，银行业务计划、制度和现金管理等必须受中国人民银行总行的垂直领导，恢复过去高度集中的金融管理体制。此外，1969年中国人民银行总行与财政部合署办公，地方分支机构与地方财政部门合并或隶属财政局管理，1977年国务院《关于整顿和加强银行工作的几项规定》要求中国人民银行总行从财政部独立出来并恢复部委身份，重申中国人民银行是全国信贷、结算和现金活动中心的地位。随着1978年改革开放的推进和金融领域变革，1983年国务院发布《中国人民银行专门行使中央银行职能的决定》，明确中国人民银行是国务院领导和管理全国金融事业的国家机关，不对企业和个人办理信贷业务，重点是做好金融事务决策和管理，在分支机构设置上逐步实现了省、地、县的全覆盖。事实上，随着1984年中国人民银行中央银行职能的行使、1985年人民银行内部专职行使金融监管职责部门的设置以及1986年《中华人民共和国银行管理暂行条例》的颁行，中国人民银行作为金融监管者的法律地位得到进一步明确，并最终形成了以中国人民银行为唯一监管者的“大一统”金融监管体制。

（二）“一行三会”金融监管体制

“一行三会”金融监管体制的建立源于中国人民银行金融监管职能的分离，并由银监会、证监会、保监会分别承担对银行业、证券业和保险业进行监督管理的职责。随着股份制改革的推进，中国人民银行承担起了“管理企业股票、债券等有价证券，管理金融市场”的职责，但中国人民银行分支机构受中国人民银行总行和地方政府双重领导的规定，并且在中央还要接受国家体改委、国家计委、财政部等中央部委的管理，此举使得证券监管呈现出多头管理、分散监管的特征。为实现中国人民银行的统一集中监管，1991年4月在中国人民银行内部设立了“股票市场办公会议”以协调股票市场的监管，1992年6月则以股票市场办公会议为基础建立了国务院证券管理办公会议制度，其办事机构是中国人民银行的证券管理办公室。值得注意的是，国务院证券管理办公室的设立并没有从本质上改变证券监管的地方政府主导和分散监管的特征，为此国务院办公厅于1992年10月下发《关于成立国务院证券委员会的通知》，决定撤销国务院证券管理办公会议，并成立国务院证券委员会，同时成立中国证券监督管理委员会作为国务院证券委员会的执行机构，受国务院证券委员会指导、监督检查和归口管理，以分离中国人民银行的部分证券监管职能。事实上，国务院证券委员会和中国证券监督管理委员会的设立已经在制度层面改变了证券市场由中国人民银行监管的局面，这也是“一行三会”金融监管体制开始建立的第一步。1998 年 3 月，《国务院关于机构设置的通知》明确，撤销国务院证券委员会，其职能被合并到中国证券监督管理委员会，并将中国证券监督管理委员会改为国务院直属事业单位。1998 年 8 月，国务院批准的《证券监管机构体制改革方案》提出“建立全国统一、高效的证券期货监管体系，理顺中央与地方监管部门的关系，实行由证监会垂直领导的体制”，此后国务院办公厅下发《中国证券监督管理委员会职能配置、内设机构和人员编制方案》，明确中国证券监督管理委员会为国务院直属事业单位，对全国证券期货市场进行监管，至此证券行业由中国证券监督管理机构统一监管的体制正式形成。第二步是，如上所述，1983 年国务院发布《中国人民银行专门行使中央银行职能的决定》明确了中国人民银行对保险行业进行监管的职能，并且 1996 年 7 月中国人民银行总部设立了专门行使保险监管职能的保险司，各省级分行一般在非银行业金融机构管理处设立保险课（组），对保险行业进行全面的监督管理。1998 年 11 月，国务院决定将保险监管职能从中国人民银行剥离出来，由新设立的中国保险监督管理委员会对保险行业进行统一监管。随着证券、保险监管职能从中国人民银行的分离，中国银行监督管理委员会也于 2003 年正式成立，由中国银行监督管理委员会承担起对银行、信托等银行业金融机构进行监管的职责，这是“一行三会”金融监管体制建立的最后一步。随着 2003 年中国保险监督管理委员会的成立，中国“一行三会”金融监管体制最终确立，其中，中国人民银行专职行使货币政策和维护金融稳定的职能，“三会”则分别对专门银行、证券、保险行业进行监管。

（三）“一委一行二会一局”金融监管体制

“一行三会”金融监管体制是按照“分业经营、分业监管”原则进行设计的，并且分业经营的状况下，以“一行二会”为核心的分业监管体制也能够适应金融监管的要求，并实现了货币政策和金融监管的有效隔离。然而，随着金融改革的深入推进，分业监管已经不对跨市场、跨机构、跨产品的混业经营进行有效监管，其中，2013 年的“钱荒”、2015 年的“股灾”等现象的发生都是分业监管体制无法对混业经营进行有效监管的典型表现。为了保证金融监管的有效性，中共中央、国务院已初步将“一行三会”调整为“一委一行二会一局”的金融监管格局，其中，“一委”是指“国务院金融稳定发展委员会”“一行”是指“中国人民银行”“两会”分别指代“中国证券监督管理委员会”和“中国银行保险监督管理委员会”（由原先的中国银行监督管理委员会和中国保险监督管理委员会合并而成）、“一局”是指地方“金融监督管理局”。2017 年 7 月召开的第五次全国金融工作会议明确提出，要设立国务院金融稳定发展委员会，经中共中央、国务院批准国务院金融稳定发展委员会于 2017

年11月正式成立，并被定位为国务院统筹协调金融稳定和改革发展重大问题的议事协调机构。同时，第五次全国金融工作会议之后，《中共中央国务院关于服务实体经济防控金融风险深化金融改革的若干意见》对地方政府及所属的金融工作部门作出整体部署，要求各地方金融工作办公室加挂“金融监督管理局”的牌子，以强化对地方性金融组织或业态的监管。依据中共中央于2018年3月印发的《深化党和国家机构改革方案》，2018年4月已将中国银行业监督管理委员会和中国保险监督管理委员会各自的金融监管职责予以整合，并划归新组建中国银行保险监督管理委员会，由中国银行保险监督管理委员会统一履行对全国银行、保险行业进行监管的职责，而将拟订银行业、保险业重要法律法规草案和审慎监管基本制度的职责划入中国人民银行。随着国务院金融稳定发展委员会的设立、中国银行保险监督管理委员会和地方金融工作办公室加挂金融监督管理局的牌子的逐步完成，中国金融监管体制已经由“一行三会”调整为“一委一行二会一局”的新模式。同时，“一委一行二会一局”金融监管体制的创新设置，不仅意味着对中央金融监管部门之间权力的调整，也开启了中央与地方金融监管职责划分的新进程，同时也表明国家金融监管体制的改革更加注重宏观审慎管理和系统性金融风险的防范与处置。

二、银行业监管法律制度变迁

(一)银行业监管法律制度的形式变化

自1986年《银行管理暂行条例》颁行至今，我国银行业监管已经建立了相对完备的法律制度体系，其中主要包括《中国人民银行法》《中华人民共和国商业银行法》《中华人民共和国银行业监督管理法》三部银行业基本法律，此外还包括有关银行监管的行政法规、部门规章、规范性法律文件以及银行业监管司法解释等等。具体来讲，1986年11月国务院颁行《中华人民共和国银行管理暂行条例》，以强化中国人民银行对银行业的监督管理，此举标志着我国银行业监管被正式纳入法制化的发展轨道。1993年《国务院关于金融体制改革的决定》明确要求深化银行业的改革，实现政策性银行和专业银行的分离，把我国银行办成真正的商业银行；在提出加强中国人民银行对银行业进行管理的同时，明确“抓紧拟订《中华人民共和国银行法》《中国人民银行法》”“抓紧制定和完善对各类金融机构的管理条例和监管标准，并依法规范监管方式”。为落实该决定，并保障银行业的有序稳定发展，1995年全国人民代表大会通过了《中国人民银行法》和《商业银行法》，并以此两法为基础制定了一系列有关银行业监管的行政法规和部门规章，如《金融违法行为处罚办法》《商业银行内部控制指引》《外资金融机构管理条例》等等，并重点对银行业金融机构与业务的市场准入、业务经营、内部控制、资本监管、风险防控等诸多方面的内容进行规定。

尽管以《中国人民银行法》《商业银行法》两部基本法律为核心而建立的银行业

监督管理规范构成了中国银行业金融监管法律制度体系的基本框架，但随着2003年中国银行监督管理委员会的成立，以及中国人民银行银行业监督管理职能的剥离，中国银行监督管理委员会成为了银行业监督管理的唯一合法机关。为了顺应银行监管体制改革，并为中国银行监督管理委员履行银行业监管职责提供法律上的支撑，2003年制定了《银行业监督管理法》，同时对《中国人民银行法》《商业银行法》中有关银行业监督管理的规定进行了修改。《银行业监督管理法》作为中国第一部专门对银行业进行监督管理的基本法律，其制定顺应了当时银行业市场化改革的诉求，吸收了银行业监管的先进理念和其他国家或地区银行业监管的制度经验，尤其是积极借鉴了1997年《有效银行监管核心原则》、2001年《巴塞尔协议Ⅱ》的监管理念与监管要求。此后在2006年进一步对《银行业监督管理法》进行了修改，重点赋予银行业监督管理机构对银行业金融机构之外的其他单位和个人进行调查的职权，并明确了调查权行使的条件、对象、内容和程序，以保证金融监管权的有效实施。另外，2015年新修订的《商业银行法》也明确将有关存贷比监管指标的规定予以删除，存贷比由法定性的监管指标转变为流动性风险监测指标。显见，随着包括《银行业监督管理法》《商业银行法》等在内的银行业监管法律规范的制定与修改，我国已经初步建立了相对完备的银行业监管法律体系，并且这为中国银行监督管理委员会监管职责的履行提供了坚实的法律依据，当然也对整个银行行业的健康有序发展、稳定运行和风险防控起到了积极保护作用。

(二)银行业监管法律制度的内容调整

中国银行业监管法律的变革经历了从单纯的行政管理向合规监管与审慎监管为一体的“风险监管”转变，并提出了“管法人、管风险、管内控、提高透明度”的四大监管理念，审慎监管的四大监管目标和评判监管工作有效与否的六大标准，在内容和逻辑上都与巴塞尔监管框架高度一致，形成了具有现代意义的银行业监管的中国框架，在内容上重点体现为审慎监管体系的建立与完善和合规监管框架的确立与更新。

1.审慎监管体系的建立与完善

在《商业银行法》《银行业监督管理法》的法律框架下，国务院和中国银行监督管理委员会分别以行政法规和部门规章的形式制定了围绕资本监管和风险监管的审慎监管法律规范，明确资本充足率、资产质量、信用风险、市场风险等审慎监管指标。其中，就资本监管而言，最典型的就是中国银行监督管理委员会于2004年2月制定的《商业银行资本充足率管理办法》，标志着中国银行业以资本监管为核心的审慎监管框架的初步形成。为了进一步强化审慎监管的效果，中国银行监督管理委员会又围绕风险监管制定了一系列法律规范，最典型的就是2006年发布的《商业银行风险监管核心指标(试行)》。此外还就具体类型的风险监管进行了规定，如2005年1月发布了用于监管市场风险的《商业银行市场风险管理指引》、

2007年6月发布了用于监管操作风险的《商业银行操作风险管理指引》。随着2008年金融危机爆发后国际银行业监管规则的调整，中国银行监督管理委员会积极借鉴国际银行业监管的经验和要求，分别对资本要求、杠杆率、拨备率和流动性等监管工具进行了调整，分别于2011年制定了《商业银行杠杆率管理办法》、2012年发布了《商业银行资本管理办法（试行）》和2014年发布修改后的《商业银行流动性风险管理办法》。此外，中国银行监督管理委员会还于2016年9月印发了《银行业金融机构全面风险管理指引》。

2.合规监管框架的确立与更新

中国银行业合规监管主要是围绕银行业公司治理、内部控制、合规风险管理等内容展开，其与审慎监管体系共同构筑了现代意义银行业的"风险监管"体系。就商业银行的公司治理而言，中国银行监督管理委员会分别于2005年9月发布《股份制商业银行董事会尽职指引（试行）》、于2006年5月16发布《国有商业银行公司治理及相关监管指引》；就商业银行的内部控制而言，中国银行监督管理委员会分别于2004年4月发布《商业银行与内部人和股东关联交易管理办法》、2005年1月发布《商业银行内部控制评价试行办法》、2007年7月发布《商业银行内部控制指引》；就合规风险管理而言，中国银行监督管理委员会于2006年10月发布了《商业银行合规风险管理指引》。在此合规监管框架基本建立的基础上，中国银行监督管理委员会对银行理财、同业业务和违规经营的问题，提出了新的要求，如于2012年发布《关于整治银行业金融机构不规范经营的通知》、于2013年3月发布《关于规范商业银行理财业务投资运作有关问题的通知》、于2014年5月发布《关于规范金融机构同业业务的通知》。此外，为了进一步强化对影子银行、表外业务和混业经营的监管，中国银行监督管理委员会于2017年4月对银行业存在的"三套利""三违反""四不当""十乱象"等问题进行了专项治理整顿①。

（三）银行业监管法律制度的变革方向

尽管以《商业银行法》、《银行业监督管理法》为核心的银行业监管法律规范体系基本形成，并且具体性、专门性银行监管行政法规、部门规章和规范性法律文件也依次颁行，但是既有的银行业监管法律制度仍然存在基本法统领地位弱化、监管法律规范与银行业发展不协调等问题，因而需要积极对《商业银行法》《银行业监督管理法》等基本法律进行修订，对行政法规、部门规章和规范性法律文件进行系统整合。

① "三违反"指违法、违规、违章；"三套利"指监管套利、空转套利、关联套利；"四不当"指不当创新、不当交易、不当激励、不当收费；"十乱象"指股权和对外投资、机构及高管、规章制度、业务、产品、人员行为、行业廉洁风险、监管履职、内外勾结违法、涉及非法金融活动等十个方面的市场乱象。

1.对银行业监管基本法律的修订

银行业基本法律尤其存在统领地位弱化的问题，具体体现为：一是《商业银行法》《银行业监督管理法》主要用于对商业银行进行监管调整，而对之外的汽车金融公司、消费金融公司等银行业金融机构缺乏专门具体的监管规范，同时银行业监管机构的监管范围也超越了银行业基本法律所规定的内容；二是银行业监管法律制度采用机构监管立法的思路，导致新兴的银行业金融机构所开展的银行业务不被纳入监管范畴，如新兴的互联网金融机构、第三方支付机构等等；三是新制定的银行业监管规则尽管弥补了银行业基本法律的漏洞，但超越了银行业基本法律的有效统摄范围。因而，需要强化《商业银行法》《银行业监督管理法》两部银行业基本法律在银行业监管中的统领地位，由机构监管向行为监管的立法路径转变，将《商业银行法》修改为《银行业法》，同时对《银行业监督管理法》进行修订，具体修改主要体现在如下方面：一是明确"银行业"的范围，对其内涵外延进行有效界定；二是建立差异化的"牌照"监管制度，实行全牌照、有限牌照和单一牌照分类监管；三是建立统一的市场准入、机构管理、业务经营、审慎监管、市场退出等银行业监管规则，做到坚持以业务监管为依托，以审慎监管为核心，完善市场准入和市场退出监管机制。

2.行政法规、部门规章和规范性法律文件系统整合

随着国家金融监管政策、银行业市场发展的变化，与银行业监管相关的行政法规、部门规章和规范性法律文件在保障银行业稳定健康有效运行方面起到了重要的作用，但在银行业基本监管法律统领弱化的情况下，银行业监管规则的制定、修改和废除存在系统性、整体性设计缺失的问题，不同监管规则之间存在不协调或者冲突的情况，并在监管实践中导致诸多监管规避、监管套利现象的发生。为了解决银行业监管规则冲突和不协调的问题，应积极建立监管规则制定的体制机制安排，做好统一的银行业监管规则制定计划、详细论证、有效审查和监管解释工作。同时，建立银行监管规则清理、整合和汇编制度安排，发现银行监管规范存在冲突、监管规范存在漏洞和监管规范已经滞后时，及时对银行监管规则进行更新、协调、清理或者废止，以保证银行业监管法律制度的规范协调。

三、证券业监管法律制度变迁

（一）证券业监管法律制度的形式变化

从 1992 年《股票发行与交易管理暂行条例》的颁布到 1998 年《中华人民共和国证券法》的颁布以及 2005 年对《证券法》的修订和 2004 年、2013 年、2014 年的三次修正，并且自 2013 年开启的新一轮的修订正在进行之中，中国《证券法》法律制度体系越来越完善，对于规范证券发行与交易和投资者保护起到了积极作用。需要特别说明的是，"修正"是小幅度的修改，而"修订"是全面的修改，2004 年、2013

年、2014年对《证券法》的三次修改属于"修正"的范畴。1998年《证券法》的制定将我国证券市场监管纳入了正式的法治轨道，但随着证券市场的发展，证券法中信息披露、民事法律责任和投资者保护等制度中存在的问题暴露出来，于是2005年对《证券法》进行了全面的修订，删除了27个条文、新增了53个条文和修改了146个条文，并主要体现在投资者保护、强化信息披露、推进市场化进程、赋予交易所契约权利等方面，最重要的是赋予证券监督管理机构准司法权、增设证券发行与交易的民事法律责任条款。另外，自2013年开始新一轮的《证券法》大幅修改工作正在进行，并且已经分别于2015年和2017年进行了"一读"和"二读"，2019年进行了"三读"，修改内容主要集中在改革证券发行规则、强化监管执法和处罚能力、投资者保护规则的专章设置、信息披露规则升级以及完善证券交易监管规则等层面。

为了保证《证券法》的规定落到实处，且为证券市场提供切实可操作的指引，国务院和中国证券监督管理委员会制定了诸多证券监管行政法规、部门规章和规范性法律文件，共同构成了中国证券业监管法律制度体系，分别对证券服务机构、上市公司、证券公司等证券市场主体及从业人员和证券市场发行、交易行为进行规定，如2008年颁行的《证券公司监督管理条例》、2007年发布的《律师事务所从事证券法律业务管理办法》以及历经四次修改完善的《证券发行与承销管理办法》等等。此外，国务院、中国证券监督管理委员会还针对证券行业的基金业务和资产管理业务的发展与监管制定了相对完备的监管法律规范体系，一是为强化基金行业的监管，经国务院批准国务院证券委员会于1997年发布《证券投资基金管理暂行办法》，而后于2003年10月颁行《中华人民共和国证券投资基金法》，中国证券监督管理委员于2012年发布《证券投资基金管理公司管理办法》等；二是为了对证券资产管理业务进行有效监管，中国证券监督管理委员会于2001年发布《关于规范证券公司受托投资管理业务的通知》、2003年颁行《证券公司客户资产管理业务试行办法》，2012年相继颁行"一法两则"，即《证券公司客户资产管理业务管理办法》、《证券公司集合资产管理业务实施细则》和《证券公司定向资产管理业务实施细则》。

（二）证券业监管法律制度的内容调整

中国证券行业的监管法律规范经历了从"无法无天"到初步建立再到优化完善的过程，并基本形成了相对完备的中国证券监管法律制度体系。从内容上来看，中国证券行业监管法律的建立与完善，始终以市场化的改革为基本方向，除了证券监管体制的调整外，主要是以股票发行制度改革和多层次资本市场制度建设为核心而展开，即股票发行监管法律制度和多层次资本市场监管法律制度这两项内容始终贯穿于证券业监管法律制度的变迁之中。

1.股票发行监管法律制度的变革

中国股票发行监管法律制度经历了从审批制到核准制，再到注册制的转变，并且始终是围绕发行审核制度和定价发售制度展开。1999 年 7 月开始实施的《证券法》明确股票发行监管制度由原先的审批制转为核准制，经过两年的试行，2001 年 3 月中国证券监督管理委员会发布《股票发行核准程序》，开始实施核准制之下的“通道制”，而 2004 年 2 月正式颁行的《证券发行上市保荐制度暂行办法》则将“通道制”修改为“保荐制”。2015 年 12 月全国人大常委会审议通过《关于授权国务院在实施股票发行注册制改革中调整适用〈中华人民共和国证券法〉有关规定的决定》，即将核准制股票发行体制调整为注册制股票发行体制，并且于 2018 年 2 月 28 日授权到期之前的 2 月 24 日《关于延长授权国务院在实施股票发行注册制改革中调整适用〈中华人民共和国证券法〉有关规定期限的决定》获第十二届全国人民代表大会常务委员会审议通过，这为《证券法》修改过程中股票发行注册制的实施提供了法律上的依据。对于定价发售制度而言，2004 年 8 月修正的《证券法》将原来第 28 条中股票定价修改为须“报国务院证券监督管理机构核准”，标志着新股发行定价的市场化改革。

2.多层次资本市场监管法律制度建设

中国证券监督管理委员会于 2004 年 5 月同意深圳证券交易所在主板内部设立中小企业板块，并批准《深圳证券交易所设立中小企业板块实施方案》。2005 年《证券法》的大幅修订为中国多层次资本市场发展提供了法律空间和制度支持，如第 39 条规定证券交易除可以在依法设立的证券交易所上市交易，还可以在国务院批准的其他证券交易场所进行转让。中国证券监督管理委员会以《证券法》为依据，于 2006 年同意证券业协会发布《证券公司代办股份转让系统中关村科技园区非上市股份有限公司股份报价转让试点办法(暂行)》等 8 份文件，并开始建立代办股份转让系统；在股份代办转让系统的基础上，中国证券监督管理委员会于 2013 年 1 月颁行《全国中小企业股份转让系统有限责任公司管理暂行办法》，国务院于 2013 年 12 月 13 日发布《国务院关于全国中小企业股份转让系统有关问题的决定》，全国股份转让系统成为继上海、深圳证券交易所之后的第三家全国性证券交易场所。此外，中国证券监督管理委员会于 2009 年 3 月发布《首次公开发行并在创业板上市管理暂行办法》，明确在深圳证券交易所建立创业板市场。当然，中国多层次资本市场法律制度的建设，除了主板、创业板和全国股份转让系统之外，区域性股权交易场所监管法律制度也不可或缺，2017 年 1 月国务院办公厅印发《关于规范发展区域性股权市场的通知》，以此为基础中国证券监督管理委员会于 2017 年 4 月颁行《区域性股权市场监督管理试行办法》以强化对区域性股权市场的监管。至此，我国基本建立了对主板、中小板、创业板全国股份转让系统和区域性股权交易场所进行监管的多层次资本市场监管法律制度体系。

(三)证券业监管法律制度的变革方向

1.发挥信息披露监管的中心统领功能

尽管包括《证券法》在内的证券监管法律制度体系已经基本成型,但监管立法理念仍然过于注重实质性的"盈利能力"而不是形式上的"信息披露",这便会导致贯穿证券法始终的证券发行上市和退市制度在设计上的扭曲,继而影响到其他关联证券监管规则的科学合理设计,如证券发行过于关注企业的"持续盈利能力","亏损"与否成为是否退市的主要判断标准,进一步导致了证券市场财务造假、包装上市等现象接连不断发生。事实上,以"信息披露"为中心来建立证券发行上市和退市制度有助于证券市场机制的理顺和市场化改革的深入,减少证券发行上市、退市中的财物造假、过度包装和监管上的权力寻租、监管俘获问题,此外还有助于减少证券市场上关联交易、内幕交易、操纵市场等交易行为的发生,以及更有助于证券投资者的保护。因而,《证券法》的修改必须坚持做到以"信息披露"为中心,对《证券法》中有关信息披露的原则、规则进行重新设计,同时建立健全对违反信息披露规则主体的惩罚机制。

2.推进债券市场监管法律制度的重构

以《证券法》为核心建立起来的证券监管法律制度体系,更多的是对股票发行、交易的监管,而不是对完整意义上的包括股票、债券等金融证券产品监管。退一步讲,即使《证券法》对债券等其他金融证券产品的发行与交易进行了规定,也存在债券等其他金融证券产品的发行与交易监管规范对股票监管法律规范过于依赖的问题,譬如,一是《证券法》中证券发行、证券交易和持续信息公开部分的监管规则主要是对股票的规定,而对债券发行、交易和持续信息公开的规定则含糊其词、残缺不全;二是《证券法》并没有成为债券市场监管的基本法,不同类型债券之发行与交易监管法律制度存在相互割裂、各自为政的问题,如对于本质相同但名称相异的公司债券和企业债券分别由中国证券监督管理委员会和发展与改革委员会进行监管,其交易也分别在证券交易所市场和银行间债券市场进行交易,并遵循各自制定的债券监管法律制度。因而,应将性质相同但名称不一的债券统一纳入《证券法》的监管体系之下,让《证券法》成为债券监管的基本法,同时结合债券自身的特性制定专门的发行、交易和持续信息披露监管规则,并建立统一的公司债券交易市场监管体制。当然,在将《证券法》作为债券监管基本法的基础上,也要考虑到债券品种、债券市场、债券主体的差异而建立差异化的债券监管规范。

四、保险业监管法律制度变迁

(一)保险业监管法律制度的形式变化

随着保险行业的发展和对保险行业的管理的加强,国务院于1985年3月制定的《保险企业管理暂行条例》改变了中国保险业监管缺失的情况，其主要对保险企业设立、经营范围、法定再保险和偿付能力等进行了规定。十年后的1995年6月全国人大审议并通过了《中华人民共和国保险法》，将保险行业监管全面纳入了法治化轨道，并且《保险法》分别于2002年、2009年和2015年经历了三次修改。1995年颁行的《保险法》对保险经营和保险监管进行了相对全面完备的规定，并开始致力于规范市场行为和构建偿付能力监管法律规范体系。2002年《保险法》的修改主要集中在保险业法的修改层面，重点加强了对偿付能力、保险条款和保险费率、保险资金投资范围、保险中介机构等层面的监管规定进行修改完善，更加注重对投保人、被保险人和保险受益人合法权益的维护。2009年《保险法》的修改主要从保险行业的市场化改革和保险业监管制度的完善两个层面展开，前者主要体现在对保险条款和费率报备规则的修改、对保险企业组织形式限制条件的取消和保险资金运用范围和保险公司业务经营范围的拓宽等方面；就保险业监管规则的完善而言，主要体现在进一步明确国务院保险监督管理机构实施保险监管的监管原则、强化监管职责，增加新的监管措施和法律手段，明确提出以风险为基础的偿付能力监管和公司治理监管体系的构建与完善，以及对保险行业法律责任进一步明确，强化对保险违法违规行为的处罚等。2015年《保险法》的修改，明确保险监管向"放开前端、管住后端"转变，进一步拓宽保险资金的运用范围，并提出加大对保险市场违法违规行为的处罚力度。

围绕《保险法》的制定与修改，中国人民银行、中国保险监督管理委员会制定了一系列部门规章和规范性法律文件以配合《保险法》的有效实施和落实。自1995年《保险法》颁行至今，中国人民银行于1996年颁行《保险管理暂行规定》重点对保险经营行为进行规定；为强化对保险中介的监管，中国人民银行于1997年颁行《保险代理人管理规定》《保险经纪人管理规定》两个文件，中国保险监督管理委员会于2001年颁行《保险代理机构管理规定》《保险经纪公司管理规定》《保险公估机构管理规定》，2009年颁行《保险公司管理规定》《保险专业代理机构监管规定》《保险经纪机构监管规定》《保险公估机构监管规定》；针对保险公司偿付能力的提升，中国保险监督管理委员会分别于2001年颁行《保险公司最低偿付能力额度及监管指标管理规定》、2008年颁行《保险公司偿付能力管理规定》。另外，为了保证2009年新修改《保险法》的有效落实，中国保险监督管理委员会分别对再保险、保险资金运用、保险条款和费率等内容专门进行了规定。

(二)保险业监管法律制度的内容调整

中国保险业监管法律制度的变迁始终是围绕保险业市场行为监管、偿付能力监管和公司治理监管三个层面的内容来展开，并且经历了从监管初期的仅仅对保险费率进行限制和管理，到开始注重对保险行业经营行为的监管，再到对保险企业的市场准入等进行监管；随着1995年《保险法》的制定和2002年的修改，保险行业的监管除了注重对保险市场行为的监管外，开始注重保险公司偿付能力的监管；2009年《保险法》的修改则在完善市场行为监管、偿付能力监管的基础上，明确提出建立保险公司治理监管体系。至此，中国保险业监管的三大监管支柱——市场行为监管、偿付能力监管、公司治理监管——正式形成，以此为基础而制定保险业监管法律制度体系也基本完成。

1.保险业监管的单一性：市场行为监管

在保险业监管初期，由于市场化的保险业刚刚开始启动，此时并不存在真正意义上的保险监管，起初只是对保险合同订立、变更和转让以及保险公司义务管理，重点是对保险费率实施严格管理。随着保险企业市场准入的进一步开放，国务院重点提出要加强对保险企业的设立审批和对日常经营活动进行管理，当然也开始提出偿付能力监管的概念并进行了简单规定，这集中体现在国务院于1985年3月颁行的《保险企业管理暂行条例》之中。因此，此一时期的保险业监管主要体现在对保险行业市场行为的监管。

2.保险业监管的二元化：市场行为监管、偿付能力监管

从1995年《保险法》的制定到2002年《保险法》的修改，保险业的监管从单一的市场行为监管向兼容市场行为监管和偿付能力监管的二元化监管转变。为了避免或减少保险市场不正当竞争、保险欺诈等行为的发生，中国保险监督管理机构进一步强化对保险机构设立变更和业务经营等市场行为的监管，同时更加重视对保险监管偿付能力法律制度的建设，并提出市场行为监管和偿付能力监管并重的保险监管模式，积极建立以保险公司内部风险管理、偿付能力报告、分析检查、监管干预和保险保障基金为核心的保险偿付能力监管规则体系，集中体现在中国保险监督管理委员会于2001年颁行《保险公司最低偿付能力额度及监管指标管理规定》之中，于2002年修订的《保险法》进一步明确要建立保险公司偿付能力监管指标体系，对保险公司实施最低偿付能力监管。

3.保险业监管的三支柱：市场行为监管、偿付能力监管和公司治理监管

2005年国际保险监督官协会将市场行为监管、偿付能力监管和公司治理监管作为支撑保险监管有效性的三大支柱，继而中国保险监督管理委员会也明确提出要建立"以公司内控和治理结构监管为基础，以偿付能力监管为核心，以市场行为监管为重要内容"的保险业监管法律制度体系，并于2006年发布了《关于规范保险公司治理结构的指导意见(试行)》，同时2009年修订的《保险法》再次明确要建立和完善以风险为基础的偿付能力监管和公司治理监管体系。中国保险监督管理委员会分别于2015年颁布《保险法人机构公司治理评价办法(试行)》、2017年发布《保险公司章程指引》、2018年颁行《保险公司股权管理办法》来进一步完善保险公司的治理及评估法律制度体系。

(三)保险业监管法律制度的改革方向

1.完善保险市场行为监管规则

尽管中国保险市场行为监管规则已经相对比较完善,但仍需要随着保险市场的发展及时更新完善,那么保险市场行为监管规则的修改和完善主要是从保险机构业务拓宽、市场退出和保险消费者保护三个层面而言的:一是在《保险法》修改中进一步拓宽保险机构的业务经营、保险资金运用的范围,丰富保险产品的类型,并支持互联网保险等新型金融业态的规范有序发展;二是尚缺乏有效的保险公司市场退出机制,为此应积极优化保险公司的市场化退出机制,并辅之以完善风险处置和救济制度;三是加强保险领域消费者合法权益的保护,针对保险销售中存在的误导销售、欺诈和理赔难等问题,积极建立保险销售可回溯制度,从源头上防控误导销售和欺诈行为的发生,同时进一步优化完善保险理赔监管规则,解决保险消费者理赔难的问题。

2.完善保险公司治理监管规则

尽管我国保险公司的公司治理监管规则框架已经基本确立,并重点体现在对保险公司股权、资本、管理层等的监管和"三会一层"制度优化完善层面,但我国目前尚未建立差异化的分类监管规则体系,因而保险公司的公司治理应结合保险公司业务性质、资本类型、组织形式等差异性的分类监管规则体系,同时制定差异化的分类监管指标评价体系和发布公司治理评价报告。同时,要进一步加强公司治理的基础设施、公司治理穿透式监管规则的优化完善,以实现股东、资金等信息的透明和对保险公司股权结构、实际控制人、资金来源等进行有效监管,避免关联交易、治理僵局和监管失效等问题的发生。

3.升级保险偿付能力监管规则

我国已经建立了"第一代"保险公司偿付能力监管制度体系,并且正在建立"第二代"保险公司偿付能力监管制度体系,这就要求对既有的保险偿付能力监管规则进行优化升级:一是围绕定量监管、定性监管和市场约束建立"第二代"保险公司偿付能力监管规则;二是加强"第二代"保险公司偿付能力等效评估机制具体技术规范规则的制定;三是积极建立与"第二代"保险公司偿付能力监管相适应的统一规范的监管会计准则;四是建立多元化的财务和非财务信息披露规则。

第三节　房地产市场经济监管法律制度的变迁

一、房地产市场经济监管体制的源流嬗变

在我国，房地产市场的监管职能一直由政府和专门机构共同承担。在中央，负责房地产行政管理的专门机构主要是土地管理部门和建设行政主管部门；各地方尽管略有差异，但基本上也实行房地分管的格局。1994年7月颁布的《中华人民共和国城市房地产管理法》第6条明确规定："国务院建设行政主管部门、土地管理部门依照国务院规定的职权划分，各司其职，密切配合，管理全国房地产工作。县级以上地方人民政府房产管理、土地管理部门的机构设置及其职权由省、自治区、直辖市人民政府确定。"从中可以看出，在我国房地产管理的基本法中直接确定了现行的房地产行政管理体制，即建设和土地双重管理。但是，土地管理部门和建设行政主管部门在历次机构改革中也经历了不同的变更。

（一）土地管理部门

土地管理部门历经"国家土地管理局—国土资源部—自然资源部"的演变过程。1986年2月，国务院第100次常务会议决定，组建中华人民共和国国家土地管理局，隶属国务院，负责全国土地、城乡地政的统一管理工作。同年6月25日，第六届全国人大第十六次常委会议通过了《中华人民共和国土地管理法》，第5条规定："国务院土地行政主管部门统一负责全国土地的管理和监督工作。县级以上地方人民政府土地行政主管部门的设置及其职责，由省、自治区、直辖市人民政府根据国务院有关规定确定。"1994年7月通过的《城市房地产管理法》第7条规定："国务院建设行政主管部门、土地管理部门依照国务院规定的职权划分，各司其职，密切配合，管理全国房地产工作。县级以上地方人民政府房产管理、土地管理部门的机构设置及其职权由省、自治区、直辖市人民政府确定。"1998年3月10日，九届人大一次会议第三次全体会议表决通过关于国务院机构改革方案的决定。根据这个决定，将国家土地管理局、地质矿产部等部门合并组建国土资源部，承担了土地资源的规划、管理、保护与合理利用的职能。新建立的国土资源部依照最新的《土地管理法》等法律法规行使职权。根据党的十九届三中全会审议通过的《中共中央关于深化党和国家机构改革的决定》《深化党和国家机构改革方案》和第十三届全国人民代表大会第一次会议批准的《国务院机构改革方案》，2018年3月设立自然资源部。由该部履行全民所有土地等自然资源资产所有者职责和所有国土空间用途管制职责、调查监测评价、统一确权登记工作、有偿使用工作、合理开发利用以及建立空间规划体系并监督实施等。与此同时，将住房和城乡建设部的城乡规

划管理职责划归自然资源部。

(二)建设主管部门

建设主管部门历经“国家城市建设总局—城乡建设环境保护部—建设部—住房和城乡建设部”的演变过程。1979年3月12日中共中央批准成立“国家城市建设总局”，直属国务院，由国家基本建设委员会代管。1982年5月4日，“国家城市建设总局”“国家建筑工程总局”“国家测绘总局”“国家基本建设委员会”的部分机构和“国务院环境保护领导小组办公室”合并，成立城乡建设环境保护部。1988年5月，第七届全国人民代表大会第七次会议通过《关于国务院机构改革方案的决定》，撤销“城乡建设环境保护部”，设立“建设部”，并把国家计委主管的基本建设方面的勘察设计、建筑施工、标准定额工作及其机构划归“建设部”。2008年3月15日，根据十一届全国人大一次会议通过的国务院机构改革方案，“建设部”改为“住房和城乡建设部”。住房和城乡建设部是负责建设行政管理的国务院组成部门，主要职责是研究拟定城市规划、村镇规划、工程建设、城市建设、村镇建设、建筑业、住宅房地产业、勘察设计咨询业、市政公用事业的方针、政策、法规，以及相关的发展战略、中长期规划并指导实施，进行行业管理，指导全国城乡规划，参与土地利用总体规划的审查，组织制定工程建设实施阶段的国家标准，指导全国建筑活动，指导全国城市和村镇建设，指导全国住宅建设和城镇住房制度改革工作；负责住宅和房地产业行业管理；指导城镇土地使用权有偿转让和开发利用工作；指导规划房地产市场等。

二、房地产开发市场监管法律制度变迁

(一)房地产开发市场监管法律制度的形式变化

自1986年《土地管理法》颁行至今，我国已经建立了相对完备的房地产开发市场监管法律制度体系，其中主要包括《中华人民共和国房地产管理法》《中华人民共和国城乡规划法》《土地管理法》《中华人民共和国建筑法》等基本法律，还有部分规范散见于《中华人民共和国招标投标法》《中华人民共和国税收征收管理法》《中华人民共和国刑法》等法律之中；除此之外，还包括有关房地产开发市场的行政法规、部门规章、规范性法律文件以及司法解释等等，其中最主要的是《城市房地产开发经营管理条例》以及各地政府制定的相关实施办法。

从房地产开发用地管理方面来看，《土地管理法》历经四次修订，不断完善。1986年6月25日，第六届全国人大常委会第十六次会议通过并发布《中华人民共和国土地管理法》。这是新中国成立后颁布的第一部关于土地资源管理、全面调整土地关系的法律，它的颁布是我国土地管理工作的重大转折和管理体制的根本性改革，标志着我国土地管理工作开始纳入依法管理的轨道。《土地管理法》的第一

次修订是在1988年，对土地有偿使用问题进行了明确，更加适应了市场经济的发展。1998年8月对《土地管理法》进行了第二次修订，重点是加强土地管理和耕地保护的措施。2004年对《土地管理法》进行了第三次修订，进一步明确征地制度内涵。具体而言，一是将第2条第4款修改为"国家为了公共利益的需要，可以依法对土地实行征收或者征用并给予补偿"；二是将其他条款中的"征用"修改为"征收"。2012年12月对《土地管理法》进行了第四次修订，重点修改了第47条，征地补偿删除了"30倍上限"，明确了公平补偿的基本原则，要求补偿金不落实不得征地，同时增加了社会保障补偿的具体内容。除了《土地管理法》的立法和修订，1990年5月国务院出台《中华人民共和国城镇国有土地使用权出让和转让暂行条例》，对国有土地使用权出让和转让问题进行了详细规定。为了加强对划拨土地使用权的管理，1992年2月，国家土地管理局出台《划拨土地使用权管理暂行办法》。最高人民法院在2005年6月发布《关于审理涉及国有土地使用权合同纠纷案件适用法律问题的解释》，就审理涉及国有土地使用权合同纠纷案件适用法律的问题进行了说明。

作为城市房地产管理的基本法，《城市房地产管理法》对房地产开发进行了详细规定，第三章对"房地产开发"进行了专门规定，相关法制建设也经历了一个逐步完善的过程。从城乡规划和建设管理方面来看，20世纪80年代以前，我国没有制定城乡规划的法律法规，只有一些政策文件和部门规章。1984年1月国务院颁布了《城市规划条例》，1989年12月全国人大常委会颁布了《中华人民共和国城市规划法》，1993年国务院颁布了《村庄和集镇规划建设管理条例》。我国现行城乡规划制度和实施管理的依据是2007年10月全国人大常委会颁布的《城乡规划法》。从保障工程建设及其质量管理来看，我国也逐渐建立了一套相对完备的工程质量保障制度体系。1997年11月通过了《中华人民共和国建筑法》，对此，国务院出台《建设工程质量管理条例》《建设工程监理范围和规模标准规定》等一系列行政法规。为了规范房地产开发经营行为，加强对城市房地产开发经营活动的监督管理，1998年7月国务院发布《城市房地产开发经营管理条例》，并于2011年1月进行了修订。为了加强房地产开发企业资质管理，规范房地产开发企业经营行为，1993年11月建设部发布了《房地产开发企业资质管理规定》，并于2000年3月、2015年5月进行了两次修正。

(二)房地产开发市场监管法律制度的内容调整

1.房地产开发用地管理制度的改革

房地产开发用地管理制度主要包括国有建设用地的无偿划拨和有偿转让两方面内容。在改革开放之前，我国城市土地使用制度的特点是长期实行政府划拨，无偿使用、无限期使用、不允许转让流动，束缚了土地资源的合理配置和利用。基于此，除了继续完善土地划拨制度[①]，改革的主要方向是冲破土地无偿、无期限、无流动的禁区，在不改变城市土地国有的前提下，将土地使用权与土地所有权分离，逐渐建立起了土地使用权出让和转让市场，形成土地使用权有偿出让和转让的城镇国有土地使用制度。由于土地使用制度改革因为主要是针对增量土地实行有偿出让，并未对存量土地实行真正意义上的有偿使用，因此改革进程较为顺利。它有效地配合了住房制度的改革，为房地产市场的繁荣奠定了基础。具体而言，可分为三个阶段：第一，试点推进阶段。城镇土地改革最初是在收取场地使用费或在土地使用费问题上取得突破，之后在一些城市开展土地使用权有偿出让和转让试点，并且以制定地方性的土地使用权有偿出让和转让法规的方式进行了确认。例如1979 年 7 月颁布施行的《中华人民共和国中外合资经营企业法》规定可以出租批租土地给外商使用，对外资企业征收土地使用费；深圳经济特区制度《深圳经济特区土地管理暂行规定》，按照土地不同等级向土地使用者收取不同标准的土地使用费。第二，全面推行阶段。基于土地使用权有偿出让和转让在地方的试点取得了较大成效，具备了向全国推行的条件，此时制定全国性的相关立法已经势在必行。1988 年 4 月通过的《中华人民共和国宪法》修正案确认了“土地的使用权可以依照法律的规定转让”；1988 年 12 月通过修订的《土地管理法》规定“国家依法实行国有土地有偿使用制度”；1990 年 5 月，国务院发布了《城镇国有土地使用权出让和转让暂行条例》，规定国家按照所有权与使用权分离的原则，实行城镇国有土地使用权出让、转让制度。第三，发展完善阶段。为了推动土地配置的市场化程度，实现城市土地市场的规范化，这一阶段的改革重点主要围绕“招拍挂”制度和征地制度展开。2002 年 5 月国土资源部发布《招标拍卖挂牌出让国有土地使用权规定》，明确商业、旅游、娱乐和商品住宅等各类经营性项目用地，必须以招标、拍卖、挂牌的方式出让。2004 年 11 月国土资源部发布《关于完善征地补偿安置制度的指导意见》，就征地补偿标准、被征地农民安置途径、征地工作程序、征地实施监管进行了详细规定。

2.房地产开发监管制度的构建与完善

房地产开发涉及城市规划、土地用途及其开发时间、房地产开发项目、房地产开发企业资质等问题，相关立法也围绕这些方面进行了制度的构建和完善。具体而言，包括以下内容：

其一，城市规划。为了确定城市的规模和发展方向，实现城市的经济和社会发

① 1990 年 5 月，国务院发布的《城镇国有土地使用权出让和转让暂行条例 》第七章划拨土地使用权共 5 个条文（第 43 条至第 47 条）都是关于国有建设用地无偿划拨使用权的特别规定。1994 年 7 月通过的《城市房地产管理法 》第 3 条 、第 22 条至第 23 条、第 39 条，1998 年 8 月第九届全国人大常委会第四次会议修订通过的《土地管理法》第 54 条 ，也是关于国有建设用地划拨使用权的规定。这些法律条文表现出来的法律规范共同构成了我国国有建设用地划拨使用权制度 。

展目标，合理地制定城市规划和进行城市建设，1989 年 12 月出台了《城市规划法》。该法对城市规划的制定、城市新区开发和旧区改建、城市规划的实施以及法律责任等问题进行了详细规定。为了配合《城市规划法》的实施，各地相继出台相关的实施办法，例如《湖北省实施〈中华人民共和国城市规划法〉办法》《四川省〈城市规划法〉实施办法》等。之后鉴于城市规划和建设中出现的一些不容忽视的问题，例如一些地方不顾当地经济发展水平和实际需要，盲目扩大城市建设规模。2002 年 5 月国务院发布《关于加强城乡规划监督管理的通知》(国发[2002]13 号)，对城乡建设进行引导和调控，健全城乡规划建设的监督管理制度。其二，土地用途及其开发时间。《城市房地产管理法》第 25 条规定："以出让方式取得土地使用权进行房地产开发的，必须按照土地使用权出让合同约定的土地用途、动工开发期限开发土地。超过出让合同约定的动工开发日期满一年未动工开发的，可以征收相当于土地使用权出让金百分之二十以下的土地闲置费；满二年未动工开发的，可以无偿收回土地使用权；但是，因不可抗力或者政府，政府有关部门的行为或者动工开发必需的前期工作造成动工开发迟延的除外。"《中华人民共和国土地管理法实施条例》(以下简称《土地管理法实施条例》)的第三章对"土地利用总体规划"问题进行了详细规定，其中包括土地利用的规划期限、规划用途等内容。其三，房地产开发项目。《城市房地产管理法》第 26 条规定："房地产开发项目的设计、施工，必须符合国家的有关标准和规范。房地产开发项目竣工，经验收合格后，方可交付使用。"《城市房地产开发经营管理条例》第三章对"房地产开发建设"问题进行了详细规定，其中包括房地产开发项目的性质、规模、资本金制度等内容。为了落实前述法规，各地也制定了房地产项目的管理规定，例如《贵州省房地产开发项目手册管理规定》。其四，房地产开发企业资质。《城市房地产管理法》第 29 条对房地产开发企业应当具备下列条件、登记备案、注册资本与投资总额的比例等问题进行了设定。《城市房地产开发经营管理条例》的第二章专门对房地产开发企业的设立条件、审批问题进行了更加详细的规定。之后，为了加强房地产开发企业资质管理，规范房地产开发企业经营行为，建设部专门出台《房地产开发企业资质管理规定》。

(三)房地产开发市场监管法律制度的变革方向

1.房地产开发用地立法的系统整合

从现有关于城市国有土地使用权流转的相关立法看，不论是土地使用权出让还是土地使用权划拨，相关法律法规较为零散，缺乏统一性和完整性。关于城市国有土地使用权流转的立法包括《中华人民共和国物权法》《土地管理法》《城市房地产管理法》《最高人民法院关于审理涉及国有土地使用权合同纠纷案件适用法律问题的解释》《城镇国有土地使用权出让和转让暂行条例》《划拨土地使用权管理暂行办法》、《划拨用地目录》等，从这些立法我们看出以下问题：其一，行政法规、部门规章以及地方政府规章作用有限。《物权法》《土地管理法》《城市房地产管理法》等层级较高的立法对土地使用权的出让和划拨问题规定的较为粗略，例如关于国有土地使用权流转的途径，以及各种相对于不同流转方式的程序与法律性质、特征等也均无详细、统一的规定。而部门规章和地方性立法虽然详细，但较为分散，效力有限。其二，分散的立法存在一定的冲突。例如，关于划拨用地向出让用地转化时出让金收取问题，1992 年国家土地管理局出台的《划拨土地使用权管理暂行办法》第 26 条与 2003 年国土资源部颁布的《协议出让国有土地使用权规定》第 5 条之间存在明显的冲突，导致适用争议和困境。基于此，结合现有关于国有土地使用权流转的立法和实践，在合适的时机下出台统一的国有土地使用权流转的专项立法，消除有冲突的法律规定，使得现有的法律规范规定一致，是未来房地产开发用地立法的方向。

2.房地产开发监管主体的统合联动

房地产开发涉及多方面监管内容，故执法部门也涉及国土资源管理、城市规划、工商行政等诸多执法部门。根据《城市房地产开发经营管理条例》规定，土地使用权出让或者划拨前，县级以上地方人民政府城市规划行政主管部门和房地产开发主管部门应当对下列事项提出书面意见，包括房地产开发项目的性质、规模和开发期限、城市规划设计条件、基础设施和公共设施的建设要求、基础设施建成后的产权界定、项目拆迁补偿、安置要求。在确定房地产开发项目时，应当符合土地利用总体规划、年度建设用地计划和城市规划、房地产开发年度计划的要求，并按要求报计划主管部门批准。在房地产开发项目竣工后，房地产开发企业应当向项目所在地的县级以上地方人民政府房地产开发主管部门提出竣工验收申请，对涉及公共安全的内容需组织工程质量监督、规划、消防、人防等有关部门或者单位进行验收。为了防止相互推诿，出现监管真空，需统合监管部门，建立协调监管制度。正如 2018 年 4 月对《城市房地产开发经营管理条例》的修订，其中第 32 条第 2 款修改为："国务院建设行政主管部门应当会同有关部门建立守信联合激励和失信联合惩戒机制，加强行业诚信管理"。

三、房地产交易监管法律制度变迁

（一）房地产交易监管法律制度的形式变化

改革开放后，在经济体制改革中较早提出和启动了住房制度改革。改革以住房市场化为基本方向，破除了过去的"国家统包的福利性住房制度"，基本实现了预设的"住房商品化和社会化"的目标。通过住房制度的市场化改革，房地产市场得到了极大发展。从时间上看，全国性住房制度市场化改革起步于 1986 年 2 月，"国务院住房制度改革领导小组"成立，负责领导和协调全国住房改革工作。到 1988 年 2 月，国务院印发《关于在全国城镇分期分批推行住房制度改革实施方案》，这一"顶层设计"的落地，标志着我国住房制度改革进入整体方案设计和全面实施阶段。

进入1988年后，伴随着全国性的城镇住房制度的改革，房地产市场飞速发展，与此相应，房地产市场监管法制也进入快速发展、不断完善的历史阶段。

为了加强对城市房地产的管理，维护房地产市场秩序，保障房地产权利人的合法权益，促进房地产业的健康发展，1994年7月5日通过了《城市房地产管理法》。作为房地产管理的基本法，该法在第四章专门对房地产转让、房地产抵押、房屋租赁以及中介服务机构等房地产交易问题进行了规范。根据《房地产管理法》，建设行政部门先后就房地产交易的问题制定了规章，进行相关规范的细化，各地也先后制定相应的实施细则，建立了房地产交易监管的制度体系。1994年11月，建设部发布《城市商品房预售管理办法》；1995年4月，建设部颁布的《城市房屋租赁管理办法》；1995年8月，建设部专门制定了《城市房地产转让管理规定》，并于2001年7月对该规章进行了修订；1996年1月，建设部发布《城市房地产中介服务管理规定》，并于2001年7月进行了修订；1997年4月，建设部发布《城市房地产抵押管理办法》，并于2001年7月进行了修订；2001年3月，建设部发布了《商品房销售管理办法》。2015年住建部印发了《房屋交易与产权管理工作导则》，要求各地加强商品房预售许可和楼盘表管理，实时更新房源交易状态，并将相关信息向社会公示。2016年7月，住房城乡建设部、国家发改委等七部门联合印发了《关于加强房地产中介管理促进行业健康发展的意见》，对房地产市场中介服务监管制度的完善提出了新的要求。

(二)房地产交易监管法律制度的内容调整

1.房地产转让监管制度的构建与完善

为了加强对城市房地产转让的管理，维护房地产市场秩序，保障房地产转让当事人的合法权益，1995年8月建设部根据《城市房地产管理法》，制定并发布《城市房地产转让管理规定》，并于2001年8月15日进行了修订。《房地产管理法》在“房地产交易”一章设置第二节对房地产转让问题进行基本的立法确认，其中包括转让的限制、条件、方式以及商品房预售等问题。为了规范商品房销售行为，保障商品房交易双方当事人的合法权益，2001年3月建设部根据《城市房地产管理法》《城市房地产开发经营管理条例》制定的《商品房销售管理办法》，对商品房的销售条件、广告与合同、销售代理、交付、法律责任进行了详细规定，而这里的“商品房销售”包括商品房现售和商品房预售。鉴于实践中出现了大量的房地产转让纠纷，为正确、及时审理商品房买卖合同纠纷案件，最高人民法院于2003年3月24日通过《最高人民法院关于审理商品房买卖合同纠纷案件适用法律若干问题的解释》，该司法解释对经济适用房、公房改制出售的房改房、单位集资房、个人私房的交易行为产生的纠纷处理进行了非常详细的回应。为加强商品房预售管理，维护商品房交易双方的合法权益，1994年11月建设部根据《城市房地产管理法》《城市房地产开发经营管理条例》发布了《城市商品房预售管理办法》，并于2001年8月进行了修订。上述法律文件构成了房地产转让的制度体系，对房地产转让行为进行了规范。

2.房地产抵押监管制度的构建与完善

1996年10月施行的《中华人民共和国担保法》及其司法解释对房地产的抵押问题多有涉及，作为担保问题的基本法，对于房地产抵押的规定较为详细。2007年出台的《物权法》对不动产抵押的登记进行了立法确认。然而《担保法》与《物权法》在房地产抵押登记问题上存在冲突，例如登记部门问题。为了加强房地产抵押管理，维护房地产市场秩序，保障房地产抵押当事人的合法权益，《房地产管理法》在"房地产交易"一章设置第三节对房地产抵押问题进行基本的立法确认。根据《房地产管理法》《担保法》，1997年4月，建设部发布《城市房地产抵押管理办法》，并于2001年7月进行了修订。该规章对房地产抵押权的设定、房地产抵押合同的订立、房地产抵押登记、抵押房地产的占用与管理、抵押房地产的处分以及法律责任等问题进行了详细规定。从基本法到部门规章，上述法律文件不断细化房地产抵押的规范，构建起了我国房地产抵押监管的制度体系，对房地产抵押市场的规范起到了重要的作用。

3.房地产租赁监管制度的构建与完善

为了加强房地产租赁监管，维护房地产市场秩序，保障房地产租赁当事人的合法权益，《房地产管理法》在"房地产交易"一章设置第四节分别对房地产租赁问题进行基本的立法确认，要求"住宅用房的租赁，应当执行国家和房屋所在城市人民政府规定的租赁政策"，"以营利为目的，房屋所有权人将以划拨方式取得使用权的国有土地上建成的房屋出租的，应当将租金中所含土地收益上缴国家"，并对不同类型的房屋进行了分类管理。1995年4月建设部颁布《城市房地产租赁管理办法》对租赁合同、租赁登记、当事人的权利和义务、转租以及法律责任问题进行了详细规定。2011年2月施行《商品房屋租赁管理办法》，并替代了《城市房地产租赁管理办法》。新法对旧法进行了优化，具体表现在以下几个方面：其一，明确主管部门的工作要求。第5条规定主管部门应当加强房屋租赁管理规定和房屋使用安全知识的宣传，定期分区域公布不同类型房屋的市场租金水平等信息。其二，鼓励商品房屋出租。具体表现在第6条，将原《城市房屋租赁管理办法》规定的九种不得出租情形减少为四种情形；其三，规范房屋分割出租行为。具体表现在第8条规定的最小出租单位和人均租住建筑面积的最低标准的规定中；其四，维护商双方当事人的合法权益。具体表现在第9条、第10条进一步明确了出租人的房屋维修及确保房屋安全、承租人合理使用房屋等义务。上述法律文件体现了房地产租赁监管制度的构建和完善过程，发挥着房地产租赁市场规范化发展的重要作用。

4.房地产中介服务监管制度的构建与完善

房地产中介服务的规范化，对于维护房地产市场秩序，保障房地产活动当事人的合法权益至关重要。《城市房地产管理法》在“房地产交易”一章中设立第五节，对中介服务机构的主体范围及其资质问题进行了立法确认。建设部根据《城市房地产管理法》制定了《城市房地产中介服务管理规定》。该规章对房地产交易中的中介服务人员资格管理、中介服务机构管理、中介业务管理、罚则等问题进行了详细规定。除此之外，1995年7月，国家计委、建设部联合发布了《关于房地产中介服务收费的通知》；2001年12月，人事部、建设部联合发布了《房地产经纪人员职业资格制度暂行规定》《房地产经纪人执业资格考试实施办法》。这一系列法规文件构成了房地产中介服务监管制度体系，使得房地产中介服务进入法制化，并且不断完善，对于房地产市场的健康发展发挥了重要的作用。2016年7月，住房城乡建设部、国家发改委等七部门联合印发了《关于加强房地产中介管理促进行业健康发展的意见》，对房地产市场中介服务的三个方面提出了监管要求：一、规范中介服务行为。规范中介机构承接业务，加强房源信息尽职调查，加强房源信息发布管理，规范中介服务价格，规范中介机构与金融机构业务合作，规范中介机构涉税服务。二、完善行业管理制度。提供便捷的房源核验服务，全面推行交易合同网签制度，健全交易资金监管制度，建立房屋成交价格和租金定期发布制度。三、加强中介市场监管。严格落实中介机构备案制度，积极推行从业人员实名服务制度，加强行业信用管理，强化行业自律管理，建立多部门联动机制，强化行业监督检查。

(三)房地产交易监管法律制度的变革方向

1.完善房地产交易监管的法律体系

目前，房地产监管法律体系还有一定的缺陷，需要进一步整合、完善。从相关立法来看，除了《房地产管理法》《房地产开发经营管理条例》等法律法规，也有历年来国务院和住建部等各有关部委发布的大量有关房地产市场监管和规范化经营的文件，如《国务院办公厅关于切实稳定住房价格的通知》，这些均为房地产市场的监管作出了明确的规定。然而，这些立法和文件也存在一些现实问题。具体而言，《房地产管理法》是基本法，对房地产交易问题主要是基本的立法确认作用，并没有涉及操作层面；《城市房地产开发经营管理条例》仅针对房地产开发企业，尚未覆盖其他参与主体，而其他的部门规章对房地产交易的规定较为太散，抑或相关规范性文件的法律效力均太低，而相关文件缺少法律的稳定性。基于此，一方面，为了加强对房地产交易环节的管理，有必要出台《房地产交易管理条例》。通过制定统一而详细的行政法规，可以对一段时期内的房地产交易监管规则进行提炼和明确，减少相关立法的分散和冲突，实现交易监管的目标。另一方面，各省市地方政府根据《房地产管理法》等立法，结合本地房地产市场的运行情况，适时出台地方性的《房地产市场监管办法》，细化监管规则，例如：提高商品房预售门槛，完善商品房预售标准，以提升监管的效果。

2.健全房地产交易监管的协调机制

房地产市场中的误导、欺诈、炒作和违法违规销售商品房等不正当经营行为猖獗，很大程度上可归结于监管中出现真空区和盲区。地产交易监管涉及中央层面的多个部门和不同省市的相关部门，这些部门各自为政，分块管理、分区执法、分段介入，缺少信息共享机制和沟通合作机制，致使房地产市场监管缺位无力。为了形成监管合力，需在立法中逐步确立房地产交易监管的协调机制。这种协调机制包括住建、金融、税务等部门，需要建立房屋交易、购房贷款、税费缴纳等信息互通制度和联合执法制度。其中，住建部门要对房地产的销售行为进行监控，控制住房房价、租金过快上涨；金融部门要加强资金管控，保护购房者合法权益；不动产登记部门依法对房地产的抵押、转让进行登记，保护权利人的合法权利。对于交易中的违规行为，建立和完善守信联合记录和失信联合惩戒制度。此外，需加强房地产交易与不动产登记的衔接，建立房屋交易与登记信息的互通共享制度，尽快实现房地产交易和不动产登记信息的实时共享，为各部门执法提供便利。

四、房地产权属管理法律制度变迁

（一）房地产权属管理法律制度的形式变化

改革开放后，随着土地制度和住房制度的改革的推进，我国房地产市场才开始起步，而房地产权属登记制度与房地产市场的发展步伐是一致的。从相关立法可以看出，改革开放后的房地产权属登记经历了从“房地分离”到“房地合一”的演变过程。从土地权属登记和房屋权属登记上来看，1982 年国家城市建设总局《关于城市（镇）房地产产权产籍管理暂行规定》的出台，重新开启了全国范围内的房地产所有权登记的工作。随后于 1983 年 12 月国务院颁发了《城市私有房屋管理条例》；1986 年颁布的《土地管理法》正式确认了国有土地使用权证书的发放；1987 年 4 月，城乡建设环境保护部印发了《城镇房屋所有权登记暂行办法》；1988 年 5 月，国家土地管理局发布《城镇国有土地使用权申报工作的若干规定》，要求有条件的地方就土地权属进行审核、批准，办理注册登记、发证手续。1989 年，原国家土地管理局就颁布了《土地登记规则》，并于 1995 年进行了修订。《土地登记规则》一度承担了规范土地登记规范化的职能，各地围绕其制定了相关实施细则。1994 年 7 月，城市房地产管理的基本法《城市房地产管理法》正式颁布；1997 年 10 月建设部专门制定了《城市房屋权属登记管理办法》，2001 年 8 月建设部对该办法进行了修订。2008 年 1 月，经建设部发布《房屋登记办法》，取代了《城市房屋权属登记管理办法》。2007 年 3 月，《物权法》正式颁布，其第二章第一节专节对不动产登记制度进行了规范。将土地和房屋统一纳入不动产登记的范畴，成为规范不动产登记的基本法。2014 年《不动产登记暂行条例》的颁布使我国房地产统一登记制度取得突飞猛进的发展。从 1978 年改革开放到《不动产登记暂行条例》，我国的房地产权属登记制度体系日趋完整和规范化。

（二）房地产权属管理法律制度的内容调整

在改革开放之前的一段时期，经社会主义改造，私有房产和土地统一划归全民所有和集体所有，不再实行确权登记制度，因此国内范围内全面停止了房产权属登记。实行改革开放后，房地产权属登记重新开启，并相继出台了一系列调整政策，推动着我国房地产权属登记制度及体系逐渐走向规范化、科学化发展。从房地产权属管理法律制度的变迁来看，房地产权属登记经历了“房地分离”到“房地合一”的演变过程。

1.土地权属登记管理制度的建立与完善

土地权属登记管理是随着土地使用制度改革的需要而产生的。在改革开放之前，我国城市土地使用制度的特点是长期实行政府划拨，无偿使用、无限期使用、不允许转让流动。之后，在不改变城市土地国有的前提下，将土地使用权与土地所有权分离，逐渐建立起了土地使用权出让和转让市场，形成了土地使用权有偿出让和转让的城镇国有土地使用制度，此时，土地权属登记便不可或缺。1984年，国家开展土地调查，在土地调查中开始了土地登记工作。1986年《土地管理法》中确认了国有土地使用权证书的发放。1988年5月国家土地管理局发布《城镇国有土地使用权申报工作的若干规定》，要求有条件的地方，土地管理机关要接着进行地籍调查，经过审核、批准，办理注册登记、发证手续。从1988年至1992年，国家土地管理局就城镇国有土地使用权申报登记发证工作，发出一系列文件，土地权属登记工作在全国各地迅速开展起来。

在1989年，原国家土地管理局就颁布实施了《土地登记规则》，并于1995年进行了修订。《土地登记规则》自颁布实施以来，对我国土地登记制度的建立和完善，对明晰土地产权、保护土地权利人合法权益、维护社会稳定、促进国土资源管理和经济社会发展起到了重要作用。但是，随着国家土地管理法律制度的不断完善和土地使用制度改革的不断深化，《土地登记规则》已不能适应土地登记工作的需要。2007年3月，《物权法》正式颁布，对土地登记的程序和内容提出了新要求，这也是规范土地登记的基本法。据此，国土资源部在总结《土地登记规则》实践经验的基础上，及时修订出台了《土地登记办法》。《土地登记办法》一方面尽量不打破多年实践中已经形成的、并被证明为科学可行的土地登记制度和确权体系，确保土地登记工作的连续性，减少因为修改法律而带来的执行上的成本；另一方面对地方在长期土地登记工作实践中摸索出的好的经验、做法，进行了归纳、吸收，使土地登记办法在创新的基础上更加科学、完善。

为整合不动产登记职责，规范登记行为，方便群众申请登记，保护权利人合法权益，国务院启动了不动产统一登记制度改革。国务院于2014年公布了《不动产登记暂行条例》（国务院令第656号），明确规定国务院国土资源主管部门负责指导、监督全国不动产登记工作。2016 年国土资源部公布实施了《不动产登记暂行条例实施细则》(国土资源部令第 63 号),对土地、海域以及房屋、林木等不动产登记制度进行了详细规定,进一步规范了不动产登记行为,细化了不动产统一登记制度。目前,《土地登记办法》(国土资源部令第 40 号)的主要内容已被《不动产登记暂行条例实施细则》的制度规范所替代。为了有效保障不动产登记法律制度体系协调统一,决定对《土地登记办法》(国土资源部令第 40 号)予以废止。

2.房屋权属登记管理制度的建立与完善

在改革开放之前,私房交易停止,房屋登记也一度停止。为了满足改革开放的需求,不少城市在党的十一届三中全会之后,开始了私房登记和过户工作。例如济南市于 1981 年 12 月制定了《济南市私房登记换证过户契税工作细则》;1983 年 5 月,南京市政府颁布了《南京市城市房地产登记办法》。在这个阶段,我国少数城市颁布了各种房屋登记的地方政府规章,但我国大多数城镇都没有进行房屋所有权登记,核发房屋所有权证件。这也导致普遍存在产权不清、产籍不明的现象,产权纠纷日益增多。为加强城镇房屋的产权产籍管理,1983 年 12 月,国务院发布《城市私有房屋管理条例》;1987 年 4 月,当时的城乡建设环境保护部印发了《城镇房屋所有权登记暂行办法》,在全国范围内对城市、县城、建制镇和工矿区范围内的所有房屋,包括全民所有制行政、军队、企事业单位的房屋;集体所有制房屋;私人房屋;宗教团体房屋等进行房屋所有权登记,核发所有权证。

随着住房商品化改革的推进,对房屋产权登记的规范化发展提出了更高要求。1994 年 7 月,城市房地产管理的基本法《城市房地产管理法》正式颁布,该法对“房地产权属登记管理”进行了专章规定。该法第五章明确规定:“国家实行土地使用权和房屋所有权登记发证制度”“在依法取得的房地产开发用地上建成房屋的,应当凭土地使用权证书向县级以上地方人民政府房产管理部门申请登记,由县级以上地方人民政府房产管理部门核实并颁发房屋所有权证书”,并且在房地产转让、变更或者抵押时仍然要履行登记手续。为加强城市房屋权属管理,保障房屋权利人的合法权益,根据《城市房地产管理法》的规定,1997 年 10 月建设部专门制定了《城市房屋权属登记管理办法》该部门规章对城市规划区国有土地范围内的房屋权属登记进行了规范。之后 2001 年 8 月建设部对该办法进行了修订。2007 年 3 月《物权法》出台,将房屋登记纳入了不动产登记范围,由不动产所在地的登记机构办理。2008 年 1 月经建设部发布《房屋登记办法》,取代了《城市房屋权属登记管理办法》。与《城市房屋权属登记管理办法》相比,《房屋登记办法》章节的结构更为合理,并增加了登记的“一般规定”这一章,对各种不同的登记种类以及具体操作上的问题规定得更为详细。围绕《房屋登记办法》,各省制定了相应的实施细则。

（三）房地产权属管理法律制度的变革方向

《不动产登记暂行条例》仅是过渡，最终的方向是制定统一的《不动产登记法》。我国《物权法》第10条明确规定："要统一不动产登记制度"。随着2014年国务院颁布《不动产登记暂行条例》，标志着我国不动产统一登记制度的建立。《不动产登记暂行条例》以《物权法》为基础，对不动产统一登记范围、机构、程序、登记信息共享与保护等方面进行了明确，基本实现了不动产登记法律依据的统一。然而该《暂行条例》属于法规范畴，存在诸多局限，难以完全承担建立统一的登记制度的使命，因此《暂行条例》仅是过渡，最终的方向仍然是制定一部统一的《不动产登记法》。原因如下：其一，不动产登记制度是整个物权制度的核心，关系到国家基本经济制度和国计民生的重大问题，属于基本民事法律制度的内容，根据《中华人民共和国立法法》的要求，应当由立法机关制定法律。其二，虽然《物权法》确立了不动产登记的基本规则，但不动产登记制度极为复杂，其中涉及的问题较多，故需要通过专门的《不动产登记法》就不动产登记机关、具体登记审查要件、登记错误的赔偿责任等加以具体规定。其三，虽然我国已经建立了各种不动产权利的登记制度，但总体上较为分散、零乱，且存在较多不规范和不完善的地方。由于不动产登记包括土地、房屋、草原、林地登记等，涉及《城市房地产管理法》《土地管理法》《担保法》等，若要建立统一的登记制度，就必须对现行的一系列法律法规进行修改，而以行政法规进行统一显然难以实现。如果制定《不动产登记法》，就能够在同一效力层级上以新法优于旧法的原则，直接取代其他法律中关于不动产登记的规定，实现建立不动产统一登记制度的目的。

第四节　公用企业监管法律制度的变迁

公用企业乃公用事业之经营者。何谓公用事业，意指提供某些基本的公共服务和公共产品并受到政府管制之行业[①]。公用企业规制活动是国家公权力对公用企业生产经营活动和公用事业市场展开的一种干预。现代经济学已然扬弃了传统规制理论关于"无法引入竞争"的观点，并力证了这个简单原理：自然垄断并非始终不变，它在时间上凸显出极强的动态性，亦即一直居于动态的、发展的过程，或者从强自然垄断转变为弱自然垄断，或者完全发展为竞争性产业，基本不存在永恒的自然垄断行业。究其缘由，一方面是需求变化、技术进步等客观层面的原因；另一方

① Stuart Berg Flexner. *Webster's Unabridged Dictionary*, Random House Co., 1988, p.1563. 转引自李昌麒主编：《经济法学》，法律出版社2016年第3版，第492页。

面,公用企业高垄断成本与规制失灵等主观缘由亦为公用企业展开竞争准备可能。[①] 基于竞争之需,亦须对公用企业的监管进行特殊的制度设计。

一、公用企业监管的历史演进

一直以来,我国公用企业采用由政府予以投资、由国营企业进行垄断经营的按计划配置的高度集中的运行模式。通常而言,传统公用企业的运营体制大抵呈现如下特征:由政府投入大量固定资产建设并由政府划拨运行经费,此外,政府亦对供应价格进行核定并承担收支平衡与经营盈亏风险,而具体的经营管理者通常由政府选任,这些员工拥有固定编制,可以说整个产业系统的行政色彩极其浓厚,凸显政府行政延伸之特殊属性。值得肯定的是,此种浸润浓厚的计划配置色彩之公用企业运行机制,在新中国成立之初资金短缺、物质匮乏、百废待兴之特定历史背景下,在公用企业的发展初期和大规模建设阶段,的确发挥了集中有限资源、大力兴办有益于快速达到维护民生与社会公平目标以及奠定国民经济发展基础之功用。然而还需指明的是,伴随着我国社会主义市场经济体制目标之确定以及改革开放逐渐向纵深发展,既有公用企业运行机制的不足逐步凸显,矛盾日渐尖锐,倒逼公用企业进行机制体制改革方能破解经济发展过程中的伴生难题,进而有效协调国民经济、产业发展、社会公益、组织经营等复杂的利益关系。

在改革开放初始阶段,助推我国公用企业改革的关键诱因是建设资金的制约。为突破资金短缺的困局,在 20 世纪 80 年代初开启了公用事业第一阶段的体制改革浪潮,重点在投资主体限制、产业结构、服务价格等层面予以调整。20 世纪 90 年代中,伴随构建市场经济体制的目标确立,以健全市场机制为基本要义的深化公用企业机制改革大范围展开,该阶段体制改革的重心体现为在宏观层面上由上而下施行政监分开、政企分开;在中观产业层面,依托其所属行业的特性进行结构重组或合理拆分,或削减、打破垄断因素;而在微观层面上,具体体现为导入有效竞争机制、着手公用企业产权等更深层次的变革,以民营化方式推动现代企业制度之构建。具体参见下表:

① 曹阳:《网络型公用企业竞争的法律规制》,载《现代法学》2007 年第 3 期。

表 5-1 我国公用事业监管变革历程[①]

公用事业	第1阶段改革措施（20世纪80年代）	第2阶段主要改革措施（20世纪90年代）	行业监管体制（管制模式）变化	改革实际成效（第1阶段→第2阶段）
电信	率先放松价格管制、增加收费以扩大自筹资金来源	海外上市融资、启动民营化改革、优化产权结构；"横向拆分"成中国电信、中国移动、中国联通等六大公司，各业务领域均形成两家以上企业的竞争格局	实行中央与地方共建、分层管理→在邮电部、电子部基础组建信息产业部，实现行政管理职能与电信经营业务完全分离	初期措施促进了电信业的快速发展→市场化改革后分业务竞争模式使价格高、服务质量低的问题得到较明显改善
电力	实行社会集资办电、放松价格与准入管制，让系统外企业进入电力行业，形成投资主体多元化格局	"纵横双向切割"，拆分成华能等五大相互竞争的发电企业、国家电网和南方电网两大输配电公司，形成"网电分开""竞价上网"的市场竞争结构；海内外上市融资，优化产权治理	中央与省二级管理，"电厂大家办、电网国家管"模式→国家电力公司厂网资产管理分离重组→成立国家电力监管委，专司电力管制职能，实行政企、政管分离的管制体制	吸引巨额社会资金，较快缓解电力短缺→初步构建了产业竞争结构布局，电力供应基本满足经济快速发展要求，电价总体稳定

① 杨振宇：《中国公用事业市场导向改革研究》，武汉大学2014年博士学位论文，第75页。

续表

公用事业	第1阶段改革措施（20世纪80年代）	第2阶段主要改革措施（20世纪90年代）	行业监管体制（管制模式）变化	改革实际成效（第1阶段→第2阶段）
民航	放松准入管制、调动地方积极性，成立地方性航空公司	民航管理局、机场、航空公司三者分离；十大民航直属国有公司重组合并为南航等三大集团，放松对上航等地方航空公司航线准入限制，鼓励竞争；允许民营资本经营航空公司，逐步实现市场自主定价	中国民航总局从军队建制转为企业化管理→民航局与机场脱钩，只保留行政管理职能，机场实行属地化管理、公司化运营→“网运分离”，机场与民航运输割裂，国有民航公司划归国资委管理	初期大批民用机场得以建设改造→市场化改革后运输总周转量、客货运量增幅显著、跃居国际民航组织一百八十八个缔约国中第三位
铁路	支持、鼓励地方筹资参建铁路、允许发铁路建设债券和提价以扩大筹资	“大一统”格局被“多元化”取代、形成国有铁路占主导、地方性铁路、合资铁路、公司股份制铁路多元投资和运营主体并存的格局，货运仍以独家垄断形式存在；全面实行资产经营责任制，铁路局初步转变为运输产品的生产者和经营者	“主辅分离”，铁道部剥离直管二十多家辅业企业，划转国资委管理→撤销铁路分局，改制为三级管理模式，减少管理层次提高管制效率→铁道部从对生产经营的直接管理向宏观管理过渡；铁路运营从追求社会效益为中心的行政机构向为追求经济效益目标的现代服务企业过渡	初期改革使铁路建设加快、缓解或消除供给瓶颈→深化体制改革仍在实践探索，铁路局还留有明显行政机构影子，尚不具备真正市场主体身份，铁路运输业内部竞争还不充分

续表

公用事业	第1阶段改革措施（20世纪80年代）	第2阶段主要改革措施（20世纪90年代）	行业监管体制（管制模式）变化	改革实际成效（第1阶段→第2阶段）
水务和燃气	鼓励多种经济成分投资、建设、发展相关产业、突破依靠政府财政单一渠道投资、补贴产业的模式制约	社会公开招标选择投资主体；允许跨地区、跨行业经营；推行特许经营制度；启动产权多元化改革；实行市场结构重组，将供排水产品、管道燃气设备生产等具有竞争性的业务实行市场化经营；以特许权招标、拍卖等方式推动民营化，并进行跨区域经营	建设部实施行业行政监管，具体业务由各地方政府下设的公用事业局（或市政局、城市管理局）集中统一管理，长期政企高度合一、辖地垄断经营→行政监管机构剥离经营性资产，集中履行政府行政部门对行业的监管职能	有效突破投资瓶颈→市场化改革后企业活力、经营绩效、产业竞争力加强，产品质量和服务水平（水质、污水处理率等指标）显著提升

二、公用企业的准入规制

诚如学者坦言，“能够自由进入乃一个行业中的企业凸显竞争性之源泉。新竞争者进入市场之威胁，会限制在位企业，促使其减少妨碍消费者利益之经营行为。而这些新竞争者事实上的进入亦将改变市场结构，也将发挥相同作用”[①]。公用企业在多大范围以及多大程度上享有该自由往往取决于市场准入制度。所谓市场准入制度，意指有关政府、国家准许法人、公民进入市场并展开商品生产经营行为之条件及程序规则的制度及规范之统称[②]。而公用企业的市场准入制度则代指政府及其管理部门依照法律规定，许可设立公用企业或准许进入公用产品（服务）市场以及从事公用产品和服务经营之管制制度。与之相关的法律制度，往往被称之为

---

① ［美］保罗·杰罗斯基，理查德·吉尔伯特，亚历克西斯·杰克明：《进入壁垒和策略性竞争》，崔小刚译，北京大学出版社2004年版，第1页。

② 李昌麒主编：《经济法学》，中国政法大学出版社2002年版，第146页。

公用企业市场准入法律制度[①]。

(一)公用企业准入规制的合理性分析

首先,自然垄断属性在某种程度上制约了公用企业间的完全竞争。依据奇尔赫特和伯格所提倡的“自然垄断弹性规制理论”[②],我们对于自然垄断并不必然使用规制手段,然而,当潜在竞争者的威胁导致垄断者难以用盈亏相抵价格或边际成本价格确保生存时,亦即垄断者不具备承受力时,基于实现社会成本最优之目标,亟须对潜在竞争者之进入予以规制。尽管该理论无法用可视化的具体指标进行衡量,然而依然可以证明:虽然自然垄断在很大程度上“自然而然保持其垄断地位”,不过在特殊情形下依然需要国家价格规制和准入规制。此外,倘若参与、从事竞争的经营者在数目上过于庞大,非但会提升公用企业间互通互联之成本,亦会加大规制机构监控公用企业之间公平竞争之成本。而成本倘若过高,则完全可能抵消因竞争而获得的收益。

其次,资源的稀缺性亦制约了公用企业间的充分竞争。公用事业展开业务经营往往也仰赖于现有资源。正如提供基础电信业务需要特定的技术资源和自然资源,如空间、号码、无线电频率等;而铁路则需占用土地;气管线、输水建设应契合城市规划的要求,也需占用特定的土地资源等。资源的有限性也导致应对公用事业实行准入规制。

最后,倘若欠缺准入规制,容易导致过度竞争等问题。公用事业的网络建设往往面临巨大的沉淀成本,倘若在位企业谋取了较高的垄断利润,且又欠缺有效的准入规制,则完全可能因为错误信息刺激过多潜在竞争者投入网络建设及营运。那么,基于有限的市场需求之前提,公用事业为补偿庞大的沉淀成本,则往往可能实施排挤竞争对手、展开低于成本价之过度竞争,进而导致社会福利之减损。

(二)公用企业准入规制的条件与程序

公用企业关涉人民生活与社会生产基本需求之满足,关涉公共秩序之维护与国计民生的基本问题,故而,各国法律对公用企业的经营者均提出特定的要求。当然,在可竞争的条件下,并非全部产业可全面投入竞争。唯有那些达到法律规定要求的,才可以成为公用企业的经营者。这些由法律明确规定、准许潜在竞争者进入公用企业领域须得具备之程式或应满足的条件(要件),则为公用企业市场准入规制制度之基本构成。参与公用企业经营活动的经营者满足法律明确规定的要求的,可以向政府及其有关管理部门提交申请,经有关主体审查批准,具备从事公用

① 李昌麒主编:《经济法学》,法律出版社2016年第3版,第495页。

② 常欣:《规模型竞争论——中国基础部门竞争问题》,社会科学文献出版社2003年版,第12~14页。

产品(服务)经营之资格的,则可以作为公用企业之经营者向社会大众输送相关产品(服务)。

不妨以市政公用事业为例[①]。我国对市政公用事业(包括但不限于城市供气、供水、公共交通、供热、垃圾处理、污水处理)施行特许经营制度,通常由主管部门以招投标之方式择取市政公用企业的经营者。依据《市政公用事业特许经营管理办法》(2004年3月19日发布,后于2015年5月4日修订)的规定,从事特许经营竞标的经营者须得满足如下要件[②]:其一,须得是依法进行注册的企业法人;其二,须得具备相应的设备及设施;其三,应有良好的财务状况、银行资信与相应的偿债能力;其四,须得具备相关从业经历及良好业绩;其五,须得有相应数量的经营、财务、技术等关键岗位的人员;其六,拥有可行、科学的经营方案;其七,应符合地方法规及规章明确的其他相关条件。而市政公用企业特许经营的程序一般由如下步骤组成:[③](1)由公用企业主管部门依据需要,提出市政公用企业特许经营项目,进而报当地县级以上人民政府批准后,方可向社会大众公开公布招标条件,并受理招标。(2)依据招标条件,着手对欲取得特许经营权的投标者展开方案预审及资格审查,并推选出满足条件的投标候选者。(3)组织评审委员会依规定予以评审,同时开展质询与公开答辩环节,从中推选特许经营权授予对象,并向社会公众公开中标结果。(4)如公示期满,未有对中标者提出异议的,经县级以上人民政府批准,由中标者与主管部门签订有关协议。该特许经营协议生效后,则投标人取得特许经营权,其便得以依据特许经营协议在特定范围内开展公用企业经营活动。

需要说明的是,须得根据特定条件结合产业状况对产业的市场进入予以限制,当然这种限制并不必然禁止新竞争者进入,倘若该限制设定不合理,则可能演化为实质意义上的限制竞争,亦即行政垄断。

三、公用企业服务与价格的监管制度

(一)公用企业产品与服务质量保障制度

公用事业提供服务、产品通常是社会生产活动和人民生活所必需的。甚至在某种意义而言,受生产或生活之需所迫,用户和消费者对公用事业所提供的服务或产品,无论其实际质量如何,通常均得接受。相较于其他竞争性服务和产品的经营者而言,这种情形下用户和消费者的选择权难以实际行使,从该视角看用户的权益更容易被公用企业经营者损害。此外,由于公用事业经营者供给的服务和产品多数对应普遍的社会需求,而公用事业经营者往往借助基础网络设施向众多用户和

---

① 李昌麒主编:《经济法学》,法律出版社2016年第3版,第495~496页。

② 《市政公用事业特许经营管理办法》第七条。

③ 《市政公用事业特许经营管理办法》第八条。

消费者输送服务和产品，此时倘若公用事业所供给的服务和产品质量低劣，则可能会同时导致大范围用户群体利益受损。一旦出现质量问题，即便及时快速地处理，恐也难以避免造成一定损害。另外，鉴于消费者、用户与公用企业关系的长期性，公用事业极可能以不合格产品长期、持续损害消费者和用户的权益。为此，对于公用事业经营者所提供的服务和产品，法律应对其质量提出更高的要求。亦即，强化公用企业服务和产品的质量规制，非但是为保证企业生产活动的顺利进行、保障公用企业正常的生产秩序，更是为了维护人民群众的生命、财产安全，以及提高民众的生活水准之需[①]。法律对公用企业服务、产品质量所规定的要求，依据公用企业具体提供的服务和产品的类型而不同[②]。一般指向以下两方面内容：其一，通过法律规范确立相关服务和产品之标准，要求公用服务和产品满足相关标准的要求；其二，以立法方式明确公用服务和产品质量的保障措施。

以供电行业为例[③]，为确保供电质量以及供用电的安全，政府专门针对供电行业公布了一系列质量标准。在该套标准中，有的纳入技术性标准范畴，如计量检测标准、电能质量标准、电网运行标准及电力安全环保质量标准等。有的则纳入管理性标准的范畴，如有关电力检测管理、安全环保管理以及设计管理等标准。借由这些标准，规范供电、用电行为，确保供电质量满足相关标准。除以明确标准的形式确保供电质量外，《电力法》亦对相关的供电质量问题进行了专门规定。依据该法，电网运行与电力生产须得遵循经济、优质、安全之原则。电网运行须得稳定、连续，且确保供电的可靠性。供电企业须得确保供给用户的供电质量达到国家标准。如因公用供电设施而引发的供电质量问题，须得及时迅速处理。如消费者对供电质量提出特殊要求，则供电企业须得结合必要性以及电网的可能，对其输送相应电力。如发电、供电系统正常，则供电企业须得连续为用户供电，且不得中断。此外，电力企业须得对电力设施进行定期的检修及维护以确保其正常运行。如因用户违法用电、依法限电或供电设施检修等缘由，需要中断供电的，则供电企业须得依照相关规定对用户进行事先通知。此外，用户受电装置的设计、运行管理或施工安装等，也须得满足电力行业标准或国家标准。

（二）公用企业反垄断制度

近年来，公用企业借助其市场支配力量排除限制竞争的行为层出不穷，引发了

---

① 李昌麒主编：《经济法学》，法律出版社 2016 年第 3 版，第 499～500 页。

② 产品与服务质量保障制度的主要内容包括各种公用产品和服务的标准化管理制度、产品质量管理制度和产品质量责任制度等。

③ 李昌麒主编：《经济法学》，法律出版社 2016 年第 3 版，第 499～501 页。

一系列的社会问题，受到学界和实务界的广泛关注[①]。如何有效监管公用企业的竞争行为，强化公用企业的反垄断执法力度以确保市场公平竞争秩序井然、保障社会整体利益，是当下市场监管者面临的重大挑战之一。

1.公用企业滥用优势地位的行为表现

关于公用企业滥用优势地位的行为表现主要为[②]：其一，强制交易。事实上，强制搭售或强制交易乃公用企业展开限制竞争行为的惯用技法。有的公用企业通常以技术需求、商品质量等为借口，限定消费者、用户仅能购买其指定的产品，目的在于排挤竞争对手，将市场支配力延续至其他产品市场，从而获取高额垄断利润。其二，滥收费用。个别公用垄断行业将行政权力与市场经营进行捆绑，采用多种手段设法为自身攫取不正当的竞争利益，进而谋取高额利润。其三，内部业务交叉补贴。公用企业通常同时拥有非自然垄断业务与自然垄断业务，而个别公用企业利用非自然垄断业务在价格管制上比较宽松的特性，借助自然垄断业务抬高非自然垄断业务的价格，借机攫取超额垄断利润。其四，拒绝交易。考虑到公用企业所提供的服务或产品往往关乎国计民生，市场上通常并不存在相同或类似的服务、产品可替代，致使公用企业实施拒绝交易行为尤为常见，或者直接拒绝交易，或者另外附加不合理交易条件，严重损害了消费者利益。

2.公用企业垄断的非理性成因

我国公用企业之所以形成当下的垄断状况存在多方面的复杂原因。其一，政企不分的惯性运动。从文化视角看，我国历史上是一个对特定行业以官营的方式进行管理的国家，如汉朝的“盐铁官营”，以及后来的“洋务运动”均浸润着浓厚的官方垄断色彩。即便到社会主义公有制时代，还普遍存在“一大二公”的思想。而基于体制角度窥之，我国自新中国成立以来，在很长一段时间内实行计划经济体制，所谓国有，基本等同于国营，即由国家直接管理企业，人、财、物、产、供、销几乎都由国家进行直接领导，企业既不存在竞争压力，又遑论经营自主权。公用企业作为国营企业的重头戏之一，自然而然也深受计划经济体制改革的影响。其二，监督机制不完善。既有的监督样态使部门之间监管分散，形成一定的部门利益。欠缺严格、统一的监督机制引发公用企业滥用市场支配力排除限制竞争[③]。

3.公用企业的反垄断规制对策

公用企业的反垄断规制对策，可以总结为如下五个方面：

---

① 公用企业的垄断问题主要包括两个方面：一是如何引入竞争机制，改变公用事业领域的高度垄断状态；二是如何限制公用企业滥用市场支配地位，妨碍竞争的行为。本部分主要分析后者。

② 陈逮、刘庆：《浅谈公用企业竞争情况及反垄断规制》，载《中国工商报》2014年6月18日第005版。

③ 薛治国、徐启宇、闻力：《公用企业垄断模式的非理性成因及立法研究》，载《当代法学》2000年第1期。

其一，要优化政府管理机制改革，确保投资多元化与政企分开[①]。欲达到真正的政企分离，须着眼于制度功能分离的视角，明确界定公用事业的营运功能与管理职能，实现公用企业作为企业的制度本源。一方面，可将独立的财产权进行剥离，将其完全交由企业自身行使，确保其以平等的市场主体身份、真正的企业法人之地位投入市场竞争。另一方面，也是最为关键的，政府须得进一步厘清自身职能，大范围削减行政性审批，对企业正常的生产经营行为不再直接干预。

其二，健全公用企业的价格管制，切实优化消费维权机制，最大限度实现消费者组织的制衡功能。试着转变传统的价格管理机制，将具体的价格管制转向特许经营权招标，引入市场竞争的形式授予特许经营权。此外，发挥价格听证会制度的作用，授予公众以讨论、审议的形式对公用企业的成本进行核算的权利。同时，还可构建推选制度与听证代表审查制度，授予价格听证会特定的决定权以便理性制衡公用企业。

其三，导入竞争机制，实行分业经营模式。自实行政企分开以来，在市场上公用企业仍然占据绝对的市场支配力。欲提升总体经济效率，须得放松市场准入规制，引入竞争机制。应当说，在公用事业行业中引入竞争机制、构筑竞争性市场结构的方式对公用企业提升经济效率、优化社会整体利益，具有较为明显的成效。从实际情况来看，还应区分看待公用企业的自然垄断业务、公用企业的非自然垄断业务，并适时从垄断性业务中将竞争性业务剥离出来，对其分别进行不同的市场结构建构。对于自然垄断业务，在承认其完全垄断、寡头垄断的市场结构之外，严格把控市场进入机制，对行业内的产品和服务质量、价格、互联互通等展开有效规制；而属于非自然垄断业务，须得放松进入管制，全面发挥竞争机制的效用，鼓励潜在竞争者进入市场参与竞争。

其四，强化行政指导和宣传工作，提升公用企业进行公平竞争之法律意识。各省市工商部门可适时以召开座谈会或调查走访等形式，确保公用企业迅速掌握政策法规，而对于消费者普遍反映的难点、热点问题以及管理中的薄弱环节，与公用企业进行协商，或予以建议、告诫、提醒，引导公用企业自查自纠并进行及时整改，同时还可引导公用企业完善服务标准及经营规范，构建健全的管理机制。

其五，完善社会共同参与机制，构建全面的监督管理体系。区别于一般竞争性行业，公用企业行业的监管不但需要反垄断执法机构强化竞争执法，还应强化相关方面的行业监管。而推动公用企业的合法合规经营，需要集聚各个部门的监管力量。亦即，构建多个部门共同参与的公用企业监管联动机制。另外，还可针对性发挥消费者群体作为社会监管力量的作用，在价格制定、政策决策等过程中予以制衡。

---

① 鲁篱：《公用企业垄断问题研究》，载《中国法学》2000年第5期。

（三）公用企业产品与服务价格管理制度

价格规制源于市场的准入规制[①]。之所以如此，是因为准入限制实质性削减了竞争者的数量，在此基础上，倘若不对价格进行规制，公用企业完全可能利用其市场支配力谋取高额垄断利润，导致消费者权益受损，进而减损社会整体利益。不过，退一步看，即便不存在准入规制，受资源有限性的影响，潜在竞争者亦难以及时、有效地参与竞争，基于该视角也应对公用企业的定价行为进行适时规制。对此，《价格法》第18条作出了相关规定：自然垄断经营的商品价格、与人民生活及国民经济发展关系重大的极少数产品以及资源较为罕见的少数产品价格、重要的公益性服务的价格以及重要公用事业价格，均实行政府定价或政府指导价。不难得知，公用服务和产品纳入政府价格规制之重要范畴。

科学的价格体系除了应确定合适的价格水平，亦应明确理性的价格结构。区别于普通竞争性产品的定价，公用企业的定价凸显垄断经营、公益性和公共性之特点，政府需明晰定价原则[②]。（1）受公用企业自然垄断特性之影响，公用企业定价须恪守适当调控原则，具体考虑以下两个问题：首先，为确保公用事业进行良好运营，在定价时应考虑投资回报。其次，为避免浪费、鼓励节约，公用企业服务和产品的供给须满足其必需，特别是对于资源性的供水、供气等行业，如产生过度消费时，应区分提升收费标准。（2）恪守公平负担原则。具体体现为在定价时，结合不同的客户特性，采用各异的定价策略。如依照用户的使用时间和使用标准进行合理、公平的成本分摊，理性核定价格，且平等适用于每一用户，另外还应考虑多方主体的承受能力，避免给用户带来不合理的价格负担。（3）遵循便于操作原则。对公用企业的价格分类需以简单适用为主，采用便于计量及收费的原则。此外，任一公用企业服务和产品的价格结构应确保具有相对稳定性，杜绝频繁的大幅度调整。（4）恪守效率激励原则。合理定价，需对经营者起到提升生产效率和管理水平的激励作用，应引导企业以较低的成本输送优质服务，确保企业内部经济效率。

关于具体考量因素，公用企业定价需得结合社会整体承受能力、经营者合理收益、社会平均成本与群体相关因素进行确定。而关于经营者合理收益之考量，需得结合各异行业特性，分别采用固定资产净值收益率，或者净资产、成本收益率、投资收益率等予以核定。此外，政府需得结合物价指数、银行利率、社会整体利润水平等因素划定公用企业的收益率水平[③]。公用企业的定价需得严格遵循法定程序，一般依照定价原则交由价格主管机构会同有关企业监管机构出具调整方案，如若必要，需报所在地政府予以批准，后方能执行。公用企业在收取有关服务和产品费

---

① 曹阳：《网络型公用企业竞争的法律规制》，载《现代法学》2007年第3期。

② 张永刚：《市政公用行业的管制研究》，同济大学博士学位论文2007年，第118页。

③ 李昌麒主编：《经济法学》，法律出版社2016年第3版，第504页。

用时需得遵循相关标准，不可擅自调整，亦不能另立项目谋取额外费用。

(四)公用企业产品与服务供给保障制度

公用企业所提供的服务及产品基本上是人民生活和社会生产持续所需之基本必需品，倘若公用企业中断其输送的服务和产品，将可能严重影响正常的人民生活和社会生产。因此，构建公用服务和产品供给保障制度对维护社会生活、生秩序以及确保社会稳定意义重大。为确保公用服务和产品之供给，《电信法》《电力法》《市政公用企业特许经营管理办法》《城市供水条例》等文件均对公用企业的保障供给义务进行相关规定，各地也陆续以地方法规及政府规章的形式明确更细致的要求，为公用企业在保障公用服务和产品之供给时形塑了基本制度。

在具体的制度内容上，公用企业服务和产品供给保障制度一般包括如下四方面：[①](1)强制订约制度。我们均知，现代城市生活对电、水、交通、通讯、气等物质条件之依赖逐渐强化。人们借助多种网络基础设施获得这些物质条件，倘若提供者突然中断供应，则人们正常的生活和生产活动恐难以维持。因此，负责供给这些物质条件之公用企业应当与城市的公民、企业间构建持续、稳定的供给联系。而公用企业需与纳入其服务范围之内的全部企业、个人签订供给协议，通常情况下不能排斥任何个人和单位。除此之外，对特定范围内新增的居民和企业，有关公用企业也需与其建立稳定的供给关系。(2)持续供应制度。公用企业需确保其所提供的公用服务和产品的持续性，不能随意中断、停止供应，如因特殊缘由(如自然灾害发生线路断开、网络基础设施老化、水管爆裂，以及人为损害或破坏等原因)无法进行持续供应的，需及时采取紧急措施予以修复，尽快恢复有关供应。另外，依据《市政公用企业特许经营管理办法》之规定，如特许经营权有所变更、终止的，主管部门应当及时采用有效措施确保公用产品供给的稳定性和持续性。主管部门在实施监督检查工作时，不可影响获得特许经营权的经营者的正常生产经营行为。获特许经营权的企业未经市、直辖市、县人民政府的批准，不可擅自歇业、停业。倘若出现上述情形，主管部门需责令其进行限期改正，或对其采用有效措施并督促其恪守业务。(3)中断供给提前通知、公告制度。公用企业借助网络基础设施为消费者和用户输送服务，然考虑到网络基础设施可能因老化、腐蚀等缘由而无法工作，为确保这些网络设施的正常进行运行，防止发生突发事件引发更大范围的损害，公用企业应当定期维护和更新网络基础设施，而展开这些作业可能需要对部分地区的公用服务和产品进行中断供应。这些缘由是人为安排的，亦是可控制及预见的，因此，针对该类可控制、可预见之缘由而暂时中断公用产品之供应的，应负有通知用户之义务。考虑到个别公用企业所供给的用户数目庞大，可能无法可能通知所有用户，

① 李昌麒主编：《经济法学》，法律出版社2016年第3版，第505～507页。

而仅能要求其以适当形式公告有关内容，此种情形即可免责。然个别情形，比如，个别用户不当长期拖欠费用或违法利用公用设施获取公用服务和产品，需以中断供应之方式方能终止行为主体的违法行为的，则不应当也无必要停止对全部用户之供给。此时，只需通知该个别用户即可。(4)基础网络设施的运行保障制度。通常而言，基础网络设施乃公用企业输送公用服务和产品的输送渠道，唯有基础设施网络得以正常运行，才能确保公用服务和产品的持续供给，故而对公用服务和产品设施的建设、维护、检修、抢修等也就相当重要，因此，立法亦对公用服务和产品的网络设施运行保证进行了特殊规定。

第六章

经济法责任制度的变迁

第一节　经济法责任制度概述

经济法责任在经济法基础理论体系中是一个独立的问题，对经济法责任的认识，既取决于不同法律责任理论的理解，又受到经济法本质属性和学科属性等相关理论的影响。经济法责任理论的发展，是对经济法在实践中的性质和地位的认识不断加深的结果，同时，反过来也促进了经济法其他理论问题的深化。凯尔森说："法律责任的概念是与法律义务相关的概念，一个人在法律上对一定行为负责。或者他在此承担法律责任，意思就是，如果作相反行为，他应受到制裁。"[①]由此可见，法律责任是与法律义务密切联系的，经济法上的法律责任也不能例外。但是，对于在经济法中的法律责任与法律义务有什么样的联系以及如何联系，学者们却提出

① 转引自沈宗灵：《论法律责任与法律制裁》，载《北京大学学报(哲学社会科学版)》1994年第1期。

了各种不同的见解。依照传统法理学"主体—权利义务—行为—责任"的逻辑思维,没有责任的范畴体系是不完整的,没有责任强制力支持的法律规范是软弱的。法律责任作为法律运行的保障机制,是法治不可缺少的环节;作为一个重要概念,是法学范畴体系的要素。法律责任是法的基本构成要素,也是法的主要制度。无论是权力的正当行使,权利的充分实现,还是义务的切实履行,纠纷的公正解决,几乎都要归结为法律责任[①]。法律责任是任何一个法律部门所必不可少的组成部分,法律对责任的合理规定在很大程度上决定了法的强制力和执行力。经济法责任伴随着经济法律关系运行的全过程,是经济法律规范得以实施,经济法目的得以实现的最终保障,对经济法理论与制度的完善至关重要。

一、经济法责任的定义与分类

经济法责任的定义是学者们基于对法律责任与法律义务联系的认识而作出的最直观也最简练的回答。对此,可以从概念使用的词汇、定义方式、属性及特征等方面来认识。

(一)经济法责任的定义

1.词汇辨析

在经济法学中,用以表达"法律责任"的词汇大体有如下几种:经济责任、经济法责任、经济法律责任、经济关系中的责任、经济法主体的责任、违反经济法的法律责任等[②]。

学者们在采用不同的语汇时,有的说明了理由,有的未予说明;但从已有的说明中,还是能够发现一些不同的认识。例如,主张采用"经济法责任"的学者认为:"'经济法责任'这一语词是准确表达概念的语言形式,它不易使人对其思想内容产生误解:与'经济责任'比较,'经济法责任'不易被人误解为违反经济法义务只是承担财产责任;与'经济法律责任'比较,'经济法责任'不易被人误将经济法律等同于经济法;与'经济关系中的责任'比较,'经济法责任'不易被人同经济责任制相混淆。此外,与'经济法主体的法律责任'、'违反经济法的法律责任'比较,'经济法责任'更为简明和准确。"[③]而主张采用"经济法律责任"一词的学者则认为:"经济法律责任的提法更合适,理由有二:其一,学界对其上位概念的通行的称呼是法律责任,而不是法责任,叫经济法律责任有利于实现与其上位概念的一致;其二,便于实现同与之平行的概念之间的统一,主要是与行政法律责任的统一。这两种责任都无法像民事责任、刑事责任那样称'事',而简单的称经济责任、行政责任又太过宽

① 邱本:《经济法原论》,高等教育出版社2001年版,第178页。

② 杨紫烜:《法律责任与经济法责任定义辨析和本书的见解》,载《经济与法》2003年第12期。

③ 吴志攀主编:《经济法学家》,北京大学出版社2005年版,第41～42页。

泛。两者都称法律责任既可避免理解上的歧义，又实现了统一。此外，人们也常常把民事责任称为民事法律责任，把刑事责任称为刑事法律责任，用经济法律责任的称呼与人们的这种叫法也是一致的。”[①]

梳理以上各种观点，尽管“经济责任”这一提法无论在学术界还是实务界都有较为广泛的使用，但作为概念已经泛化，含义很不确定，难以成为经济法学所独有的、具有特定内涵和外延的基本范畴。同样，“经济法律责任”的表述也具有这一弱点。由于经济法律很容易被理解为是关于经济方面的法律，如此，似乎经济法律责任也要包含所有这些法律中所规定的责任，含义太过于宽泛[②]。正因为“经济法责任”是一个新的提法，便于与易相混淆的概念区别；而且此概念是按照法律责任的部门法性质对法律责任进行分类的结果，表述简明，与约定俗成的民事责任、行政责任、刑事责任等在形式上有着显著的不一致，正好凸显出经济法作为一个新兴的部门法所具有的与众不同的特点[③]。权衡之下，为避免引起不必要的争议，大多数经济法学者主张采纳“经济法责任”这一表述方式，并达成了初步的共识。

2.定义方式

经济法学界对经济法中的法律责任主要有四种定义方式：通过经济违法行为、通过经济法部门法、通过经济法规的违反与特定事实的出现和通过经济法权利义务来界定责任，这些界定方式实际上是法律责任含义上的义务说、后果说、代价说和惩罚说在经济法学中的反映[④]。其中具有代表性的后果说又分为两类观点，即一元论和二元论。一元论者认为，经济法责任与一定的违法行为相联系，是违法行为所应承担的不利后果。二元论者则认为，经济法责任就是一种法律后果，既包括不利的后果，又包括一般性义务，甚至包括有利的后果。大多数学者认为，在法律责任的本来意义上，应该坚持法律责任是一种不利的后果。但从表述上，又有思路及分类上的不同，比较典型的有：

(1)直接表达为某种后果。例如，经济法责任“是指经济法主体在违反经济法规范时，应当对国家或者受害人承担相应的法律后果”[⑤]；或“是经济法主体不正确行使权利或违反义务时，依法应承担的法律后果”[⑥]；或“是指由于经济法主体的经济违法行为以及法定特别损害后果发生，而使有责任主体必须承担的否定性后

① 徐祥民、吕霞：《对经济法责任独立性的一种解读》，载《山东公安专科学校学报》2004年第2期。

② 漆多俊：《经济法基础理论》，武汉大学出版社2000年第3版，第191～194页。

③ 翟继光：《经济法责任研究》，载《安徽大学法律评论》第5期。

④ 邓纲：《争议与困惑：经济法中的法律责任研究述评》，载《现代法学》2012年第1期。

⑤ 潘静成、刘文华：《经济法基础理论教程》，高等教育出版社1994年版，第330页。

⑥ 史文清主编：《新编经济法教程》，复旦大学出版社1991年版，第84页。

果”[①]。这种观点简称为“后果说”[②]。

(2)将后果表述为代价或义务。例如,经济法责任“是指人们违反经济法规定的义务所应付出的代价”[③];或经济法责任“是指主体因实施了违反经济法律法规的行为而应承担的由法律规定的具有强制性的法律义务”[④]。这种观点可归纳为“义务说”,强调经济法责任是由于违反第一性义务而引起的第二性义务[⑤]。

(3)将后果表述为责任。例如,经济法责任“就是指经济法主体在违反经济法律规范时,应当对国家或者受害者承担的法律后果,承担法律规定的某种具有强制性的义务。或者说国家专门机关对违法的经济法主体依其应负的法律责任而采取的处分或惩罚措施”[⑥]。“指经济法主体因其进行了经济违法行为和未能完成经济义务时,所应承受的处罚的责任”[⑦]。

这些不同的表述,也体现了不同的定义思路。例如,通过经济违法行为来界定经济法责任;通过经济法这一部门法来界定经济法责任;通过经济法规的违反与特定事实的出现来界定经济法责任;通过经济法权利义务来界定经济法责任[⑧]。依据一般的法理,经济法责任是指经济法主体因实施了违反经济法规定的行为而应承担的法律后果,或者说,是因实施了违法行为,侵害了经济法所保护的法益,而应受到的经济法上的制裁。经济法学者应当超越传统的部门法理论和责任理论,发现经济法责任理论的独特性,与传统责任理论的相关性,以及经济法责任形态的特殊性,从而实现对经济法责任理论的拓补[⑨]。

(二)经济法责任的分类

对于经济法责任而言,可以根据不同的标准,作出不同的分类。例如,依据法律责任的性质,可分为民事责任、行政责任和刑事责任[⑩];依据法律责任的内容,可分为财产和其他经济利益方面的责任、经济行为方面的责任、经济信誉方面的责任

---

① 李中圣:《经济法律责任论略》,载《法律科学》1993年第4期。

② 徐祥民、吕霞:《对经济法律责任独立性的一种解读》,载《山东公安专科学校学报》2004年第2期。

③ 漆多俊:《经济法基础理论》,武汉大学出版社2000年第3版,第190页。

④ 李昌麒主编:《经济法学》,中国政法大学出版社1997年版,第89页。

⑤ 张守文:《经济法责任的理论之拓补》,载《中国法学》2003年第4期;刘瑞复:《经济法学原理》,北京大学出版社2000年版,第161页。

⑥ 陶和谦主编:《经济法基础理论》,法律出版社1995年版,第270～271页。

⑦ 戴凤歧、李新新、金晓晨:《经济法》(修订本),经济科学出版社1996年版,第96页。

⑧ 井涛:《经济法责任的独立性问题探讨》,载《华东政法学院学报》2004年第1期。

⑨ 张守文:《经济法责任的理论之拓补》,载《中国法学》2003年第4期。

⑩ 吕忠梅、刘大洪:《经济法的法学与法经济学分析》,中国检察出版社1998年版,第171～191页。

和经济管理方面的责任[①];依据经济法主体来分类,可分为政府机关的经济法责任和市场主体的经济法责任(或称为调制主体和调制受体的经济法责任)[②]等等。由上可见,经济法责任的每种分类都是依据不同的标准进行,都有其特定的使用领域以及理论和实践价值。但有些分类方式的妥当性是值得商榷的,比如,将经济法责任分为民事责任、行政责任和刑事责任,此种分类方法容易使人产生误解,以为经济法没有自己独立的法律责任以及经济法中可以规定民事责任、行政责任和刑事责任等,并不是很恰当。因此,经济法责任的分类既应沿袭法律责任的传统分类方法,又应体现经济法责任自身的特殊性。

1.补偿性责任与惩罚性责任

依据追究法律责任的目的不同,经济法责任可以分为补偿性责任和惩罚性责任两类。有法理学者认为,在人类生活的习惯上,判断是非或正义与否的标准大体上有两项,一是基于功利进行评价,例如"欠债还钱"这一习惯义务设定的理由,它属于效率论据的范畴;二是基于道义进行判断,例如"杀人偿命"这一习惯义务的理由,它属于伦理论据的范畴。因此,法律责任关系包含功利性关系和道义性关系,与此相适应,法律责任形式可分为补偿和惩罚两类。补偿性责任是指以法律上的功利性为基础的,通过当事人要求或者国家强制力保证要求责任主体承担弥补或赔偿的责任方式,而惩罚性责任是指以法律上的道义性为基础,通过国家强制力对责任主体实施惩罚的责任方式[③]。在经济法中,这两种法律责任是可以同时实施的。例如,民法上的损害赔偿、税法上的滞纳金,一般都被看作是补偿性责任;而金钱罚、自由罚、资格罚、能力罚,无论是侧重于物质还是侧重于精神,无论是体现为传统的刑罚还是行政罚,抑或某种新型的罚责,往往会被看作是惩罚性责任的形式。补偿性责任和惩罚性责任的分类,在经济法上也同样适用,而且由于经济法自身的特质,更倾向于惩罚性责任的运用。

譬如,根据《中华人民共和国产品质量法》第 44 条的规定,因产品存在缺陷造成受害人人身伤害的,侵害人应当赔偿医疗费、治疗期间的护理费、因误工减少的收入等费用;造成残疾的,还应当支付残疾者生活自助具费、生活补助费、残疾赔偿金以及由其扶养的人所必需的生活费等费用;造成受害人死亡的,并应当支付丧葬费、死亡赔偿金以及由死者生前扶养的人所必需的生活费等费用;因产品存在缺陷造成受害人财产损失的,侵害人应当恢复原状或者折价赔偿;受害人因此遭受其他重大损失的,侵害人应当赔偿损失。这一规定明确了缺陷产品经营者的补偿性法律责任。但是,缺陷产品的经营者不会因其承担了补偿性法律责任就免除惩罚性

① 漆多俊:《经济法基础理论》,武汉大学出版社 2000 年第 3 版,第 191～195 页。

② 石少侠:《经济法新论》,吉林大学出版社 1996 年版,第 75～82 页。

③ 孙笑侠:《法的现象与观念》,山东人民出版社 2001 年版,第 197～203 页。

法律责任，因为依据该法第49条的规定，若经营者生产、销售不符合保障人体健康和人身、财产安全的国家标准、行业标准的产品[①]，产品质量监督管理部门可以责令其停止生产、销售，没收违法生产、销售的产品，并处违法生产、销售产品货值金额等值以上三倍以下的罚款；有违法所得的，并处没收违法所得；情节严重的，吊销营业执照；构成犯罪的，依法追究刑事责任。这一规定明确了缺陷产品经营者的惩罚性法律责任。值得注意的是，按照法律的规定，经营者生产、销售缺陷产品，必然会承担惩罚性的法律责任，但如果该缺陷产品尚未造成人身伤害或者财产损失，就不会出现补偿性法律责任。

再如，纳税人、扣缴义务人负有依照法律、行政法规的规定履行缴纳税款、代扣代缴、代收代缴税款的法律义务，按照《中华人民共和国税收征收管理法》第63条的规定，若纳税人伪造、变造、隐匿、擅自销毁账簿、记账凭证，或者在账簿上多列支出或者不列、少列收入，或者经税务机关通知申报而拒不申报或者进行虚假的纳税申报，不缴或者少缴应纳税款的，是偷税；对纳税人偷税的，由税务机关追缴其不缴或者少缴的税款、滞纳金，并处不缴或者少缴的税款百分之五十以上五倍以下的罚款；构成犯罪的，依法追究刑事责任。扣缴义务人采取前述所列手段，不缴或者少缴已扣、已收税款，由税务机关追缴其不缴或者少缴的税款、滞纳金，并处不缴或者少缴的税款百分之五十以上五倍以下的罚款；构成犯罪的，依法追究刑事责任。显然，追缴纳税人、扣缴义务人不缴或者少缴的税款并要求其缴纳滞纳金，属于补偿性的法律责任；而罚款和追究刑事责任，则是惩罚性的法律责任。

2.财产性责任与非财产性责任

这是依据承担责任的性质所作的分类，依据经济法主体所承担的法律责任的物质化、具体化程度，经济法责任可以分为财产性责任和非财产性责任。

财产性责任是经济法责任得以实现的主要方式。财产性责任是指责任主体以自己的财产来承担消极的、否定性法律后果的责任方式，与责任主体是否有独立的法律主体地位和相对独立的财产责任能力密切相关。只有具有独立的财产责任能力的才能承担财产责任，以实现其独立的法律主体地位，否则，财产责任即告落空。要使法律所保护的法益不受侵害，就必须注意经济上的补偿或惩处，从而使罚款、罚金、没收财产等经济性责任的追究较为普遍[②]。无论是无辜的消费者、产品用户还是经营者，当他们遭受财产损失或者人身伤害，或者交易机会和竞争机会被不法剥夺，抑或经济法所竭力维护的市场秩序遭到破坏或者社会公共利益受到侵害，受

① 按照《产品质量法》第46条"本法所称缺陷，是指产品存在危及人身、他人财产安全的不合理的危险；产品有保障人体健康和人身、财产安全的国家标准、行业标准的，是指不符合该标准"的规定，不符合保障人体健康和人身、财产安全的国家标准、行业标准的产品，属于"缺陷产品"。

② 张守文：《经济法理论的重构》，人民出版社2004年版，第445页。

害人和社会公众都不必“自认倒霉”或者觉得无奈，相反，他们有权要求责任主体对其遭受的有形损失和无形损失予以实实在在的物质赔偿。同时，行政执法部门或者司法机关也有权要求责任主体对其损害市场秩序和社会公共利益的行为承担没收违法所得、罚款、罚金等财产性责任。

非财产性责任则是以财产之外的方式承担责任的一种形式，同样是经济法责任需要关注的重要责任类型。非财产性责任是对责任主体的主体资格、声誉、行为自由等方面给予限制或者剥夺，主要包括警告（警示）、责令消除违法影响、责令停业整顿、吊销许可证、降级、开除等传统的行政责任，以及管制、拘役、徒刑等刑事责任。此外，经济法还创设了信用减等、资格减免等独特的非财产责任形式。这些责任形式尽管不是对责任主体的物质财产的直接剥夺，但也会让责任主体感到压力和不便，甚至，这些责任形式给责任主体带来的消极感受比让其承担财产性责任更加强烈和持久。

财产性责任与非财产性责任并不相互排斥。譬如，《中华人民共和国消费者权益保护法》第 45 条第 1 款规定：“消费者因经营者，其合法权益受到损害的，可以向经营者要求赔偿。广告经营者、发布者发布虚假广告的，消费者可以请求行政主管部门予以惩处。广告经营者、发布者不能提供经营者的真实名称、地址和有效联系方式的，应当承担赔偿责任。”这说明，当虚假广告侵害到消费者合法权益时，在一般情况下，只有利用虚假广告或者其他虚假宣传方式提供商品或者服务的经营者才需要对消费者受到的损害予以赔偿，即承担财产性责任，广告经营者和广告发布者依法不需要对消费者承担财产性责任，除非广告经营者和广告发布者不能提供经营者的真实名称、地址和有效联系方式。同时，行政主管部门可以对广告经营者和广告发布者给予“惩处”，包括警告、罚款、没收违法所得、停业整顿、暂停或者取消其资格，等等。其中，罚款、没收违法所得属于财产性责任，而其他责任形式则属于非财产性责任。

再如，《产品质量法》第 50 条规定：“在产品中掺杂、掺假，以假充真，以次充好，或者以不合格产品冒充合格产品的，责令停止生产、销售，没收违法生产、销售的产品，并处违法生产、销售产品货值金额百分之五十以上三倍以下的罚款；有违法所得的，并处没收违法所得；情节严重的，吊销营业执照；构成犯罪的，依法追究刑事责任。”根据这一法律条文的规定，即使经营者生产或者销售假冒伪劣产品没有直接损害到产品用户的权益，也需要承担没收、罚款等财产性责任，以及承担停止违法行为甚至被吊销营业执照和追究刑事责任等非财产性责任。

3.违反市场规制法的责任与违反宏观调控法的责任

这是依据违反经济法的具体门类不同所作的分类。经济法具体制度主要包括市场规制法和宏观调控法这两大部分，经济法责任可以分为违反市场规制法的责任与违反宏观调控法的责任。这两种责任方式有其共性，在对传统责任的综合使用时，会强化某些原则，凸显其特殊性。例如，经济法责任中对民事责任的适用，较之一般民事责任，具有以下特点：以法定责任为主，约定责任为辅；特别重视惩罚性责任；实行严格责任，举证责任配置倾斜；加重民事责任的保障力度[①]。同时，通过确认新的法律责任形式，将新型责任方式吸纳至经济法责任的构成中。

但不可否认，市场规制与宏观调控制度中主体、行为以及法律规范的性质毕竟不同，这将直接影响责任的构成与具体承担。经济法责任理论中的难点，并不在于违反市场规制法的责任承担上，而恰恰在于违反宏观调控法的责任应如何承担的问题。

在市场规制法领域，责任承担问题并不突出，责任主体主要是经营者，市场规制法律规范对权利义务规定较为明确，《中华人民共和国反不正当竞争法》《中华人民共和国反垄断法》《消费者权益保护法》等对权利义务的规定较为明确，相关主体及其责任往往可以特定化，且可以通过诉讼机制得以实现，与一般的责任承担方式并无大的差别。经营者违法的情形以及需要承担的法律责任是明确的，相关主体的法律责任也是明确的。

在宏观调控法领域，宏观调控法的法律规范多以政策指导的面目出现，责任主体主要是政府宏观调控部门，政府的宏观调控行为大多表现为“政策”，无论是政府制定政策违法还是政府执行政策违法，或者政府制定政策的内容和程序不违法，但相对人没有按照法律和“政策”的规定行为，在此种情形下，违法者或者“违反政策者”是否需要承担法律上的消极后果，这种消极后果具体是什么，相关规定大多是比较“宏观”甚至模糊的，缺乏可操作性，缺乏“法感”和必要的“法律刚性”。因此，针对宏观调控法所规制的诸多情形，违法者或者“违反政策者”的责任承担才被认为是一个“问题”。譬如，政府及有关调控机关在进行宏观调控时，以法律、法规的形式出现的经济政策，对各层次、各部门的相应主体应当具有约束力，各政府部门与地方政府必须按照某一时期经济政策所指明的方向和目标实施宏观调控，特别是财政、税收、金融以及国有资产管理等部门，有义务运用其法定的经济、行政和法律调控手段，引导市场主体努力执行经济政策。但是，政府宏观调控部门由于错误地估计、判断经济形势，或者由于官僚主义、长官意志，或者出于小集团利益甚至个人私利的需要，决策不当、决策失误甚至决策违法，并对经济社会产生了严重的消极后果，损害了特定的或者不特定相对人的合法权益。在我国表现比较明显的如“政策市”下的股市行情走向，货币政策突然行政性紧缩对投资“过热”行业、投资主体利益的损害，城市规划的违规与随意变动，等等。一方面直接损害了市场交易的安全、效率，另一方面也损害了经济秩序和政府的公信力。在这种情形下，政府、政府调控机关及其工作人员是否应当承担法律责任以及承担何种法律责任，法律规

---

① 王全兴：《经济法基础理论专题研究》，中国检察出版社2002年版，第616～617页。

定往往比较模糊，甚至违法性质十分明显的行为，也难以追究其法律责任。我国一直比较重视“审计”，试图预防和控制乱投资、乱管理、违规挪用资金的政府行为，但是，“审计难，处理更难”，监督管理体制形同虚设，问责制未落实处，被审计出来的问题并没有一查到底，重要的违法责任人员并没有被追究。虽然《中华人民共和国审计法》第 46 条、第 47 条明确规定，被审计单位的财政收支、财务收支违反法律、行政法规的规定，构成犯罪的，依法追究刑事责任，但对于被审计单位的“领导”个人应当承担何种法律责任，目前没有明确的说法。依照现有的规定，国家仅仅对“县以下党政领导干部任期经济责任审计”和“国有企业及国有控股企业领导人员任期经济责任审计”有相关的规定条文，再上级的部门似乎就无人承担审计责任了。

再如，《中华人民共和国预算法》第 73 条规定，各级政府未经批准擅自变更预算，使经批准的收支平衡的预算的总支出超过总收入，或者使经批准的预算中举借债务的数额增加的，对负有直接责任的主管人员和其他责任人员追究行政责任。但是，预算的变更毕竟是以政府的名义作出的，该级政府对于擅自变更预算的行为是否承担法律责任以及如何承担法律责任等，《预算法》对此语焉不详。有的情形下，法律却过于强调组织机构的集体责任而忽视个人责任，如现实经济社会生产中频繁出现以“集体负责”为由淡化个人责任的现象，集体意志反而成了领导个人规避法律责任的“保护伞”。因此，在难以分清个人责任与集体责任的情况下，除了追究直接责任人员的责任外，还应当对作出决策的组织机构和部门采取行政通报、调整决策班子，甚至撤销该机构或者将其职能并入其他组织机构等措施，以遏制有关行政主体滥用职权、渎职失职或者其他违法行为的发生。

此种分类，对经济法责任理论的研究有着特别的意义，也许，将经济法责任按照规范不同与主体不同进行分解与具体设计，运用结构性的分析方法，研究法律责任的组合与具体适用，是一种贴近经济法学精神、意欲突破经济法责任理论的有效途径。

二、经济法责任的形态与实现

(一)经济法责任的形态

经济法调整公共经济管理、维护公平竞争、组织管理性的流转和协作关系等，责任方式兼具行政、经济和社会性特点，各种责任方式几乎都可适用，除了责令停止、赔偿、罚款等常见责任形式外，也包括市场准入、法律保障的团体自治责任、奖励等责任或有利后果的形式[①]。

---

① 史际春、姚海放：《再识责任与经济法》，载《江苏行政学院学报》2004 年第 2 期。

在目前的经济法责任研究中，一个中心问题就是经济法责任是否存在专门的责任形态。对此，学者们基本上持有不同的观点，比较典型的有：(1)认为经济法不存在独立的法律责任形态。如有的学者认为："确立经济法律责任的形式，不一定都要'另起炉灶'，也就是说，不一定都要是其他法律责任形式中所没有的。实际上，正如各种违法行为之间是密切联系的一样，各种法律责任之间也是有联系的""根据法律规定，违反经济法律、法规应负的法律责任有经济责任、行政责任和刑事责任三种"。(2)认为经济法责任有自己的责任形态，包括两种：一种是固有责任(经济责任和组织监管责任)，另一种是援引责任(行政责任和刑事责任)。(3)认为经济法存在独立的责任形态，但它只是一种综合责任，没有独特的承担责任的方式。(4)认为经济法存在独立的法律责任形态，但是它不包括民事责任、行政责任和刑事责任，而是和其相并列的另一种责任形态。

由以上各种观点不难看出，经济法责任的形态具有各种不同的观点。这并不是经济法所特有的难题，在现代法律迅速发展的情况下，应该说从法理学到部门法学，都面临着责任形态问题的挑战。从法学发展态势看，责任作为法理学中极其重要的范畴，其理论研究已相对成熟且各部门法如民商法、行政法、刑法也发展出各具特色的责任体系和责任形态。从形成较为晚近的经济法角度来看，由于时代与制度的约束，传统的责任理论不可避免地会存在缺失和偏颇，其局限性已日益突出。有学者指出，经济法责任的具体形态与追究模式应因主体不同而有所区别：为管理主体设定责任应体现双罚制，对管理者本身主要追究行为责任，对人员则可在法律责任之外施加政治责任；为市场主体设定法律责任大多时候只需单罚，仅在特定情况下才需考虑双罚，具体形态体现为财产责任、行为责任与声誉责任的复合[①]。

尽管存有争议，经济法学者仍普遍认为，在具体责任形态方面，经济法通过直接和间接方式承继了传统法律责任，同时又以诸如拆分公司、信用减等、资格减免、取消资格、引咎辞职、停业整顿、竞业禁止、纠正性广告、惩罚性赔偿、缺陷产品召回这些新的责任形态，不断地得到提炼和归并，最终可以被类型化为新的经济法责任制度。下列几种责任形态尤其值得深入研究。

1.纠正性广告

出于维护社会利益的考虑，对违反经济法的行为有时并不仅限于追究行政责任和民事责任，还要考虑抵消违法行为给社会带来的负面影响。纠正性广告就是其中一个典型例子。对厂商的虚假广告宣传行为，一般由监督检查部门对违法者进行罚款，虽然罚款使违法者付出了代价，维护了国家的权威，但是虚假宣传行为

---

① 焦海涛：《经济法责任制度再释：一个常识主义立场》，载《甘肃政法学院学报》2016年第3期。

给社会造成的危害和影响并没有得到应有的处理和消除[①]。因此,根据我国《中华人民共和国广告法》的规定,对利用广告进行虚假宣传的,除由广告监督管理机关责令广告主停止发布、并处广告费用1倍以上5倍以下的罚款外,违法者还需以等额广告费用在相应范围内公开更正消除影响。这种"纠正性广告"责任是经济法维护社会公共利益宗旨的体现。

2.惩罚性赔偿

传统的民事责任与民法调整方法的平等与等价有偿相一致,其目的在于对已经造成的权利侵害和财产损失给予填补的救济,使其恢复到未受损害时的状态。故民事责任的形式大多不具有惩罚性,如停止侵害、排除妨害、消除危险、返还财产等,都是如此[②]。可见,传统私法中适用惩罚性赔偿的情况非常少见,而扩大适用惩罚性赔偿的趋势恰恰是经济法责任形式的一个重要表现。

惩罚性赔偿的功能有四:一是赔偿功能。使原告遭受的损失获得完全的补偿。二是制裁功能。通过给不法行为人强加更重的经济负担来制裁不法行为,从而达到制裁效果。三是遏制功能。通过惩罚性赔偿对加害人以及社会一般人产生遏制作用。遏制意味着确定一个样板,使他人从该样板中吸取教训而不再从事此行为。四是鼓励功能。鼓励受害人同违反经济法的行为进行斗争,以平衡强势群体与弱势群体的实力差别,进而促进社会和谐发展[③]。经济法上的惩罚性赔偿即承载了这些功能与目的,主要是通过惩罚剥夺违法者(如生产者和经营者)获得的非法利益,使其付出高额代价。这些惩罚性赔偿会直接削弱违法者的经济实力与行为能力,使其无利可图,对正在进行相同或类似行为者起到震慑作用,令其放弃非法行为,从而减少社会整体所受的利益损害。

梳理各国各地区立法与实践,我们发现惩罚性赔偿在经济法制度中有着充分的适用:例如,我国《消费者权益保护法》第55条规定的三倍赔偿制度;我国台湾地区的"消费者保护法"第51条、"公平交易法"第32条、"营业秘密法"第13条等都广泛采用了惩罚性赔偿制度;美国《谢尔曼法》第7条规定"任何因反托拉斯法所禁止的事项而遭受财产或营业损害的人,可在被告居住的、被发现或有代理机构的区向美国区法院提起诉讼,不论损害大小,一律给予其损害额的三倍赔偿及诉讼费和合理的律师费",确立了三倍赔偿制度;美国产品责任法规定,如果有过错的被告全然置公共政策于不顾,为了减少有缺陷产品投放到流通领域的机会,受损害的原告

① 韩志红:《关于经济法中以新型责任弥补行政责任弊端的思考》,载《法商研究》2003年第2期。

② 郑立、王作堂主编:《民法学》,北京大学出版社1995年版,第630页。

③ 王利明:《惩罚性赔偿研究》,载《中国社会科学》2000年第4期;王立峰:《论惩罚性损害赔偿》,载梁慧星主编:《民商法论丛》(第15卷),法律出版社2000年版,第54~113页;韩志红:《试论经济法中民事责任的实现》,载《天津师范大学学报(社科版)》2003年第6期。

可以要求法院实行严格的惩罚性赔偿制度，加重对生产者、销售者的处罚。至于损害赔偿的数额，一般是没有限制的。这些惩罚性赔偿制度的采用，能够很好地保护受害方以及整个社会的利益，具有鲜明的经济法立场与特色。

3.产品召回

所谓产品召回制度是指产品的生产商、销售商或进口商对于其生产、销售或进口的产品存在危及消费者人身、财产安全缺陷的，依法将该产品从市场上收回，并免费对其进行修理或更换的制度[①]。目前，我国建立产品召回制度的必要性已毋庸置疑，经济实践中，由于设计、生产失误而形成的"缺陷产品"给消费者人身、财产造成的损害日见增多，特别是近期出现的一系列因产品缺陷引发的纠纷事件，如东芝笔记本电脑事件、三菱帕杰罗汽车事件、松下手机事件等，引起了社会对中国缺陷产品管理的广泛关注。

所谓"缺陷产品"，是指由于企业在产品设计上的失误或在生产线某环节出现错误，导致大批量危及人身安全及财产安全的缺陷产品出现，而且这些产品已流入市场。这时仅仅依靠单一的消费者提起损害赔偿诉讼，不足以引起制造商的重视并达到消除危险、进行惩戒的目的，而且在时间上也会延误在社会上迅速消除隐患的时机，使损害进一步扩大。因此需要政府主管部门作为第三方及时介入，责令企业对缺陷产品采取回收、维修、更换、补偿或者改进设计方案等措施。这是缺陷产品管理制度诞生的前提。而"缺陷产品管理制度"即意味着政府有关主管部门依照法律和行政法规的规定，监督缺陷产品的生产者，使之对其生产和销售的缺陷产品进行收回、改造等处理，并采取措施消除产品设计、制造、销售等环节上的缺陷，以维护消费者的合法权益。

产品召回法律制度，将从更广泛的角度保障消费者权益，是我国《消费者权益保护法》《产品质量法》等法律的有利补充。建立产品召回制度有利于保护消费者的人身、财产安全，促进消费；有利于促进企业的发展；有利于维护我国消费者的国际经济利益。而产品召回制度具有自身特定的法律主体、保护法益与适用程序，在价值与功能上已不能归并为任何传统的法律责任形式，实际上已具有经济法责任形态的新鲜要素。

2001年三菱帕杰罗V31、V33汽车缺陷事件，使"缺陷汽车产品召回"进入公众视野。我国在相关管理立法上的空白，不仅使国产汽车相关问题难以有效地解决，还造成某些国外汽车厂商在缺陷汽车处理上实行"中外有别"的做法。而在我国政府面对类似事件基本处于无所作为和难有作为的被动局面之时，缺陷汽车产品召回制度已在欧、美、日等发达国家实施数十年之久。

---

① 郑冬渝、郭雪平：《建立我国产品召回制度的法律思考》，载《云南大学学报》（社科版）2003年第4期。

在现实的强烈需求下，2004 年 3 月，由国家质量监督检验检疫总局联合国家发展和改革委员会、商务部、海关总署共同制定了《缺陷汽车产品召回管理规定》，此规定用 8 章共 46 条的容量对缺陷汽车召回的管理、经营者及相关各方的义务、汽车产品缺陷的报告、调查和确认、缺陷汽车产品主动召回程序、缺陷汽车产品指令召回程序以及罚则作出了相应规定。无疑，《缺陷汽车产品召回管理规定》的出台填补了法律空白，具有开创性意义。但是，人们普遍评价，技术上的可操作性和法律体系的支撑仍是汽车产品召回制度的软肋：在原则性规定的指引下，配套的措施与细则却依旧缺失，可操作性需要完善，无论是信息收集、采集，还是质量问题的鉴定、判断与执行，专业机构的建立与组成，都离一个成熟而有效的召回体系距离甚远；此规定只是一个部门规章，法律层次不高，利益博弈与折中痕迹甚重；实施汽车产品召回的制度环境尚不够健全。2014 年《消费者权益保护法》回应了这样的需求，增加了经营者在生产和提供的服务存在缺陷时，要采取包括主动召回等方面的措施，对缺陷召回制予以了进一步的明确。并且规定经营者应当承担消费者因商品被召回支出的必要费用。此外，还存在跨国公司对其产品的歧视性召回问题，仅仅用召回制度终结产品召回的内外有别远无法达致目标，我们还必须同时借助消费者权益保护法、产品质量法等法律，在缺陷界定、损害赔偿责任的设定、交易前信息的提供、惩罚性赔偿责任的运用、消费者组织的力量发挥、民众对召回的正确认知等多方面作出制度回应[①]。这些都表明，要建立完善的产品召回制度，我们还有很长的路要走。

4.资格减免与信用减等

在资格减免方面，国家可以通过对经济法主体(特别是市场主体)的资格减损或免除，对其作出惩罚。在市场经济条件下，主体的资格异常重要，它同主体的存续、行为、收益等息息相关。因此，取消各种资格(如吊销营业执照、剥夺其某种经营的能力与资格)，使其失去某种活动能力，特别是进入某种市场、某种行业的能力，就是对经济法主体的一种重要惩罚。

在信用减等方面，在某种意义上，市场经济是一种信用经济，因此，对某类主体进行信用减等，同上述的资格减免一样是一种惩罚。经济实践中，有一些经济现象颇引人关注，如信誉评级制度、纳税信息公告制度、各种“黑名单”制度等，其中有些就涉及信用减等，并成为相关主体需要承担的一种广义的责任形式[②]。

在资格减免与信用减等方面，我国已经有了一些立法的具体尝试。例如，《中国人民银行助学贷款管理办法》(2000 年)第 5 条规定：“申请助学贷款者逾期一年

① 应飞虎：《歧视性召回行为终结的制度回应——兼论产品缺陷的定义》，载《法学》2018 年第 3 期。

② 张守文：《经济法理论的重构》，人民出版社 2004 年版，第 459 页。

不还，又未提出延期，可由贷款人在其曾就学的高等学校或相关媒体上公布其姓名、身份证号码，予以查询。”中国证监会《关于进一步加强对期货经纪机构监管工作的通知》第2条规定：“任何期货经纪机构不得接受被我会列为‘市场禁入者’的机构与客户，不得录用、雇用被我会或我会授权机构通报的有劣迹的从业人员。”2003年上海七十余家中外资银行及相关金融机构共同签署了《上海市银行同业公会中资金融机构联合制裁逃废债行为实施办法》《上海市银行同业公会外资金融机构联合制裁逃废债行为实施办法》。这两个协定规定，银行同业公会对逃废金融债务企业可以采取社会公告措施，以起震慑作用；可以一律停止为被制裁企业开立新账户、一律停止向被制裁企业提供新授信（包括但不限于停止发放新贷款、停止签发银行承兑汇票、信用证等）、根据国家有关规定限制或停止为构成逃废金融债务行为的企业办理结算业务。

上述诸种表现，像停止注册会计师、律师等专业人士的专业从业资格，责令行为人在专业传媒上公开解释或道歉，宣布某专业人士为市场禁入者，公告“黑名单”等等，可以称为“专业不名誉”的责任或制裁，它们都是对经济法主体（特别是市场主体）的资格或信用的处罚，不容忽视，亟待我们将其类型化与提炼。如此，很有可能就此拓展了法律责任以及经济法责任的研究水平与视野。但是，这些责任方式毕竟零散，缺乏统一的法律认定标准，同时会涉及一些权利的冲突，如银行联合制裁中涉及公开客户信息的做法与保护客户隐私权原则的矛盾、专业不名誉制裁与被制裁对象名誉权的冲突[①]。

5. 企业的强制拆分

对企业作出强制拆分处理是世界主要国家和地区遏制和消除恶性行业垄断的行之有效的解决方案。企业是经济法中一个十分重要的主体，企业的行为自由（主要包括经营自由、投资自由、合同自由等基本的经济自由）对于市场经济的发展起着决定性作用。但是，企业的经济自由不是没有边界的，尤其是对于一些强大的企业。为了防止这些企业的市场行为对经济社会秩序造成扭曲和破坏，政府对企业行为提前主动介入、及时采取某些干预措施是必要的。譬如，按照《公司法》的规定，公司的合并或者分立主要取决于股东的自由意志，同时也会受到公司债权人的影响[②]。但是，仅仅符合《公司法》关于企业合并、分立的法律规定还不足以保证此类企业行为的合法性，无视其他法律规定对企业也有可能产生否定的法律评价。譬如，《反垄断法》第48条明确规定：“经营者违反本法规定实施集中的，由国务院反垄断执法机构责令停止实施集中、限期处分股份或者资产、限期转让营业以及采

① 史际春、邓峰：《经济法总论》，法律出版社1998年版，第65～66页。

② 公司的合并或者分立需要事前通知和公告债权人，债权人可以依法要求公司清偿债务或者提供相应的担保，参见《公司法》第173～176条的规定。

取其他必要措施恢复到集中前的状态，可以处五十万元以下的罚款。”其中，要求经营者限期处分股份或者资产、限期转让营业等，实际上就是政府对具有垄断地位的企业予以强制拆分的表现。

6.企业社会责任

企业社会责任是指企业在谋求股东利润最大化之外所负有的维护和增进社会利益的义务。自20世纪初以来，学界对企业社会责任理论众说纷纭，包括该责任的性质等基本问题，依然存在争议。有学者认为，企业的社会责任是法律责任和道德责任的统一，在现实立法中，社会责任已经有所体现。也有学者认为，公司的社会性决定了公司应该承担一定的社会责任，这种责任是基于法律和经济责任上的道德和慈善责任；还有学者指出，在健全的市场制度下，企业社会责任和追求利润的目标是基本一致的。

从不同的理论研究角度观察和分析企业社会责任的性质，可以得出企业社会责任是道义责任、慈善责任、法律责任、综合责任等各种结论，对企业社会责任性质的多样性表述与其自身的发展演变过程有密切联系。企业社会责任起初是以道德责任的形式出现，逐渐发展成为软法责任，其中一部分进而又开始向法律责任转化①，这种演进反映了人类道德文明水准的提升。随着社会的不断发展，将有更多的企业社会责任实现软法化或法律化。

企业社会责任的理念受到了国家干预经济的相关理论和实践的影响，在社会逐步接受所有权应受限制并与公共利益相平衡的观念后，伴随大企业引发大量的社会问题而传统理论解释力不足的环境应运而生。企业承担社会责任不仅在《中华人民共和国公司法》中有概括性的规定，在《中华人民共和国全民所有制工业企业法》《私营企业暂行条例》《中华人民共和国企业所得税法》等其他一些法律法规中也有所体现。有学者通过对企业所得税公益性捐赠税前扣除规则的研究，指出该规则具有落实企业社会责任的积极意义②。

7.政府赔偿及政治责任

有学者指出，经济法律责任是一种独立的法律责任形式，是经济法律规范得以实施、经济法目的得以实现的最终保障。经济法律责任包含权力主体和权利主体的法律责任，从控权经济法的角度来看，权力主体的经济法律责任对经济法而言更为重要。现行经济法涉及权力主体法律责任的条文，其重心是国家工作人员的责任，而非国家机关的责任，应优化权力主体的权力义务配置，将义务（职责）作为经

① 蒋建湘：《企业社会责任的性质》，载《政法论坛》2010年第1期。

② 卢代富：《企业所得税法关于公益性捐赠税前扣除规定研究》，载《现代经济探讨》2009年第3期。

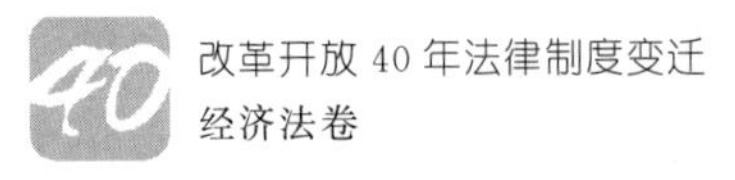

济法中权力主体权力义务配置的应然方向[1]。

所谓政府赔偿，主要是指政府部门或者地方政府在进行产业结构调整、出台产业导向政策或者出台招商引资政策等情形下，由于在项目决策、信息导向、技术推广等方面的失误或者违法，对合法权益受到损害的相对人作出的赔偿。值得注意的是，譬如某企业因为产品质量问题或者环境污染损害了众多的社会公众的合法权益，但即使该企业破产、企业的经营管理者倾家荡产，也无力赔偿社会公众的损失，这时，政府就应当及时出面承担“兜底性”法律责任，对受害者提供政府救助或者政府救济。从责任政府的角度看，政府承担的这种责任就不仅是一种道义责任或者政治责任，而是一种新型的法律责任。纳税人（包括该违法企业）之所以承担纳税义务，是因为他们同时享有政府向其提供公共产品和公共服务的权利。帮助纳税人摆脱贫困和生存的危机，获得应有的尊严和基本人权，是政府不可推卸的法律责任。

所谓政治责任，就是要求官员（我国称领导干部）的行为必须合理、合目的性，其政策必须符合人民的意志和利益。如果决策失误或领导无方，造成严重的后果，虽然官员本人没有违法，也不受法律追究，却要承担政治责任，要受到选举它的机关——国会，在我国是全国和地方各级人民代表大会——的质询、弹劾或通过“不信任”案。政治责任是作为政治官员制定符合民意的公共政策并推动其实施的职责，以及没有履行好职责应受的制裁和谴责。它与法律责任有许多区别：法律责任必须有法律的明确规定，而政治责任不可能由法律明文精确地规定；政治责任的追究相对于法律责任具有优先性；法律责任有专门的认定机关，而政治责任不能仅以专门机关来认定；政治责任和法律责任的承担方式不一样；在公法中，法律责任不具有连带性而政治责任具有。两相比较，政治责任是宽泛的、不特定的，在某种程度上较法律责任更能对官员产生压力和制约，使之尽职尽责。

从现代国家的本质上看，在宪政制度下，政治责任是最高的法律责任或者宪法责任——接受人民的否定性选择。国家审计是由宪法所明确规定的对政府经济行为进行监督的有效方式，审计结论具有一定的法律效力，是对政府及其相关人员经济行为合法性、真实性、效益性判断的法定形式。在完善的审计制度下，经由审计机关审计的政府经济行为的后果应该是清楚的，责任也应该是清晰的。政府机关或者国家公职人员的经济行为违法（甚至犯罪）、违反财经纪律、决策失误造成严重后果等不同性质的行为所应承担的法律责任各不相同，追究责任的程序也相应不同，这是世界各国审计制度的通例。但在我国，由于审计制度的不完善，仅对审计中发现经济犯罪行为有较为明确的规定，对于其他经济行为则不够具体与明确，尤其是在对经济决策失误、重大监管失职、预决算的软约束等方面，缺乏有效的责任

---

① 赵大华：《论经济法中权力主体的经济法律责任》，载《法商研究》2016年第5期。

形式与措施。由此看来，并非不能确立政府经济行为的法律责任，而是不能以传统意义上的个体行为——个人责任的逻辑来思考与设计经济法责任制度。

总之，经济法责任的新形态，能够进入立法者的视野并非偶然，是法律发展到今天对现实需要的良性回应，也是对传统法律责任形式的有效弥补。这些责任形式为经济法责任的独立存在提供了良好的实践诠释，但是，离经济法责任制度的建立与完善还有很大的距离，摆在我们面前的现实困难同样是清楚的：一是这些责任形式具有强烈的经济法理念或思想，但还不能满足法律理性的全部要求，如何通过类型化、规范化论证，设计出可操作且符合法律发展规律的制度体系，还要进行艰苦的努力。二是即使这些责任形式能够被很好地类型化，但依然不能说明经济法责任制度的完全建立；因为这些责任形式都是以市场主体或者受控主体为对象的，经济法的另一重要的主体——政府或者调控主体的行为后果与责任追究问题如不能得到很好解决，经济法责任制度至少是不完善的，是“跛脚”的。

（二）经济法责任的实现

经济法责任的实现是指通过一定的方式使违法行为人依法应予承担的不利后果落到实处或者说使违法者受到具体而实际的制裁。一般而言，法律责任的实现既是对权利被侵犯者的救济，也是对法秩序的恢复，更是法强制性的具体体现。法律责任的实现是法律运行中一个至关重要的问题，经济法责任的实现也不能例外，也要依循“违法行为——法定行为后果（法律责任形式）——法定制裁（法律责任内容）”的一般逻辑。我们知道，在通常情况下，法律责任的实现依靠违法行为人的主动与自觉是难以做到的，必须有保证法律责任实现的有效方式，这些方式从法律制度设计方面应该包括两个方面：其一是实体法方面，主要是主体制度，其中最为重要的是主体的责任能力与责任范围，这是经济法责任实现的基本前提，也是经济法责任制度中国家或政府责任实现的难点与重点；其二是程序法方面，主要是各种责任追究程序与纠纷解决机制，这是经济法责任实现的基本保证。

在中国现有体制背景和法制环境下，经济法责任的实现具有两个难点：

第一，经济行政主体的责任实现。对于经济行政主体适用传统法律责任形式会面临许多困难，新的责任形式尚未完成法定化。由于经济行政主体本身具有多重角色（如既是规制主体、宏观调控主体，又可能是立法主体），它在保障经济和社会稳定发展，保障社会公共利益，或者是其他的公共物品提供方面，具有无可替代的作用，因而一般难以令其关闭、歇业或者处以自由罚；同时，由于经费来源的财政拨付，其责任能力与责任范围不同于经济个体，实施处罚的经济后果最终还是由纳税人承担，一般也很难对其进行有实际意义的经济处罚。因此，通常的做法只能由相关的责任人员先行承担，而经济行政主体则承担政治责任。可见，作为非营利性的组织体，经济行政主体在保障公共利益方面负有连续的责任，需要持续地对社会公众负责。在目前的形势下，往往难以追究经济行政主体的直接责任，特别是民事或刑事责任。于是,直接责任人员的责任承担,事实上就成为替代经济行政主体的责任形式,而经济行政主体只是承担着道义的、政治上的责任[①]。

第二,宏观调控行为的责任实现。宏观调控是宏观调控机关为维护社会公共利益,调控宏观经济运行的一种法定活动,宏观调控行为则关乎国计民生,具有抽象行为的特征,且具有普遍的执行力,其影响力之广、力量之巨,非一般的市场规制行为所能比拟;被损害的主体难以特定化,损害的数额与范围也难以计量与精确化。在有效的司法审查制度尚未确立的情形下,很难通过诉讼机制追究其责任。但是,如果不进行责任制度的创新,却有可能造成责任的缺位,进而对宏观调控越权、滥权,以至于无法制约。

以上两个难点从经济法责任实现的角度再次表明了建立经济法责任制度任重道远:在实体法层面,如何解决国家或政府(即经济行政主体)的责任能力与范围问题,使违法行为应承担的法律后果能够名副其实;在程序法层面,如何解决对政府经济行为的司法审查与行政监督问题,使违法行为能够得到依法追究。这正是目前经济法理论研究尚未达到的视阈。

我们必须清楚地知道,作为经济法范畴体系的最后一环,经济法责任是体现经济法立法目的,完成经济法作用和体现经济法价值的必由之路。责任制度的完善和创新,才可能为经济法理论的完满涂上浓墨重彩的一笔,才有可能使经济法律规范转化为实在的权利义务,使"书本上的法"演变为"生活中的法",令经济法学焕发出蓬勃的生机与活力,真正成为现实经济活动的指引。

第二节　经济法责任的综合性

一、经济法责任综合性的表现

经济法责任在责任构成上具有复合性、非单一性,或者称为综合性。无论是宏观调控涉及的财政税收法、金融法、价格法或者政府投资法,还是市场规制中的反垄断法、反不正当竞争法、产品质量法,或者消费者权益保护法,当经济法主体出现违法行为时,其所承担的法律责任一般较重,不仅要承担民事责任和行政责任,情节严重的,还需要承担刑事责任。经济法主体的违法责任具有综合性,不仅有经济性的责任,而且也有社会性的责任;不仅有补偿性的责任,而且也有惩罚性的责任。有学者认为,经济法中的责任主体不仅要为其违反经济法规范的特定行为承担法律责任(即本法责任),也要为其违反其他部门法规范的同一行为承担其他法律责

---

① 张守文:《经济法理论的重构》,人民出版社2004年版,第436、453页。

任(即他法责任)。譬如,经营者出售假冒伪劣商品,不仅其行为违反《消费者权益保护法》的规定需要承担相应的法律责任,而且,其行为还可能因同时违反了《中华人民共和国商标法》《中华人民共和国专利法》《中华人民共和国刑法》等相关规定而需要承担相应的法律责任。因此,经济法责任具有复合性。具体来说,表现在以下方面:

(一)归责原则的公平性

在过错、无过错和公平归责的选择中,经济法选择了以公平归责为重心的归责原则。区别于民法和行政法侧重于过错归责和无过错归责的做法,体现了归责原则的公平性特征。它是经济法追求经济公平的反映。

(二)对社会公共利益保护的偏重

经济法不仅保护私人利益,更重要的是,经济法还确认和保护社会公共利益。经济法对法律责任的规定,大多是以社会公共利益的保护为出发点和归宿的;经济法对违法者法律责任的追究,也是站在全社会的高度之上的。实际上,经济法主体的违法行为,不仅侵害了特定主体的私人利益与权利,而且还往往给整个社会公众的利益带来很大的损害。譬如,经营者的市场竞争行为或者交易行为的违法,不仅会损害其他经营者和消费者的合法权益,而且还会严重损害市场竞争秩序和交易秩序。再如,如果政府财税部门违法动用财政税收手段或者中央银行放任人民币贬值,这些行政部门的宏观调控行为不当或者违法,不仅会直接侵害纳税人和社会公众的合法权益,而且也会给社会稳定和国民经济的健康发展带来很大的损害。因此,经济法的责任形式相较于其他法律就表现出了更多的综合性。

(三)对政府责任的突出

政府作为调制主体,是与调制受体相对的一方经济法律关系的当事人。以"社会整体利益"为本位的经济法价值理念要求我们,要重视政府主体在履行调控或规制职能时对个体、群体、集体、国家和社会带来的不利后果,凸显政府责任。具体而言,经济侵权责任指政府机关在行使职权的过程中不法侵害市场主体的合法权益,所应承担的否定性法律后果;经济补偿责任指政府机关在合法限度内行使职权失当,而使市场主体遭受损失而应承担的法律责任。经济补偿责任指适用于法律明确规定特定范围内发生损害后果的场合,因此应在法律有明确规定的条件下严格适用,不能任意类推和扩大。但总体来说,政府机关违反的义务均为程序性的义务。作为受控主体的市场活动者所承担的经济法责任多由违反实体性义务引起,其内容包括市场主体违反法律规定的应强行履行的经济法义务而应承担的强制履行责任,因违反经济法义务致使他人合法权益受损而应向他人承担的赔偿、补偿责任,以及因其违反经济法义务的行为情节严重而应承担的被剥夺特定权利能力的后果。

(四)明显的不对等性和不均衡性

在经济法主体的构成中,经济行政主体一般是指具有市场规制或宏观调控职能的政府机构,市场主体是由具有不同角色的经营者、竞争者及消费者组成[①]。在干预市场运行的过程中,经济行政主体和市场主体并非同类,且不属于同一层面,故规范其行为的法律规范性质不同,享有的权利和承担的义务不同,分别承担的法律责任也有差异。例如,在市场规制法律规范中,对市场主体的义务规定较多(如《反不正当竞争法》《消费者权益保护法》中对经营者义务的规定),则其法律责任的规定也较多。同理,在宏观调控法律规范中,是以规定经济行政主体的义务为主(如财政机关、征税机关、金融监管机构的法定职责),相应的法律责任的规定也应较多,如此,才能确保法律的有效实施,才能使主体义务的履行落到实处。由上可见,经济行政主体和市场主体间权利义务的不对等和不均衡性,导致了经济法责任明显的不对等和不均衡性,这是传统的部门法责任所不具有或不明显的。

(五)责任形式的多样性

经济法调整公共经济管理、维护公平竞争、组织管理性的流转和协作关系等,责任方式兼具行政、经济和社会性特点,各种责任方式几乎都可适用,除了责令停止、赔偿、罚款等常见责任形式外,也包括市场准入、法律保障的团体自治责任、奖励等责任或有利后果的形式。在具体责任形态方面,经济法通过直接和间接方式承继了传统法律责任,同时又增加了诸如拆分公司、信用减等、资格减免、取消资格、引咎辞职、停业整顿、竞业禁止、纠正性广告、惩罚性赔偿、缺陷产品召回这些新的责任形态。经济法律关系中的不同主体所承担的经济法责任内容也是不相同的,如作为调控主体的政府机关与作为受控主体的市场活动者分别承担不同的法律责任。具体而言,政府机关因其违反经济法义务或者不当行使经济法权利的行为应承担的法律后果主要包括两种:经济侵权责任和经济补偿责任。

经济法责任在形式上的复合性并不等同于"经济法综合责任论"。"经济法综合责任论"认为,经济法的责任是由民事责任、行政责任和刑事责任三种责任综合构成。该观点形成于20世纪80年代初,并贯穿于中国经济体制改革的各个阶段和现在的市场经济时期。经济法责任在形式上具有明显的复合性,只是强调经济法责任在责任形式上较多地采用了传统上属于民事责任、行政责任和刑事责任的责任形式。这只是形式意义上的借用,结合经济法的特征,虽然名称上与传统的民事责任、行政责任和刑事责任中的具体责任形式相同,但在内容和实质上是不同的。

---

① 关于经济法主体的分类,经济法学界仍存在分歧。有学者依据主动与被动关系与否,将经济法主体界分为调制主体和调制受体,即市场规制法中的规制主体和受制主体,宏观调控法中的调控主体和受控主体,较有新意。张守文:《经济法理论的重构》,人民出版社2004年版,第349页。

二、经济法责任综合性的原因

经济法作为新兴的部门法，为了更有效地实现调整社会经济关系、保证国民经济持续、稳定、健康发展的目的，综合使用了各种法律责任的形式，这些法律责任的形式在传统上分别属于民事责任、行政责任和刑事责任。虽然在民法、行政法和刑法上也有借用其他部门法责任的形式，但大多属于个别的情形，经济法责任与它们相比则具有明显的形式上的复合性。经济法责任之所以具有这一特征，其原因在于以下几个方面：

（一）责任目的的社会整体利益性

经济法律责任的社会整体利益性，是经济法以社会整体利益为本位在经济法责任制度上的反映，维护社会整体利益不受侵犯是经济法责任的第一目的，是经济法作为社会法的客观要求。经济法的存在首先就是公法与私法相融合的结果，是社会利益的集中体现。现代经济法不以国家为本位，也不以单纯的个人利益为本位，而是以社会利益为本位。经济法主体实施了违反经济法律规范的行为，给有关相对方造成损害的同时，必然破坏经济关系的正常运行，若不加以制止，必然给整个社会经济利益带来损害。经济法责任的这一特点尤其与单纯的民事责任不甚相同。由于民事法律关系体现的是民事主体之间在经济利益上的对等关系，民事责任存在的主要目的也是为补偿对方的经济损失。因而在对方放弃的条件下，有责方可以不承担相应民事责任。但对于经济法责任而言，由于有责方损害的不仅是个别相对人的利益，更重要的是在整体上损害了社会共同利益，因而即便有关个别主体对这种损害行为不加以追究，有责主体仍必须承担一定责任。这与上述经济法责任的惩罚性质是密切相关的。

（二）违法责任的严格性

经济法主体的违法行为，不仅侵害了特定主体的经济利益与权利，而且还可能给整个社会公众的利益带来很大的损害。因此，经济法主体的违法责任应当较为严格，理应承担多种法律责任，其责任承担的目标、内容、方式，不仅有经济性的，而且有社会性的；不仅有补偿性的，而且有惩罚性的，因而要融入更多的关于社会成本的考虑。例如，若市场规制行为不当，可能会严重损害市场交易和竞争秩序；若宏观调控行为不当，可能会给社会、经济发展带来很大的损害。从全社会的高度来规定主体的法律责任，是经济法不同于其他部门法的又一显著特征。

（三）经济法发展的新兴性

法律制度逐渐成熟后，一方面，法律责任形态按照习惯的标准分配给了民法、刑法和行政法等传统法律部门，经济法作为一个新兴的法律部门，很难再系统地发展出新的法律责任形式，只能大量借用其他部门法的法律责任形式；另一方面，经济法调整的社会经济关系的复杂程度表明，需要多种类型的法律责任才能实现立法宗旨和目标。例如，为使法律责任与行为的社会损害在度量上相适应，对某些违法行为需要根据其社会损害程度，要求违法主体承担相应的民事责任、行政责任甚至刑事责任。基于历史和现实的原因，经济法为了有效地调整社会经济关系，克服市场失灵和政府失灵，必须综合运用各种法律责任形式[①]。

三、经济法责任制度的优化

从发展趋势上来说，认为经济法责任是一种独立于民事、行政、刑事责任之外的新型责任形式的观点在经济法理论界逐渐占据优势。在第十届全国经济法理论研讨会上，也有学者就经济法的法律责任问题进行了探讨，张守文教授的发言具有代表性，他认为，经济法有自己的法律责任及形态，探讨经济法责任，应超越传统的部门法理论与责任理论，通过矛盾分析、关联性分析、典型分析等方法，去发现经济法责任理论的特殊性与传统责任理论的关联以及经济法的一些特殊责任形态，从而形成对经济法责任理论的拓补，进而构成对整个法律责任理论的拓补。

(一)立法完善

“实体经济法规的大量颁布是经济诉讼产生的逻辑前提”[②]，而经济诉讼的建立又是经济法责任能够得到落实的基础。从经济法的运行与经济法责任的落实来看，立法是起点，没有立法的完善，经济法的运行就会受阻。经济法是协调经济运行的法律规范，所以很多的经济法立法都要实行“法律保留”原则，这是需要从立法的途径来予以安排的，这样才能明确经济法责任，更加有效地实现经济法的司法与执法的效果。

经济法责任主要承担的是财产性的责任。我国的经济法责任一直遵循的是行政责任在先、民事责任在中、刑事责任在后的原则。经济法是协调经济运行的法律，一方面，它肩负的是规制市场失灵，调整市场经济秩序，维护社会经济的稳定的社会使命；另一方面，还要防止政府失灵，规范政府权力的行使，确保政府适当有效地干预经济，不要产生过犹不及的不良影响。

经济法的社会价值目标以及它的调整手段，使它带有浓郁的公法色彩，所以，它的调整形式较多体现了强制性和政策性的特点。但在我国经济立法中，经济法责任都采取的是财产性责任，亦即民事赔偿责任，这在实现经济法社会性和调整性的价值功能上可能是不够的，经济法制裁的法律功能也难以实现。笔者认为，可以拓补经济法责任的形式，比如行政责任和刑事责任，以多层面的视角来实现经济法的调整。

---

① 邓纲：《争议与困惑：经济法中的法律责任研究述评》，载《现代法学》2012年第1期。

② 单飞跃：《经济法理念与范畴的解析》，中国检察出版社2002年版，第3页。

经济法责任制度的不完备,导致了经济法责任不能很好地落实。财产性的惩罚缺乏受益对象和监督机制,经济法的危害对象是社会性的,群体非常广泛,如果以政策的方式(即行政手段)去弥补过失,可能更适合经济法的精神,也更容易落实。另外,经济法是个很年轻的学科,并不为广大的人们群众所知晓,所以人们的经济法意识淡薄,缺乏经济法权利观念。因此,要使经济法被更好地遵守和运用,经济法的普法工作是必不可少的。

一部法律要为广大的人们群众接受和运用,需要我们创造条件让他们参与进来。像2008年的"三鹿奶粉"事件发生后,广大的消费者除了悲愤和叹息外,却不知拿起法律的武器来捍卫自己的权利,只能依赖政府,却不知自己可以依靠法律来获得正义。同时,"三鹿奶粉"属于"国家免检"的产品,对于国家的监管失职,我们也只是漠然视之。这不利于社会正义的实现,有碍我国法制建设的进程。法治社会是人人知法、人人守法、人人参与的法律,经济法的社会本位理念要求我们更应当如此,否则社会利益只会流于形式,终将被专制所取代。从人类文明的进程来看,这并不是进步的表现。

所以,我们一方面要完善经济法责任的立法体系,从行政责任和刑事责任中去拓补经济法的责任形式,又要找到有别于其他法律责任的经济法责任形式,即社会责任,确保经济法得到有力的贯彻和实施。另一方面,也要做好经济法的普法工作,增强广大人民群众的经济法理念。守法是基础,也是最重要的环节,这是我们需要努力的。

(二)司法完善

司法是指法律规范在社会生活中的贯彻和实现,它所体现的不仅仅是一个过程,更重要的是法在实施的过程中的各种保障制度,例如经济法的守法。经济法的守法是指国家机关、社会组织(政党、团体)和市场主体严格按照经济法的规定从事各种经济活动的行为。经济法的守法是经济法实施的最重要的最基础的方式,也是最普遍实施的方式。经济法的守法包含两层含义:一是主体依法享有经济法赋予的权利和职责;二是主体依法承担经济法所规定的义务或职责。经济法的守法是社会主体依照经济法的规定从事各种经济活动自觉的、有意识的行为,因此,经济法的守法应当具备一定的条件。首先,国家制定的经济法应该是一部良法。其次,应当培养市场主体良好的社会意识和法律意识。最后,经济法还必须有良好的法律环境。

经济法进入现行的司法操作时面临诸多困境,三大诉讼程序因其都有各自的局限性,无法穷尽对经济冲突的解决,更无法通过自身机制的运行与主体多重责任的彻底追究完成衔接配套,通过程序的转移解决这一问题则必须面对程序复杂、成本高昂、周期延迟等弊病。经济法程序机制的司法盲区意味着经济冲突得不到及时有效的司法解决,相关利益得不到及时有效的司法救济。"可见,我国的诉讼模式和行政执法体系都不足以保护公民的经济基本权，也就不足以从整体上维护国家经济利益、社会公众经济权益和社会经济秩序。"[①]

经济法进入司法程序的最大障碍恐怕就是经济法的可诉性缺陷。经济法的可诉性是指为了判断经济纠纷的是非而使经济法律主体可诉求于法律公设的判断主体的基本属性。我们都知道，判断一种社会利益是否具有可诉性，主要依据它是否存在诉的主体、是否存在可诉利益、是否存在诉讼机关、是否存在独立的诉讼价值这几个方面。造成我国经济法司法障碍的原因，概括起来主要有以下几个方面：(1)经济法的可诉性问题。经济法学界对经济法是否具有可诉性的讨论从未停息，因为尚未达成一致的共识，所以，经济法的可诉性在理论上存在障碍。(2)经济法立法上的不足。经济法规范主要是授权性法律，即授予经济法主体(国家)干预经济的权力，却未提供向调控主体提起法律救济的方式和途径，使社会经济权利缺乏充分的司法保障。(3)没有独立的实施机构。自2000年最高人民法院取消了经济审判庭，将经济性案件归到民事法庭审理，使经济纠纷缺乏独立的司法程序，只能依赖民事和行政程序来解决，因此，大量侵害社会利益的纠纷得不到法律的处理。

(三)执法完善

经济执法，是指国家机关依照法律规定的权限和程序，贯彻实施经济法律的活动。经济执法是与国家活动相联系的一种法的实现方式，其主体是特定的。经济执法在本质上属于行政执法，是国家行政机关行使其权利的过程，也是国家权力对社会经济活动进行干预的基本手段。虽然经济执法与行政机关在行使社会经济权利上有很多的共同之处，但我们也不能忽视它们之间的区别，也只有先厘清它们之间的界限，才能更科学地设计经济法执法制度。第一，目的不同。经济执法是为了实现社会公共利益，而行政执法是为了保护国家的利益，确保国家的权力的稳定。在市场经济发展的今天，社会公共利益与国家利益存在着差别。第二，依据不同。经济法是以社会为本位的法律，它代表的是社会经济权利，因而它依据的是社会经济职权；而行政法依据的是国家的行政权力。第三，是否具备明确的相对人不同。经济法针对的是国家、社会乃至个人，它的调整对象是非常广泛的，并不局限于特定的人；而行政执法针对的则是特定的相对人，即受控主体。第四，执法的形式不同。经济执法采取的形式是多样的，可以是民事的，也可以是行政的，甚至是刑事的；但行政执法通常是行政性的，即国家的强制力。第五，手段不同。经济法的功能更多地体现在它的协调性上，它最终追求的或实现的是社会整体利益，因而它的价值取向是秩序性或调整性，所以它的执法形式具有一定的弹性；行政执法则显得要刚硬一些，因为它所体现的是国家的强制力和制裁力，通过惩罚的手段来达到维

---

① 孙国敏：《论公民的经济基本权与经济诉讼》，载《现代法学》1996年第5期。

护国家的安全与社会安定这一目标，因此行政执法要严格、严肃得多。

经济执法作为经济法适用的重要手段之一，直接影响了经济法责任的实现，经济执法配置得合理而科学，对经济法的社会价值的实现，以及经济法责任制度的完善，是有很大的积极意义的。因此，对经济执法制度的设计是十分有必要的。

1.保证经济法执法机构的独立性

在我国，经济执法是由行政机关来行使的，它不像国外经济执法机构那样，具有很大的独立性，所以在经济执法中，难免会遭到行政机关的干预。而作为经济执法机构的法院，其独立性也并不稳固，有时候会受到行政机关的干预。然而，如果没有一个完全独立的经济执法机构，经济法的实施以及经济法责任的实现就会受到阻碍。因此，我们应该稳步地建立独立的经济执法机构，以满足经济法独立性与日益增多的经济案件的需求。

2.经济司法与经济执法机构应该分工明确、科学

我国的经济司法与经济执法的权力都是由法院来行使，由于经济法案件具有很强的专业性和复杂性，因而都由人民法院来承担，不利于有效而便捷地解决经济纠纷。反垄断法与反不正当竞争法又都是由工商部门来实施，也是不科学的。应将经济司法、经济执法与行政执法区分开来，并设立与之相应的机构，建立科学的体制。

3.制定完善的经济执法程序

经济行政执法作为经济法法律适用的一种重要形式，直接关系着经济法的实施[①]。经济法作为独立的法律部门，也应该构建程序法，从而完善经济执法程序。由于行政权力缺乏节制和控制，所以出现了权力滥用等现象，因此在设计经济执法程序时，应该严格地规范政府的行政权力，科学、便捷地实施经济执法职能。

4.提高经济执法人员的素质

经济法具有法律性和社会性双重特性，因而，它不仅要求执法人员具有优秀的法律素质，也需要其具备良好的经济学素养。社会经济学是一门很复杂的社会学科，在执行法律的同时，还要兼顾社会整体利益的要求，采取弹性的执法手段，尽量将危害降到最低，以维护社会的安定与经济的健康发展。

5.加强经济执法的监督

法律监督是保障法律实施的有效手段，建立经济执法监督体制，是法在运行过程中的必然要求。经济法是以社会公共利益为本位的法律，代表的是社会而非个体的利益，那么，执法的效果也具有社会性的特征。在这个过程中，是缺乏监督主体的，只能依赖于特定的代表着社会公共利益的机构，或者由国家去行使这项职责。

---

① 韩志红：《对我国经济行政执法权力配置的反思》，载《天津行政学院学报》2005年第2期。

因而在构建经济法责任的立法、司法和执法的法律体系时，也应当建立科学的经济执法监督制度，以完善经济法的法律体系，实现经济法责任的承担，使经济法的价值目标得以实现。

第三节　经济法实现的可诉性

无救济无权利，法律上的救济不同于一般意义上的救济，它不是指一种物质帮助或者是对弱者的一种物质救助行为。法律救济作为一种法律制度，是指国家通过裁决社会争议制止或矫正侵权行为，从而使合法权益遭受损害者能够获得法律补救。法律救济有司法救济与行政救济等方式。司法救济是公力救济[①]的一种。司法救济又可称为诉讼救济，指的是法院在权利人权利受到侵害而依法提起诉讼后依其职权按照一定的程序对权利人的权利进行的补救。通过经济法的司法救济实现经济法的可诉性，不仅可以推动经济法的实现，还可以丰富经济法的实体内容，从而推动经济法本身的完善。

一、经济法权利的司法救济

权利的司法救济有赖于诉讼制度的完善。相对于一般民事权利，经济法权利有着十分明显的特殊性，这些特殊的实体权利必然要求有与之相适应的程序制度予以保障。但是由于长期以来受“重实体轻程序”观念的影响，“学者们在讨论如‘给每个人仅属于他的东西’或‘同等情况同等对待’等命题时，往往对通过什么样的方式、程序来给人们属于他的或同等的东西不感兴趣”[②]。并且经济法作为现代法，与传统法律部门一个重要的不同点在于不可诉性的规范较多[③]。因此在目前的经济法研究中，较为普遍的现象是注重实体权利的设计与论证，而对程序则很少关注。在注重实体的观念影响下，一般认为“只要结果正确，无论过程、方法或者程序怎样都无所谓”[④]。但如果我们敢于面对中国经济诉讼的现状，便不难发现，事实恰恰相反。程序法的缺失是使经济法无法有效实施的直接原因。“有权利必有

① 公力救济是指“权利遭受侵害时，权利人得请求国家以公权力排除侵害，实现其权利”。由于行使国家公权力的是国家行政机关和司法机关，因此公力救济包括行政机关的救济和司法机关的救济两种。梁慧星：《民法总论》，法律出版社1997年版，第252页。

② ［日］谷口安平：《程序的正义与诉讼》，王亚新、刘荣军译，中国政法大学出版社1996年版，第1页。

③ 王全兴、管斌：《经济法学研究框架初探》，载《中国法学》2001年第6期。

④ ［日］谷口安平：《程序的正义与诉讼》，王亚新、刘荣军译，中国政法大学出版社1996年版，第1页。

救济”，因此既有必要重新认识实体法与程序法的关系，重新认识程序的价值，更有必要针对经济法的特性，设计符合程序理性的经济诉讼制度。当然，程序问题是一个巨大的命题，我们在此无意也不可能进行全面的论证，而是对其中最重要的部分展开讨论。

(一)程序法的价值与功能再认识

在将法律区分为实体法与程序法的情况下，一般认为实体法是目的，程序法是手段。由于程序法被认为是手段、工具，因此它只是辅助性的或者附带性的规范。其存在的价值是因为实体法的存在，它本身不应有独立的价值。这种观念从孟德斯鸠作为法治的理想而描绘出“自动售货机”式的法官以来，影响极其深远。中国的情况则更加复杂，不仅是法学理论与实务界受到西方法律观念的影响，而且在相当长的一段时间里，还受到政治或者意识形态的影响，认为程序是资产阶级的东西，是“虚伪的民主”或“形式主义”的表现，无产阶级专政国家应当坚决摒弃。

但是无论是法律历史上曾经有过的“程序法是实体法之母”现象[①]，还是当今法官面对社会生活纷繁复杂而形成的社会关系与利益变化频繁的情况，为了适应社会变化的需要，越来越多的运用“一般条款”判决案件的现实，都促使我们对于程序法的价值与功能进行重新认识。程序在新的历史条件下获得了独立的价值与功能，即产生了与“实体正义”相对应的“程序正义”[②]。程序正义的价值与功能体现为两个方面[③]：

第一，实现实体权利。这是传统观念下程序法唯一的价值与功能。在“程序正义”观念下，必须也必然会承认这一价值功能，但两者所体现的内容是不同的。按照传统的看法，程序是为法律所预定的实体正义服务的手段，程序的正义是否达成，应根据特定程序在何种程度上为实现实体法内容作出了贡献来决定。而现代观念则认为，为了追求程序正义而设计制度，通过这些制度的实施如果能够尽快地查明事实真相并正确地确定诉讼外客观存在的法律关系，程序的正义就得以实现，或者说是达到了其根本目的。

第二，通过程序使权利正当化。人们行使权利及其结果能否被当作正当的东西加以接受，涉及权利的“正当性”问题。而权利的“正当性”的根据或者判断标准

---

① 我们从许多对罗马法以及对英美法历史研究的成果中都可以得出此结论，罗马法首先发达的是“诉权”，诉权不同程序不同，诉权逐渐增加意味着实体权利被创制。英美法也是如此，针对不同事实关系的案件采用了不同的诉讼方式，而诉讼方式的创制实际上就是创制新的实体法或者新的权利。

② ［日］谷口安平：《程序的正义与诉讼》，王亚新、刘荣军译，中国政法大学出版社 1996 年版，第 1 页。

③ ［日］谷口安平：《程序的正义与诉讼》，王亚新、刘荣军译，中国政法大学出版社 1996 年版，第 1～11 页。

则是随着时代而变化的。法制的正当性根据在古代是神意，在中世纪是王权，在现代则是通过民主程序而体现出来的民意。就审判制度而言，如果法官仅仅只是机械地适用法律，审判的正当性可以通过所适用的法律本身具有的正当性而获得。但在现代法官已经获得了解释法律或者依据法律一般原则判决案件的情况下，审判的正当性将不可能仅仅依靠实体法本身获得。因此，程序正义成为了判断审判正当性的一个重要根据，即"通过程序的正当化"。在"正当程序"得到实施的前提下，程序过程本身确实能够发挥给结果以正当性的重要作用。这种作用包括两个方面：一是因程序的进行使蒙受了不利结果的当事人不得不接受该结果的作用；二是对社会整体产生的正当化效果，或者说是通过正当程序来提升法院的权威与公信度。而这两者是相互联系的。

程序正义的两个方面价值功能对于经济法权利的救济都是十分重要的。首先，在已经有实体法规定的情况下，如何设计为实现实体权利而需要的种种程序保障制度——包括各种方式、方法与措施，以建立"正当程序"；其次，如何通过"正当程序"的运行，使蒙受了不利结果的当事人接受该结果，并对社会整体产生正当化效果。尤其是第二个方面的认识对于经济法权利的救济更为重要。因为经济法权利是建立在对人们原有的民事权利限制基础之上的，其获得及其运行都有传统的正当性基础，要使当事人乃至全社会接受国家干预的观念并实际接受对于传统权利加以限制的结果，程序正义必须发挥重要的作用。

（二）经济法权利救济对于"正当程序"的要求

就经济法权利的司法救济而言，其程序法主要是经济诉讼制度，而建立经济诉讼制度的目的或作用有二：一是实现经济法权利或维护实体的经济法权利体系；二是解决纠纷。前者是指通过诉讼将当事人之间存在的经济法权利义务关系通过具有既判力的决定进行确认和宣示，使当事人不能再行争议。后者是指法院通过诉讼解决纠纷的过程，解决纠纷的过程在某种情况下可能是实现法律已经确定的实体权利，在某种情况下也可能是法官通过创制权利而使纠纷平息①。在经济法权利这样的特殊权利体系尚未完善尤其是最终也可能难以确定化的情况下，经济诉讼解决纠纷的作用应该得到更为充分的发挥。从系统科学的角度讲，完善的经济诉讼制度，应当包含诉讼的主体、诉讼的客体、诉讼的权利与义务、机构设置、物质支持、人员安排等各方面的制度性安排。从制度实现的角度讲，它应该表现为以下内容：

---

① 当然，法官对于权利的创制也必须是规则的，法官的法律解释、法律漏洞弥补权都必须遵循一定的原则与方法才能行使。到目前为止，法官无论通过何种方法解释和适用法律，至少在外观上判决必须是适用实体法所达到的结论，这一点仍然是司法上的规范性要求。

1.确保利害关系人参加的程序

与诉讼的结果有利害关系或者可能因该结果而蒙受不利影响的人，都有权参加该诉讼并得到提出有利于自己的主张和证据以及反驳对方提出的主张和证据的机会。这是"正当程序"的最重要要求，也是实现程序正义的最重要条件。在这一程序中，具有几个十分重要的问题：一是参加者的主体资格问题；二是主体在诉讼中进攻与防御的武器与机会获得问题，应包括代理人或者法官所提供的"诉讼救助"或"法律扶助"措施、当事人举证责任的分配与承担、庭审过程的抗辩式结构等内容；三是参加机会的保障，包括诉讼文书的送达程序、诉讼时限与时效、缺席判决程序等内容；四是特殊情况下的间接参与问题，包括集团诉讼或者团体诉讼、第三人为他人利益诉讼或者公益诉讼、判决对于未参加诉讼的当事人的拘束力等问题。

2.参加"场所"的保障程序

在经济诉讼中，当事人的实质参与是十分重要的，但是仅有当事人的实质参与并不能保证程序正义或者司法公正的实现。因此，还必须有各种与当事人实质参与相对应的程序进行"场所"——审判制度的规定。司法公正不仅是实质上的，而且还必须是看得见的。在这一程序中，包括几个主要的内容：一是具有公正、中立、独立性质的法官、律师的任职资格以及训练、保障等方面的制度；二是庭审规则、案件审理规则、证据规则、法律适用规则；三是对法官中立与独立的制度性安排以及对法官职业道德的要求；四是法庭的物质条件以及经费保障等。

3.程序过程及结果展示程序

经济诉讼的参加者不仅要能够参加诉讼，而且要能够十分清楚地知道诉讼的结果，否则，程序保障也是不充分的。审判结果如果是判决，就必须以判决理由的形式对当事人的权利主张和举证作出回答。审判决定附理由是实现程序正义的一个重要因素。对法官而言，审判的过程寻求的是"理由"而非"结论"，正义或者公正是通过对"理由"的寻求而体现的，因此，应该将这个过程向当事人进行充分的展示。

二、建立经济诉讼机制的意义

所谓经济法的诉讼机制，从系统科学的角度讲，它应当包含诉讼的主体、诉讼的客体、诉讼的权利与义务、机构设置、物质支持、人员安排等。在程序理性的层面上讲，它至少还应当包括法律在实施前的反思性安排以及法律实施后的反馈性措施。在经济法学界，支持综合经济法诉讼观点的学者主要从"法的可诉性"理论出发进行论证，认为经济法也是法律体系的一部分，也应当具有可诉性，主张建立经济法诉讼程序；持独立经济诉讼说的学者主张，虽然其与三大诉讼融为一体，但经济法诉讼仍然是有着自己独特特征的一种诉讼类型；经济集团诉讼说认为应当建立经济法自己独特的诉讼制度，即经济公益诉讼制度，因为经济法是以社会公共利益为追求的法律,对于任何违反经济法的行为,都侵害了社会整体利益。总的来说,学者们都认为建立经济诉讼机制具有非常重要的理论和现实意义的。

(一)诉讼权是一项基本人权,是现代法治国家中的一项基本权利

有权利则必有救济,没有救济的权利不是真正的权利。诉讼权是在国家的产生和发展中逐渐发展和完善的。随着国家干预社会程度的不断加深,公力救济得到社会主体的广泛认可,公力救济成了国家的义务。公力救济的形式虽多种多样,但司法救济确是最主要、最有效的形式之一。有学者将权利分为应有权利、法定权利和实有权利。应有权利是社会主体天生享有的权利,当其受到侵害时,只要社会主体诉诸法院,就应享有救济权,其可诉的范围应不受到限制。但事实上,每个国家依据各自的国情、法律传统等对可诉的范围均作出了不同的规定,这意味着国家对社会主体权利的范围已作出了界定,并非所有的纠纷均可得到司法救济。我国的经济法律规范中不乏对经济法主体权利的规定,这使经济法主体有了实现某种权利的可能性,但经济法主体法定权利和实有权利的客观差距及国家对其权利的限定,却使得经济法的可诉性大打折扣。

(二)经济诉讼机制能够更好地实现经济法的社会本位

法之本位,即蕴含于法的基本出发点、基本目的和基本功能之中的精神或理念。私法奉行个人本位,公法奉行国家本位,经济法奉行社会本位,其社会本位集中体现在:崇尚社会公共利益,经济法不仅把各种利益形式都纳入经济法的法益结构,而且社会公共利益则被置于最高的地位;追求社会公平,经济法对基本利益层次上有差别意义的公平和无差别意义的公平均予以重视。市场经济是法治经济,在市场经济的运行过程中,政府和市场都有缺陷,这就需要兼具公私法属性的经济法来规范市场与政府的良性互动,弥补二者的双重缺陷。因此,有必要完善经济法律规范,进一步明确经济法诉权,从实质上保证经济主体权利得以实现,以维护市场公平竞争和社会公共利益。从我国经济法制的现状看,现有的大量立法在罗列权责利的同时,往往忽略了对权利救济程序的规定。由于在经济诉权规定上的缺失,我国各类经济实体法在现实运作中往往难以找到相应的制度安排来行使实体权利[①]。这样才造成了经济法的实体权利、义务在程序上不得不依赖于民商事或行政法律程序,并最终形成了经济法的社会本位精神淹没其中的尴尬局面。

(三)经济法诉讼机制是实现经济法价值的重要保障

经济法作为一个法律部门,除了具有法的一般价值有学者认为还有其核心价值,即社会总体经济效率和社会总体经济公平。经济法价值实现取决于司法对法

① 这实际上可以归纳为经济法的可诉性的缺陷,相关论述可参阅颜运秋:《论经济法的可诉性缺陷及其弥补》,载《当代法学》2000年第1期。

律的终极保障，因此，只有承认经济法的可诉性、创立经济诉讼制度，才可能突破传统诉讼模式的限制，使得损害国家利益、破坏社会经济秩序的经济违法行为得到司法追究，从而维护社会公共利益。经济法的实施不仅取决于经济法主体的守法、国家行政机关的严格执法，更有赖于经济司法。经济司法是最有效、最权威的经济权利的救济机制，而经济诉讼则是启动经济司法程序的唯一途径。

(四)经济诉讼机制能够更好地维护社会公共利益

对于违反经济法的社会组织和个人，受损害的个体可以向人民法院提起诉讼，但对于社会公共利益造成的损害却没有办法提起诉讼，即只有对特定主体造成损害的才能提起诉讼，如对处罚不服可以提起行政诉讼，对于犯罪的可以追究刑事责任。应当说，经济法纠纷的解决无法简单套用民事诉讼程序，因为民事诉讼是以实现私法上的请求权而保护私权为主要目的，以维护国家秩序为次要目的。而经济法是规范和保障国家调节社会经济运行之法，以维护社会公共利益为根本宗旨。无论是国家运用宏观调控手段调节经济运行过程中发生的宏观调控法律关系，还是在管理市场运行过程中发生的市场规制法律关系，都具有明显的社会公益性质。而国家在协调经济运行过程中必然会产生一系列经济法纠纷，而这类纠纷大多涉及社会整体利益，涉及广大民众的利益。其性质既不同于民事纠纷，又不同于行政纠纷，依照传统诉讼理念和司法制度是很难或者无法通过司法救济的途径予以解决的，从而在纠纷解决的社会机制方面形成了相当大的真空地带，使得社会公共经济利益得不到有效的司法保护。由于社会关系日益复杂，社会冲突越来越趋于综合，同一冲突兼具民事、经济、行政以及刑事诸方面的不同性质，或包容着多个不同性质的冲突。经济诉讼的独特性在于经济违法案件侵害的客体主要是国家经济利益和社会经济秩序，某一经济案件可能暂时没有直接受害人，依现行诉讼法律不能提起诉讼活动。因此，跳出传统民事、行政、刑事诉讼模式，构建一个能够使公共利益得到补偿能够体现经济法实质精神的诉讼机制势在必行。

(五)经济诉讼机制是经济法责任实施的重要一环

经济法作为实体法多年来一直受到学者们的重视，但对作为其实施支撑的程序法则重视不够，所以作为经济法责任实施机制的完善和创新中最重要的一点就是完善它的救济机制——实现经济诉讼。“有权利必有救济”，“没有救济的权利不是真正的权利”。经济法律、法规有权利义务而无诉权，判断倾向于行政而不是司法，导致了行政与司法的混同现象，使法律判断偏离了司法轨道。尽管经济生活中离不开行政管理，并可能引发行政纠纷，最后导入行政复议和行政诉讼程序，但行政诉讼争执的焦点不是经济利益关系，而是行政管理关系；同时行政诉讼的受案范围是极受限制的，无法涵盖经济纠纷的全部内容；另外，由于经济纠纷案件的被告人多非国家行政机关及其工作人员，显然处理经济纠纷案件是不能完全适用行政诉讼程序的。我国《民事诉讼法》中也极少有反映经济法特殊性的程序法规范，造成一直以来经济纠纷案件在本质上是民事纠纷案件的错觉。造成这种现象的根本原因是经济诉权理论的不发达或者根本就没有被重视。实质上，各类诉讼在逻辑和方式上有较大的共通性，这种"共通之处甚至超出了他们之间的各自差异，但恰恰是这些个别性差异，赋予了各种诉讼对不同性质冲突解决的适应性，并由此设定了各自独立为一体的价值。因此，判定经济诉讼能不能脱出民事诉讼的窠臼或许可以有许多根据，但只要承认民事诉讼——现行的民事诉讼制度不能完全适用于经济冲突的解决。解决经济冲突的诉讼应有某些特点，则经济诉讼的独立也就有了足够的事实前提。"经济冲突与纠纷的特殊性在一定意义上源于经济法的性质与价值理念的特征性，即经济法着眼于社会公共利益，主要表现在：围绕在利益的争执不限于个别性；利益关系具有一定的公共性和集合性；侵害客体具有多重性（特定和不特定主体的经济权益，社会公共经济利益）；违法后果具有社会弥散性、连锁性；法律责任具有综合性等特征。由于经济关系的日益复杂化，经济冲突越来越趋于综合性，同一经济冲突往往兼具民事、行政及刑事诸方面的不同性质。要对这种冲突按照人们主观划定的框框逐一分解，然后依不同程序加以解决，不仅成本甚高，而且几乎没有可能和必要。如果在单一的经济诉讼程序中，同时从民事、刑事和行政三方面解决经济冲突中的有关问题，作出三种不同制裁和处理，可以保证纠纷解决的彻底性和有效性。因此，经济冲突或经济纠纷的个性特征要求独立的经济诉讼制度。

三、经济诉讼制度的构建

2000年8月，最高人民法院撤销了原经济审判庭、知识产权审判庭和交通运输庭，并在原民事审判庭的基础上相应改建成民事第一、二、三、四庭，建立了"大民事审判庭格局"的机构改革方案，将原经济审判庭变为民二庭。最高人民法院之所以要对审判庭的设置进行大的调整，主要是为了"使人民法院审判工作的职责分类更加清晰、更加科学合理"。建立大民事审判新格局，"使审判庭与我国现行三大法律体系相对应，机构设置更规范，布局更合理"。也有人认为"经济法学的调整对象具有管理性的行政隶属关系，这与经济审判庭审理的经济纠纷在性质上是完全不同的。所以，经济法学无法为经济审判庭的审判活动提供理论指导"。此外，"业务审判庭的设置都是为了依据特定的实体法和程序法来处理某一特定性质的案件，每一审判庭都应有自己的学理基础作为依托，而经济审判庭则很难找到其合理的理论依据"。那么，经济审判真的无法找到其合理的理论基础吗？实体法与程序法必须是一一对应的关系吗？这些问题不得不使我们反思。

（一）经济诉讼的特征

中国作为后发外向型的法制现代化国家，在关于经济立法的行政执法权和司法终审权的规定上,并不能完全照搬,而应该注意结合本国的特征,予以区别对待。以竞争法为例,考虑到中国现阶段法官的组成状况和政治体制改革的要求,无论将竞争法的司法裁定权赋予哪一方,都应该慎重对待。根据对现实与传统的分析,我们认为通过立法机构进行专业化的立法,然后由司法机关终审,再由行政执法部门执行这样的职能分工应该是较为合理的。它既有利于通过树立司法的权威消除竞争法领域实际存在的长官意志,又兼顾了经济立法、执法的专门性和专业性的特点。

从我国的实际情况来看,我们认为,经济诉讼应具备以下基本特征:(1)公法手段对私法领域的介入,导致行政权的扩大以及对民事权利的直接裁量或者干预。必须承认,经济管理中的行政权已不是传统意义上的行政权,它是以行政权形式出现的社会性公权利,与之相对应的是以公民个人利益形式出现的社会性私权利。正因如此,才可能出现法律授权行政机关对民事权利的直接裁量或者干预。(2)对行政权、民事权利主张的双重审查。经济诉讼因为个体经济利益与社会整体利益发生冲突而引发,社会性权利的表现形式既有"公"的方面,又有"私"的方面,权利的内容以及行使的结果均涉及社会公共利益和个人利益,因此,必须对这项权利进行双重审查。(3)社会公共利益的裁量。经济诉讼的目的因为经济法的社会属性而具有了双重性,在保护个人利益不受侵犯的同时还必须考虑宏观经济发展作为社会公共产品的公共利益问题。因此,在经济诉讼中,解决公民个人之间的民事纠纷并非单一目的,它还必须实现有效维护社会公共利益的目标。所以,在经济诉讼中,不能简单地依据民事诉讼的一般规则(如平等、自愿、所有权神圣等)来进行裁量,必须充分考虑社会公共利益,运用实质公正、社会公正、经济效益等价值标准进行利益衡量。

(二)在程序上建立经济法特别诉讼制度

经济法的可诉性与经济法实体规范紧密相连,只有法律作了规定,权利才能明确,当权利受到侵犯时,才存在可诉性问题。然而经济法中却存在大量实体规范虽作了规定,但由于规定的内容过于抽象、过于原则性,而使经济法缺乏实际的可诉性。要完善我国经济法的可诉性,有必要设立经济法特别诉讼程序。

1.诉讼主体

在经济诉讼中,利害关系人的性质与地位不同,他们参加诉讼的形态与程度也应各不相同。有的是直接参加,有的是间接参加。但是,无论是直接参加还是间接参加,其参加的机会都应该得到保障。具体而言,这就涉及经济诉讼的主体制度问题,我们知道,较之于一般的诉讼,经济诉讼的主体至少有三个特殊问题:一是原告的诉讼资格;二是经济行政机关参加经济诉讼的资格与诉讼地位;三是谁能代表社会公共利益。

传统的民事纠纷多以人格权或当事人的自由处分的财产权等明确、具体的个人权利或利害关系为争议内容，且侵害多具有一次性。相应地，其原告资格的概念也以当事人的人格权、财产权等实体的、静态的权利或利益关系为基础，且多以事后的金钱赔偿为诉讼请求。而具有地域性、团体性、扩散性的环境民事权利，大都超出了个人人格权和个人的自由处分的财产权的范畴，且除了请求损害赔偿外，最关键的救济方式乃是防止即将发生的侵害和除去正在发生的继续性、反复性侵害，从而实现"防患于未然"和最大限度地减轻损害。因此传统民事诉讼的理论和立法，往往无法充分适应涉及当事人的扩散利益、集团利益的经济诉讼等"现代型诉讼"的需要。《民事诉讼法》第54条、第55条[①]分别规定了原告人数确定的代表人诉讼制度(与选定当事人制度较为类似)、原告人数不确定的代表人诉讼制度(与美国的集团诉讼较为类似)，但是这些制度到底能否适用于经济诉讼，以及如何适用于经济诉讼并未得到理论上的论证。简单地以"诉讼主体的扩大"是无法解决如何扩大、扩大至什么范围、认定的标准等问题的。实际上，自然人与法人在经济诉讼中的主体资格、第三人为他人利益诉讼的代表资格、国家经济管理机关参加经济诉讼的主体资格，在国外均有了广泛的理论与实践基础，有可资借鉴的经验与教训，需要的是能够静下心来，以科学严谨的态度进行深入的研究。在传统行政诉讼中，也只有法律上的利害关系人才能够作为原告提起诉讼，利害关系也是获得第三人资格并参加诉讼的必要条件。在经济诉讼尤其是经济公益诉讼中，原告的主体资格也是一个必须充分考虑的问题。有不少学者提出，由检察院作为行政公益诉讼的原告。在国外，行政公益诉讼的原告资格大多赋予非政府组织，在特定条件下也赋予公民个人。在我国，原告的主体资格到底应如何设定，是值得认真研究的。

同时，建立经济法特别诉讼程序，就要突破传统的三大诉讼制度对于原告的严格条件的限制，不应恪守传统诉讼理论关于"无直接利害关系人便无诉权"的要求，将原告范围扩及于任何组织和个人。只要经济主体认为国家的经济管理行为侵害了社会经济的整体利益，就可以根据法律的授权，以自己的名义提起诉讼。

2.诉讼目的与诉讼范围

我国现行诉讼制度的目的是指向特定的利益，是为原告提供司法救济，原告必

---

① 第54条："当事人一方人数众多的共同诉讼，可以由当事人推选代表人进行诉讼。代表人的诉讼行为对其所代表的当事人发生效力，但代表人变更、放弃诉讼请求或者承认对方当事人的诉讼请求，进行和解，必须经被代表的当事人同意。"第55条："诉讼标的是同一种类、当事人一方人数众多且在起诉时尚未确定的，人民法院可以发出公告，说明案件情况和诉讼请求，通知权利人在一定期间向人民法院登记。向人民法院登记的权利人可以推选代表人进行诉讼；推选不出代表人的，人民法院可以与参加登记的权利人商定代表人。代表人的诉讼行为对其所代表的当事人发生效力，但代表人变更、放弃诉讼请求或者承认对方当事人的诉讼请求，进行和解，必须经被代表的当事人同意。人民法院作出的判决、裁定，对参加登记的全体权利人发生效力。未参加登记的权利人在诉讼时效期间提起诉讼的，适用该判决、裁定。"

须是特定的利益相关者，司法过程实现的仅仅是个案救济。经济法以社会性为本位，经济特别诉讼的目的正是为了弥补个案救济的缺陷，维护社会整体经济利益。因此，应允许原告为维护社会整体经济利益通过司法途径来保护社会整体经济利益。

行政诉讼只受理具体行政行为，排斥抽象行政行为，而事实上大量违法抽象行政行为的存在对于法治的建设是最大的障碍。经济法特别诉讼针对的是国家及其政府在行使经济管理职能过程中的作为和不作为，起诉的对象是国家及其政府的经济管理部门。而经济诉讼特别程序是针对国家所有管理经济的作为与不作为，并不要求起诉主体与管理行为有直接的利害关系。因此，应将抽象行政行为纳入司法审查的范围。

3.起诉的条件

在公益诉讼中，原告(社会团体和个人)往往处于弱势地位。为了防止原告因没有足够数额的保证金，而无法提起经济诉讼或退出经济诉讼程序，造成经济诉讼的形式化和司法资源的浪费，法院可以创设新的保证金制度，以符合经济诉讼的需求。

4.诉讼的开展与保障

经济违法行为通常具有很强的专业性和复杂性，所以法院在受理经济诉讼之前，可以对原告的起诉进行审查，以保证其起诉事实的合法性和可诉性，避免司法资源的浪费，造成社会经济生活的不安定。也可以将被告和原告召集在一起，进行庭前辩论，以便更好地作出判断。如果将经济诉讼案件并归到民事审判庭，那么在很多情况下可由基层人民法院管辖。但公益诉讼具有社会性的特征，其影响力大、覆盖面广，应该归属于重大、复杂的案件类型，而交由中级人民法院管辖。另外，经济案件通常是非常专业和复杂的，中级法院的法官可能更符合经济诉讼的素质要求。

经济诉讼不同于一般民事诉讼、行政诉讼的特性，更需要依靠完善的诉讼制度加以保障，也需要有相应的物质与组织保障，具体有如下三个方面的问题：(1)经济诉讼需要有专门的审判组织。经济诉讼制度的建立意味着必须将其从传统的民事审判、行政审判业务中分离出来，成立专门的经济审判组织。首先必须要在法院系统恢复经济审判庭的建制，赋予其审理经济案件的职权。当然，这里的"恢复"仅仅是指将已经撤销了的经济审判庭的名称重新启用，其审判任务则是根据设立经济诉讼制度的需要重新确定。(2)经济法权利的解释规则。经济法权利体系是建立在全新理念、全新制度基础上的新型权利体系，它不可避免地存在不确定性问题，需要法官在个案中正确运用法律解释以及漏洞弥补技术，通过自由裁量权的行使，创制权利，以实现妥善解决纠纷的目标，实现司法公正。为此，应在传统法律解释规则的基础上建立经济法权利解释的一般规则，确立解释的基本内容与判断标准，界定自由裁量权行使的原则和规则，等等。(3)经济诉讼需要法官有更高的现代法律素养并掌握更广泛的知识，需要法官有强烈的经济政策把握能力与大局意识。为此，应对法官提出专门的素质要求，对法官进行专门的教育和培训，为法官提供专门的条件支持。

5.举证责任与证据规则

有的学者认为，“除法律另有规定外应由原告一方承担这与刑事诉讼很相似”[①]。因为是原告提起的诉讼，它应当掌握着诉讼的根据和证据，能够指证被告的违法行为，而且这也是一般法律诉讼程序的原则之一。因此，经济诉讼要求原告须对被告的违法事实有清晰的了解，掌握了充分的证据。但也有的学者认为，“应当由被告承担举证责任，原告只需列举发生经济冲突或经济违法的现象即可”[②]。因为在经济诉讼中，原告处于明显的劣势地位，自身的能力极其有限，要其清晰地指出被告的违法事实，拿出充分的证据，显然是非常困难的，这样只会使经济诉讼的一般提起人望而却步，经济诉讼制度也因此而不能得到广泛的实施。经济诉讼与一般民事诉讼、行政诉讼最大的差别是由于经济法责任变化而带来的法律要件事实认定方面的变化，或者说由于特殊行为的构成要件要求有特别的证据规则。

在我国，《民事诉讼法》《行政诉讼法》对于民事诉讼和行政诉讼作出了一般规定，最高人民法院《关于适用〈中华人民共和国民事诉讼法〉若干问题的意见》、最高人民法院《关于民事诉讼证据的若干规定》、最高人民法院《关于执行〈中华人民共和国行政诉讼法〉若干问题的解释》、最高人民法院《关于行政诉讼证据的若干规定》作出了较为具体的规定。但是，这些规定并不能解决经济诉讼的证据认定问题：(1)经济诉讼的举证责任应如何分配？这里的举证责任到底是什么含义？最高人民法院的司法解释规定了民事诉讼一般情况下是“原告承担举证责任”、行政诉讼一般是“被告承担举证责任”，经济诉讼中的一般举证责任应如何分配？特殊情况下又应该如何分配？(2)经济诉讼的因果关系到底应如何认定？在经济诉讼中，由于平等主体与不平等主体的共同参与，因果关系的证明必然不同于一般的民事、行政案件，困难的程度也会因此而加大，是否需要确定缓解因果关系证明困难的理论与技术？是否需要进行因果关系推定？如果需要，因果关系推定的性质是什么？是事实推定还是法律推定？因果关系应如何推定？标准及依据是什么？(3)经济诉讼证据规则中的证明标准应如何确定？现有的民事诉讼采用的是比较优势的证明标准，行政诉讼采用的是比较优势证明标准与排除合理怀疑证明标准的结合，这

① 韩志红、阮大强：《新型诉讼——经济公益诉讼的理论与实践》，法律出版社1999年版，第298页。

② 颜运秋：《经济诉讼：经济法独特的司法保障程序——着重论诉讼法上民经应当分立》，载《湖南政法管理干部学院学报》2000年第3期。

样的证明标准在经济诉讼中是否适用？如果不能适用，应确定怎样的证明标准？(4)经济诉讼的类型应如何确定？现有的理论研究大多倾向于将经济诉讼简单化为公益诉讼，这与经济法实施的现实和司法实践都是不相符的，经济诉讼不仅限于公益诉讼，更大量的是由于国家经济管理机关介入平等主体的民事行为而对民事权利义务造成影响的各种纠纷。因此，建立经济诉讼制度绝不能仅止于对公益诉讼的考虑，应该考虑能够满足经济法权利救济需要的完整的经济诉讼制度。

6. 其他

关于诉讼费用的承担和对原告的奖励。社会个体最关注的是个人的利益，他们对社会公共利益的追求通常是在个人利益之后的。因此，一方面，在构建经济法司法制度时，可以考虑免费或其他特别的制度，以鼓励社会公民积极地提起经济诉讼；另一方面，在经济诉讼胜诉之后，应当依法给予提起经济诉讼的公民或社会组织一定的补偿和奖励，以提高他们检举、揭发、控告和起诉经济违法行为的积极性。关于诉讼权利的处分。虽然经济诉讼与其他的诉讼形式有所不同，但为了保障公民权利自由，也应当赋予当事人对诉讼的最终决定权。但是，如果是“由国家机关提起的经济公益诉讼，原告不能自由处分其诉讼权利”[①]。并且该经济案件事实清楚、证据确凿，且明显违反了经济法律法规，则应当不予撤诉。

(三)在实体法上明确规定经济诉权，建立经济法责任制度

1.明确规定经济诉权

从我国经济法制的现状看，现有的大量立法往往是轻程序重实体，忽略对权利救济的程序规定。由于经济诉权规定上的缺失，使得我国各类经济实体法在现实中很难找到相应的制度安排来行使实体权利。为了使经济法更具有操作性和实效性，就要在完善经济法律规范的权利义务和法律责任的基础上，明确责任适用，赋予经济主体经济诉讼权限，规定权利的司法救济途径。

2.建立经济法律责任制度

一部完整的法律规范是由调整对象、主体地位、权利义务、法律行为、法律责任、追究法律责任组成的。这样能清晰地确定经济主体违反经济义务应承担的经济责任并按照一定的司法程序进行责任追究。由于经济法的性质，经济法的责任具有公、私法责任兼容的特点。对于违反经济法的行为追究责任时不仅应追究其民事责任、行政责任、刑事责任，还应追究其经济法责任，使司法机关成为经济法律关系保护的最后防线。可诉性是法的基本属性之一，经济法作为独立的法律部门必然具有可诉性。尽管由于种种原因造成我国经济法中存在大量不可诉现象，但随着我国经济立法的完善及经济公益诉讼制度的建立与不断完善，我国经济法的

① 韩志红、阮大强：《新型诉讼——经济公益诉讼的理论与实践》，法律出版社1999年版，第259页。

可诉性一定能够实现。

3.完善行政责任的实现机制

经济法需要调节包含大量国家公权力、各种维护社会公共利益的行政机关的各种社会关系，这也决定了经济法的责任实现机制要规定各种行政责任。经济法律关系的主体分为国家和具有一定经济功能的个体，参与经济活动的任何主体的经济违法行为，都同时损害了社会整体利益与某一个体的经济利益。与此相应，经济法律责任具有二元性与二重性，即同时承担公法责任及私法责任[①]。因此，当行政人员不能很好地完成其工作，且发生不法行为时，不能落实作为权力机关的责任，就很难实现社会的公平正义[②]。在进行处罚管理的同时，也不能忽视弥补损失，引导良好的社会经济秩序，要从实体和程序上追究违法者的法律责任，实现行政人员的行政责任。

四、经济公益诉讼制度的变迁

（一）经济公益诉讼制度的源起

公益诉讼最早出现于罗马帝国的罗马法中。公益诉讼概念在学理上存在较大分歧，经济法学者眼中的经济公益诉讼包括：一元论，即行政公益诉讼，二元论，即相对于私益诉讼而言的，公共利益司法保护制度即为公益诉讼；公益诉讼并非单独的一种诉讼制度或形式。一般认为，经济公益诉讼是指一定的组织和个人可以根据法律法规的授权，对违反法律法规、侵犯国家利益和社会公共利益的行为向法院提起诉讼，由法院追究违法者法律责任的诉讼制度。

20世纪70年代后，欧洲在保护公共利益方面也出现了新的显著动向，即筹备一些官方或民办的机构来保护消费者、环境保护主义者或者以前没有给予权利主张机会的其他团体的利益。真正意义上的公益诉讼产生于20世纪60年代。到20世纪80年代和90年代，公益法和公益诉讼的概念已被世界上很多其他国家所使用。如德国的宪法诉讼，也称民众诉讼，就属于公益诉讼的范畴。公益诉讼虽然因其名称、背景各异，但是这一法律制度已逐渐依托于社会正义以及视法律为社会变革工具的意愿等一整套原则体系。

（二）经济公益诉讼制度的建立

经济公益诉讼的存在和发展缘于经济法的独立地位，而建立经济公益诉讼制度有助于经济法独立学科地位的确立[③]。经济公益诉讼的建立是弥补经济法的可

---

① 刘水林：《经济法责任体系的二元结构及二重性》，载《政法论坛》2005年第2期。

② 刘水林：《论经济法责任的二元结构与二重性》，载《政法论坛》2005年第3期。

③ 陈运华：《经济公益诉讼若干问题研究》，载《当代法学》2002年第4期。

诉性缺陷的途径之一。我国于 2012 年 8 月 31 日通过了修改《中华人民共和国民事诉讼法》的决定。其中新增加了第 55 条"对污染环境,侵害众多消费者合法权益等损害公共利益的行为,法律规定的机关和有关组织可以向人民法院提起诉讼",该条规定的支持起诉制度标志着公益诉讼在我国的重大突破,实现了公益诉讼有法可依的目标,具有里程碑意义。对于加强经济法的可诉性,切实维护国家经济利益和社会经济秩序具有重要的理论和实践意义。

1996 年,被媒体誉为"中国公益诉讼肇始人"的福建龙岩律师邱建东因为公用电话亭未执行邮电部夜间、节假日长话收费半价的规定,多收了他 6 角钱而把邮电局告上了法庭,虽然因邮电局配合积极整改等原因撤诉,却启蒙了我国公民"公益诉讼"的意识。随后全国各地掀起了一股公益诉讼的热潮。

2001 年青岛市民诉政府许可企业在城市规划禁止建筑的区域内建商业建筑一案,法院虽然判决原告败诉,但认可了原告适格,标志着公益诉讼在我国的发展迈出了关键的一步。河北律师乔占祥诉铁道部春运涨价涉嫌违法一案,虽然最终以全部诉讼请求被驳回而结束,但随后国家计委对铁道部提出的"铁路部分旅客列车实行政府指导价"方案进行了历史上第一次全国性公开听证会,这意味着乔占祥当初的诉讼请求一一得到落实。案件虽然败诉,却推动了国家价格听证制度的前进。这一案例无疑生动地体现了公益诉讼形成社会公共政策、促进社会变革的特有功能。

2000 年,由于东芝笔记本事件等损害广大消费者利益的公益纠纷频繁发生,出现了要求突破现行法律的限定、由中消协代表消费者起诉的呼吁。2003 年广东省消委会派出法律顾问并支付所有诉讼费用,支持"童车伤人案"的儿童家长起诉厂家。这是广东省首例由消委会支持起诉的公益诉讼案件,是对支持起诉制度的进一步落实。

(三)现有经济公益诉讼存在的问题

我国现阶段的经济公益诉讼主要包括纳税人诉讼、政府采购公益诉讼、消费者权益保护与产品质量公益诉讼、环境保护公益诉讼、反垄断与反不正当竞争公益诉讼、证券欺诈公益诉讼、宏观调控公益诉讼等几种典型形式。经济公益诉讼保护的公共利益主要是:国有资产流失、垄断与不正当竞争行为、损害消费者利益的行为等。作为一项正式的法律制度而言,存在以下问题:

1.公益诉讼的定位缺乏系统性和连贯性

通观我国现行的各项法律法规,数万条中仅有民事诉讼法和消费者权益保护法有此规定,缺乏照应,难免造成适用上的狭隘性、模糊性。在我国现行法律中,不可诉的现象大量存在,也就是说,法律规范存在着可诉性缺陷。其主要表现如下:一是有权利义务却无诉权规定。我国大量的实体法对公益设置了保护条款。大多数经济法规就经济权利及经济职权列举的不胜其详,对义务表述得淋漓尽致,但对包括诉权在内的补救权利却忽略不提，有权利义务而无诉权，也无其他救济条款。二是虽有诉权规定却予以限制。有些尽管明确规定了诉权条款，但作了限制性规定，限制诉权的充分行使。例如《中华人民共和国反不正当竞争法》规定："国家鼓励、支持和保护一切组织和个人对不正当竞争行为进行社会监督"，但都没有规定上述主体向人民法院起诉的权利。民事法律也存在着同样的问题：《中华人民共和国民法通则》和《中华人民共和国合同法》中都规定损害公共利益的行为或内容为无效，却没有主张"无效"的权利主体的法律规定。这种情况明显造成了实体法与程序法的脱节而使实体法形同虚设。在我国现行的法律法规中，不可诉现象大量存在。

2.提请公益诉讼的主体狭窄

学者们认为，由私人或私人组织提起的公益诉讼包括经济公益诉讼，虽然有助于解决传统诉讼无法解决的一些问题，但其自身的局限及其发展的困难也是颇为明显的[①]。因此，自2012年《民事诉讼法》第55条首次规定公益诉讼以来，我国通过立法及司法解释对公益诉讼的原告资格作了相当严格的限制，体现了公益诉讼"国家化"的趋势。首先，有资格提起公益诉讼的仅限行政机关、法定社会团体(组织)与检察机关，而排斥个人及一般组织。其次社会团体(组织)中符合原告资格的标准较高。例如，2014年实施的《消费者权益保护法》第47条规定，仅中国消费者协会以及在省一级设立的消费者协会有资格提起消费者公益诉讼；2015年实施的《中华人民共和国环境保护法》第58条规定，仅依法在设区的市级以上政府民政部门登记，专门从事环境保护公益活动连续五年以上且无违法记录的社会组织有资格提起环境公益诉讼。前者总数仅33个，后者较多，据统计达700多个。最后，随着检察机关职能调整与转型，经过两年卓有成效的提起公益诉讼试点，2017年《民事诉讼法》《行政诉讼法》分别予以修改，规定检察机关有资格提起民事、行政公益诉讼。自此公益诉讼成为检察机关保持、扩张权能的主要抓手之一，相应的，检察机关成为公益诉讼最重要的发起主体。受公益诉讼"国家化"制度安排的影响，实践中公益诉讼的提起日趋向检察机关收敛。对比社会团体(组织)与检察机关分别提起公益诉讼的数量，可见端倪。据2018年最高人民法院工作报告，2013—2017年检察机关提起的环境公益诉讼案件达1383件，同期社会组织提起的环境公益诉讼案件252件，后者仅为前者的18.2%。而有资格提起环境公益诉讼的700多个社会组织中，据统计，过去三年只有25个社会组织提起过，且多数是几个社会组织作为共同原告起诉。有理由相信，随着2018年3月中华人民共和国最高人民法院和最高人民检察院《关于检察公益诉讼案件适用法律若干问题的解释》将检察机关正式确立为"公益诉讼起诉人"，检察机关将在民事、行政公益诉讼中发挥更加重要

① 叶明：《公益诉讼的局限及其发展的困难》，载《现代法学》2003年第5期。

的作用[①]。

从公益诉讼制度创设的本意来看，除了消费公益诉讼外，对于垄断、不正当竞争、国有资产流失、政府采购违法等行为，亦可提起公益诉讼。同时，公益诉讼与私益诉讼可以并行不悖，既有公诉案件，即适格主体依法向法院提起的经济公益诉讼案件，也有受害人向法院提起的私益诉讼案件，还可以有公诉人和自诉人共同参加的诉讼，以及多个自诉人或者多个公诉人共同提起的经济法诉讼案件，原告资格仅限于采取国家和社会团体使得公益诉讼制度的效率有待进一步的提高。并且，由于国家作为社会整体利益代表所存在的缺陷与弊端，必须建立特殊情形下的补充代表机制，赋予社会个体成员及其组织的代表权。这种代表权应贯穿于立法、行政决策及诉讼救济(即公益诉讼)的各个环节。在经济法理论中应防止和避免各种国家主义的倾向，以期更好地实现经济法追求社会整体利益的价值目标[②]。因此，应当突破目前的当事人适格理论，将公益诉讼的原告范围扩大至任何个人和组织，即任何公民、法人和其他组织都可以向法院提起维护社会公共利益的诉讼。而且，而为了避免原告资格拓宽可能带来的滥诉问题，应当确立公益诉讼案件受理的原则和技术规则：明确规定公益诉讼案件一旦提起不允许撤诉；严格立案审查，不允许将个人争议转变为公益诉讼；明晰公益代表人的权利、义务和相关责任等等。对公益诉讼原告资格的放宽，不是无条件、无范围的放宽，而是存在一定限制的，不是彻底废除原告适格理论，“原告仍然有可能应主张相当程度的利益关联”。这是值得进一步研究的问题。

3.受案范围过于狭窄

我国仅在《消费者权益保护法》及《民事诉讼法》中明确确立了公益诉讼制度。受案范围的确定是诉讼的前提，新民诉法第 55 条仅仅明确规定了污染环境、侵害众多消费者合法权益这两类案件可以提起公益诉讼，在现实生活中其范围明显过于狭窄。经济法的调整对象是具有社会性的经济关系，即直接涉及或影响社会或公众重大利益的经济关系，公益经济诉讼的受案范围应该致力于回应经济法的调整对象，包括市场规制中的经济法纠纷、宏观调控中的经济法纠纷、国家投资经营中的经济法纠纷。

4.诉讼保障机制不健全

《民事诉讼法修正案》只用一个条文来规定公益诉讼，并未涉及相关的实施保障机制：公益诉讼的判断标准，适格的当事人滥用公益诉讼的救济，公益诉讼费用的承担，责任的承担形式，赔偿金的分配等。要弥补我国关于经济公益诉讼的可诉

① 陈杭平：《公益诉讼国家化的反思》，中国社会科学网，http://m.cssn.cn/zx/zx_bwyc/201808/t20180829_4550532.htm? from=timeline&isappinstalled=0，下载日期：2018 年 8 月 29 日。

② 李友根：《社会整体利益代表机制研究》，载《南京大学学报》2002 年第 2 期。

性缺陷，有必要变更现行的诉讼机制，公益经济诉讼可以在管辖制度、诉讼费用制度、激励约束制度、审判机构与程序制度等方面创设新的诉讼形式。

5.人民检察院支持公益诉讼的职能有待发展

民事诉讼法赋予了人民检察院提起经济公益诉讼的资格，人民检察院作为国家和社会利益的代表者，由其作为经济公益诉讼的原告可以保证审判的独立及实现司法的公正，一些经济公益诉讼往往涉及一些部门利益或地方利益，由人民检察院作为原告可以排除很多干扰以保证经济公益诉讼的顺利进行。但是，现阶段人民检察院提起经济公益诉讼仍然处于探索阶段，案件数量偏少。

第四节　信用惩罚制度与惩罚性赔偿制度的变迁

一、我国信用惩罚制度的变迁

信用惩罚，是一种特殊的惩戒形式，是以主体信用为基础，对不遵守法律法规、不遵守诺言、不履行义务、不承担责任，影响社会公平正义、损害他人利益的信用主体，给予相应的惩戒，使其对自己的失信行为付出代价。这里所说的信用主体，既可以是公民个人，也可以是企业和其他社会组织。失信行为应当是主观上的恶意，指的是能够遵守的不去遵守、能够履约的不去履约、应当做到的不愿去做。比如，不依法纳税，故意偷税、漏税、逃税；比如，对法院判决的债务，有偿还能力却不偿还，“赖”着不给；比如，对环境保护部门、安全生产监管部门的整改、处罚决定，不按时整改、不主动履行处罚等等。这些行为就是失信行为，应当依法给予相应惩戒，使其受到限制、约束、震慑，付出比得到更大的代价[①]。信用惩罚制度的发展是在改革开放之后。我国经济体制开始向市场经济体制转变，市场逐步成为调节社会经济运行的主要手段。随着我国经济体制由计划经济体制向市场经济体制的转变，人们的信用关系发生了根本的变化。在传统社会中，信用约束机制侧重软约束，即主要依靠社会舆论、依靠个体的道德自觉来保证。背信之人、之行受到的是社会舆论的谴责和良心的谴责，仅此而已，难有进一步的惩罚；在市场经济条件下，信用约束机制硬化。在现代社会中，信用主要是借助法律权威来监督和保护；当信用遭到破坏时，对责任者不仅要进行舆论谴责，更要实施惩罚。习近平总书记强调，要构建“一处失信、处处受限”的信用惩戒大格局，让失信者寸步难行。依靠制度、法规的力量来建立和维系信用秩序，是市场经济信用体系区别于自然经济条件

① 赵期华：《从单一惩戒到联合惩戒——加快推进信用惩戒机制建设的思考》，载《浙江经济》2016年第1期。

下信用体系的根本特征。信用从人格利益向财产利益的转化，同时兼具人格性和财产性并且财产性日益突出的事实，是市场经济条件下信用日显重要的基本原因。信用缺失现象严重一直是我国经济领域的一项突出问题，也已经成为我国社会主义市场经济发展的巨大障碍。完善的惩戒机制是保证社会信用体系有效运行的一个重要环节，我们的目标是要建立使“失信成本”远高于“守信收益”的惩治制度①。我国在不同层面进行了信用惩罚制度的建设，除了各级人民法院在执行中对“老赖”予以惩戒外，其他单位和机构进行了相关的制度建设。

（一）多层次规范体系正在形成

信用惩罚制度的渊源层次非常丰富，既有法律、法规，又有政府规章和政府规范性文件。并且，涉及面也非常广泛，囊括了刑事、民事、行政等各方面的规范体系。

法律层面，比如《刑法》第 313 条规定：“对人民法院的判决、裁定有能力执行而拒不执行，情节严重的，处三年以下有期徒刑、拘役或者罚金；情节特别严重的，处三年以上七年以下有期徒刑，并处罚金。”《民事诉讼法》第 255 条规定：“被执行人不履行法律文书确定的义务的，人民法院可以对其采取或者通知有关单位协助采取限制出境，在征信系统记录、通过媒体公布不履行义务信息以及法律规定的其他措施。”因此，法院公布“老赖”名单、限制“老赖”高消费和非生活必需的消费甚至追究其刑事责任均有法可依。此外《中华人民共和国证券法》第 108 条第 1 项、第 131 条，《中华人民共和国证券投资基金法》第 15 条第 2 项和《中华人民共和国商业银行法》等也对失信行为作出了规定。

行政法规层面，典型如 2013 年 3 月 15 日起施行的《征信业管理条例》第 18 条规定：“向征信机构查询个人信息的，应当取得信息主体本人的书面同意并约定用途。但是，法律规定可以不经同意查询的除外。征信机构不得违反前款规定提供个人信息。”征信机构采集和提供信息主体的不良信息也能够于法有据。《中华人民共和国电信条例》第 13 条，《期货交易管理条例》第 9 条，《企业信息公示暂行条例》第 18 条，《政府信息公开条例》第 9 条等等。

地方立法层面，运用信用惩戒机制约束和限制失信主体，已经越来越多地规定在法律、法规和部门规范性法律文件中，各省市也在进行信用信息或社会信用方面的立法工作②。2017 年 10 月 1 日，《上海市社会信用条例》正式实施，在此之前，湖北于 2017 年 3 月出台了《湖北省社会信用信息管理条例》，陕西省也早于 2011 年就出台了《陕西省公共信用信息条例》，而河北省与浙江省的相关条例已经于 2018 年 1 月 1 日正式实施。各省市在地方立法中正在不断有意识地推进信用立法。

由于政府规章对于管理事项的具体性，政府规章对信用惩罚进行了大量具体

① 苏均和：《信用的经济价值与我国失信惩罚机制的构建》，载《探索与争鸣》2009 年第 4 期。

② 李振宁：《信用惩戒的特性及对地方立法的启示》，载《中共南京市委党校学报》2018 年第 2 期。

的规定，比如《网络交易管理办法》第45条、第46条，《互联网信息服务管理办法》第20条，《互联网新闻信息服务管理规定》第4条，《国务院关于促进市场公平竞争维护市场正常秩序的若干意见》第4条第15项，《期货公司董事、监事和高级管理人员任职资格管理办法》第19条第1项，《工程建设项目施工招标投标办法》第20条第3项、第5项，《出入境检验检疫企业信用管理办法》第3条，《出入境检验检疫企业信用信息采集条目及信用等级评定规则》等都是信用惩罚制度的法律渊源。

各部门单独或者联合制定出台的规范性文件也对信用惩罚制度的形成发挥着重要作用，甚至可以说作为最主要的推动方式成为了信用惩罚制度的渊源。比如：《中央政法委关于切实解决人民法院执行难问题的通知》（政法〔2005〕52号）、《国务院关于促进市场公平竞争维护市场正常秩序的若干意见》（国发〔2014〕20号）、《国务院关于印发社会信用体系建设规划纲要（2014—2020年）的通知》。特别是2014年1月16日中央文明办、最高人民法院、公安部、国务院国资委、国家工商总局、中国银监会、中国民用航空局、中国铁路总公司印发了《“构建诚信 惩戒失信”合作备忘录》，将“信用惩戒”内容、实施方式具体化，拉开了联合惩戒失信被执行人的序幕[①]。2016年1月20日由国家发展改革委和最高人民法院牵头，人民银行、中央组织部、中央宣传部、中央编办、中央文明办、最高人民检察院等44家单位联合签署了《关于对失信被执行人实施联合惩戒的合作备忘录》。截至目前，已累计签署联合奖惩备忘录37个。

（二）惩戒对象的范围得到拓展细化

2016年1月20日，由国家发展改革委和最高人民法院牵头，人民银行、中央组织部、中央宣传部、中央编办、中央文明办、最高人民检察院等44家单位联合签署的《关于对失信被执行人实施联合惩戒的合作备忘录》提出，惩戒的对象既包括失信的自然人，又包括失信的单位及其法定代表人、主要负责人、影响债务履行的直接责任人员、实际控制人。截至2018年8月，在最高人民法院的失信人名单中，除了自然人、企业和社会机构，还包括480多个各级人民政府，其中不乏包括副省级城市、省会城市核心区等。按照最高人民法院法规，这些政府领导今后在乘坐飞机、高铁等交通工具时将受到影响，同时不能在星级以上宾馆进行消费。

除了司法机关的失信人名单，惩戒对象的范围还通过其他的法律性文件得到拓展细化，具有代表性的包括2018年5月1日起实施的《关于在一定期限内适当限制特定严重失信人乘坐火车推动社会信用体系建设的意见》，其规定的惩戒对象包括：扰乱铁路站车运输秩序且危及铁路安全、造成严重社会不良影响，在动车组列车上吸烟或者在其他列车的禁烟区域吸烟等行为的，还包括重大税收案件违法

① 刘武俊：《信用惩戒，让老赖寸步难行》，载《检察风云》2014年第22期。

当事人、社会保险领域严重失信行为人、失信被执行人等。中国人民银行则对一些欠了银行的钱不还、且没有取得银行“谅解”的失信人列入银行业征信“黑名单”，进入名单的单位和个人将遭到银行业的联合制裁。国家发改委也在“信用中国”网站公示首批限制乘坐火车飞机严重违法失信者的名单。据相关工作人员介绍，这份名单的构成主要包括三个部分，可以概括为“1＋1＋4”。第一个“1”，是指危害民航铁路运行安全的违法行为责任人，名单由民航局、铁路总公司提供。第二个“1”，是指失信被执行人，名单由最高人民法院提供。“4”是指其他领域严重失信行为责任人，主要涉及4种行为：一是重大税收违法案件；二是弄虚作假骗取财政性资金；三是有能力缴纳但拒不缴纳社会保险，以及骗取社会保险；四是证券期货违法被罚款但拒不缴纳，以及上市公司相关责任主体不履行公开承诺。名单分别由税务总局、财政部、人力资源社会保障部、证监会提供。对这部分失信人，限制期一般为一年，期满自动退出；一年之内主动履行法定义务，且经“黑名单”认定部门确认的，可提前退出。当然，也有学者指出，在确保被执行人个人隐私不受侵害的情况下，失信名单并没有根据案件的性质特点选择不同的公布方式，加上执行联动部门不够宽泛，导致失信名单制度的实施效果并不理想[①]。

此外，各行业管理部门也公布了一些针对本行业的信用惩罚措施，比如《关于对旅游领域严重失信相关责任主体实施联合惩戒的合作备忘录》对存在严重失信行为的旅行社、景区，以及为旅游者提供交通、住宿、餐饮、购物、娱乐等服务的经营者及其从业人员惩罚措施。

(三)惩戒措施不断丰富明确

在失信惩戒方面，刑法、民事诉讼法都对失信惩戒进行了相应的规定，最高法也明确“十二大惩戒”，人民银行、国家发改委、市场监管总局等也都在各自职权范围内规定了惩戒措施。惩戒措施可以分为以下类别[②]：

---

① 张法能：《信用惩戒机制的实施与效应——以失信被执行人名单制度的合理适用为角度》，载《法治论坛》2017年第1期。

② 除此之外还有其他的分类方式，例如：2016年1月20日，由国家发展改革委和最高人民法院牵头，人民银行、中央组织部、中央宣传部、中央编办、中央文明办、最高人民检察院等44家单位联合签署了《关于对失信被执行人实施联合惩戒的合作备忘录》。《备忘录》共提出55项惩戒措施，分为八大类，第一类是对失信被执行人设立金融类机构的限制措施；第二类是对失信被执行人从事民商事行为的限制措施；第三类是对失信被执行人行业准入的限制措施，例如限制招录（聘）其为公务员或事业单位工作人员等；第四类是对失信被执行人担任重要职务的限制措施，例如限制担任金融机构的董事、监事、高级管理人员等；第五类是对失信被执行人享受优惠政策或荣誉的限制措施；第六类是对失信被执行人高消费及其他消费行为的限制措施，例如限制乘坐飞机、列车软卧、高铁，限制子女就读高收费私立学校等；第七类是对失信被执行人限制出境、定罪处罚的限制措施；第八类是协助查询和公示失信被执行人信息的措施。

1.刑事处罚

2015年11月1日起,《刑法修正案(九)》正式施行,其中第39条将刑法第313条修改为:"对人民法院的判决、裁定有能力执行而拒不执行,情节严重的,处三年以下有期徒刑、拘役或者罚金;情节特别严重的,处三年以上七年以下有期徒刑,并处罚金。"

2.限制出境

《民事诉讼法》第255条规定:"被执行人不履行法律文书确定的义务的,人民法院可以对其采取或者通知有关单位协助采取限制出境,在征信系统记录、通过媒体公布不履行义务信息以及法律规定的其他措施。"

3.财产执行

依照《民事诉讼法》第243条规定,人民法院有权冻结、扣划被执行人存款。但是,在冻结、扣划前,应当预留被执行人及其所抚养家属必需的生活费用。最高人民法院认为被执行人应得的养老金应当视为被执行人在第三人处的固定收入,属于其责任财产的范围,失信被执行人唯一住房法院可拍卖。即便被执行人只有一套房屋,也可以被执行;申请执行人按照廉租房标准,为被执行人提供一套小面积房屋,用于维持其生活必需;申请执行人按照当地平均租房价格,为被执行人提供5到8年的租房费用。人民法院将建成的执行查控体系能够覆盖全国范围内所有基本财产形式。这一执行查控体系将对被执行人财产实现"一网打尽",并对失信被执行人形成多部门、多领域的联合信用惩戒[①]。支付宝、移动支付、微信支付等网络虚拟交易账户中的资金,也属于法院可执行的被执行人财产范围。此外,法院系统正在建设覆盖全国4000多家银行业金融机构的金融财产查扣系统。

4.限制民事交易能力

最高人民法院与芝麻信用签署对失信被执行人信用惩戒合作备忘录。失信被执行人申请贷款、融资,通过淘宝或天猫平台购买机票、列车软卧、保险理财产品及非经营必需车辆、旅游、度假产品等,预定三星级以上宾馆、酒店,在互联网的奢侈品交易等高消费行为,均受到限制。《关于对失信被执行人实施联合惩戒的合作备忘录》还限制被执行人炒股、购买不动产等行为。

5.限制任职资格

凡因有偿还能力但拒不偿还全部或部分到期债务,被全国各级人民法院列入失信被执行人名单的自然人,将受到信用惩戒。不得在全国范围内担任任何公司的法定代表人、董事、监事和高级管理人员。市场监管总局和各地市场监管部门的登记注册系统则对被列入法院失信被执行人名单的"老赖"从事生产经营活动的行

① 《最高法信用惩戒系统发力300多万人纳入失信被执行人"黑名单"》,中国经济网,下载日期:2016年1月7日。

为予以限制，在工商登记时不批准其在全国范围内担任任何公司的法定代表人、董事、监事和高级管理人员。截至 2015 年，工商总局就已经归集了 170 万“老赖”的身份信息[①]，工商总局和各地工商、市场监管部门的登记注册系统将对其登记申请进行自动拦截，并制发《申请人告知单》，提示其与相关人民法院接洽。

对所任职的公司、企业因经营不善破产清算或者因违法被吊销营业执照负有个人责任的董事、监事、厂长、高级管理人员，在一定期限内依法不得担任证券公司、基金管理公司、期货公司的董事、监事、高级管理人员和其他从业人员。

6.限制高消费行为

2010 年，最高人民法院出台《关于限制被执行人高消费的若干规定》，明确人民法院可以对被执行人发出限制高消费令，限制其乘坐飞机、列车软卧出行、不得在星级以上宾馆酒店住宿，不得旅游、度假等高消费行为。2015 年 7 月最高人民法院通过了《关于审理拒不执行判决、裁定刑事案件适用法律若干问题的解释》和《关于修改〈最高人民法院关于限制被执行人高消费的若干规定〉的决定》，将限制被执行人高消费的范围扩大到“非生活和工作必需的消费”。据最高法统计，截至 2015 年底，纳入失信被执行人“黑名单”的共计 308.02 万人，自动限制购买飞机票的共计 375.71 万人次，限制购买列车软卧、高铁和动车一等座以上车票的共计 59.88 万人次，有约 20％的被执行人慑于信用惩戒的威力而自动履行了义务。

7.声誉罚

2013 年 10 月，最高人民法院向社会开通了“全国法院失信被执行人名单信息公布与查询”平台，社会公众可以在“中国执行信息公开网”上查询到失信被执行人(包括自然人、法人或者其他组织)的基本信息。据统计，截至 2017 年年底，全国已累计发布失信被执行人名单 880 多万人次。各部门在本行业、本领域内向企业和个人颁发荣誉证书、嘉奖和表彰等荣誉性称号时，将其恪守信用作为基本条件；对于评选周期内有失信及严重违法情形的当事人不予颁发荣誉称号，对已取得的荣誉称号予以撤销。

市场监管部门将失信单位和个人列入经营异常名录和严重违法失信企业名单。在金融领域，根据失信类型，还分为严重失信债务人名单、非法集资名单(含企业与自然人)、其他严重违法名单三大类。这些名单的公布按照政府信息公开的相关法律、法规进行。

8.限制获得金融服务能力

中国人民银行列出名单的单位和个人将不仅无法在银行办理对外支付、融资等业务，甚至在银行开设新账户都很困难。金融信用信息基础数据库和征信机构

① 邢郑:《工商总局:170 万“老赖”将受到信用惩戒》，人民网，http://finance.people.com.cn/n/2015/1202/c1004－27878322.html，下载日期:2015 年 12 月 2 日。

依法采集当事人违法信息并向金融机构提供查询服务,作为融资授信活动中的重要参考因素。

9.限制生产经营范围

具体包括:(1)限制从事互联网信息服务。当事人在网络商品交易及有关服务活动中违反工商行政管理法律法规规定情节严重,确需采取措施制止违法网站继续从事违法活动的,或者工商行政管理部门对网站违法行为作出行政处罚后需要关闭违法网站的,工商行政管理部门可依照有关规定,提请电信主管部门依法责令停止违法网站接入服务,关闭违法网站。对当事人申请增值电信业务进行限制。(2)限制取得政府供应土地。由国土资源管理部门依法根据工商行政管理部门的信息和数据,在供应土地时进行必要限制。(3)限制参与政府采购活动。依据《中华人民共和国政府采购法》第22条第5项对当事人在一定期限内依法限制其参与政府采购活动。(4)限制参与工程招投标。依据《企业信息公示暂行条例》第18条,《工程建设项目施工招标投标办法》第20条第3项、第5项对当事人在一定期限内参与依法进行投标项目投标活动的行为予以限制。(5)限制成为海关认证企业。依据《海关认证企业标准》(海关总署2014年第82号公告)第9条,当事人申请适用海关认证企业管理的,海关不予通过认证。(6)限制证券期货市场部分经营行为。根据《证券法》《证券公司监督管理条例》《证券投资基金法》《期货公司监督管理办法》《期货交易管理条例》《上市公司证券发行管理办法》等相关法律法规。证监会在审批证券、基金管理公司及期货公司设立、变更、从事相关业务等行为时,将企业信用信息作为重要参考,对于当事人的申请从严掌握或不予批准。(7)禁止受让收费公路权益。根据《收费公路权益转让办法》第12条第2款,禁止当事人受让收费公路权益。(8)限制取得安全生产许可证。根据《安全生产许可证条例》第6条第13项,安全生产监督管理部门对当事人申请安全生产许可证予以限制。(9)限制取得政府资金支持。根据《国务院关于印发社会信用体系建设规划纲要(2014—2020年)的通知》第二部分第(一)条,限制当事人取得政府资金支持。(10)限制企业债券发行。根据《国家发展改革委关于推进企业债券市场发展、简化发行核准程序有关事项的通知》(发改财金〔2008〕7号)第2条第7项,《国家发展改革委人民银行中央编办关于在行政管理事项中使用信用记录和信用报告的若干意见》(发改财金〔2013〕920号),对当事人申请公开发行企业债券的行为进行限制。(11)限制取得生产许可。根据《工业产品生产许可证管理条例》第9条第2款,国务院工业产品生产许可证主管部门对当事人申请生产许可证予以限制。(12)列为检验检疫失信企业。根据《出入境检验检疫企业信用管理办法》第3条,《出入境检验检疫企业信用信息采集条目及信用等级评定规则》,将当事人列为出入境检验检疫信用D级企业,实行限制性管理措施。

二、我国惩罚性赔偿制度的变迁

(一)惩罚性赔偿制度的建立

惩罚性损害赔偿,也称示范性的赔偿或报复性的赔偿,是指由法庭所作出的赔偿数额超出实际的损害数额的赔偿,它具有补偿受害人遭受的损失、惩罚和遏制不法行为等多重功能。该制度主要在美国法中采用,不过它的发展不仅对美国法产生了影响,而且对其他英美法国家甚至大陆法国家也产生了某种影响。由于大陆法系国家较为严格地恪守了私法和公法的划分,所以大陆法系国家对惩罚性赔偿的态度较为保守,比如德国最高法院曾经在判决书中表明,惩罚性赔偿金并不符合德国法的基本理念。惩罚性赔偿责任在性质上应属于经济法责任 ,这不仅与经济法理论完全相符 ,而且可以使其作用得以充分发挥。惩罚性赔偿责任应为经济法的基本责任形式①。

中华人民共和国成立以来,民法主要借鉴苏联的民事立法和民法原理,改革开放之后更多地借鉴大陆法系民法特别是德国民法,也严格遵循损害赔偿的补偿性原则,强调赔偿金的数额应当与实际损失相当,赔偿不能超过实际的损失范围,因而一直没有建立惩罚性赔偿制度。一个法律制度的设立和实施,最重要的动因就是社会的需求。20 世纪 90 年代的中国,社会经济发展迅速,虽赶不上西方资本主义时期社会的混乱,现实生活中唯利是图的人倒也不少,公民、社会、国家的利益受到非法行为侵害的事件更是频繁发生。此外,经济法强调国家的正当干预,具有非常明显的行政色彩,惩罚性赔偿的惩罚性功能也与国家权力机关所行使的行政措施有类似之处。我国 1995 年开始实行《消费者保护法》的第 49 条明确规定了惩罚性赔偿制度,具有以下意义:第一,通过惩罚性赔偿的惩戒,制裁违法经营者的欺诈行为。第二,通过惩罚性赔偿调动消费者维权的积极性。第三,通过惩罚性赔偿的威慑和警示作用,预防违法经营行为。第四,维护正常的市场交易秩序②。由此,我国的惩罚性赔偿制度开始得以建立并逐步发展。

1993 年制定的《消费者权益保护法》第 49 条犹如在中国损害赔偿法的平静水面中投入了一枚石子,荡起的波浪之大,也就可想而知。可以说,对于惩罚性赔偿金制度的启用,理论上的争议和判决结果的对立,恰好反映的就是损害赔偿是否继续坚持补偿性原则,是否可以采纳惩罚性原则。中国立法者并非不知道这样对立的传统,但它仍然在《消费者权益保护法》中规定这样的制度,所注重的当然是惩罚性赔偿金制度的三种特殊作用:第一,惩罚作用,对经营者恶意欺诈消费者的任意的、轻率的、恶劣的行为予以金钱的惩罚;第二,预防作用,用惩罚性赔偿金以阻遏

---

① 金福海:《论惩罚性赔偿责任的性质》,载《法学论坛》2004 年第 3 期。

② 杨立新:《我国消费者保护惩罚性赔偿的新发展》,载《中国检察官》2014 年第 15 期。

其他经营者于未来从事类似欺诈行为；第三，鼓励作用，鼓励人们与恶意欺诈消费者行为的经营者进行斗争，净化消费环境，保障消费者安全。在不规范的市场经济中，不守法的商人违背诚实信用原则，制造或者销售假冒伪劣产品，提供欺诈性服务，牟取非法利益，坑害消费者。我国的市场经济秩序不完善，给不法商人制造和销售假冒伪劣产品，提供欺诈性服务以可乘之机，使消费者的合法权益受到威胁。在这种情况下，发挥私法的惩罚性，甚至作为与违法行为做斗争的鼓励，更有利于制裁违法行为，规范社会主义市场经济，切实保护消费者的合法权益。赞同规定惩罚性赔偿责任制度的学者主要看中的，就是惩罚性赔偿金的这个独特作用①。

1999年《合同法》在第113条规定违约责任的第2款，重申《消费者权益保护法》的规定："经营者对消费者提供商品或者服务有欺诈行为的，依照《中华人民共和国消费者权益保护法》的规定承担损害赔偿责任。"由此可见，立法者对惩罚性赔偿责任制度的立场非常坚定，并不为反对者的意见所左右。

之后最高人民法院于2003年5月7日发布了《关于审理商品房买卖合同纠纷案件适用法律若干问题的解释》，《商品房买卖合同司法解释》中的第8条、第9条和第14条，规定了在商品房买卖合同中买受人在存在先卖卖后抵押、一房数卖、无证销售、先抵后卖、房屋面积差异的情形下，可以要求惩罚性赔偿②。

2007年通过的《劳动合同法》③的第82条、第85条、第87条也分别规定了用人单位拒绝订立劳动合同，未及时足额支付劳动者劳动报酬、低于当地最低工资标准支付劳动者工资、安排加班不支付加班费，违法解除、终止合同责任时的惩罚性

① 赵庆飞：《惩罚性赔偿规则的经济学分析》，载《人民法院报》2009年7月7日。

② 第8条规定具有下列情形：(1)商品房买卖合同订立后，出卖人又将该房抵押给第三人；(2)商品房买卖合同订立后，出卖人又将该房屋出卖给第三人，导致商品房买卖合同目的不能实现的，无法取得房屋的买受人可以请求解除合同，返还已付购房款及利息，赔偿损失，并可请求出卖人承担不超过已付购房款一倍的赔偿责任。第9条规定出卖人订立商品房买卖合同时，具有下列情形：(1)故意隐瞒没有取得商品房预售许可证的事实或者提供虚假商品房预售许可证明；(2)故意隐瞒所售房屋已经抵押的事实；(3)故意隐瞒所售房屋已经出卖给第三人或者为拆迁补偿安置房屋的事实；导致合同无效或被撤销、解约的，买受人可以请求返还已付购房款及利息，赔偿损失，并可以请求出卖人承担不超过已付购房款一倍的赔偿责任。第14条关于房屋面积误差规定：房屋实际面积小于合同约定的，面积误差比超过3%部分的房价款由出卖人双倍返还买受人。

③ 第82条　用人单位自用工之日起超过一个月不满一年未与劳动者订立书面劳动合同的，应当向劳动者每月支付二倍的工资。第85条　用人单位有下列情形之一的，由劳动行政部门责令限期支付劳动报酬、加班费或者经济补偿；劳动报酬低于当地最低工资标准的，应当支付其差额部分；逾期不支付的，责令用人单位按应付金额百分之五十以上百分之一百以下的标准向劳动者加付赔偿金：(一)未按照劳动合同的约定或者国家规定及时足额支付劳动者劳动报酬的；(二)低于当地最低工资标准支付劳动者工资的；(三)安排加班不支付加班费的；(四)解除或者终止劳动合同，未依照本法规定向劳动者支付经济补偿的。第87条　用人单位违反本法规定解除或者终止劳动合同的，应当依照本法第47条规定的经济补偿标准的二倍向劳动者支付赔偿金。

赔偿。

2009年是惩罚性赔偿制度在我国法律体系中迅猛发展的一年，颁布的《食品安全法》第96条和《侵权责任法》第47条对惩罚性赔偿的推进，表明立法者完善惩罚性赔偿的倾向性态度。2009年6月1日开始实施的《食品安全法》第96条第2款规定了“十倍赔偿金”。接着12月26日通过的《中华人民共和国侵权责任法》第47条规定产品责任中的惩罚性赔偿。

旧《消费者权益保护法》第49条规定惩罚性赔偿责任制度是成功的，但其适用范围仅限制于商品欺诈和服务欺诈的违约责任，不包括侵权责任，同时确定最高限额为价金的一倍，都存在缺陷[①]。并且，还存在适用范围不一，计算方法不明确，法律适用尺度不一，消费者反应不一等问题[②]。因此，2013年《消费者权益保护法》修订时在惩罚性赔偿方面作的修改主要包括两个方面，一是在惩罚性赔偿的来源上增加了侵权的惩罚性赔偿，二是在惩罚力度上加重了惩罚性赔偿金。

(二)我国现行法中关于惩罚性赔偿制度的规定

1.《消费者权益保护法》的规定

《消法》第55条规定：“经营者提供商品或者服务有欺诈行为的，应当按照消费者的要求增加赔偿其受到的损失，增加赔偿的金额为消费者购买商品的价款或者接受服务的费用的三倍；增加赔偿的金额不足五百元的，为五百元。法律另有规定的，依照其规定。经营者明知商品或者服务存在缺陷，仍然向消费者提供，造成消费者或者其他受害人死亡或者健康严重损害的，受害人有权要求经营者依照本法第49条、第51条等法律规定赔偿损失，并有权要求所受损失二倍以下的惩罚性赔偿。”这一条款同时规定了经营者的违约责任和侵权责任适用惩罚性赔偿的条件，这些修改都加重了经营者的责任，更加充分地保障了消费者的权利。

《消法》第55条规定的法定损害赔偿不影响经营者为了赢得消费者的信任作出类似“假一罚十”的承诺，基于契约自由的精神，经营者与消费者可自由约定高于法定倍数的惩罚性赔偿条款。

2.《合同法》的规定

1999年我国颁布了《中华人民共和国合同法》，该法第113条第2款规定：“经营者对消费者提供商品或者服务有欺诈行为的，依照《中华人民共和国消费者权益保护法》的规定承担损害赔偿责任。”可见，我国的《合同法》再次重申了欺诈行为可以适用惩罚性赔偿的原则。

---

① 杨立新：《〈消费者权益保护法〉规定惩罚性赔偿责任的成功与不足及完善措施》，载《清华法学》2010年第3期。

② 杨立新：《我国消费者保护惩罚性赔偿的新发展》，载《中国检察官》2014年第15期。

3.《侵权责任法》的规定

《侵权责任法》第47条规定:“明知产品存在缺陷仍然生产、销售,造成他人死亡或者健康严重损害的,被侵权人有权请求相应的惩罚性赔偿。”《侵权责任法》设定恶意产品责任的惩罚性赔偿责任制度,目的在于参酌英美法系关于惩罚性赔偿金制度的做法,以惩罚不法行为,并吓阻不法行为再度发生,而维护消费者之合法权益。惩罚性赔偿的引入是我国《侵权责任法》的一个重大创新,体现了我国《侵权责任法》与时俱进的时代精神。需要注意的是,惩罚性赔偿仅在被侵权人死亡或者健康受到严重损害的范围内适用,除此之外的其他损害不适用惩罚性赔偿。

4.《劳动合同法》的规定

根据我国《劳动合同法》第82条的规定,用人单位自用工之日起超过一个月不满一年未与劳动者订立书面劳动合同的,应当向劳动者每月支付两倍的工资;用人单位应当与劳动者订立无固定期限劳动合同而不与劳动者订立的,自应当订立无固定期限劳动合同之日起向劳动者每月支付两倍的工资;根据我国《劳动合同法》第85条的规定,用人单位有违法不足额支付工资等,由劳动行政部门责令限期支付劳动报酬、加班费或者经济补偿;劳动报酬低于当地最低工资标准的,应当支付其差额部分;逾期不支付的,责令用人单位按应付金额百分之五十以上百分之一百以下的标准向劳动者加付赔偿金;根据我国《劳动合同法》第87条的规定,用人单位违法解除或终止劳动合同的,应当依据法定经济补偿标准的二倍向劳动者支付赔偿金。

5.《最高人民法院关于审理商品房买卖合同纠纷案件适用法律若干问题的解释》的规定

该解释的第8条、第9条对房地产买卖合同中的双倍赔偿作了明确规定,以便于保护购房人。其中,第8条规定:“具有下列情形之一,导致商品房买卖合同目的不能实现的,无法取得房屋的买受人可以请求解除合同、返还已付购房款及利息、赔偿损失,并可以请求出卖人承担不超过已付购房款一倍的赔偿责任:(1)商品房买卖合同订立后,出卖人未告知买受人又将该房屋抵押给第三人;(2)商品房买卖合同订立后,出卖人又将该房屋出卖给第三人。”第9条规定:“出卖人订立商品房买卖合同时,具有下列情形之一,导致合同无效或者被撤销、解除的,买受人可以请求返还已付购房款及利息、赔偿损失,并可以请求出卖人承担不超过已付购房款一倍的赔偿责任:(1)故意隐瞒没有取得商品房预售许可证明的事实或者提供虚假商品房预售许可证明;(2)故意隐瞒所售房屋已经抵押的事实;(3)故意隐瞒所售房屋已经出卖给第三人或者为拆迁补偿安置房屋的事实。”

6.《食品安全法》的规定

《食品安全法》第96条规定:“违反本法规定,造成人身、财产或者其他损害的,依法承担赔偿责任。生产不符合食品安全标准的食品或者销售明知是不符合食品安全标准的食品，消费者除要求赔偿损失外，还可以向生产者或者销售者要求支付价款十倍的赔偿金。”从上述法律规定来看，消费者主张食品价款十倍赔偿金不以人身权益损害为前提。此条规定与《消法》第 55 条存在法条竞合，如果消费者购买食品造成人身损害，且损害三倍高于价款十倍，消费者可以选择损失三倍赔偿。

《食品安全法》第 148 条规定：“消费者因不符合食品安全标准的食品受到损害的，可以向经营者要求赔偿损失，也可以向生产者要求赔偿损失。接到消费者赔偿要求的生产经营者，应当实行首负责任制，先行赔付，不得推诿；属于生产者责任的，经营者赔偿后有权向生产者追偿；属于经营者责任的，生产者赔偿后有权向经营者追偿。生产不符合食品安全标准的食品或者经营明知是不符合食品安全标准的食品，消费者除要求赔偿损失外，还可以向生产者或者经营者要求支付价款十倍或者损失三倍的赔偿金；增加赔偿的金额不足一千元的，为一千元。但是，食品的标签、说明书存在不影响食品安全且不会对消费者造成误导的瑕疵的除外。”

（三）对惩罚性制度发展的展望

1.适用领域的拓展

对于产生这一制度的英美法系而言，惩罚性赔偿曾一度因自身迅速的扩张而招致严格的限制；对于大陆法系而言，惩罚性赔偿向来以边缘的、饱受非议的法律责任形态存在和发展。传统法学理论认为，惩罚性损害赔偿是一种民事责任制度。然而这种认识却与民法的基本原则——平等原则和公平原则相悖。就惩罚性损害赔偿的实质而言，它是针对特定个体利益、社会整体经济利益受到侵害而对违法者追究经济责任的一种制度，所以说它具有经济法的属性[①]。我国《消费者权益保护法》和《食品安全法》虽然规定了惩罚性赔偿制度，但《消费者权益保护法》规定的惩罚性赔偿针对的是经营者的违法行为，只适用于产品和服务存在欺诈的行为；《食品安全法》中规定的惩罚性赔偿只适用于食品安全领域。而《侵权责任法》规定的惩罚性赔偿制度，则广泛适用于所有的产品领域，凡是故意生产、销售存在缺陷的产品，并且造成他人死亡或健康严重损害的，符合适用惩罚性赔偿制度构成要件的，都可以适用惩罚性赔偿，以惩罚和遏制故意生产、销售缺陷产品侵权行为，补偿受害人利益，激励受害人维护自己权益。从我国现有惩罚性立法体例来看，并没有在民事领域全面引入惩罚性赔偿，而是十分审慎地将其限定在消费者保护领域。因此，目前的惩罚性制度仍然是比较谨慎的，对于侵权人的威慑力仍然有待提升。

2.公益诉讼中的惩罚性赔偿

按照最高人民法院颁布的司法解释《关于审理食品药品纠纷案件适用法律若

① 寿厉冰、陈乃新：《略论惩罚性损害赔偿的经济法属性》，载《法商研究》2002 年第 6 期。

干问题的规定》第15条规定："生产不符合安全标准的食品或者销售明知是不符合安全标准的食品，消费者除要求赔偿损失外，向生产者、销售者主张支付价款十倍赔偿金或者依照法律规定的其他赔偿标准要求赔偿的，人民法院应予支持。"此类消费民事公益诉讼中惩罚性赔偿数额的计算方法是食品价款的十倍或者其他法定赔偿标准，消费者组织对这些赔偿标准具有选择权。广东省消委会提起的假盐案公益诉讼中对惩罚性赔偿款的计算和处置有所突破。对惩罚性赔偿金的计算，采用的是根据违法销售所得总价款作为赔偿计算基数方式，即不法经营者销售了多少假盐，销售价款为多少，再乘以10，即为惩罚性赔偿的数额。这里的问题在于，一是根据销售额计算惩罚性赔偿数额；二是在判决中将惩罚性赔偿金上缴国库。在中国消费者协会召开的有关惩罚性赔偿公益诉讼专家论证会上，多数专家对前者计算方式表示赞同，绝大多数消费者不知情且涉案有毒有害食品对身体的损害是慢性的，难以计算实际损失。因此，商品销售价款的十倍是比较适宜的计算标准。商品销售价款是由销售量和销售价格决定的，所以可以依据销售量和销售价格计算惩罚性赔偿额。但对将惩罚性赔偿金上缴国库则认为并非最佳解决方法，在广州市中级人民法院的判决中，惩罚性赔偿金被判上缴国库。虽然这一方式与前述德国《反不正当竞争法》所规定的"收缴不法利益之诉"有相似之处，但多位专家认为这并非最佳方案，甚至判案法官也认为这一做法实属无奈，消费公益诉讼的惩罚性赔偿金归属方案仍有待完善，这涉及公益诉讼与惩罚性赔偿两个制度的进一步融合，学者们建议参照《关于贯彻实施环境民事公益诉讼制度的通知》第7条对环境民事公益诉讼所获赔偿的规定："人民法院判决被告承担的生态环境修复费用、生态环境受到损害至恢复原状期间服务功能损失等款项，应当用于修复被损害的生态环境。提起环境民事公益诉讼的原告在诉讼中所需的调查取证、专家咨询、检验、鉴定等必要费用，可以酌情从上述款项中支付。"依照《基金会管理办法》设立具有独立财团法人资格的公益性质消费者权益保护基金会或者财政专项资金，将消费公益诉讼的惩罚性赔偿金纳入进行管理，用于支付、补充今后更为广泛的消费民事公益诉讼以及其他维护消费者权益的活动。

惩罚性赔偿制度由于其性质的模糊性，一直以来围绕它的争议从来没有停止过。但不可否认的是惩罚性赔偿制度确实给民事赔偿制度的发展带来了不小的变化。但惩罚性赔偿制度衍生于英美法系，作为一项移植制度，惩罚性赔偿对于失衡的权利义务予以了倾斜性配置，对于民事主体间权利义务的重新平衡、抑制侵害公共利益发挥了重要作用，但我国的惩罚性赔偿制度未来的法治需要更加注意与社会主义法律体系的融合、公私法益之间的平衡、制度创新的有效性与平衡性。

参考文献

一、中文专著(包括教材)

1.《马克思恩格斯全集》(第1卷),人民出版社1995年版。

2.习近平:《做焦裕禄式的县委书记》,中央文献出版社2015年版。

3.[美]保罗·A.萨缪尔森:《经济学》(中册),高鸿业译,商务印书馆1982年版。

4.[美]博登海默:《法理学:法律哲学与法律方法》,邓正来译,中国政法大学出版社2009年版。

5.[日]金泽良雄:《当代经济法》,刘瑞复译,辽宁人民出版社1988年版。

6.[美]查尔斯·沃尔夫:《市场或政府》,谢旭译,中国法制出版社1994年版。

7.[美]柯提斯·J.米尔霍普,[德]卡塔琳娜·皮斯托:《法律与资本主义》,罗培新译,北京大学出版社2010年版。

8.[美]理查德·布隆克:《质疑自由市场经济》,林季红译,江苏人民出版社1999年版。

9.[日]谷口安平:《程序的正义与诉讼》,王亚新、刘荣军译,中国政法大学出版社1996年版。

10.[英]亚当·斯密:《国民财富的性质和原因的研究》,郭大力、王亚南译,商务印书馆1979年版。

11.[意]彼得罗·彭梵得:《罗马法教科书》,黄风译,中国政法大学出版社1996年版。

12.艾华等主编:《税法》,武汉大学出版社2017年版。

13.陈醇:《商法原理重述》,法律出版社2010年版。

14.戴凤歧、李新新,金晓晨:《经济法》(修订本),经济科学出版社1996年版。

15.单飞跃:《经济法理念与范畴的解析》,中国检察出版社2002年版。

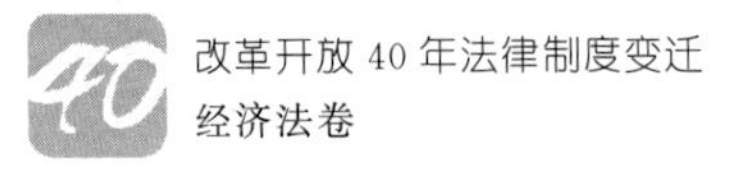

16.高斌、张国福:《经济政策导论》,经济科学出版社1993年版。

17.顾功耘主编:《经济法教程》,上海人民出版社、北京大学出版社2013年第3版。

18.韩志红、阮大强:《新型诉讼——经济公益诉讼的理论与实践》,法律出版社1999年版。

19.黄少安主编:《制度经济学研究》(第1卷),经济科学出版社2003年版。

20.李昌麒:《经济法——国家干预经济的基本法律形式》,四川人民出版社1995年版。

21.李昌麒主编:《经济法学》,法律出版社2016年第3版。

22.李昌麒主编:《经济法学》,法律出版社,2010年版。

23.李昌麒主编:《经济法论坛》(第5卷),群众出版社2008年版。

24.李昌麒主编:《经济法论坛》(第7卷),群众出版社2010年版。

25.梁慧星主编:《从近代民法到现代民法》,中国法制出版社2000年版。

26.梁慧星主编:《民商法论丛》(第15卷),法律出版社2000年版。

27.梁慧星:《民法总论》,法律出版社1997年版。

28.梁慧星:《中国民法经济法诸问题》,法律出版社1991年版。

29.梁上上:《利益衡量论》,法律出版社2013年版。

30.梁小民:《经济学的开放》,三联书店1999年版。

31.列伟:《经济改革与发展的产权制度解释》,首都经济贸易大学出版社2000年版。

32.林毅夫等:《中国的奇迹:发展战略与经济改革》(增订版),格致出版社、上海三联书店、上海人民出版社2014年版。

33.刘大洪主编:《经济法学》,中国政法大学出版社2008年版。

34.刘剑文、熊伟:《财政税收法》,法律出版社2009年版。

35.刘剑文:《财税法——原理、案例与材料》,北京大学出版社2017年版。

36.刘连煜:《公司治理与公司社会责任》,中国政法大学出版社2001年版。

37.刘隆亨主编:《经济法概论》,北京大学出版社1984年版。

38.刘瑞复:《经济法学原理》,北京大学出版社2000年版。

39.刘文华:《中国经济法基础理论》,法律出版社2012年版。

40.卢代富:《企业社会责任研究——基于经济学与法学的视野》,法律出版社2014年版。

41.卢炯星主编:《产业调节法理论创新与实务问题研究》,厦门大学出版社2011年版。

42.罗培新:《公司法的合同解释》,北京大学出版社2004年版。

43.吕忠梅、刘大洪:《经济法的法学与法经济学分析》,中国检察出版社1998年版。

44.马克思主义理论研究和建设工程重点教材《经济法学》编写组:《经济法学》,高等教育出版社2016年版。

45.马一德:《消费者权益保护专论》,法律出版社2017年版。

46.潘静成、刘文华:《经济法基础理论教程》,高等教育出版社1994年版。

47.潘静成、刘文华主编:《经济法》,中国人民大学出版社1999年版。

48.漆多俊:《国民经济的法律调整》,河南人民出版1986年版,第20页。

49.漆多俊:《经济法基础理论》,武汉大学出版社2000年第3版。

50.漆多俊:《经济法基础理论》,武汉大学出版社1993年版。

51.漆多俊主编:《经济法学》,武汉大学出版社1998年版。

52.漆多俊主编:《经济法学》,武汉大学出版社2005年版。

53.漆多俊主编:《经济法论丛》(上卷),中信出版社2011年版。

54.强力、王志诚:《中国金融法》,中国政法大学出版社2010年版。

55.邱本:《经济法原论》,高等教育出版社2001年版。

56.全国人大常委会法制工作委员会经济法室:《〈中华人民共和国反垄断法〉条文说明、立法理由及相关规定》,北京大学出版社2007年版。

57.全国人大常委会法制工作委员会民法室编:《中华人民共和国〈反不正当竞争法〉释义》,法律出版社1994年版。

58.沈洪涛、沈艺峰:《企业社会责任思想起源与演变》,世纪出版集团、上海人民出版社2007年版。

59.石少侠:《经济法新论》,吉林大学出版社1996年版。

60.史际春、邓峰:《经济法总论》,法律出版社1998年版。

61.史文清主编:《新编经济法教程》,复旦大学出版社1991年版。

62.苏力:《法治及其本土资源》,中国政法大学出版社1996年版。

63.苏永钦等:《总则·债编——民法七十年之回顾与展望纪念论文集》(一),中国政法大学出版社2002年版。

64.孙晋主编:《中国竞争法与竞争政策发展研究报告:1980—2015》,法律出版社2016年版。

65.孙笑侠:《法的现象与观念》,山东人民出版社2001年版。

66.陶和谦主编:《经济法基础理论》,法律出版社1995年版。

67.万江:《中国反垄断法:理论、实践与国际比较》,中国法制出版社2015年版。

68.王蓓根:《市场秩序论》,上海财经大学出版社1997年版。

69.王全兴:《经济法基础理论专题研究》,中国检察出版社2002年版。

70.王瑞贺主编:《中华人民共和国反不正当竞争法释义》,法律出版社2017年版。

71.王守渝、弓孟谦:《宏观经济调控法律制度》,中国经济出版社1995年版。

72.王先林:《竞争法学》,法律出版社2015年第2版。

73.吴树青:《政治经济学》,中国经济出版社1997年版

74.吴志攀主编:《经济法学家》,北京大学出版社2005年版。

75.肖乾刚、程宝山:《经济法概论》,中国商业出版社1994年版。

76.谢次昌:《中国经济法概论》,中国法制出版社1992年版。

77.徐孟洲、孟雁北:《竞争法学》,中国人民大学出版社2014年第2版。

78.徐士英:《竞争政策研究——国际比较与中国选择》,法律出版社2013年版。

79.杨紫烜主编:《经济法》,北京大学出版社、高等教育出版社1999年版。

80.叶明:《经济法实质化研究》,法律出版社2005年版。

81.张波:《经济法主体研究》,厦门大学出版社2010年版。

82.张士元主编:《企业法》,法律出版社2015年版。

83.张守文、于雷:《市场经济与经济法》,北京大学出版社1993年版。

84.张守文:《经济法理论的重构》,人民出版社2004年版。

85.张守文主编:《经济法研究》(第14卷),北京大学出版社2014年版。

86.张守文主编:《经济法研究》(第16卷),北京大学出版社2016年版。

87.张文显:《法哲学范畴研究》(修订版),中国政法大学出版社2001年版。

88.张文显主编:《法理学》,高等教育出版社、北京大学出版社2009年版。

89.张云、徐楠轩:《产品质量法教程》,厦门大学出版社2011年版。

90.郑立、王作堂主编:《民法学》,北京大学出版社1995年版。

91.中国法律年鉴编辑部:《中国法律年鉴(1987年)》,法律出版社1987年版。

92.中国消费者权益保护法学研究会:《消费者权益保护法学》,中国社会出版社2017年版。

93.种明钊:《社会保障法律制度研究》,法律出版社2000年版。

94.种明钊主编:《竞争法》,法律出版社2016年第3版。

二、中文论文

1.傲双红:《论中国消费者组织的转型》,载《社会科学家》2008年第6期。

2.陈醇:《集中性民事权利的滥用及其控制——兼论公法控权理论之引入》,载《法商研究》2008年第6期。

3.陈醇:《金融系统性风险的合同之源》,载《法律科学》2015年第6期。

4.陈乃新:《经济法是增量利益生产和分配法——对经济法本质的另一种理解》,载《法商研究》2000年第2期。

5.陈群峰:《论公司社会责任司法化对利益相关者的保护》,载《法律适用》2013

年第10期。

6.陈业宏、黄媛媛:《公司制与有限合伙制风险投资之比较与选择》,载《华中师范大学学报》(人文社会科学版)2003年第6期。

7.陈云良:《转轨经济法学:西方范式与中国现实之抉择》,载《现代法学》2006年第3期。

8.陈运华:《经济公益诉讼若干问题研究》,载《当代法学》2002年第4期。

9.单飞跃:《中国经济法部门的形成:轨迹、事件与特征》,载《现代法学》2013年第4期。

10.邓纲:《争议与困惑:经济法中的法律责任研究述评》,载《现代法学》2012年第1期。

11.方流芳:《公司词义考:解读语词的制度信息》,《月旦民商法》2003年创刊号。

12.冯果、尚彩云:《我国公司资本制度的反思与重构》,载《中南财经政法大学学报》2003年第6期。

13.冯果:《经济法本质探微——经济法概念界定和制度构建的理性基础分析》,载《学习论坛》2007年第2期。

14.冯彦君:《WTO·有限政府·现代经济法》,载《社会科学战线》2004年第6期。

15.冯彦君:《我国〈反不正当竞争法〉点评》,载《当代法学》1994年第3期。

16.福建省工商局课题组:《市场主体"宽进严管"视角下的企业信用监管研究》,载《中国工商管理研究》2015年第1期。

17.甘国屏:《〈反不正当竞争法〉的法律地位、作用及其特点》,载《工商行政管理》1994年第1期。

18.甘强:《论经济法的社会实施:源流、特征及其模式》,载《江西财经大学学报》2018年第1期。

19.顾明:《关于我国经济立法问题》,载《中国法学》1984年第1期。

20.关保英:《论行政合理性原则的合理条件》,载《中国法学》2000年第6期。

21.郭春镇:《论法律父爱主义的正当性》,载《浙江社会科学》2013年第6期。

22.郭冠男、李晓琳:《市场准入负面清单管理制度与路径选择:一个总体框架》,载《改革》2015年第7期。

23.韩大元:《中国宪法文本中"法治国家"规范分析》,载《吉林大学社会科学学报》2014年第3期。

24.韩伟:《数字经济时代中国〈反垄断法〉的修订与完善》,载《竞争政策研究》2018年第4期。

25.韩志红:《对我国经济行政执法权力配置的反思》,载《天津行政学院学报》

2005 年第 2 期。

26.韩志红:《关于经济法中以新型责任弥补行政责任弊端的思考》,载《法商研究》2003 年第 2 期。

27.韩志红:《试论经济法中民事责任的实现》,载《天津师范大学学报》(社科版)2003 年第 6 期。

28.侯作前:《经济全球化背景下的中国竞争法的重构》,载《烟台大学学报》(哲学社会科学版)2003 年第 4 期。

29.胡鞍钢等:《从经济指令计划到发展战略规划:中国五年计划转型之路(1953—2009)》,载《中国软科学》2010 年第 8 期。

30.黄锋:《我国央行履职变化与〈中国人民银行法〉修订前瞻》,载《武汉金融》2012 年第 7 期。

31.黄勤南:《论制止不正当竞争及其立法》,载《知识产权》1991 年第 5 期。

32.黄韬:《我国金融市场从"机构监管"到"功能监管"的法律路径——以金融理财产品监管规则的改进为中心》,载《法学》2011 年第 7 期

33.江必新:《国家赔偿与民事侵权赔偿关系之再认识——兼论国家赔偿中侵权责任法的适用》,载《法制与社会发展》2013 年第 1 期。

34.江帆:《经济法实质正义及其实现机制》,载《环球法律评论》2007 年第 6 期。

35.姜发根:《行业协会限制竞争行为的反垄断法规制》,载《学术界》2013 年第 5 期。

36.蒋建湘:《企业社会责任的性质》,载《政法论坛》2010 年第 1 期。

37.蒋悟真:《传承与超越:经济法主体理论研究——以若干经济法律为视角》,载《法商研究》2007 年第 4 期。

38.焦海涛:《经济法责任制度再释:一个常识主义立场》,载《甘肃政法学院学报》2016 年第 3 期。

39.焦海涛:《经济法主体制度重构:一个常识主义视角》,载《现代法学》2016 年第 3 期。

40.金福海:《论惩罚性赔偿责任的性质》,载《法学论坛》2004 年第 3 期。

41.井涛:《经济法责任的独立性问题探讨》,载《华东政法学院学报》2004 年第 1 期。

42.孔祥俊:《反不正当竞争法的司法创新和发展——为〈反不正当竞争法〉施行 20 周年而作(上)》,载《知识产权》2013 年第 11 期。

43.孔祥俊:《继承基础上的创新——新修订反不正当竞争法解读》,载《中国市场监管研究》2017 年第 12 期。

44.李昌麒:《经济法调整对象新探》,载《现代法学》1988 年第 2 期。

45.李惠阳:《试论反垄断法在现代经济法体系中的核心地位》,载《浙江工商大

学学报》2004 年第 6 期。

46.李剑、王茜:《反垄断法在市场经济中的价值底蕴》,载《当代法学》2012 年第 5 期。

47.李伟、陈乃新:《论宏观调控权力权利化——宏观调控权之法理学解读》,载《兰州学刊》2005 年第 1 期。

48.李艳:《行政行为的合法性与合理性》,载《行政论坛》2005 年第 5 期。

49.李友根:《社会整体利益代表机制研究》,载《南京大学学报》2002 年第 2 期。

50.李振宁:《信用惩戒的特性及对地方立法的启示》,载《中共南京市委党校学报》2018 年第 2 期。

51.李中圣:《经济法律责任论略》,载《法律科学》1993 年第 4 期。

52.李中圣:《论经济法概念》,载《天津社会科学》1991 年第 2 期。

53.刘建宏:《关于构建市场经济法体系的思考》,载《求索》1994 年第 6 期。

54.刘建文:《论领域法学:一种立足新兴交叉领域的法学研究范式》,载《政法论丛》2016 年第 5 期。

55.刘水林:《经济法责任体系的二元结构及二重性》,载《政法论坛》2005 年第 2 期。

56.刘水林:《论经济法责任的二元结构与二重性》,载《政法论坛》2005 年第 3 期。

57.刘文华、史际春:《中国经济法基本理论纲要》,载《江西财经大学学报》2001 年第 2 期。

58.刘武俊:《信用惩戒,让老赖寸步难行》,载《检察风云》2014 年第 22 期。

59.刘小兵:《有必要制定财政法》,载《上海人大月刊》2018 年第 3 期。

60.刘一纯:《国家赔偿责任与公务员法律责任的衔接机制》,载《国家检察官学院学报》2009 年第 2 期。

61.刘志伟:《地方金融监管协同机制的法律构造》,载《现代经济探讨》2017 年第 2 期。

62.刘志云:《商业银行社会责任的兴起及其督促机制的完善》,载《法律科学》2010 年第 1 期。

63.卢代富、肖顺武:《改革发展成果分享的目标诉求与利益均衡》,载《重庆社会科学》2011 年第 8 期。

64.卢代富:《国外企业社会责任界说述评》,载《现代法学》2001 年第 3 期。

65.卢代富:《经济法对社会整体利益的维护》,载《现代法学》2013 年第 4 期。

66.卢代富:《企业所得税法关于公益性捐赠税前扣除规定研究》,载《现代经济探讨》2009 年第 3 期。

67.鲁篱:《行业协会处罚权的争端解决机制初探》,载《西南民族大学学报》(人文社科版)2009 年第 12 期。

68.鲁篱:《中国经济法的发展进路:检视与前瞻》,载《现代法学》2013 年第 4 期。

69.罗培新:《论公司捐赠的司法政策——从万科捐赠风波谈起》,载《法学》2008 年第 12 期。

70.吕忠梅课题组:《“绿色原则”在民法典中的贯彻论纲》,载《中国法学》2018 年第 1 期。

71.孟庆瑜:《反思与前瞻:中国经济法主体研究 30 年》,载《云南大学学报》(法学版)2009 年第 1 期。

72.宁立志:《〈反不正当竞争法〉修订的得与失》,载《法商研究》2018 年第 4 期。

73.潘林:《论公司法任意性规范中的软家长主义——以股东压制问题为例》,载《法制与社会发展》2017 年第 1 期。

74.潘念之:《中国经济法理论探索》,上海社会科学院出版社 1987 年版。

75.漆多俊、漆彤:《国际调节与国际经济法学科理论新视角》,载《当代法学》2004 年第 2 期。

76.漆多俊:《WTO:市场国际化与国际调节发展新阶段——兼论入世对中国国家调节和经济法的影响》,载《中南大学学报》2003 年第 4 期。

77.漆多俊:《WTO 与新的经济调节机制——国际调节》,载《华东政法学院学报》2004 年第 2 期。

78.漆多俊:《经济法调整对象及其他》,载《法学评论》1991 年第 2 期。

79.漆多俊:《中国经济法理论之创新与应用——30 年回顾与启示》,载《法学评论》2009 年第 4 期。

80.钱玉林:《公司章程“另有规定”检讨》,载《法学研究》2009 年第 2 期。

81.阮赞林:《论反垄断法在经济法体系中的宪法性地位》,载《法律社会学评论》2015 年第 0 期。

82.沈宗灵:《论法律责任与法律制裁》,载《北京大学学报》(哲学社会科学版)1994 年第 1 期。

83.盛学军、陈开琦:《论市场规制权》,载《现代法学》2007 年第 4 期。

84.史际春、姚海放:《再识责任与经济法》,载《江苏行政学院学报》2004 年第 2 期。

85.寿厉冰、陈乃新:《略论惩罚性损害赔偿的经济法属性》,载《法商研究》2002 年第 6 期。

86.宋书林:《关于制定〈反不正当竞争法〉若干问题的思考》,载《当代法学》1993 年第 3 期。

87.苏号朋:《消费者权益保护法修改中若干重大问题研究》,载《西部法学评论》2013 年第 2 期。

88.苏均和:《信用的经济价值与我国失信惩罚机制的构建》,载《探索与争鸣》2009 年第 4 期。

89.孙国敏:《论公民的经济基本权与经济诉讼》,载《现代法学》1996 年第 5 期。

90.孙亚明:《经济法应否成为独立的法律部门》,载《法学研究动态》1982 年第 13 期。

91.陶广峰:《回顾与展望中国经济法 30 年——以市场经济与法治国家建设为视角》,载《现代经济探讨》2008 年第 8 期。

92.陶和谦:《我国社会主义经济法基础理论的现状与前景》,载《政法论坛》1986 年第 1 期。

93.佟柔:《关于经济法的几个理论问题》,载《中国法学》1984 年第 2 期。

94.王保树:《经济法与社会公共性论纲》,载《法律科学》2000 年第 1 期。

95.王保树:《市场经济与经济法学的发展机遇》,载《法学研究》1993 年第 2 期。

96.王健:《产业政策法若干问题研究》,载《法律科学》2002 年第 1 期。

97.王健:《论经济法体系的基本构成与核心》,载《法律科学》1996 年第 6 期。

98.王克金:《权利冲突论——一个法律实证主义的分析》,载《法制与社会发展》2004 年第 2 期。

99.王克稳:《经济行政法论》,载《法律科学》1994 年第 1 期。

100.王雷:《我国民法典编纂中的团体法思维》,载《当代法学》2015 年第 4 期。

101.王利明、李时荣:《关于经济法的几个基本问题》,载《中国社会科学》1984 年第 4 期。

102.王利明:《惩罚性赔偿研究》,载《中国社会科学》2000 年第 4 期。

103.王利明:《负面清单管理模式与私法自治》,载《中国法学》2014 年第 5 期。

104.王利明:《新时代中国法治建设的基本问题》,载《中国社会科学》2018 年第 1 期。

105.王莉、解露露:《行业协会自治权之程序规制》,载《行政法学研究》2013 年第 2 期。

106.王敏、袁娇:《中国税制改革四十年回溯与发展趋向》,载《经济纵横》2018 年第 6 期。

107.王全兴、管斌:《经济法学研究框架初探》,载《中国法学》2001 年第 6 期。

108.王诗宗、宋程成:《独立抑或自主:中国社会组织特征问题重思》,载《中国社会科学》2013 年第 5 期。

109.王希仁:《经济法概念新论》,载《河北法学》1994 年第 2 期。

110.王先林:《产业政策法初论》,载《中国法学》2003 年第 3 期。

111.王先林:《理想与现实中的中国反垄断法——写在〈反垄断法〉实施五年之

际》,载《交大法学》2013年第2期。

112.王晓晔:《〈中华人民共和国反垄断法〉析评》,载《法学研究》2008年第4期。

113.王佑启:《论行业协会处罚权的法律性质》,载《法商研究》2017年第2期。

114.吴飞飞:《从权利倾斜到责任倾斜的弱者保护路径转换——基于法经济学视角的解读》,载《广东商学院学报》2013年第6期。

115.吴飞飞:《公司自治与公司社会责任的公司法困境》,载《北京理工大学学报》(社会科学版)2012年第2期。

116.吴飞飞:《决议行为归属与团体法"私法评价体系"构建研究》,载《政治与法律》2016年第6期。

117.吴然:《基于角色责任的利益理论——权利概念分析新解》,载《法制与社会发展》2017年第1期。

118.肖江平:《新反不正当竞争法的主要进步》,载《中国市场监管研究》2017年第12期。

119.肖顺武:《从管制到规制:集体经营性建设用地入市的理念转变与制度构造》,载《现代法学》2018年第3期。

120.肖顺武:《混淆行为法律规制中"一定影响"的认定》,载《法学评论》2018年第5期。

121.谢怀栻:《从经济法学的形成看我国的经济法》,载《法学研究》1984年第2期。

122.周之源、赵新华:《论经济法、民法和商品经济的关系》,载《政治与法律》1986年第3期。

123.邢会强:《宏观调控行为的不可诉性探讨》,载《法商研究》2002年第5期。

124.邢会强:《重提经济审判庭的建立》,载《法商研究》2009年第2期。

125.熊伟:《问题导向、规范集成与领域法学之精神》,载《政法论丛》2016年第6期。

126.徐澜波:《宏观调控权的法律属性辨析》,载《法学》2013年第6期。

127.徐祥民、吕霞:《对经济法律责任独立性的一种解读》,载《山东公安专科学校学报》2004年第2期。

128.颜运秋:《关乎经济审判庭宜改不宜废的思考》,载《法学论坛》2001年第2期。

129.颜运秋:《经济诉讼:经济法独特的司法保障程序——着重论诉讼法上民经应当分立》,载《湖南政法管理干部学院学报》2000年第3期。

130.颜运秋:《论经济法的可诉性缺陷及其弥补》,载《当代法学》2000年第1期。

131.杨立新:《“王海现象”的民法思考——论消费者权益保护中的惩罚性赔偿金》,载《河北法学》1997 年第 5 期。

132.杨立新:《〈消费者权益保护法〉规定惩罚性赔偿责任的成功与不足及完善措施》,载《清华法学》2010 年第 3 期。

133.杨立新:《我国消费者保护惩罚性赔偿的新发展》,载《中国检察官》2014 年第 15 期。

134.杨瑞龙、周业安:《论利益相关者合作逻辑下的企业共同治理机制》,载《中国工业经济》1998 年第 1 期。

135.杨紫烜:《法律责任与经济法责任定义辨析和本书的见解》,载《经济与法》2003 年第 12 期。

136.杨紫烜:《管理—协作经济法论纲》,载《经济法制》1990 年第 11 期。

137.杨紫烜:《再论经济法的调整对象》,载《法学杂志》1987 年第 5 期。

138.叶林、吴烨:《金融市场的“穿透式”监管论纲》,载《法学》2017 年第 12 期。

139.叶明:《公益诉讼的局限及其发展的困难》,载《现代法学》2003 年第 5 期。

140.易继明:《论行业协会市场化改革》,载《法学家》2014 年第 4 期。

141.易军:《个人主义方法论与私法》,载《法学研究》2006 年第 1 期。

142.尹亚军:《“问题导向式立法”:一个经济法立法趋势》,载《法制与社会发展》2017 年第 1 期。

143.应飞虎:《歧视性召回行为终结的制度回应——兼论产品缺陷的定义》,载《法学》2018 年第 3 期。

144.应飞虎:《权利倾斜性配置研究》,载《中国社会科学》2006 年第 3 期。

145.俞梦睿:《消费者冷静期制度的法律属性与立法定位》,载《江淮论坛》2017 年第 1 期。

146.郁建兴:《行业协会:寻求与企业、政府之间的良性互动》,载《经济与社会体制比较》2006 年第 2 期。

147.岳彩申、李永成:《中国经济法学三十年发展报告》,载《经济法论坛》2010 年第 7 期。

148.岳彩申、杨青贵:《经济法逻辑起点的理性主义解读》,载《理论与改革》2009 年第 3 期。

149.岳小花:《绿色消费法律体系的构建与完善》,载《中州学刊》2018 年第 4 期。

150.翟继光:《经济法责任研究》,载《安徽大学法律评论》第 5 期。

151.张斌:《把握社会主要矛盾转化 深化税收制度改革》,载《税务研究》2018 年第 2 期。

152.张法能:《信用惩戒机制的实施与效应——以失信被执行人名单制度的合

理适用为角度》，载《法治论坛》2017年第1期。

153.张军:《发挥消费者组织的社会监督功能，维护消费者合法权益》，载《中国工商管理研究》2010年第3期。

154.张茅:《认真贯彻实施新反不正当竞争法 建立统一开放竞争有序的市场体系》，载《中国市场监管研究》2017年第12期。

155.张平华:《权利冲突辩》，载《法律科学》2006年第6期。

156.张穹:《大力推进实施竞争政策 促进供给侧结构性改革》，载《行政管理研究》2016年第11期。

157.张守文:《改革开放与中国经济法的制度变迁》，载《法学》2018年第8期。

158.张守文:《经济法责任的理论之拓补》，载《中国法学》2003年第4期。

159.张守文:《略论经济法上的调制行为》，载《北京大学学报》(哲学社会科学版)2000年第5期。

160.张守文:《中国经济法治的问题及其改进方向》，载《法制与社会发展》(双月刊)2018年第2期。

161.张新宝:《从隐私到个人信息:利益再衡量的理论与制度安排》，载《中国法学》2015年第3期。

162.张占江:《反垄断法的地位及其政策含义》，载《当代法学》2014年第5期。

163.赵大华:《论经济法中权力主体的经济法律责任》，载《法商研究》2016年第5期。

164.赵期华:《从单一惩戒到联合惩戒——加快推进信用惩戒机制建设的思考》，载《浙江经济》2016年第1期。

165.赵庆飞:《惩罚性赔偿规则的经济学分析》，载《人民法院报》2009年7月7日。

166.郑冬渝、郭雪平:《建立我国产品召回制度的法律思考》，载《云南大学学报》(社科版)2003年第4期。

167.郑雅方:《论我国PPP协议中公私法律关系的界分》，载《行政法学研究》2017年第6期。

168.郑迎新:《论我国〈反不正当竞争法〉的特点》，载《河北法学》1994年第1期。

169.郑迎新:《论我国〈反不正当竞争法〉的特点》，载《河北法学》1994年第1期。

170.中国人民银行南昌中心支行法律办课题组:《〈中国人民银行法〉法律适用性的理性评判与完善构想》，载《金融与经济》2013年第3期。

171.仲崇玉:《论基尔克法人有机体说的法理内涵和政治旨趣》，载《现代法学》2013年第2期。

172.仲崇玉:《论萨维尼法人拟制说的政治旨趣》,载《华东政法大学学报》2011年第5期。

173.周沂林、孙浩辉,任景荣,方志刚:《论经济法的调整对象》,载《中国社会科学》1982年第5期。

174.朱崇实、李晓辉:《转轨经济法:一种渐进的制度变迁模式——基于经济法学三十年发展历程考察》,载《时代法学》2009年第1期。

175.朱崇实:《对经济法调整对象的再思考》,载《现代法学》1998年第2期。

176.朱大明:《美国公司法视角下控制股东信义义务的本义与移植的可行性》,载《比较法研究》2017年第5期。

177.朱景文:《中国特色社会主义法律体系:结构、特色和趋势》,载《中国社会科学》2011年第3期。

178.朱玉龙:《依法治国 依法治质——纪念〈产品质量法〉发布十周年》,载《中国质量》2003年第2期。

三、其他

1.习近平:《在十八届中央政治局第四次集体学习时的讲话》,2013年2月23日。

2.习近平:《决胜全面建成小康社会 夺取新时代中国特色社会主义伟大胜利——在中国共产党第十九次全国代表大会上的报告》,2017年10月18日。

3.习近平:《决胜全面建成小康社会 夺取新时代中国特色社会主义伟大胜利——在中国共产党第十九次全国代表大会上的报告》,2017年10月18日。

4.顾培东:《世界法治模式不会定于一尊》,载《人民日报》2017年12月26日07版。

5.鲁篱:《行业协会经济自治权研究》,西南政法大学博士学位论文2002年。

6.《中国特色社会主义法律体系》白皮书,国务院新闻办公室2011年10月27日。

7.张茅:《关于〈中华人民共和国反不正当竞争法(修订草案)〉的说明》,第十二届全国人民代表大会常务委员会第二十六次会议,2017年2月22日。

8.[美]约瑟夫·斯蒂格利茨:《评中国"十一五"规划:迈向市场经济的又一关键之步》,中国发展高层论坛会论文集,2006年。

9.中国人民银行"两法"起草工作小组:《修改〈商业银行法〉的背景和原则》,载《金融时报》2004年3月1日。

10.张先明:《罗祖亮代表——商业银行法应全面修改》,载《人民法院报》2016年3月11日第007版。

11.United States v. Topco Associations,Inc. ,405 U. S. 596,610 (1972).

12.Archie B. Carroll. *Business and society: ethics and stakeholder management*,2nd.ed., South-western College Publishing Co.,1993.

后记

全书由主编提出写作提纲，肖顺武承担了统稿工作，最终由主编定稿。

具体写作分工如下：

卢代富，西南政法大学经济法学院教授、院长，博士研究生导师，撰写第一章第四节；

肖顺武，西南政法大学经济法学院教授，博士研究生导师，撰写第一章第三节；

吴飞飞，西南政法大学经济法学院副教授，硕士研究生导师，撰写第二章第一节、第二节、第三节和第四节；

杨文明，西南政法大学经济法学院讲师，硕士研究生导师，撰写第三章第一节、第二节、第四节和第五节；

赵忠奎，西南政法大学经济法学院讲师，撰写第四章第一节、第二节、第三节和第四节；

陈耿华，西南政法大学经济法学院讲师，撰写第一章第一节、第二节；第五章第四节；

刘志伟，西南政法大学经济法学院讲师，撰写第五章第一节、第二节；

龚暄杰，西南政法大学经济法学院讲师，硕士研究生导师，撰写第六章第一节、第二节、第三节和第四节；

谭贵华，西南政法大学经济法学院副教授，撰写第三章第三节；

钟颖，西南政法大学经济法学院讲师，撰写第五章第三节。